高等学校创新性数智化应用型经济管理规划教材（金融科技系列）

总主编 / 李雪　主审 / 徐国君

经济学基础

王国娜 ◎ 主编

肖英红　秦桂兰 ◎ 副主编

立信会计出版社
LIXIN ACCOUNTING PUBLISHING HOUSE

图书在版编目(CIP)数据

经济学基础 / 王国娜主编. --上海：立信会计出版社，2024.8. --("十四五"高等学校创新性数智化应用型经济管理规划教材). -- ISBN 978-7-5429-7721-2

Ⅰ．F0

中国国家版本馆 CIP 数据核字第 2024D9A898 号

策划编辑　方士华
责任编辑　赵新民
助理编辑　吴佳璘
美术编辑　吴博闻

经济学基础
JINGJIXUE JICHU

出版发行	立信会计出版社			
地　　址	上海市中山西路 2230 号	邮政编码	200235	
电　　话	(021)64411389	传　　真	(021)64411325	
网　　址	www.lixinaph.com	电子邮箱	lixinaph2019@126.com	
网上书店	http://lixin.jd.com		http://lxkjcbs.tmall.com	
经　　销	各地新华书店			
印　　刷	上海华业装潢印刷有限公司			
开　　本	787 毫米×1092 毫米	1/16		
印　　张	18.75			
字　　数	474 千字			
版　　次	2024 年 8 月第 1 版			
印　　次	2024 年 8 月第 1 次			
书　　号	ISBN 978-7-5429-7721-2/F			
定　　价	49.00 元			

如有印订差错，请与本社联系调换

总　序

　　教材是高校实现人才培养目标的重要载体，教材及教材建设对高校发展具有举足轻重的作用。与培养模式相对应的教材是培养合格人才的基本保证，是实现培养目标的重要工具。由于历史原因，在财经类教材的出版方面，相关出版社出版研究型本科或者高职高专、中等职业等层次的教材较多，而应用型本科教材较少。虽然近年来一些应用型本科教材也陆续出版，但总体而言，这些教材还是缺乏权威性、普适性、实用性、创新性。造成这种状况的原因主要在于：出版社对财经类应用型本科教材的出版还不够重视，没有进行有效组织；财经类应用型本科院校多为新建院校，教材建设相对滞后，主观上也较愿意使用研究型本科教材；在教材使用中存在比较严重的混用现象，教材目标读者群不明确，如不少教材声称既适用于研究型本科院校又适用于应用型本科院校，或者既适用于本科院校又适用于高职高专院校。

　　由于目前财经类应用型本科教材种类和数量匮乏或质量欠佳，财经类应用型本科院校不得不沿用传统研究型教材。这些教材本身的质量很好、级别很高，但是并不适用于应用型本科院校的教学，教师和学生普遍反映不好用。即使在全国范围看，也还没有相对成套、成熟的、适合财经类应用型本科院校的教材。现有财经类教材存在的主要问题包括：①教材的定位和要求较高；②教材的内容偏多、难度大；③教材着重于理论解释，相关案例、实训等内容较少，缺乏普适性、实用性。

　　与此同时，信息技术的快速发展使学生的学习习惯和阅读习惯发生了改变，不断朝个性化、自主学习式的方向发展，传统的单一纸质版教材已经无法适应这种变化。翻转课堂、慕课、微课等网络课程的兴起，混合式教学的不断推进，也对立体化教材建设提出了新的要求。教材作为一种课堂上的教学工具，一种传播媒介，理应顺势而为，随课堂形式、学生学习方式的改变而改变，朝着数字化、立体化、可视化的方向发展。因此，编写一套适应学生水平、便于学生接受的立体化财经类应用型本科教材迫在眉睫。

　　我们组织具有多年应用型人才培养经验的优秀教师和实务界专家编写了这套高等学校创新性数智化应用型经济管理规划教材。本系列教材有《会计基本技能》《出纳实务》《基础会计》《中级财务会计》《成本会计》《管理会计》《会计信息系统》《财务管理》《审计学》《高级财务会计》《商业分析》《税法》《经济法》《金融学》《Excel在会计和财务管理中的应用》等品种。为了保证教材的质量，我们为本系列教材聘请了知名高校的专家教授进行专门指导和审核。每本教材至少有一名本学科的知名专家或学科带头人提出审核指导意见、至少有一名高等院校教学一线的高级职称教师参与组织编写、至少有一名行业协会、实务界专家或教学研究机构人员提出编写建议。

　　本系列教材的特色如下。

1. 应用性

　　应用型本科的教材建设应坚持培养应用型本科人才的定位，充分吸收和借鉴传统的普通本科教材与高职高专类教材建设的优点和经验,以就业为导向,做到理论上高于高职高专类教材、动手能力的培养上高于传统的本科院校教材。本系列教材体现了应用型本科的定位,体现了素质教育和"以学生发展为本"的教育理念,遵循了高等教育教学基本规律,重视知识、能力和素质的协调发展,根据应用型人才培养模式对学生的创新精神、实践能力和适应能力的要求,在内容选材、教学方法、学习方法、实验和实训配套等方面突出了应用性特征。

2. 针对性

本系列教材的编写符合会计学、财务管理和审计学等专业的培养目标、培养需求、业务规格和教学大纲的基本要求,与各专业的课程结构和课程设置相对应,与课程平台和课程模块相对应。本系列教材在结构纵横的布局、内容重点的选取、示例习题的设计等方面符合教改目标和教学大纲的要求,把教师的备课、试讲、授课、辅导答疑等教学环节有机地结合起来。

3. 立体化

本系列教材为立体化教材,实现了由传统纸质教材向"纸质教材+数字资源"的转变,通过技术手段将晦涩难懂的理论知识转变为直观的具体知识,以立体化、数字化的方式呈现,包括图文、动画、音频、视频等多种形式,生动、有趣且易懂,不仅可以激发学生的学习兴趣,还有利于教学效果的提升。

4. 趣味性

本系列教材注重趣味性,使用了大量的例题和案例,每章都加入了"思政育人""相关思考""延伸阅读"等内容,使读者能够加深理解,便于掌握相关内容。在案例、例题等的设计选用上重点突出趣味性,易于引发读者的共鸣。

5. 先进性

本系列教材反映了应用型会计人才教育教学改革的内容,能够反映学科领域的新发展。教材的整体规划、内容构建等均体现了创新性。教材还强调了系列配套,包括教材、学习参考书、教学课件等。立体化教材在内容修订上更具有明显优势,线上资源可以随时根据政策法规、理论知识或工作实务等的变化进行调整,更有利于保持教材内容的先进性。

6. 基础性

本系列教材打破传统教材自身知识框架的封闭性,尝试多方面知识的融会贯通,注重知识层次的递进,体现每一门科目的基本内容,同时在具体内容上突出实际运用知识能力,做到"教师易教,学生乐学,技能实用"。

7. 易于自学性

自学能力是大学生的一项基本能力。学生只有具备了自主学习的能力,才能最终建立起终身学习的保障体系,这也是应用型本科人才培养的客观要求。应用技术型高校的生源素质与普通高校相比存在一定的差距,除一部分是高考发挥失误的学生外,还有一部分学生在学习习惯、基础知识等方面存在一定的欠缺,这就要求教材能够调动这部分学生的学习积极性,在理论方面尽量通俗易懂,在实践方面尽量采用案例式教学。为了有利于学生课后自主学习,本系列教材配套了学习指导书和教学课件。

因此,本系列教材的定位准确,特色明显,适用于应用型本科院校教学,便于学生的自学和教师的教学。

本系列教材凝聚了众多教授和专家多年来的经验和心血。当然，由于我们的经验和人力有限，教材中难免存在不足，我们期待着各位同行、专家和读者的批评指正。我们将根据经济发展和会计环境的变迁不断修订教材，以便及时反映学科的最新发展和人才培养的最新变化。

本系列教材自2014年出版后，得到市场的认可，深受广大高校师生的欢迎。为了更好地回馈读者，我们从2017年起启动本系列教材第二版的修订工作，2019年启动第三版的修订工作，2021年启动第四版的修订工作。各种教材的修订版已陆续出版。我们会一如既往地做好教材修订和相关服务工作，希望广大读者对本系列教材继续给予支持。

李　雪

2024年1月

前　言

本教材为"'十四五'高等学校创新性数智化应用型经济管理规划教材金融科技系列"之一，具有应用性、时效性、针对性、立体化与深度融合课程思政等特点。本教材在充分吸收和借鉴传统普通本科教材与高职高专类教材建设的优点和经验的基础上，以就业为导向，力争做到在理论上高于高职高专类教材，在实务操作能力的培养上高于传统的普通本科教材。

本教材主要具有以下特点：

（1）应用性强。本教材坚持与时俱进，紧跟经济发展、政策变化进行编写，重点研究微观经济学及宏观经济学的基本理论及运用，力求理论与实践的紧密结合。

（2）时效性强。本教材选用的案例分析、参考数据、延伸阅读等资料时效性强，紧密结合近期发生的经济问题进行分析，资料来源时间为近三年。

（3）针对性强。本教材编写符合应用型高校人才培养目标，利于应用型人才培养。

（4）立体化。本教材在各章加入相应的二维码，方便读者扫码获取电子阅读资料，拓宽知识面，电子阅读资料包括案例、规章制度、视频等。

（5）深度融合课程思政。本教材各章开篇均设有思政育人模块，深度融入中共二十大精神，并在各章编写过程中体现课程思政元素。

本教材共十六章，主要包括导论、价格理论、消费者行为理论、生产理论、成本理论、不同市场结构中的厂商均衡理论、生产要素市场、一般均衡论和福利经济学、市场失灵与微观经济政策、国民收入核算理论、简单国民收入决定理论、产品市场和货币市场的一般均衡、总需求-总供给模型、失业与通货膨胀、宏观经济政策、经济增长与经济周期理论。

本教材由王国娜担任主编，肖英红、秦桂兰担任副主编，其他编写人员有高金清、谭晨、张军花、张晓霞、韩雨淑。具体分工如下：第一章导论（王国娜）、第二章价格理论（张晓霞）、第三章消费者行为理论（韩雨淑）、第四章生产理论（韩雨淑）、第五章成本理论（谭晨）、第六章不同市场结构中的厂商均衡理论（王国娜）、第七章生产要素市场（张军花）、第八章一般均衡论和福利经济学（高金清）、第九章市场失灵与微观经济政策（秦桂兰）、第十章国民收入核算理论（肖英红）、第十一章简单国民收入决定理论（王国娜）、第十二章产品市场和货币市场的一般均衡（王国娜）、第十三章总需求-总供给模型（高金清）、第十四章失业与通货膨胀（秦桂兰）、第十五章宏观经济政策（肖英红）、第十六章经济增长与经济周期理论（秦桂兰）。

我们也编写了《西方经济学学习指导书》，可以作为本教材配套练习，供学习者使用。本教材适合普通高等院校经济管理等专业学习使用，也可作为行业通识类图书供相关专业人员参考。

我们编写本教材的过程中，参考了大量相关教材及论著，在此向有关作者表示感谢，同时,向对教材编写工作给予大力支持的李雪教授、徐国君教授和各位编者致以诚挚的谢意。

  我们在编写本教材的过程中,进行了多次讨论研究,力求内容编排合理、避免错误,若书中存在考虑不周、表述不妥当的地方,敬请读者批评指正。您的宝贵建议可以发送至此邮箱:guona.wang@qdc.edu.cn。

编者

2024 年 5 月

目 录

第一章 导论 ·· 1
    内容提要 ·· 1
    重点难点 ·· 1
    学习目标 ·· 1
    知识框架 ·· 1
    第一节 什么是经济学 ·· 2
    第二节 经济学的主要内容 ·· 4
    第三节 经济学的基本假设 ·· 5
    第四节 经济学的三大基本问题 ··· 6
    第五节 经济学的分析方法 ·· 7
    本章小结 ·· 9
    本章重要概念 ··· 10

第二章 价格理论 ··· 11
    内容提要 ·· 11
    重点难点 ·· 11
    学习目标 ·· 11
    知识框架 ·· 11
    第一节 需求 ··· 12
    第二节 供给 ··· 16
    第三节 均衡价格 ··· 19
    第四节 弹性理论 ··· 22
    第五节 供求分析的简单应用 ·· 29
    本章小结 ·· 31
    本章重要概念 ··· 31

第三章 消费者行为理论 ··· 32
    内容提要 ·· 32
    重点难点 ·· 32
    学习目标 ·· 32
    知识框架 ·· 32
    第一节 消费者行为理论概述 ·· 33
    第二节 基数效用论 ·· 35

第三节　序数效用论 ………………………………………………………………… 41
　　第四节　价格变化和收入变化对消费者均衡的影响 ……………………………… 48
　　本章小结 ……………………………………………………………………………… 51
　　本章重要概念 ………………………………………………………………………… 51

第四章　生产理论 ………………………………………………………………………… 52
　　内容提要 ……………………………………………………………………………… 52
　　重点难点 ……………………………………………………………………………… 52
　　学习目标 ……………………………………………………………………………… 52
　　知识框架 ……………………………………………………………………………… 52
　　第一节　企业的目标 ………………………………………………………………… 53
　　第二节　短期生产函数 ……………………………………………………………… 56
　　第三节　长期生产函数 ……………………………………………………………… 60
　　本章小结 ……………………………………………………………………………… 65
　　本章重要概念 ………………………………………………………………………… 66

第五章　成本理论 ………………………………………………………………………… 67
　　内容提要 ……………………………………………………………………………… 67
　　重点难点 ……………………………………………………………………………… 67
　　学习目标 ……………………………………………………………………………… 67
　　知识框架 ……………………………………………………………………………… 67
　　第一节　成本的概念 ………………………………………………………………… 68
　　第二节　短期成本曲线 ……………………………………………………………… 72
　　第三节　长期成本曲线 ……………………………………………………………… 76
　　本章小结 ……………………………………………………………………………… 85
　　本章重要概念 ………………………………………………………………………… 85

第六章　不同市场结构中的厂商均衡理论 …………………………………………… 86
　　内容提要 ……………………………………………………………………………… 86
　　重点难点 ……………………………………………………………………………… 86
　　学习目标 ……………………………………………………………………………… 86
　　知识框架 ……………………………………………………………………………… 86
　　第一节　厂商和市场的类型 ………………………………………………………… 88
　　第二节　利润最大化原则 …………………………………………………………… 89
　　第三节　完全竞争市场 ……………………………………………………………… 89
　　第四节　完全垄断市场 ……………………………………………………………… 97
　　第五节　垄断竞争市场 ……………………………………………………………… 102
　　第六节　寡头垄断市场 ……………………………………………………………… 105
　　本章小结 ……………………………………………………………………………… 110

本章重要概念 ·· 110

第七章　生产要素市场 ··· 111
内容提要 ·· 111
重点难点 ·· 111
学习目标 ·· 111
知识框架 ·· 111
第一节　使用生产要素的原则 ·· 112
第二节　生产要素的需求曲线 ·· 116
第三节　生产要素的供给曲线 ·· 120
本章小结 ·· 132
本章重要概念 ··· 132

第八章　一般均衡论和福利经济学 ·· 133
内容提要 ·· 133
重点难点 ·· 133
学习目标 ·· 133
知识框架 ·· 133
第一节　一般均衡理论 ·· 134
第二节　判断经济效率的标准 ·· 137
第三节　交换的帕累托最优 ··· 138
第四节　生产的帕累托最优 ··· 141
第五节　交换和生产的帕累托最优 ··· 142
第六节　完全竞争和帕累托最优状态 ·· 144
第七节　社会福利函数 ·· 145
本章小结 ·· 148
本章重要概念 ··· 148

第九章　市场失灵与微观经济政策 ·· 149
内容提要 ·· 149
重点难点 ·· 149
学习目标 ·· 149
知识框架 ·· 149
第一节　垄断 ··· 150
第二节　外部影响 ·· 155
第三节　公共物品 ·· 158
第四节　不完全信息 ··· 161
本章小结 ·· 166
本章重要概念 ··· 166

第十章　国民收入核算理论 · 167
内容提要 · 167
重点难点 · 167
学习目标 · 167
知识框架 · 167
第一节　国内生产总值 · 168
第二节　名义 GDP 和实际 GDP · 181
第三节　国民收入核算的其他指标 · 182
第四节　国民收入核算的基本公式 · 185
本章小结 · 187
本章重要概念 · 187

第十一章　简单国民收入决定理论 · 188
内容提要 · 188
重点难点 · 188
学习目标 · 188
知识框架 · 188
第一节　均衡产出 · 189
第二节　消费理论 · 191
第三节　国民收入的决定 · 196
第四节　乘数理论 · 199
本章小结 · 203
本章重要概念 · 203

第十二章　产品市场和货币市场的一般均衡 · 204
内容提要 · 204
重点难点 · 204
学习目标 · 204
知识框架 · 204
第一节　IS 曲线 · 205
第二节　LM 曲线 · 210
第三节　IS-LM 分析 · 214
本章小结 · 216
本章重要概念 · 216

第十三章　总需求-总供给模型 · 217
内容提要 · 217
重点难点 · 217
学习目标 · 217

知识框架 217
第一节　总需求曲线 218
第二节　总供给曲线 222
第三节　总需求-总供给模型 226
本章小结 228
本章重要概念 228

第十四章　失业与通货膨胀 229
内容提要 229
重点难点 229
学习目标 229
知识框架 229
第一节　失业 230
第二节　通货膨胀 234
第三节　菲利普斯曲线 241
本章小结 243
本章重要概念 244

第十五章　宏观经济政策 245
内容提要 245
重点难点 245
学习目标 245
知识框架 245
第一节　宏观经济政策目标 247
第二节　财政政策及其效果 250
第三节　货币政策及其效果 258
第四节　两种政策的混合使用 270
本章小结 273
本章重要概念 273

第十六章　经济增长与经济周期理论 274
内容提要 274
重点难点 274
学习目标 274
知识框架 274
第一节　经济增长理论 276
第二节　经济周期理论 281
本章小结 284
本章重要概念 284

第一章 导 论

- 内容提要
- 重点难点
- 学习目标
- 知识框架
- 思政育人
- 第一节 什么是经济学
- 第二节 经济学的主要内容
- 第三节 经济学的基本假设
- 第四节 经济学的三大基本问题
- 第五节 经济学的分析方法
- 本章小结
- 本章重要概念

内容提要

本章主要讲解什么是经济学、经济学的主要内容、经济学的基本假设、经济学的三大基本问题及经济学的研究方法等。

重点难点

本章重点为经济学的主要内容、经济学的基本假设及经济学的三大基本问题(生产什么、如何生产、为谁生产);本章难点为经济学的分析方法。

学习目标

通过本章学习,学生应理解并掌握经济学的主要内容、经济学的基本假设、经济学的三大基本问题等,初步了解经济学。

知识框架

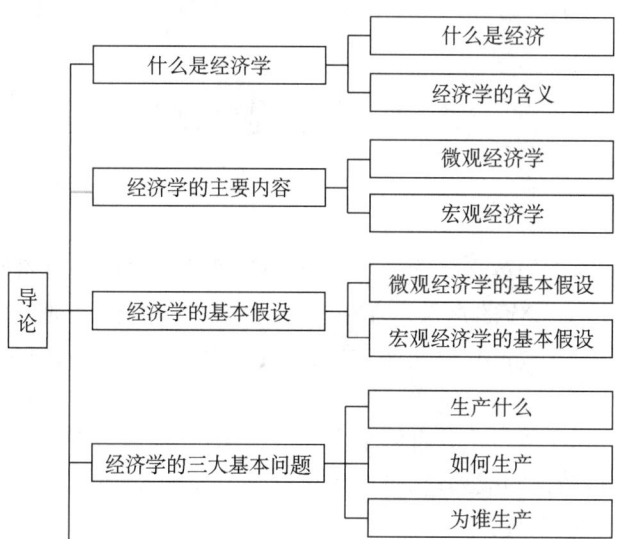

```
                          ┌─ 实证分析与规范分析
         经济学的分析方法 ──┼─ 均衡分析与非均衡分析
                          └─ 静态分析、比较静态分
                              析和动态分析
```

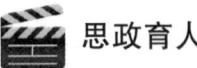 **思政育人**　　2023年政府工作报告(节选)

2022年是党和国家历史上极为重要的一年。党的二十大胜利召开,描绘了全面建设社会主义现代化国家的宏伟蓝图。面对风高浪急的国际环境和艰巨繁重的国内改革发展稳定任务,习近平同志为核心的党中央团结带领全国各族人民迎难而上,全面落实疫情要防住、经济要稳住、发展要安全的要求,加大宏观调控力度,实现了经济平稳运行、发展质量稳步提升、社会大局保持稳定,我国发展取得来之极为不易的新成就。

过去一年,我国经济发展遇到疫情等国内外多重超预期因素冲击。在党中央坚强领导下,我们高效统筹疫情防控和经济社会发展,根据病毒变化和防疫形势,优化调整疫情防控措施。面对经济新的下行压力,果断应对、及时调控,动用近年储备的政策工具,靠前实施既定政策举措,坚定不移推进供给侧结构性改革,出台实施稳经济一揽子政策和接续措施,部署稳住经济大盘工作,加强对地方落实政策的督导服务,支持各地挖掘政策潜力,支持经济大省勇挑大梁,突出稳增长稳就业稳物价,推动经济企稳回升。全年国内生产总值增长3%,城镇新增就业1 206万人,年末城镇调查失业率降到5.5%,居民消费价格上涨2%。货物进出口总额增长7.7%。财政赤字率控制在2.8%,中央财政收支符合预算、支出略有结余。国际收支保持平衡,人民币汇率在全球主要货币中表现相对稳健。粮食产量1.37万亿斤,增产74亿斤。生态环境质量持续改善。在攻坚克难中稳住了经济大盘,在复杂多变的环境中基本完成全年发展主要目标任务,我国经济展现出坚强韧性。

我们全面落实中央经济工作会议部署,按照十三届全国人大五次会议批准的政府工作报告安排,统筹推进经济社会各领域工作。经过艰苦努力,当前消费需求、市场流通、工业生产、企业预期等明显向好,经济增长正在企稳向上,我国经济有巨大潜力和发展动力。

资料来源:李克强.政府工作报告——2023年3月5日在第十四届全国人民代表大会第一次会议上[EB/OL].(2023-03-05)[2023-11-18].https://www.gov.cn/zhuanti/2023lhzfgzbg/index.htm.

第一节　什么是经济学

一、什么是经济

中文"经济"一词对应的英文单词是"economy",该英文单词来自希腊文,原意是家务或家政管理,后来被引申为节俭的意思。在中国古汉语中,"经济"一词包括"经邦"和"济民"、"经国"和"济世"以及"经世济民"等含义,"经济"是这些词的含义的综合和简化,隐喻"治国平天下"。

"经济"一词在现代汉语中主要有两个方面的含义:一是指节省、有效率,以较少的人力、物力、时间等耗费获得较大的成果;二是用来统称人类社会生产、消费、分配、交换等活动,以及组织这些活动的制度、系统。

二、经济学的含义

随着公共事业管理的范围扩大,在17世纪的法国出现了"政治经济学"一词。18世纪70年代以后,政治经济学专指与国家资源相联系的财富生产和分配。经过古典学派的发展与完善,政治经济学成为一门关于财富的性质、再生产分配和使用的学科。

 **延伸阅读1-1**

为什么学习经济学

"学习经济学的一条最重要的理由是,在你的一生中——从摇篮到坟墓,你都会碰到无情的经济学真理。作为一个选民,你要对政府赤字、税收、自由贸易、通货膨胀以及失业等问题作出判断,而这些问题只有在你掌握了经济学基本原理之后,才能够理解。"

资料来源:保罗·萨缪尔森,威廉·诺德豪斯.经济学[M].19版.萧琛,译.上海:商务印书馆,2013.

19世纪中叶以后,对政治经济学的含义出现了两类批评意见:一种意见以马克思(Marx)和恩格斯(Engels)为代表,批判政治经济学研究范围和方法;另一种意见是建议改变政治经济学的名称。例如,麦克劳德(Macleod)提议将"政治经济学"改称为"经济学",之后马歇尔(Marshall)也将其论著命名为《经济学原理》。经济学的诞生离不开两个条件,即资源的有限性和欲望的无穷性。

1. 资源的有限性

资源即在生产中投入用来满足人们需要的商品和劳务的生产要素。在生活中,满足人们欲望或需要的商品和劳务可以分为两大类,即自由取用物品和经济物品。前者在量上是无限的,可以自由取用,比如阳光、空气;后者则是有限的,不能无限制地自由取用,只能通过生产或交换才能得到,这种物品被称为经济物品。人类的某些欲望,尤其是基本生活需求,主要依靠经济物品来满足,而实际生活中,经济物品又是稀缺的。资源的稀缺性是经济学研究的出发点,经济学所说的稀缺性是指相对稀缺性,即不是指资源绝对数量的多少,而是指资源相对于人类欲望或需要的无限性所表现出来的有限性。相对于人类欲望的无限性,再多的资源也是不足的。

2. 欲望的无穷性

欲望即人们想要获得的任何东西,包括物品、劳务、娱乐、某种环境等。同一个人在一定时期内对同一种物品的欲望是有限的,但从整体看,人类的欲望是无穷的。这种无穷性首先表现为人类需要或欲望的多样性;其次,当人们原有的欲望得到满足后,就会产生新的欲望;最后,人们各种欲望的发展总是超前于生产力的发展。人类欲望的无穷性是不能否认的,正是这种欲望的无穷性构成了人类经济活动不断进步的永恒动力,也可以说,没有无穷的欲望,人类社会和文明就不会进步。

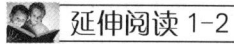 **延伸阅读1-2**

不足歌

[明代] 朱载育

终日奔波只为饥,方才一饱便思衣;衣食两般皆俱足,又思娇娥美貌妻;
娶得美妻生下子,恨无田地少根基;良田置的多广阔,出门又嫌少马骑;

槽头扣了骡和马,恐无官职被人欺;七品县官还嫌小,又想朝中挂紫衣;
一品当朝为宰相,还想山河夺帝基;心满意足为天子,又想长生不老期;
一旦求得长生药,再跟上帝论高低;不足不足不知足,人生人生奈若何?
若要世人心满足,除非南柯一梦兮。

资料来源:百度百科. 不足歌[EB/OL]. [2024-01-09]. https://baike. baidu. com/item/%E4%B8%8D%E8%B6%B3%E6%AD%8C/20493404?fr=ge_ala.

关于经济学的定义,迄今西方经济学界也不存在一个为所有经济学家一致接受的说法,但不同的定义都包括以下三方面的内容:经济学是指人类无穷的欲望、资源的有限性及因此导致的人类对资源产生的选择问题。到了20世纪20年代,英国经济学家罗宾斯(Robbins)概括出了现代通行意义上的经济学概念,即经济学是一门研究人类如何将稀缺资源分配于多种欲望以取得最大福利的学科。

第二节 经济学的主要内容

一、微观经济学

微观经济学以单个经济单位为研究对象,通过研究单个经济单位的经济行为和相应经济变量来说明价格机制如何解决社会资源配置的问题。微观经济学实质包含以下三个方面的内容。

1. 微观经济学的研究对象是单个经济单位的经济行为

微观经济学的研究对象包括相互联系的两个方面:其一是单个经济单位或经济主体的行为方式,如单个消费者的消费行为;其二是与单个经济单位或经济主体的行为方式相联系的各种经济个量的决定和变化问题,如单个厂商产量、成本、收益、利润的决定和变化问题。

2. 微观经济学解决的是资源配置问题

在任何社会条件下,任何一个经济单位或经济主体所拥有的经济资源都是有限的,而它们的用途却是多方面的。因而,每一个经济单位或经济主体都面临着这样一个问题,即如何在这些彼此竞争的可能用途之间合理分配其数量有限的资源,单个经济单位或经济主体的经济行为实质上也就是他们的资源配置行为。如单个消费者拥有的资源就是一定量的货币收入和时间,这两种资源都存在着许多可能的用途,消费者面临的抉择就是如何在所有这些相互竞争的目标和用途之间合理地分配其货币和时间资源,以获取最大可能的满足。

3. 微观经济学的核心理论是价格理论

在一个市场经济社会里,任何经济单位或经济主体的经济行为都在相当大的程度上与市场价格水平及其变动密切相关,都要接受市场价格水平及其变动的调节。例如,厂商的生产、经营行为也在很大程度上受市场价格的调节和决定。正因为价格对各种经济单位和经济主体的经济行为有着如此重要的作用和影响,所以,以单个经济单位或经济主体的经济行为为研究对象的微观经济学自然就必须把价格理论置于自己的研究中心。也正是由于这个原因,微观经济学有时又被称为"价格理论"。

二、宏观经济学

宏观经济学以整个国民经济为研究对象,通过研究国民经济中的总量指标,比如国内生产总值、储蓄、投资、就业量等的变化,来说明资源如何才能得到充分利用。宏观经济学包括以下三个方面的内容。

1. 宏观经济学的研究对象是经济总量

宏观经济学的研究对象包括相互联系的两个方面:其一是国民经济的总体运行状况及其规律性,如一国的经济增长、失业等问题。其二是与国民经济总体运行状况相联系的各种经济总量的决定和变化问题。宏观经济学就是通过对这些经济总量的决定和变化过程的分析来实现对国民经济运行总体状况的分析。正因为这样,宏观经济学有时也被称为"总量经济学"。

2. 宏观经济学的中心理论是国民收入理论

宏观经济学通过对一国国民收入水平的决定、变化及其与就业量、物价水平和经济增长之间关系的分析来揭示失业、通货膨胀和经济增长停滞的原因,并寻找医治这些弊病的办法和措施,正因为如此,它也被称为"国民收入理论"。

3. 宏观经济学解决的是资源利用问题

在现实社会中,劳动者失业、生产设备和自然资源闲置等问题是经常存在的。这说明,生产可能性边界标定的产量只是充分就业的或者说潜在的国民收入,而实际的国民收入往往小于它。研究造成这种状态的原因,寻求改良这种状态的方法,从而实现充分就业,使实际的国民收入接近或等于潜在的国民收入,这就是资源利用。

宏观经济学把资源配置作为既定前提,研究现有资源未能得到充分利用的原因,资源达到充分利用的途径,以及资源如何增长等问题。

二维码1-1:视频:经济学两大内容

> **相关思考1-1**
>
> 思考一下,微观经济学与宏观经济学的区别是什么?它们之间又有哪些联系?

第三节 经济学的基本假设

一、微观经济学的基本假设

1. 经济人假设

经济人假设是指每个人都以自身利益最大化为目标,追求个人利益或效用的最大化,这是个体行为的基本动机。例如,消费者追求的是最大限度的自身满足,生产者追求的是最大限度的自身利润,生产要素所有者追求的是最大限度的自身报酬。经济主体所有的经济行为都是有意识和理性的,不存在经验性的或随机的决策,因此,经济人又被称为理性人。

2. 完全信息假设

完全信息假设假定各经济主体都能迅速地获得各种信息,并根据这些信息及时调整自己的行为,以便实现自身利益最大化的目标。由于各经济主体信息完备,因此他们能确切地知道自己行为的后果,从而处于无风险的境界。例如,每个消费者都能充分地了解每一种产品的性能和特点,准确地判断一定产品给自己带来的消费满足程度,掌握产品价格在不同时期的变化等,从而作出最优的消费决策以获得最大的效用。

二维码1-2:了解信息不对称

3. 市场出清假设

市场出清假设假定市场价格能自由而迅速地上下变动,足以对供求关系变化作出即时的反应,使供需总是处于均衡的状态。例如,在产品市场,商品价格自由而及时地波动,总能使商品供需均衡;在货币市场,利率自由而及时地上下波动,总能使资本供需均衡。在这种均衡状态下,不存在资源的闲置和浪费,资源的充分利用问题已经得到解决。

二、宏观经济学的基本假设

1. 市场失灵假设

市场经济发挥作用是建立在理性人、完全信息、市场出清3个基本假设基础之上的。然而,市场主体的不完全理性、信息的不完全及商品的短缺或过剩,使市场经济的效率大打折扣,价格机制也不能很好地发挥作用,就会导致市场失灵。市场失灵使市场机制在有些场合不能实现资源的有效配置,导致市场失灵的原因包括垄断、外部影响、公共物品、不完全信息等。

2. 政府调节假设

人类不仅发挥尊重市场机制的作用,而且能在了解、遵守市场经济基本规律的前提下,对经济进行调节。因此,在市场失灵的情况下,政府可以采取适当的政策和手段调节经济。尽管经济学家对政府调节经济的手段、目标及有效性还有很大争议,但各国政府的经济作用显然在不断加强,政府对经济的调节常常被称为"看得见的手"。

第四节 经济学的三大基本问题

一、生产什么

生产决策机制是如何形成的?这是经济学首先要研究的问题。"生产什么"这个问题的内涵是极其丰富的,大到一个国家,小到一个企业或者家庭,他们拥有的资源是有限的,面对众多而且难以一时完全满足的需求,如何确定生产的产品种类和数量呢?对一个国家来说,我们一般能够找到其拥有的经济资源所能生产产品的种类及其组合的最大产量,这样的产出组合我们可以用生产可能性曲线来表示。为了在一个两维的平面上表达这样一种生产可能性边界,我们假定一个国家某一类经济资源只能用来生产两种产品:消费品和基础设施。消费品是一个国家的人民维持生存所必需的社会产品,由食品、衣物和生活用品等构成。基础设施在不同时代有不同的外延,在古代,交通需要的运河和国防需要的长城等都属于基础设施,在当今,高速公路、铁路、通信设施等属于基础设施。生产可能性曲线如图1-1所示。

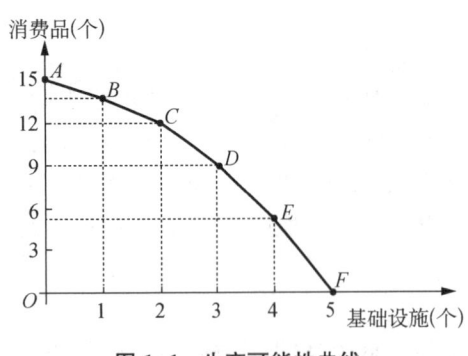

图1-1 生产可能性曲线

生产可能性曲线描述了一个国家在一定时期内和一定技术水平下用其所拥有的经济资源所能生产的各种产品的最大组合。如果我们将两维商品推广到 n 维商品,其原理是一样的,只是我们无法在平面上绘制这样的生产可能性曲线。

二、如何生产

"生产什么"确定之后,"如何生产"又是一个重要的问题。同样的产品组合,人类可以采取很多种不同的方式进行生产,是用分工协作的方式进行生产,还是个体单独进行生产?是以机器为主的方式进行生产,还是以人力劳动为主的方式进行生产?是采用A种技术进行生产,还是采用B种技术进行生产?一般来说,共同协作生产要比个体生产有效率。如何生产的问题涉及生产方式的选择、技术水平的改进、生产关系的改善等,这些因素的改善都能够提高生产效率,从而使生产可能性边界不断向外扩展。

当前"如何生产"的问题也涉及环境保护问题。生产和效率是经济学关注的主要问题,但是一味地追求产出最大化,往往会忽视对环境的保护。虽然忽视环境保护的产出最大化可能获得短期内产量的大幅提高,丰富了人们的物质生活,但是人类赖以生存的环境却可能遭到不可恢复的破坏。从长远来看,这样的生产方式是不可持续的,并不可取。

三、为谁生产

"为谁生产"是经济学需要回答的第三个基本问题。"生产什么"和"如何生产"决定了生产的组合和生产的效率(包括长期效率)。但是,我们如何对产品进行分配呢?举例来说,某个星期天,几位同学一起包饺子,在饺子的生产过程中,不同的同学做不同的事情,有的和面,有的剁馅,有的包饺子,有的烧水,最后饺子被端到桌子上,大家如何分配这些饺子呢?如果饺子的数量很多,我们可以按需分配,即每个人根据自身食量,尽情享用。但是,如果饺子的数量有限,这样的分配方式便不可行。所以,我们必须想出其他分配方式,或平均分配,或根据每人在生产饺子过程中的贡献大小来分配。如果包饺子这样的生产活动是常规的生产活动,就不可以随便选择如何分配,它会影响生产的效率。平均分配从结果来看是公平的,但是,如果人们预先知道分配的结果是平均的,那么在生产过程中干多干少都一样,就会有人在生产过程中采取少干或者不干的策略,这种策略一旦被大家认可或者模仿,生产的低效率就不可避免了。

马克思曾经设想过,在共产主义社会里,生产力极度发达,同时人们的觉悟非常高,按需分配原则是可以实现的。但是,如果生产力水平没有达到那个程度就实行按需分配,那就一定会失败。因为生产结果的分配制度涉及生产过程中的激励机制,如果我们能够很好地衡量每人在生产过程中所作的贡献,那么根据每人在生产过程中的贡献大小进行社会产出的分配就是一个非常好的激励机制。

第五节 经济学的分析方法

一、实证分析与规范分析

(一) 实证分析

实证分析是指超越一切价值判断,从某个可以证实的前提出发,来分析人的经济活动。实证分析有以下两个显著特点:

(1) 实证分析所要回答的问题主要是"是什么"。具体而言,即如果经济主体作出了某种经济选择,或者采取了某种经济行为,会产生什么样的结果。至于这种选择或行为本身是好还是不好,是应该还是不应该,则不属于实证分析所回答问题的范围。因此,试图超越和摆脱价值判断的干扰,仅对经济运行过程及其规律性进行客观描述,是实证分析的第一个特征。

(2) 实证分析的研究结论具有客观性、可检测性。实证分析的研究结论可以通过经验事实予以证实或证伪,不存在争议。例如,在其他条件不变时,如果价格上涨,则需求量就会下降。这是一个典型的实证经济学命题,它的成立与否完全可以通过价格上涨后商品实际销售量的变化情况来验证。

(二) 规范分析

规范分析是指以一定的价值判断为基础,提出一些分析和处理问题的标准,作为决策和制定政策的依据。规范分析具有两个显著的特点:

(1) 规范分析所要回答的问题是"应该是什么"。规范分析所要回答的并不是经济主体采取什么经济行为会产生什么结果诸如此类的问题,而是什么样的经济行为才是好的、合理的、应该采取的,什么样的行为是不好的、不合理的、不应该采取的之类的问题。它所注重的并不是经济主体的经济行为与其结果之间的客观规律性的关系,而是对经济主体行为本身的是非好坏判断。

(2) 规范分析的结论不具有客观性,无法通过经验事实来证实或证伪。规范分析以一定的价值判断为依据或出发点,而不同人的价值观念、价值准则又是不完全相同的。因此,对于同一个经济问题,不同的人往往会得出截然不同的结论,很难通过经验事实予以验证。以经济增长为例,一种观点认为,经济增长会带来整个社会经济福利的增进,是社会经济福利不断改进的基础和源泉。因此,对于任何社会而言,都必须保持一定的经济增长率。然而,另一种观点认为,经济增长会导致资源枯竭、生态环境恶化、人口爆炸,因此必须予以限制,甚至主张零增长。这两种截然对立的观点分别立足于不同的价值判断,究竟谁是谁非,很难证明。

> **相关思考 1-2**
>
> 你能举例说明实证分析与规范分析的区别吗?

二、均衡分析与非均衡分析

均衡是物理学中的概念。当一个物体同时受到方向相反、大小相等的两个外力作用,该物体由于受力相等而处于静止状态,这种状态就是均衡。19世纪末的英国经济学家马歇尔(Marshall)把这一概念引入经济学中,指经济中各种对立的、变动着的力量处于一种力量相当、相对静止、不再变动的状态。

均衡分析即分析各种经济变量之间的关系,说明均衡的实现及其变动。均衡分析又可以分为局部均衡分析和一般均衡分析。局部均衡分析考察在其他条件不变时单个市场的均衡的建立与变动。一般均衡分析考察各个市场之间的均衡的建立与变动,它是在各个市场的相互关系中来考察某个市场的均衡问题。

均衡分析偏重于数量分析,非均衡分析则认为经济现象及其变化的原因是多方面的、复杂的,不能单纯用有关变量之间的均衡与不均衡来加以解释,而主张以历史的、制度的、社会的因素作为分析的基本方法,即使是数量分析,非均衡分析也不是强调各种力量相等时的均衡状态,而是强调各种力量不相等时的非均衡状态。微观经济学和宏观经济学运用的主要分析工具是均衡分析。

二维码1-3:局部均衡与一般均衡

三、静态分析、比较静态分析和动态分析

(一) 静态分析

静态分析与均衡分析密切联系,是分析经济现象的均衡状态以及有关经济变量达到均衡状态所需具备的条件,但并不论及达到均衡状态的过程。静态分析的特征就是所有的经济变量都是同一时期的,即不考虑时间因素。例如,供给、需求和均衡的形成,供给曲线是一条斜率为正的曲线,表明价格越高,供给量越大;需求曲线为一条斜率为负的曲线,表明价格越高,需求量越小。只有当供给等于需求时,这一商品市场才处于均衡状态,即市场出清。这种均衡分析方法实质上是一种典型的静态分析,因为考虑的经济变量都是同一时期的。

(二) 比较静态分析

比较静态分析就是在原有的已知条件发生变化的情况下,考察或比较在这些条件变化以后,均衡状态相应发生什么样的变化,但并不论及怎样从原有的均衡状态过渡到新的均衡状态的实际变化过程。运用这种分析方法的经济学,被称为比较静态经济学。

例如,假定由于人们的偏好发生了变化,对某种商品的需求增加,该商品的价格提高,在供给状况保持不变的情况下,当该商品的供求达到新的均衡时,其价格和产量都将比以前提高或增加。可见,比较静态分析的主要特点是仅就个别经济现象发生变动的前后及两个或两个以上的均衡位置进行分析研究,而完全抛开了对转变期间和变动过程的分析。换句话说,比较静态分析就是比较一个变动过程的起点和终点。

(三) 动态分析

与上述静态分析方法不同,动态分析则是考察经济活动的实际发展和变化过程,它假定人口、生产技术、资本数量、生产组织和消费者偏好等因素在随时间推移过程中是会发生变化的,动态分析研究这些因素的变化如何影响一个经济体系的运动发展。其主要特点是加入了时间因素,从时间序列上对社会经济活动作时点分析和期间分析、事前分析和事后分析,并特别重视预期和计划在经济活动中的作用,试图说明经济活动如何由一种均衡向另一种均衡过渡。所以,动态分析方法又称作"期间分析"或"序列分析"方法。例如,微观经济学中的"蛛网理论"就是运用这种分析方法分析生产周期较长的商品在供求失衡时所发生的价格与产量循环影响和变动的理论。

动态分析与比较静态分析的相同之处在于考察的变量为不同时期的,不同之处在于后者不考虑实现新均衡的途径和过程,而前者要研究调整的过程。

本 章 小 结

通过本章的学习,学生应对经济学有初步了解,能够掌握经济学的基本假设及分析经济学三大基本问题,了解经济学的主要内容分为微观经济学和宏观经济学,能够初步运用经济学的分析方法看待经济问题。

本章重要概念

经济学　微观经济学　宏观经济学　市场出清假设　生产可能性边界　实证分析　规范分析　静态分析　比较静态分析　动态分析

二维码1-4：练一练

二维码1-5：练一练答案

第二章 价格理论

- 内容提要
- 重点难点
- 学习目标
- 知识框架
- 思政育人
- 第一节 需求
- 第二节 供给
- 第三节 均衡价格
- 第四节 弹性理论
- 第五节 供求分析的简单应用
- 本章小结
- 本章重要概念

内容提要

本章主要讲解影响市场均衡价格的两个因素,需求与供给的表达方式、影响因素等,同时讲解了市场均衡的情况、弹性理论以及供求分析的简单应用。

重点难点

本章重点为需求、供给的含义及其影响因素,市场均衡的决定,需求价格弹性的概念、公式、分类;难点为运用供求曲线的事例以及弹性的计算。

学习目标

通过本章学习,学生应掌握需求曲线、供给曲线、市场均衡、弹性理论;明确需求、供给的基本内容和有关的基本概念,进一步掌握运用供求曲线的事例。

知识框架

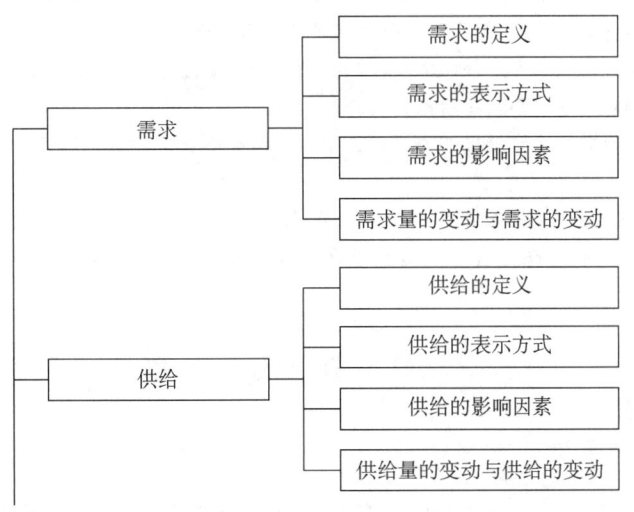

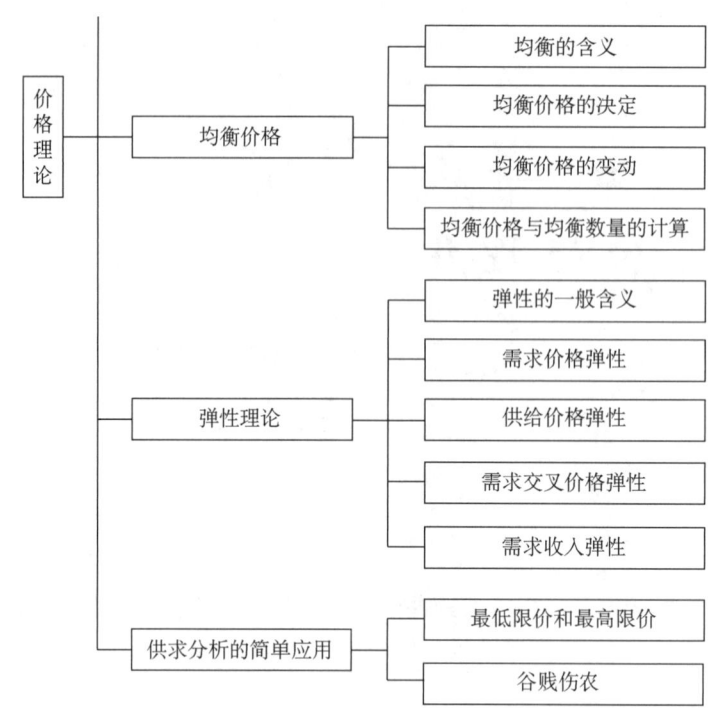

思政育人　　保持农产品价格合理水平，促进农民增收

党的二十大高度重视农民收入问题，明确提出要着力促进农民增收，保持农民收入持续较快增长。这不仅明确了"三农"工作的重要着力点，而且对实现农民增收提出了明确的目标要求。

保持农民收入持续较快增长，必须采取一系列有效措施，加快发展现代农业，构建现代农业产业体系，增加农民家庭经营性收入。特别是要巩固完善强化强农惠农富农政策，进一步用政策拉动农民增收。近年来农民收入较快增长，政策发挥了重要作用。取消农业税、实施农业补贴、出台粮食最低收购价、建立农村低保制度和新型农村社会养老保险制度等，不仅减轻了农民负担，直接增加了农民收入，而且调动了农民积极性，增加了农产品生产，使农民实现了增产增收。

这些强农惠农富农政策使农民得到了实惠，深受农民欢迎，要始终坚持并不断完善和强化。要进一步提高粮食最低收购价水平，用最低收购价引领农产品市场价格走向，保持农产品价格合理水平，提高农业比较效益。要进一步提高农业生产补贴水平，增加补贴资金，扩大补贴范围，提高补贴强度，完善补贴办法，使补贴更好发挥引领农民增收和农业增产作用。

农产品合理定价需要依靠价格理论，因此，深入理解价格理论，并应用于农产品定价，可以进一步促进农民增收。

资料来源：新浪财经. 保持农产品价格合理水平，促进农民增收［EB/OL］.（2023-01-10）［2023-11-21］. https://finance.sina.com.cn/china/20130110/093514244397.shtml.

第一节　需　　求

一、需求的定义

需求是指消费者在一定时期内在各种可能的价格水平下愿意而且能够购买的该商品的

数量。如果消费者对某种商品只有购买的欲望而没有购买的能力,就不能算作需求。消费者对某种商品既有购买欲望又有购买能力才能被算作需求。

在上述有关需求的定义中,有两个方面值得注意。

第一,只考虑需求的数量和价格之间的变动关系。除价格和消费者的购买量外,其他条件保持不变。

第二,就一个特定的时期而论,在其他条件不变的情况下,消费者对某种商品的需求必须具备两个特征:购买意愿和购买能力。在自由的不受控制的市场经济条件下,消费者对商品的需求是特定市场条件下消费者自愿的选择,不是被迫进行的决策。此外,消费者对商品的需求是有购买能力的意愿,消费者必须能支付得起商品价格。

二维码2-1:
视频:需求的定义

二、需求的表示方式

需求函数表示一种商品的需求量和该商品的价格之间存在着一一对应的关系。这种函数关系可以分别用商品的需求表和需求曲线来加以表示。

(一) 需求表

商品的需求表是表示某种商品的各种价格水平和与各种价格水平相对应的该商品的需求数量之间关系的数字序列表。表2-1是某商品的需求表。

从表2-1可以清楚地看到商品价格与需求量之间的函数关系。比如,当商品价格为1元时,商品的需求量为700单位;当商品的价格上升为2元,商品的需求量下降为600单位;当商品的价格进一步上升为3元时,商品的需求量下降为更少的500单位;如此等等。

表2-1　　　　　　　　　　某商品的需求表

价格-数量组合	A	B	C	D	E	F	G
价格(元)	1	2	3	4	5	6	7
需求量(单位数)	700	600	500	400	300	200	100

(二) 需求曲线

商品的需求曲线是根据需求表中商品不同的价格-需求量的组合在平面坐标图上所绘制的一条曲线。图2-1是根据表2-1绘制的一条需求曲线。在图2-1中,横轴OQ表示商品的数量,纵轴OP表示商品的价格。根据表2-1中每一个商品的价格-需求量的组合,便得到需求曲线$Q^d = f(P)$。它表示在不同价格水平下消费者愿意而且能够购买的商品数量。线性需求函数的通常形式为:

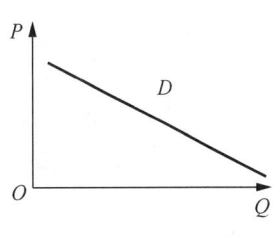

图2-1　需求曲线

$$Q^d = \alpha - \beta P \tag{2-1}$$

式中α、β为常数,且α、β>0。该函数所对应的需求曲线为一条直线。需求曲线形状如图2-1所示。

? 相关思考2-1

在上面所学内容中,需求曲线是向右下方倾斜的曲线,表示商品的价格和商品数量呈反方向变化,那么在我们的实际生活中是不是所有商品的需求曲线都是向右下方倾斜的呢?是否存在一些特例商品,这些商品的需求曲线是向右上方倾斜的或是水平线又或是垂直线呢?

三、需求的影响因素

二维码2-2:
吉芬商品

一种商品的需求数量是由许多因素共同决定的。其中主要的因素有:商品的自身价格、消费者的收入水平、相关商品的价格、消费者的偏好和消费者对商品的价格预期等。它们对商品需求数量的影响分别如下。

(一)商品的自身价格

一般来讲,一种商品的价格越高,消费者愿意并且能够购买的该商品的数量越少。在西方经济学中,需求的这一特征被称为需求规律。需求规律可以表述为:在其他条件不变的情况下,商品的价格越高,需求量越小;反之,商品的价格越低,需求量越大。

如果一个消费者对一种特定商品的需求满足需求规律,则在价格轴与数量轴所表示的平面中,商品需求曲线向右下方倾斜,即消费者对商品的需求量与商品的价格之间呈反方向变动。

(二)消费者的收入水平

一个家庭或一个消费者的收入是其在一定时期内所得到的工资薪金、利息、租金等项目的总和。消费者的收入水平决定了他的支付能力。消费者收入水平的高低会对不同的商品需求量产生不同的影响,消费者的收入增加并不导致他对商品的需求量必然增加,这取决于该商品是正常商品还是低档商品。

正常商品是指需求量随着消费者收入水平的提高而增加的商品。我们消费的大多数商品或劳务都是正常商品,收入越高,消费者越倾向于增加对这些商品的需求量。不过,并不是所有的商品都是正常商品,当消费者的收入水平提高时,对某些商品的需求量不仅不会增加,反而会减少,这类商品就被称为低档商品。

需要指出,正常商品和低档商品是基于消费者的收入区分的。一方面,同一种商品对某些消费者而言可能是正常商品,而对另外一些消费者可能就是低档商品。另一方面,对同一个消费者来说,同一种商品在一定的收入水平上是正常商品,而在另一个收入水平上却可能是低档商品。比如,在20世纪80年代以前,大白菜可以说是我国北方地区冬季的当家菜,当时收入越高的家庭,贮存的大白菜数量就越多。但随着收入水平的提高,现在消费者对大白菜的需求量却在下降。

(三)相关商品的价格

当一种商品本身的价格保持不变,而与它相关的其他商品的价格发生变化时,这种商品本身的需求量也会发生变化。以两种商品的情形为例,我们可以把相关商品与这种商品之间的关系分为替代关系和互补关系。

如果两种商品可以满足消费者相同的需要,则这两种商品就是互为替代品,比如,白菜和茄子互为替代品。对于互为替代品的两种商品而言,如果一种商品的价格上升,消费者将减少对于该商品的需求量,同时为了满足自身的需要对另一种商品产生更大的数量需求;反之,替代品价格下降将导致原商品需求量减少。即在两种商品具有替代关系时,一种商品的价格与另一种商品的需求量之间呈同方向变动。比如,白菜的价格上升导致白菜的需求量减少,那消费者就用相对便宜的茄子来代替它,从而使茄子的需求量增加。

如果两种商品相互补充,共同满足消费者的同一种需要,则称这两种商品为互补品。例如,乒乓球与乒乓球拍就是互补品。对于互补的商品而言,一种商品的价格提高将导致该商品的需求量减少,同时使得消费者减少购买其互补品的数量。这就是说,一种商品价格提高将会使其互补品的需求量相应地下降;反之,商品价格下降会使其互补品的需求量随之增加。即一种商品的价格与其互补品的需求量之间呈反方向变动。

延伸阅读2-1

汽油价格与汽车需求

市场上各种产品之间往往存在着紧密的联系,其中一种产品的需求或供给发生变化,不仅会影响产品本身的价格,而且会影响其相关产品的价格。一个典型的例子就是发生在20世纪70年代的石油危机及与此相联系的汽车需求。

20世纪70年代,曾经出现过两次石油危机。1973年,为了反对美国支持以色列,石油输出国组织(OPEC)对美国采取石油禁运措施。1979年,由于伊朗国王被推翻而导致该国石油供应瘫痪,石油供给急剧减少。受石油危机的冲击,美国的汽油价格从1973年的每加仑0.27美元猛增至1981年的每加仑1.4美元。石油价格的上升对美国经济所产生的影响是多方面的,对汽车的销售量的影响更是非常直接的。

统计资料显示,在第一次汽油价格上升之后,美国每年大约售出250万辆大型汽车、280万辆中型汽车以及230万辆小型汽车。到了1985年,这三种汽车的销售量出现了明显变化,当年售出150万辆大型汽车、220万辆中型汽车及370万辆小型汽车。

由此可见,大型汽车的销售量自70年代以来迅速下降,反过来,小型汽车的销售量却持续攀升,中型汽车大致保持了原有水平。

资料来源:刘凤良.西方经济学[M].第三版.北京:中国人民大学出版社,2019.

(四)消费者的偏好

偏好是消费者对商品的喜好程度。偏好在消费者的市场行为中表现出来,它决定了消费者对商品的需求程度。在相同的价格水平下,消费者的偏好越强烈,对该商品的需求量就越大;反之,对该商品的需求量就越小。即消费者的偏好与需求量呈同方向变动。

(五)消费者对商品的价格预期

消费者对商品的价格预期也会影响消费者对商品的需求量。消费者对商品的价格预期是消费者根据现有的条件对未来状况作出的估计。

以商品的价格为例,消费者对某种商品的需求量取决于该商品的价格,但当消费者预期该商品的价格未来会上升时,他通常会增加对该商品的现期需求量。比如,消费者抢购某种商品在很大程度上是因为预期该商品价格会上涨。反之,消费者如果预期该商品的价格未来会下降时,他通常会减少对该商品的现期需求量,增加对该商品的未来需求量。

四、需求量的变动与需求的变动

需求量的变动是指由于价格变动引起的消费者愿意并且能够购买的商品数量的变动,需求的变动是指除价格以外的其他因素变动引起的消费者在每一可能的价格下所有需求量的变动。需求量的变动表现为需求曲线上的任何一点在同一条需求曲线上的移动。而需求的变动则表现为需求曲线的移动,并且一般地,如果需求曲线因商品本身价格以外的因素而向右上方移动,则称消费者的需求增加;反之,如果需求曲线向左下方移动,则称消费者的需求减少。

需求量是需求概念的一个方面,是单纯用数字表示的量化概念。故需求量的变化就仅仅是指数量的增加或减少;需求是一个综合的概念,包括需求的对象、类型、时间、数量等,故需求的变化可能只是其中某个元素的变化。需求量的变动与需求的变动分别如图2-2(a)及图2-2(b)所示。

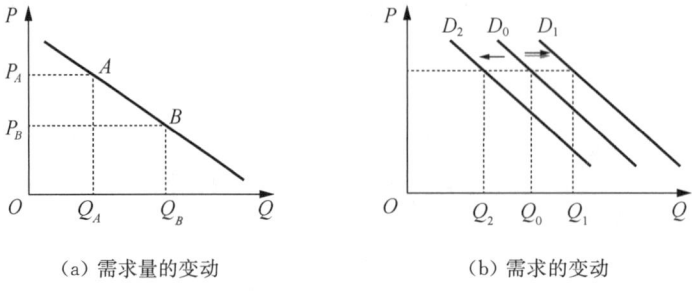

(a) 需求量的变动　　　　　　　　(b) 需求的变动

图 2-2　需求量的变动与需求的变动

延伸阅读 2-2

中秋节过后超市月饼滞销,价格暴跌买一送二大促销

中秋节前,月饼价格奇高,一盒礼盒装的月饼少则售价上百元,多则售价上千元。一旦过了中秋节,月饼价格就会瞬间"大跳水"。

中秋节后第三天,在浙江省杭州市一家超市内,各种款式的月饼都在进行大促销大减价,以前用来买一盒月饼的钱,现在能买"一车"月饼。这些原本受人青睐的月饼,在中秋节后变成"累赘",超市都希望能早点出货卖掉。由于月饼保质期短,一旦过了中秋节,月饼价格就会暴跌。为了及时将这些滞销的月饼卖掉,超市里许多款式的月饼只需要之前的三分之一的价格就能买到。很多月饼从一开始的"买一送一"变成"买一送二",再卖不掉,就会变成"买一送三送四送五"等。一些喜欢吃月饼的市民趁这个机会前来"捡漏",以前只能买一盒精美包装月饼的钱,如今可以买走"一车"。

资料来源:快资讯.中秋节过后超市月饼滞销,价格暴跌买一送二大促销[EB/OL].(2019-09-17)[2023-11-21]. https://www.360kuai.com/pc/9d204a02672137db5?cota=3&kuai_so=1&sign=360_57c3bbd1&refer_scene=so_1.

第二节　供　　给

一、供给的定义

一种商品的供给来源于生产者。生产者对一种商品的供给,是指在其他条件不变的情况下,某一特定时期内生产者在各种可能的价格下愿意而且能够提供出售的该商品的数量。

对应于某一特定的价格,生产者的供给与消费者的需求概念相似,在供给的定义中,同样需要注意两个方面:第一,除了商品本身的价格以外,影响供给量的其他因素保持不变。第二,定义中所涉及的供给量是生产者在特定价格下具有供给意愿而且具备供给能力的数量。

二、供给的表示方式

供给函数 $Q^S = f(P)$ 表示一种商品的供给量和该商品价格之间存在着一一对应的关

系。这种函数关系可以分别用供给表和供给曲线来表示。

(一) 供给表

商品的供给表是表示某种商品的各种价格和与各种价格相对应的该商品的供给数量之间关系的数字序列表。表2-2是某商品的供给表。

表2-2 某商品的供给表

价格-数量组合	A	B	C	D	E
价格(元)	2	3	4	5	6
供给量(单位数)	0	200	400	600	800

表2-2清楚地表示了商品的价格和供给量之间的函数关系。例如,当价格为6元时,商品的供给量为800单位;当价格下降为4元时,商品的供给量减少为400单位;当价格进一步下降为2元时,商品的供给量减少为零。

(二) 供给曲线

商品的供给曲线是根据供给表中的商品的价格-供给量组合在平面坐标图上绘制的一条曲线。图2-3便是根据表2-2绘制的一条供给曲线。图中的横轴OQ表示商品数量,纵轴OP表示商品价格。它表示在不同的价格水平下生产者愿意而且能够提供出售的商品数量。供给曲线是以几何图形表示商品的价格和供给量之间的函数关系。在微观经济分析中,使用较多的是线性供给函数。它的通常形式为:

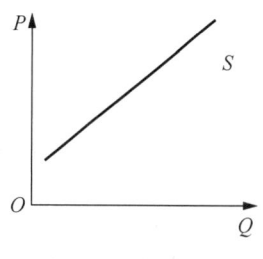

图2-3 供给曲线

$$Q^S = -\delta + \gamma P \quad (2-2)$$

式中,δ、γ为常数,且γ、$\delta > 0$。与该函数相对应的供给曲线为一条直线。供给曲线的形状如图2-3所示。

三、供给的影响因素

一种商品的供给数量取决于多种影响因素,其中主要的影响因素有商品的自身价格、生产的成本、生产的技术水平、相关商品的价格和生产者对未来的预期。它们各自对商品的供给的影响如下所述。

(一) 商品的自身价格

一般说来,一种商品的价格越高,生产者提供的产量就越大。相反,商品的价格越低,生产者提供的产量就越小。这一规律被称为供给定律。

如果一个生产者对一种特定商品的供给满足供给定律,那么在其他条件不变的情况下,供给曲线向右上方倾斜,即生产者对商品的供给量与商品价格之间是同方向变动的关系,换言之,商品的供给满足供给规律时,供给曲线的斜率为正值。

(二) 生产的成本

生产要素价格是影响厂商生产成本的最重要的因素。在商品自身价格不变的条件下,投入品的价格提高等因素导致的生产成本上升会减少利润,追求利润的生产者因此会减少供给量;相反,生产成本下降,利润就会增加,生产者就愿意提供更多的商品,从而使得供给量增加。因此,生产成本增加导致供给量减少,生产成本降低导致供给量增加。

(三) 生产的技术水平

生产商品所采用的生产技术决定了在现有条件下既定的投入所能生产的商品数量,技术水平越高,相应的产出量就会越大。因此,在一般的情况下,随着技术水平的提高,生产者对产品的供给量就会越大。

延伸阅读 2-3

"杂交水稻之父"的梦想正在非洲实现

2023年11月14日上午,参加第二届中非农业合作论坛的非洲国家代表来到三亚水稻国家公园参观。在袁隆平铜像前,外宾们纷纷插下杂交水稻秧苗,缅怀这位"杂交水稻之父"。

走进杂交水稻新品种展示田,外宾们捧起金黄饱满的稻穗仔细观察,又现场观看机械化插秧、无人机播种等新技术。对于他们中的许多人来说,杂交水稻并不陌生,中国培育的不少品种已经为他们国家的农民带来了连年丰收。

4年前,袁隆平在三亚出席首届中非农业合作论坛时表示,希望杂交水稻在非洲各个国家发展起来,解决非洲的粮食安全问题。如今,在广袤的非洲大地上,他的心愿正逐步实现:在众多中国农业科研机构和农业企业的努力下,已有20多个非洲国家种植了中国杂交水稻。

中国农业科学院国际合作局局长金轲介绍,中国农科院与盖茨基金会合作,已向9个非洲国家发放超过1000份绿色超级稻材料,累计推广面积5.7亿平方米,比当地品种增产20%以上。在布基纳法索,过去水稻每平方米产量通常仅0.2~0.3千克,达到5吨已是很高水平。从中国引进杂交水稻后,每平方米产量能达1千克以上。同时,引进的矮秆水稻品种生长周期更短、口感更好、抗病能力更强。

布基纳法索农业、动物和渔业资源部副部长高苏·萨努说,过去该国每年需花费1 600多万美元进口大米。从中国引进杂交水稻后,粮食产量大幅提高,基本实现了大米"零进口"。他说:"节省下来的钱可以用于其他民生改善项目,所有民众都能受益。"

围绕杂交水稻,一批高效栽培新技术加快向非洲传播。近几年,南京农业大学教授李刚华数次往返于中国和非洲,让"水稻精确定量栽培"等技术在非洲落地生根。令他感到欣慰的是,如今莫桑比克部分地区的水稻产量已达每平方米0.9千克,较以往翻了三倍多。

资料来源:新浪财经."杂交水稻之父"的梦想正在非洲实现[EB/OL].(2023-11-15)[2023-11-21]. https://finance.sina.com.cn/jjxw/2023-11-15/doc-imzusxhp2427198.shtml?cref=cj. 有删改。

(四) 相关商品的价格

相关商品的价格也影响商品的供给量。以厂商生产两种产品的情况为例,如果生产者提供的产品在资源投入上相互竞争,则一种商品价格提高将会导致另一种商品供给量减少。比如服装厂提供儿童和成人两种成衣,如果成人的衣服价格提高,势必导致厂商把人力、物力转向生产成人衣服,从而使得儿童衣服的供给量减少。厂商生产两种产品的另外一种情况是,两种商品共享同一资源,是同一生产过程中得到的主副产品,比如原油经过加热会冶炼出汽油并得到沥青,那么在汽油价格不变的条件下,沥青价格的上升也会使生产者不得不增加汽油的供给量。这时,其他商品价格提高会导致该种商品供给量的增加。

(五) 生产者对未来的预期

如果生产者对未来的预期是乐观的,如预期商品的价格会上涨,生产者往往会扩大生产,增加产量供给。如果生产者对未来的预期是悲观的,如预期商品的价格会下降,生产者往往会缩减生产,减少产量供给。

四、供给量的变动与供给的变动

供给量变动是指只有商品本身价格变动引起的该商品供给量的变动,其他影响供给的因素假设不变。在供给曲线上,供给量变动反映为供给曲线上的任何一点在同一条供给曲线上的移动。也就是说,一条供给曲线上的任何一点向该供给曲线上其他各点的移动表明当商品本身价格变动时商品的供给量变动。供给曲线上的任意一点向左下方移动表明价格下降,供给量减少,供给曲线上的任意一点向右上方移动表明价格上升,供给量增加。

供给变动是指除了商品本身价格以外的其他影响供给的因素变动引起的该商品供给量变动,如厂商的生产成本、生产的技术水平、其他商品的价格等因素变动引起的该商品供给量变动。

在供给曲线上,供给变动反映为整条供给曲线的移动。也就是说,一条供给曲线从一个位置移动到另一个位置表明在同一个价格水平上,当除商品本身价格外的其他影响供给的因素发生变化时,商品的供给量变动。供给曲线向右移动表示供给增加,它表明在同一价格水平上的供给量增加;供给曲线向左移动表示供给减少,它表明在同一价格水平上的供给量减少。供给量的变动和供给的变动,如图2-4(a)及图2-4(b)所示。

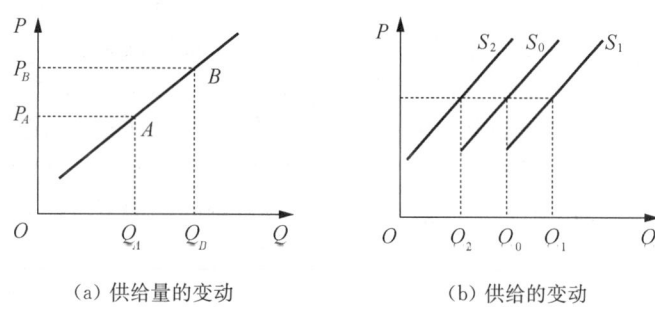

(a) 供给量的变动　　　　　　(b) 供给的变动

图 2-4　供给量的变动与供给的变动

二维码 2-3:
猪肉价格大降超40%

第三节　均衡价格

一、均衡的含义

均衡是西方经济学引自物理学中的一个概念。在物理学中均衡是指一个物体在各种力量的作用下处于相对静止或匀速直线运动的一种状态。

在经济学中,均衡的最一般的意义是指经济体系的一个特定载体或变量在一系列条件相互制约下所达到的一种相对静止并保持不变的状态。与物体的运动一样,经济体系中一个特定的经济载体也处在各种经济力量的相互作用之中。经济载体之所以能够处于这样一种静止状态,是由于在这样的状态中作用于这一经济载体的各方面力量能够相互制约和抵消。正因为如此,经济学的研究往往在于寻找一定条件下经济事物的变化最终趋于静止的均衡状态。如果有关经济载体在来自各方面力量的相互作用之下处于一种相对静止的状态,并将保持这种状态不变,那么就称该经济事物处于均衡状态。

需求曲线说明了消费者对某种商品在每一价格水平的需求量是多少,供给曲线说明了生产者对某种商品在每一价格水平的供给量是多少。但是,它们都没说明这种商品本身的市场价格究竟是如何决定的。微观经济学中的商品价格是指商品的均衡价格。商品的均衡价格是在商品的市场需求和市场供给这两种相反力量的相互作用下形成的。

二、均衡价格的决定

在西方经济学中,一种商品的均衡价格是指该种商品的市场需求量和市场供给量相等时的价格。在均衡价格水平下相等的供求数量被称为均衡数量。从几何意义上说,一种商品市场的均衡出现在该商品的市场需求曲线和市场供给曲线相交的交点上,该交点被称为均衡点。均衡点上的价格和供求量分别被称为均衡价格和均衡数量。市场上需求量和供给量相等的状态,也被称为市场出清。

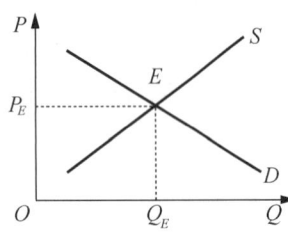

图 2-5 均衡价格与均衡产量

现在把需求曲线和供给曲线结合在一起,说明一种商品的市场均衡价格的决定,如图 2-5 所示。需求曲线 D 和供给曲线 S 相交于 E 点,E 点为均衡点。在均衡点 E,均衡价格为 P_E,均衡数量为 Q_E。显然,在均衡价格 P_E 的水平,消费者的购买量和生产者的销售量是相等的,都为 Q_E。也可以反过来说,在均衡数量 Q_E 的水平,消费者愿意支付的最高价格和生产者愿意接受的最低价格是相等的,都为 P_E。因此,这样一种状态便是一种使买卖双方都感到满意并愿意持续下去的均衡状态。

商品的均衡价格是商品市场上需求和供给这两种相反的力量共同作用的结果,它是在市场的供求力量的自发调节下形成的。当市场价格偏离均衡价格时,市场上会出现需求量和供给量不相等的非均衡的状态。一般说来,在市场机制的作用下,这种供求不相等的非均衡状态会逐步消失,实际的市场价格会自动地恢复到均衡价格水平。

延伸阅读 2-4

如何把均衡引申到生活当中

经济学中,均衡是一个重要的概念。均衡是指正反两种力量处于一种恰好相等且可持续的状态。在这种状态中,正方无法压制反方,反方无法反噬正方,正好处于一种"东风战胜不了西风,西风战胜不了东风"的微妙状态。这种微妙的状态,被称为均衡。但均衡这种状态,不能理解为绝对的力量相等,不能理解为时空停滞导致的力量对比绝对不会改变。

举个例子:均衡不像天平一样,两边放一样的重物,指针静止不动;均衡更应该像跷跷板一样,起起伏伏,但任何一方力量都不足以压制另外一方。

再换句话说,均衡是正反双方不停博弈所形成的一种状态。博弈是均衡形成的前提,平衡是一种结果。没有博弈的平衡,不能称为"均衡"。可见,均衡是随时随地处于运动当中的。

博弈的另一个提法,就是斗争。斗争的另一个提法,就是矛盾。

经济学中,凡是涉及两种力量的博弈,几乎都用到了均衡。比如,一个产品的价格如何决定?供求两种力量的博弈,最后形成的价格,为市场的均衡价格,在均衡价格下的需求量或者供给量,被称为均衡数量。

均衡不但用于经济学中,还可以广泛引申,用到生活的各个层面。

比如一个人,什么时候才能实现财务自由?是拥有一千万,是拥有一个亿,还是拥有十个亿?其实,财务自由,具体的数字并不重要。财务自由,指的是个人欲望和"可控制收入"达成的一种均衡状态,有的人得到两千元,就心满意足了,有的人得到几百万,照样过得焦虑。

再次强调,这种均衡,不是一个绝对状态,不能够精确定量。更进一步,均衡是一个哲学概念,类似"中庸",讲究"不偏不倚",讲究拿捏"尺度",讲究"恰如其分"。如微风轻拂脸颊,不能力道太弱,也不能力道太强,微微凉爽,那种"境界""只可意会不可言传"也。

我们所做的,就是尽量权衡,不停取舍。在两利中,弃其轻也;在两害中,避其重也,这就是经济学的大义所在。

资料来源:张小小眼中的世界.经济学中的均衡,我们该如何理解?如何把均衡引申到生活当中[EB/OL].(2022-11-04)[2023-11-21]. https://business.sohu.com/a/602233910_121313943.

三、均衡价格的变动

(一)需求变动的影响

如果商品价格以外的因素影响消费者对该商品的需求量,那么该商品的需求就会发生变动。比如,消费者的偏好、收入或者其他相关商品的价格等因素发生变动,将可能引起整个市场需求的变动。这种变动将最终影响市场均衡价格和均衡数量的变动。需求的变动和均衡价格的变动如图2-6所示。

在供给不变的情况下,需求增加会使需求曲线向右平移,从而使得均衡价格和均衡数量都提高,需求减少会使需求曲线向左平移,从而使得均衡价格和均衡数量都下降。

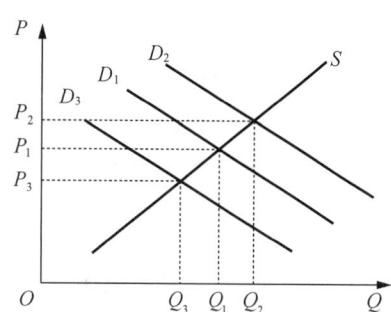

图 2-6 需求的变动和均衡价格的变动

在图 2-6 中,既定的供给曲线 S 和最初的需求曲线 D_1 相交,均衡价格为 P_1,均衡数量为 Q_1。需求增加使需求曲线向右平移至 D_2 曲线的位置,均衡价格上升为 P_2,均衡数量增加为 Q_2。相反,需求减少使需求曲线向左平移至 D_3 曲线的位置,均衡价格下降为 P_3,均衡数量减少为 Q_3。

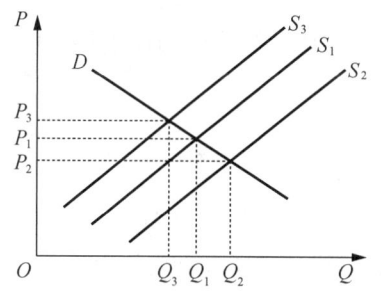

图 2-7 供给的变动和均衡价格的变动

(二)供给变动的影响

如果商品价格以外的因素影响生产者对该商品的供给量,那么该商品的供给就会发生变动。生产技术水平、生产成本、预期等因素都会导致生产者的供给发生变动,从而使得市场供给变动。供给的变动和均衡价格的变动如图2-7所示。

在需求不变的条件下,供给增加会使供给曲线向右平移,从而导致均衡价格下降,均衡数量增加,供给减少会使供给曲线左移,从而导致均衡价格上升,均衡数量下降。

在图 2-7 中,既定的需求曲线 D 和最初的供给曲线 S_1 相交。均衡价格和均衡数量分别为 P_1 和 Q_1。供给增加使供给曲线向右平移至 S_2 曲线的位置,均衡价格下降为 P_2,均衡数量增加为 Q_2。相反,供给减少使供给曲线向左平移至 S_3 曲线的位置,均衡价格上升为 P_3,均衡数量减少为 Q_3。

(三)需求供给同时变动的影响

事实上,市场的需求和供给经常会同时发生变化,这种情况下的均衡价格和均衡数量的变化往往是不确定的,它需要结合供求变化的具体情况来考虑。

综上所述,可以得到供求定理:在其他条件不变的情况下,需求变动分别引起均衡价格和均衡数量的同方向变动;供给变动引起均衡价格的反方向变动,引起均衡数量同方向的变动。

四、均衡价格与均衡数量的计算

关于均衡价格的决定,我们既可以用文字语言的形式来陈述,又可以用数学方程组的形式来表示。下面是一个给定具体的需求和供给条件下的均衡价格决定模型,以此来计算和分析均衡价格。

假定:$Q_d = 800 - 100P$
$\quad\quad Q_s = -400 + 200P$

求:均衡价格 P 和均衡数量 Q。

解析:将供求函数代入均衡条件得,$800 - 100P = -400 + 200P$

解得:均衡价格 $P = 4$。

将 $P = 4$ 代入需求函数得均衡数量为:$Q = 800 - 100 \times 4 = 400$

或将 $P = 4$ 代入供给函数得均衡数量为:$Q = -400 + 200 \times 4 = 400$

所以,均衡价格为4,均衡数量为400。

第四节 弹性理论

一、弹性的一般含义

只要两个经济变量之间存在着函数关系,我们就可用弹性来表示因变量对自变量变化的反应的敏感程度。它告诉我们当一个经济变量发生1%的变动时由其引起的另一个经济变量变动的百分比。例如,弹性可以表示当一种商品的价格上升1%时,相应的需求量和供给量的变化的百分比具体是多少。

在经济学中,弹性的一般公式为:

$$弹性系数 = \frac{因变量的变动比例}{自变量的变动比例}$$

设两个经济变量之间的函数关系为 $Y = f(X)$,则弹性的一般公式还可以表示为:

$$e = \frac{\frac{\Delta Y}{Y}}{\frac{\Delta X}{X}} = \frac{\Delta Y}{\Delta X} \cdot \frac{X}{Y} \quad\quad (2-3)$$

式(2-3)中:e 为弹性系数;ΔX 和 ΔY 分别为变量 X 和 Y 的变动量。该式表示:当自变量 X 变化百分之一时,因变量 Y 变化百分之几。

若经济变量的变化量趋于无穷小,即当式(2-3)中的 $\Delta X \to 0$,且 $\Delta Y \to 0$ 时,弹性公式为：

$$e = \frac{dY}{dX} \cdot \frac{X}{Y} \tag{2-4}$$

通常将式(2-3)称为弧弹性公式，将式(2-4)称为点弹性公式。

需要指出的是，由弹性的定义公式可以清楚地看到，弹性是两个变量变化比例的一个比值，所以，弹性是一个具体的数字，它与自变量和因变量的单位无关。

本节将以需求价格弹性为重点，考察与需求和供给有关的几个弹性概念。

二、需求价格弹性

(一) 需求价格弹性的含义

需求价格弹性表示在一定时期内一种商品的需求量变动对于该商品价格变动的反应程度。或者说，表示在一定时期内当一种商品的价格变化百分之一时所引起的该商品的需求量变化的百分比。其公式为：

$$需求价格弹性系数 = -\frac{需求量变动率}{价格变动率}$$

需求价格弹性可以分为弧弹性和点弹性。

1. 需求价格弧弹性

需求价格弧弹性表示某商品需求曲线上两点之间的需求量的变动对于价格的变动的反应程度。简单地说，它表示需求曲线上两点之间的弹性。假定需求函数为 $Q = f(P)$，ΔQ 和 ΔP 分别表示需求量的变动量和价格的变动量，以 e_d 表示需求的价格弹性系数，则需求价格弧弹性的公式为：

$$e_d = -\frac{\frac{\Delta Q}{Q}}{\frac{\Delta P}{P}} = -\frac{\Delta Q}{\Delta P} \cdot \frac{P}{Q} \tag{2-5}$$

这里需要指出的是，在通常情况下，由于商品的需求量和价格是呈反方向变动的，$\frac{\Delta Q}{\Delta P}$ 为负值，所以，为了便于比较，我们就在式(2-5)中加了一个负号，以使需求价格弹性系数 e_d 取正值。

由于价格变动的初始点不同，同一消费者对同一商品的消费中，当商品价格从 P_1 变化到 P_2，和价格从 P_2 变化到 P_1 时，两种情况计算的需求价格弧弹性数值会有很大的区别。因此，为了避免这一问题，最简单的方法是利用中点公式来计算需求价格弧弹性，需求价格弧弹性的中点公式为：

$$e_d = -\frac{\Delta Q}{\Delta P} \cdot \frac{\frac{P_1 + P_2}{2}}{\frac{Q_1 + Q_2}{2}} = -\frac{\Delta Q}{\Delta P} \cdot \frac{P_1 + P_2}{Q_1 + Q_2}$$

2. 需求价格点弹性

当需求曲线上两点之间的变化量趋于无穷小时，需求价格弹性要用点弹性来表示。也

就是说,它表示需求曲线上某一点上的需求量变动对于价格变动的反应程度。在式(2-5)的基础上,需求价格点弹性的公式为:

$$e_d = -\frac{dQ}{dP} \cdot \frac{P}{Q} \tag{2-6}$$

比较式(2-5)和式(2-6)可见,需求价格弧弹性和点弹性的本质是相同的。它们的区别仅在于:前者表示价格变动量较大时的需求曲线上两点之间的弹性,而后者表示价格变动量无穷小时的需求曲线上某一点的弹性。

(二) 需求价格弹性的类型

(1) $e_d = 0$,即需求完全无弹性。无论价格怎样变动,需求量都不会变动,其需求曲线是与横轴垂直的一条直线,如图2-8(a)所示。这是一种现实中罕见的情况,一般认为殡葬服务、军火武器、特效药物等这类商品的需求曲线与之近似。

(2) $e_d = \infty$,即无限弹性。它表示在既定的价格水平下,需求量是无限的。而一旦高于既定价格,需求量为零,说明商品的需求变动对其价格变动异常敏感。其需求曲线是与横轴平行的一条直线,如图2-8(b)所示。这也是一种现实中罕见的极端情况。

(3) $e_d = 1$,即需求的单位弹性。它表示需求量与价格按同一比率发生变动,即价格每上升(下降)1%,需求量就相应减少(增加)1%,如图2-8(c)所示。这种情况在现实中也是极为罕见的。

(4) $0 < e_d < 1$,即需求缺乏弹性。它表示需求量变动率小于价格变动率,即价格每上升(下降)1%,需求量减少(增加)的变动率小于1%,如图2-8(d)所示。生活必需品,如衣食住行等大多属此类型。

(5) $e_d > 1$,即需求富有弹性。它表示需求量变动率大于价格变动率,即价格每上升(下降)1%,需求量减少(增加)的变动率大于1%,如图2-8(e)所示。奢侈品、非生活必需品、价格昂贵的享受性服务等多属此类型。

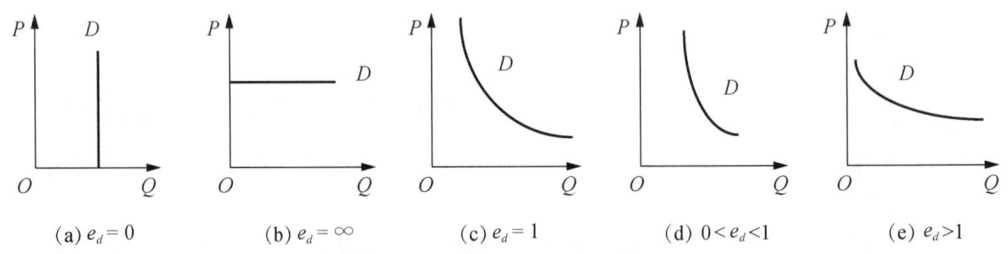

(a) $e_d = 0$ (b) $e_d = \infty$ (c) $e_d = 1$ (d) $0 < e_d < 1$ (e) $e_d > 1$

图2-8 需求价格弹性的类型

(三) 需求价格弹性和厂商的销售收入

厂商的销售收入等于商品的价格乘以商品的销售量。在此假定厂商的商品销售量等于市场上对其商品的需求量。这样,厂商的销售收入就又可以表示为商品的价格乘以商品的需求量,即厂商销售收入 $= P \cdot Q$,其中,P 表示商品的价格,Q 表示商品的销售量即需求量。

1. 富有弹性商品

对于 $e_d > 1$ 的富有弹性的商品,降低价格会增加厂商的销售收入,相反,提高价格会减少厂商的销售收入,即厂商的销售收入与商品的价格呈反方向的变动。这是因为,当 $e_d >$

1时,厂商降价所引起的需求量的增加率大于价格的下降率。这意味着价格下降所造成的销售收入的减少量必定小于需求量增加所带来的销售收入的增加量。所以,降价最终带来的销售收入 $P \cdot Q$ 值是增加的。相反,在厂商提价时,最终带来的销售收入 $P \cdot Q$ 值是减少的。

2. 缺乏弹性商品

对于 $0 < e_d < 1$ 的缺乏弹性的商品,降低价格会使厂商的销售收入减少,相反,提高价格会使厂商的销售收入增加,即销售收入与商品的价格呈同方向的变动。其原因在于:$0 < e_d < 1$ 时,厂商降价所引起的需求量的增加率小于价格的下降率。这意味着需求量增加所带来的销售收入的增加量并不能全部抵消价格下降所造成的销售收入的减少量。所以,降价最终使销售收入 $P \cdot Q$ 值减少。相反,在厂商提价时,最终带来的销售收入 $P \cdot Q$ 值是增加的。

3. 单位弹性商品

对于 $e_d = 1$ 的单位弹性的商品,降低价格或提高价格对厂商的销售收入都没有影响。这是因为,当 $e_d = 1$ 时,厂商变动价格所引起的需求量的变动率和价格的变动率是相等的。这样一来,由价格变动所造成的销售收入的增加量或减少量刚好等于由需求量变动所带来的销售收入的减少量或增加量,所以,无论厂商是降价还是提价,销售收入 $P \cdot Q$ 值是固定不变的。

将 $e_d = \infty$ 和 $e_d = 0$ 的两种特殊情况考虑在内,商品的需求价格弹性和厂商的销售收入之间的综合关系如表2-3所示。

表2-3 　　　　　　　　　　　　需求价格弹性和销售收入

价格变动	商品需求价格弹性				
	$e_d > 1$	$e_d = 1$	$0 < e_d < 1$	$e_d = 0$	$e_d = \infty$
降价	收益增加	收益不变	收益减少	收益同比例于价格的下降而减少	既定价格下,收益可以无限增加,因此,厂商不会降价
涨价	收益减少	收益不变	收益增加	收益同比例于价格的上升而增加	收益会减少为零

延伸阅读2-5

家电下乡政策

政府为了鼓励农民更新家里的家电,拉动农村消费,采取家电下乡的政策,但落实到地方上出现了一些问题。其一,某些不法商贩,借家电下乡的名义向农民售出伪劣的家电,既损害了农民的利益,也威胁到了农民的生命安全;其二,家电下乡产品一般利润较薄,农民较为欢迎。但是根据补贴规定,需要提供"家电下乡"产品销售发票,这就给经销商增添了税负。经销商的积极性不高,不能很好地落实政策,造成了"如果你买家电下乡的产品,就没有发票"的局面。

对于家电来说,第一,家电属于较高档的商品,但是国内家电的生产商有很多的竞争者,即造成家电的替代品很多。第二,好的家电不易消耗,所以导致需求对价格的变动敏感度较高,即其需求价格弹性较大,而且能够很好地满足人们的日常娱乐需求。参加"家电下乡"的企业在政府的号召下降低了商品价格,既很好地拉动了农村消费,又获得了农村这一块很具有潜力的市场,对厂家来说是很有利的。但是对于经销商来说则缺少了大力宣传家电下乡的动力。而且,近年来农民的收入在增加,较高档的家电在农民的预算总支出中所占比例在逐年上涨,这种种原因使得需求量大大增加了。

资料来源:爱问文库.案例分析——需求价格弹性[EB/OL].(2019-04-26)[2023-11-21]. https://ishare.iask.sina.com.cn/f/j6nj71NBVO.html.

(四)影响需求价格弹性的因素

影响需求价格弹性的因素众多,主要有以下几个因素。

1. 商品的可替代性

一般说来,一种商品的可替代品越多,相近程度越高,则该商品的需求的价格弹性往往就越大;相反,该商品的需求的价格弹性往往就越小。例如,在苹果市场,当国光苹果的价格上升时,消费者就会减少对国光苹果的需求量,增加对相近的替代品如香蕉苹果的购买。所以,国光苹果的需求价格弹性就比较大。又如,食盐没有很好的可替代品,所以,食盐价格的变化所引起的需求量的变化几乎等于零,它的需求价格弹性是极小的。

2. 商品用途的广泛性

一般说来,一种商品的用途越是广泛,它的需求价格弹性就可能越大;相反,一种商品的用途越是狭窄,它的需求价格弹性就可能越小。这是因为,如果一种商品具有多种用途,当它的价格较高时,消费者只购买较少的数量用于最重要的用途上。当它的价格逐步下降时,消费者的购买量就会逐渐增加,将商品越来越多地用于其他的各种用途上。

3. 商品对消费者生活的重要程度

一般说来,生活必需品的需求价格弹性较小,非生活必需品的需求价格弹性较大。例如,馒头的需求价格弹性是较小的,电影票的需求价格弹性是较大的。

4. 商品的消费支出在消费者预算总支出中所占的比重

消费者在某商品上的消费支出在预算总支出中所占的比重越大,该商品的需求价格弹性可能越大;反之,则越小。例如,火柴、盐、铅笔、肥皂等商品的需求价格弹性就是比较小的。因为,消费者在这些商品上的支出是很小的,消费者往往不太重视这类商品价格的变化。

5. 消费者调节需求量的时间

一般说来,消费者调节需求量的时间越长,则该商品的需求价格弹性就越大。因为,当消费者决定减少或停止对价格上升的某种商品的购买之前,他一般需要花费时间去寻找和了解该商品的可替代品。例如,当石油价格上升时,消费者在短期内不会较大幅度地减少需求量。但经过一段时间后,消费者可能找到替代品,于是,石油价格上升会导致石油的需求量较大幅度的下降。

需要指出,一种商品的需求价格弹性的大小是各种影响因素综合作用的结果。所以,在分析一种商品的需求的价格弹性的大小时,要根据具体情况进行全面的综合分析。

三、供给价格弹性

供给价格弹性表示在一定时期内一种商品的供给量的变动对于该商品的价格的变动的反应程度。或者说,它表示在一定时期内当一种商品的价格变化百分之一时所引起的该商品的供给量变化的百分比。它是商品的供给量变动率与价格变动率之比。

与需求价格弹性一样,供给价格弹性也分为弧弹性和点弹性。

供给价格弧弹性表示某商品供给曲线上两点之间的弹性。供给价格点弹性表示某商品供给曲线上某一点的弹性。假定供给函数为 $Q=f(P)$，以 e_s 表示供给价格弹性系数，则供给价格弧弹性的公式为：

$$e_s = \frac{\frac{\Delta Q}{Q}}{\frac{\Delta P}{P}} = \frac{\Delta Q}{\Delta P} \cdot \frac{P}{Q} \tag{2-7}$$

供给价格点弹性的公式为：

$$e_s = \frac{\frac{dQ}{Q}}{\frac{dP}{P}} = \frac{dQ}{dP} \cdot \frac{P}{Q} \tag{2-8}$$

在通常情况下，商品的供给量和商品的价格是呈同方向变动的，供给量的变化量和价格的变化量的符号是相同的。

供给价格弹性根据 e_s 值的大小也分为五个类型。$e_s>1$ 表示富有弹性；$0<e_s<1$ 表示缺乏弹性；$e_s=1$ 表示单一弹性或单位弹性；$e_s=\infty$ 表示完全弹性；$e_s=0$ 表示完全无弹性。

供给价格弹性的计算方法和需求价格弹性的计算方法是类似的。给定具体的供给函数，则可以根据要求，由式(2-7)求出供给价格弧弹性，或由中点公式求出供给价格弧弹性。供给价格弧弹性的中点公式为：

$$e_s = \frac{\Delta Q}{\Delta P} \cdot \frac{\frac{P_1+P_2}{2}}{\frac{Q_1+Q_2}{2}} = \frac{\Delta Q}{\Delta P} \cdot \frac{P_1+P_2}{Q_1+Q_2} \tag{2-9}$$

四、需求交叉价格弹性

（一）需求交叉价格弹性的含义

需求交叉价格弹性表示在一定时期内一种商品的需求量的变动对于它的相关商品的价格的变动的反应程度。或者说，表示在一定时期内当一种商品的价格变化百分之一时所引起的另一种商品的需求量变化的百分比。它是该商品的需求量的变动率和其相关商品的价格的变动率的比值。

假定商品 X 的需求量 Q_X 是它的相关商品 Y 的价格 P_Y 的函数，即 $Q_X=f(P_Y)$，则商品 X 的需求交叉价格弧弹性公式为：

$$e_{XY} = \frac{\frac{\Delta Q_X}{Q_X}}{\frac{\Delta P_Y}{P_Y}} = \frac{\Delta Q_X}{\Delta P_Y} \cdot \frac{P_Y}{Q_X} \tag{2-10}$$

式中：ΔQ_X 为商品 X 的需求量的变化量；ΔP_Y 为相关商品 Y 的价格的变化量；e_{XY} 为当 Y 商品的价格发生变化时的 X 商品的需求交叉价格弹性系数。

当 X 商品的需求量的变化量 ΔQ_X 和相关商品价格的变化量 ΔP_Y 均为无穷小时，则商品 X 的需求交叉价格点弹性公式为：

$$e_{XY} = \frac{dQ_X}{dP_Y} \cdot \frac{P_Y}{Q_X} \tag{2-11}$$

(二) 需求交叉价格弹性的应用

需求交叉价格弹性系数的符号可以用于判断所考察的两种商品的相关关系。

若两种商品之间存在着替代关系,则一种商品的价格与其替代品的需求量之间呈同方向变动,相应的需求交叉价格弹性系数为正值。例如,当苹果的价格上升时,人们自然会在减少苹果购买量的同时,增加对苹果替代品如梨的购买量。若两种商品之间存在着互补关系,则一种商品的价格与它的互补品的需求量之间呈反方向变动,相应的需求交叉价格弹性系数为负值。例如,当汽车的价格上升时,人们会减少对汽车的需求量,作为汽车互补品的汽油的需求量也会因此下降。若两种商品之间不存在相关关系,则意味着其中任何一种商品的需求量都不会对另一种商品的价格变动作出反应,相应的需求交叉价格弹性系数为零。

五、需求收入弹性

(一) 需求收入弹性的含义

需求收入弹性,表示在一定时期内,消费者对某种商品的需求量的变动对于消费者收入量变动的反应程度。或者说,表示在一定时期内消费者的收入变化百分之一所引起的商品需求量变化的百分比。它是商品的需求量变动率和消费者的收入量变动率的比值。

假定某商品的需求量 Q 是消费者收入水平 M 的函数,即 $Q=f(M)$,则该商品的需求的收入弹性公式为:

$$e_M = \frac{\frac{\Delta Q}{Q}}{\frac{\Delta M}{M}} = \frac{\Delta Q}{\Delta M} \cdot \frac{M}{Q} \tag{2-12}$$

或

$$e_M = \frac{dQ}{dM} \cdot \frac{M}{Q} \tag{2-13}$$

式(2-12)和式(2-13)分别为需求收入的弧弹性和点弹性公式。

(二) 需求收入弹性的应用

商品的需求收入弹性的数值,可以用于判断商品的类型。

首先,商品可以分为两类,分别是正常品和劣等品。其中,正常品是指需求量与收入呈同方向变化的商品;劣等品是指需求量与收入呈反方向变化的商品。其次,还可以将正常品再进一步区分为必需品和奢侈品两类。以上的这种商品分类方法,可以用需求收入弹性来表示。

具体地说,$e_M > 0$ 的商品为正常品,因为,$e_M > 0$ 意味着该商品的需求量与收入水平呈同方向变化。$e_M < 0$ 的商品为劣等品,因为,$e_M < 0$ 意味着该商品需求量与收入水平呈反方向变化。在正常品中,$0 < e_M < 1$ 的商品为必需品,$e_M > 1$ 的商品为奢侈品。当消费者的收入水平上升时,尽管消费者对必需品和奢侈品的需求量都会有所增加,但消费者对必需品的需求量的增加是有限的,或者说,是缺乏弹性的;而消费者对奢侈品的需求量的增加是较多的,或者说,是富有弹性的。

(三) 恩格尔定律

在需求收入弹性的基础上,如果具体地研究消费者用于购买食物的支出量对于消费者收入量变动的反应程度,就可以得到食物支出的收入弹性。西方经济学中的恩格尔定律指出:在一个家庭或在一个国家中,用于食物支出的收入在收入中所占的比例随着收入的增加而减少。用弹性概念来表述恩格尔定律可以是:对于一个家庭或一个国家来说,富裕程度越高,则食物支出的收入弹性就越小;反之,则越大。许多国家经济发展过程的有关资料表明恩格尔定律是成立的。

延伸阅读 2-6

2022 年人均可支配收入 36 883 元,恩格尔系数升至 30.5%

2023 年 2 月 28 日,国家统计局公布的《中华人民共和国 2022 年国民经济和社会发展统计公报》(以下简称《公报》)显示,2022 年全年全国居民人均可支配收入 36 883 元,比上年增长 5.0%,扣除价格因素,实际增长 2.9%。全国居民人均可支配收入中位数 31 370 元,增长 4.7%。

按常住地分,城镇居民人均可支配收入 49 283 元,比上年增长 3.9%,扣除价格因素,实际增长 1.9%。城镇居民人均可支配收入中位数 45 123 元,增长 3.7%。农村居民人均可支配收入 20 133 元,比上年增长 6.3%,扣除价格因素,实际增长 4.2%。农村居民人均可支配收入中位数 17 734 元,增长 4.9%。城乡居民人均可支配收入比值为 2.45,比上年缩小 0.05。

从收入结构来看,按全国居民五等份收入分组(也就是将所有调查户按人均收入水平从低到高的顺序排列,平均分为五个等份,处于最低 20% 的收入家庭为低收入组,依此类推依次为中间偏下收入组、中间收入组、中间偏上收入组、高收入组),低收入组人均可支配收入 8 601 元,中间偏下收入组人均可支配收入 19 303 元,中间收入组人均可支配收入 30 598 元,中间偏上收入组人均可支配收入 47 397 元,高收入组人均可支配收入 90 116 元。

全国农民工人均月收入 4 615 元,比上年增长 4.1%。全年脱贫县农村居民人均可支配收入 15 111 元,比上年增长 7.5%,扣除价格因素,实际增长 5.4%。

从消费支出来看,2022 年全国居民人均消费支出 24 538 元,比上年增长 1.8%,扣除价格因素,实际下降 0.2%。其中,人均服务性消费支出 10 590 元,比上年下降 0.5%,占居民人均消费支出的比重为 43.2%。

按常住地分,城镇居民人均消费支出 30 391 元,增长 0.3%,扣除价格因素,实际下降 1.7%;农村居民人均消费支出 16 632 元,增长 4.5%,扣除价格因素,实际增长 2.5%。

《公报》显示,2022 年全国居民恩格尔系数(食品支出总额占个人消费支出总额的比重,国际上通用的衡量居民生活水平高低的一项指标)为 30.5%,其中城镇为 29.5%,农村为 33.0%。

值得注意的是,2021 年全国居民恩格尔系数为 29.8%,2022 年该数据有所升高,为 2016 年以来的最高值。2017 年、2018 年、2019 年和 2021 年,该数据均低于 30%,2020 年和 2022 年该数据均重回到 30% 以上。

资料来源:周慧. 2022 年人均可支配收入 36 883 元,恩格尔系数升至 30.5%[EB/OL]. (2023-02-28)[2023-11-21]. https://new.qq.com/rain/a/20230228A040S700.

第五节 供求分析的简单应用

一、最低限价和最高限价

(一) 最低限价

最低限价又称支持价格。它是政府所规定的某种产品的最低价格。最低价格总是高于

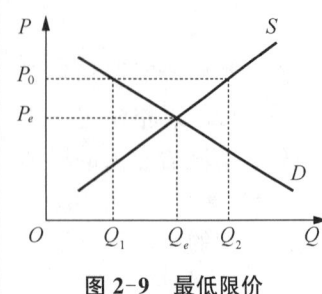

图 2-9 最低限价

市场的均衡价格。最低限价的图形解释如图 2-9 所示。

图 2-9 表示政府对某种产品实行最低限价的情形。开始时的市场均衡价格为 P_e，均衡数量为 Q_e。以后，政府实行最低限价所规定的市场价格为 P_0。由图中可见，最低限价 P_0 大于均衡价格 P_e，且在最低限价 P_0 水平，市场供给量 Q_2 大于市场需求量 Q_1，市场上出现产品过剩的情况。

政府实行最低限价的目的通常是扶持某些行业的发展。农产品的支持价格就是一些西方国家所普遍采取的旨在扶持农业发展的政策，实行这一政策时，政府通常收购市场上过剩的农产品。除农产品的支持价格外，政府也可以采取其他办法来扶植农业的发展。

延伸阅读2-7

农产品价格的改革历程

新中国成立以来，我国农产品价格支持政策经历了自由市场价格与政府指令性定价并存，到政府指令性定价，再到市场调节的演变过程。

1. 牌价与市场价并存(1949—1952 年)

1949—1952 年，新中国成立后，由于商品经济十分落后，商品严重缺乏，在农产品价格形成方面，实行牌价与市场价格并存，以牌价为主导。

2. 统购统销制度(1953—1985 年)

由于生产力水平低下，在新中国成立初期，我国确定了在一个农业基础薄弱的国家里，"以农养工"高速发展工业化的经济发展战略。从 1953 年我国开始对农业实行统购统销政策，原来牌价与市场价并存的局面逐步为单一的计划价格所取代。1985 年，在农业生产连年增长和部分农产品市场已经逐步放开的基础上，政府决定彻底改革实行了 30 多年的农副产品统购派购制度。

3. 农产品价格双轨制(1985—1991 年)

从 1985 年起，价格形成机制改革快速推进，进一步放开农产品价格中的国家定价，对一些农产品运用国家指导价进行管理。粮食取消统购，实行合同定购。我国开始对农产品价格实行双轨制。

4. 保护价与最低收购价(1992 年至今)

1992 年，为建立与社会主义市场经济相适应的新价格模式的需要，进行了价格形成机制的改革，粮食购销价格逐步放开。1998—2003 年，我国开展对粮食实行保护价收购。2004 年，我国出台粮食最低收购价政策，但由于粮食生产成本提高，粮食市场价格偏低，最低收购价已不能有效地维护农民的利益，实行粮食目标价格开始纳入粮食生产中长期规划和粮食价格政策。

资料来源：360 百科. 农产品价格改革[EB/OL]. [2023-11-21]. https://baike.so.com/doc/8786301-9110506.html.

二维码2-4：农产品目标价格改革的背景及原因

(二) 最高限价

最高限价又称为限制价格。它是政府所规定的某种产品的最高价格。最高限价总是低于市场的均衡价格。最高限价的图形解释如图 2-10 所示。

图 2-10 表示政府对某种产品实行最高限价的情形。开始时，该产品市场的均衡价格为 P_e，均衡数量为 Q_e。若政府实行最高限价政策，规定该产品的市场最高价格为 P_0。由图 2-10 可见，最高限价 P_0 小于均衡价格 P_e，且在最高限价 P_0 的水平，市场需求量 Q_2 大于市场供给量 Q_1，市场上出现供不应求的情况。

政府实行最高限价的目的往往是抑制某些产品的价格上涨,尤其是为了对付通货膨胀。有时,为了限制某些行业,特别是限制一些垄断性很强的公用事业的价格,政府也会采取最高限价的做法。但政府实行最高限价的做法也会带来一些不良的影响。最高限价下的供不应求会导致市场上消费者排队抢购和黑市交易盛行。在这种情况下,政府往往又不得不采取配给的方法来分配产品。此外,生产者也可能粗制滥造,降低产品质量,造成变相涨价。

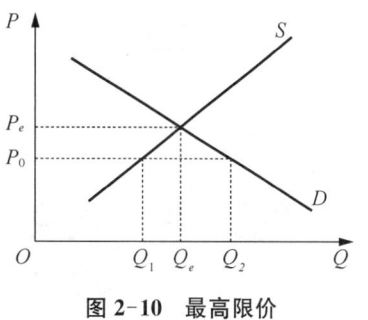

图 2-10　最高限价

二、谷贱伤农

在农业生产活动中,存在着一种经济现象,在丰收的年份,农民的收入反而减少了。这种现象在我国民间被形象地称为"谷贱伤农"。这种表面看起来难以理解的现象是可以用需求的价格弹性原理来加以解释的。

在前面分析需求的价格弹性与厂商的销售收入时,我们得到这样一个结论:对于缺乏弹性的商品来说,商品的价格与厂商的销售收入呈同方向的变化。现在,可以把这一结论具体运用到农产品的场合。其实,造成这种"谷贱伤农"经济现象的根本原因在于:农产品(如谷类)的需求往往是缺乏弹性的。"谷贱伤农"的图形解释如图 2-11 所示。

作为谷物的农产品往往是缺乏需求弹性的,如图所示,农产品的市场需求曲线比较陡峭。当农产品丰收时,农产品的供给曲线 S 向右移动到 S_1 的位置,在缺乏需求弹性的条件下,农产品价格会大幅度下降,即农产品均衡价格的下降

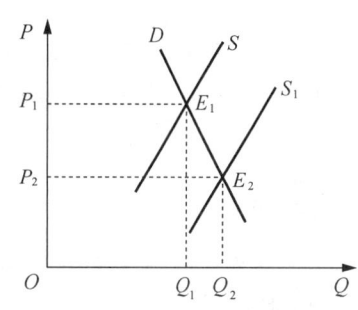

图 2-11　谷贱伤农

幅度大于农产品均衡数量的增加幅度,最后导致农民的总收入减少,总收入的减少量相当于矩形 $OP_1E_1Q_1$ 和 $OP_2E_2Q_2$ 的面积之差。相反,在歉收的年份,农产品的减少会导致农产品价格大幅上升,使农民的总收入增加。

本 章 小 结

本章主要学习了需求与供给的含义、表示方式、影响因素;需求和供给的变动;市场均衡理论以及弹性理论;此外,本章还运用供求原理分析了最高限价、最低限价以及"谷贱伤农"案例。

本 章 重 要 概 念

需求　供给　市场均衡　弹性　需求价格弹性　需求供给弹性　需求收入弹性　需求交叉价格弹性　最低限价　最高限价　"谷贱伤农"

二维码 2-5:
练一练

二维码 2-6:
练一练答案

第三章 消费者行为理论

- 内容提要
- 重点难点
- 学习目标
- 知识框架
- 思政育人
- 第一节 消费者行为理论概述
- 第二节 基数效用论
- 第三节 序数效用论
- 第四节 价格变化和收入变化对消费者均衡的影响
- 本章小结
- 本章重要概念

内容提要

本章主要讲解总效用、边际效用的概念、关系；需求曲线的推导，消费者剩余；无差异曲线的概念、特点，预算约束线的概念，边际替代率，消费者均衡；分别从基数效用论和序数效用论两方面推导出消费者均衡的条件。

重点难点

本章重点为总效用、边际效用的概念、关系，无差异曲线的概念、特点，边际替代率，预算约束线的概念，消费者均衡；难点为基数效用论、序数效用论的消费者均衡。

学习目标

通过本章的学习，学习者应掌握总效用、边际效用的概念与关系，明确无差异曲线的概念、特点，边际替代率，预算约束线的概念，消费者均衡；了解需求曲线的推导，消费者剩余。

知识框架

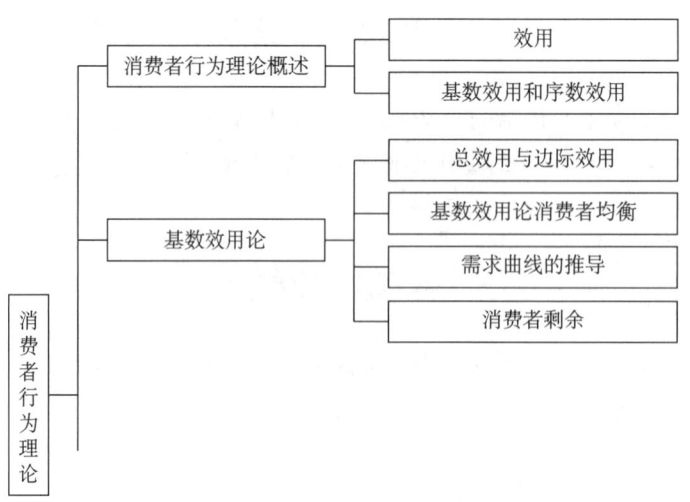

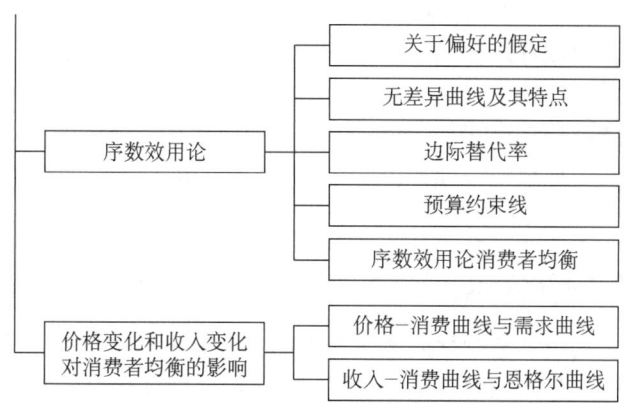

思政育人　　　实施扩大内需战略的有效路径

日前,中共中央、国务院印发了《扩大内需战略规划纲要(2022—2035年)》(以下简称《纲要》),这是落实二十大报告中提出的"着力扩大内需,增强消费对经济发展的基础性作用和投资对优化供给结构的关键作用"的具体行动方案。在当前和今后一段时期,如何通过扩大内需来稳定经济社会发展,寻求其有效路径,成为短期、中长期宏观经济运行必须重视的课题。

当前阶段,恢复经济和稳增长,必须通过扩大内需消费来实现。扩大内需的主要影响因素是各经济主体对于宏观经济运行和经济景气走势的信心,以及各消费主体基于信心的预期可支配收入水平。反过来,扩大内需又能促使因"需求收缩"而导致的产能低效运转状况向好转变,增进各经济主体对于经济景气逐步好转的信心。中央经济工作会议指出,明年经济工作要从战略全局出发,从改善社会心理预期、提振发展信心入手。着力扩大国内需求,要把恢复和扩大消费摆在优先位置。增强消费能力,改善消费条件,创新消费场景;多渠道增加城乡居民收入;支持住房改善、新能源汽车、养老服务等消费;通过政府投资和政策激励有效带动全社会投资;加快实施"十四五"重大工程,加强区域间基础设施联通等。这些政策措施在近期内推行实施,将对经济运行"信号"起到一个积极的引导作用,加快市场主体和消费主体改善预期、提振信心。

资料来源:钟茂初. 人民政协报. 实施扩大内需战略的有效路径[N/OL]. 人民政协报,2022-12-20[2023-12-03]. http://dzb.rmzxb.com.cn/rmzxbPaper/pc/con/202212/20/content_35524.html.

第一节　消费者行为理论概述

一、效用

消费者之所以要消费商品,是因为商品能够满足他的各种欲望。在一个经济社会中,欲望是经济系统运转的点火器,是研究消费者行为的出发点。欲望是指一个人想要得到而没有得到某种东西的一种心理感觉。对一个消费者而言,欲望因不足而起源,同时它又是消费者想要得到这种东西的愿望。人的欲望是多种多样的,一种欲望得到满足,更高一级的欲望就会产生。这里,人的欲望表现为无限性。但对特定的商品而言,人的欲望又是有限的。随着个人不断地增加对一种特定的商品的消费,人们的不足之感和求足之愿的强烈程度就会越来越弱。

人们的欲望借助于消费商品而获得满足,因而商品具有满足消费者欲望的功效。消费

二维码 3-1：
格林童话
《渔夫和他的妻子》

二维码 3-2：
效用的概述

者消费商品或劳务时所获得的满足程度被称为效用。一种商品或劳务给消费者带来效用的大小，取决于消费者对这种商品或劳务所产生的欲望的强度。在不同的条件下同一种商品满足同一个消费者欲望的能力有所不同，相同条件下同一种商品满足不同消费者的能力也会不同。因此，对特定商品或劳务而言，效用是消费者在一定条件下对这种商品或劳务满足其自身欲望能力的一种主观心理评价。于是，消费者在选择消费商品时总试图寻求最大的效用满足。

二、基数效用和序数效用

既然效用表示消费者消费商品或劳务时获得的满足程度，而消费者在选择消费商品或劳务时又试图使得这种满足程度最大，那么消费者选择过程首先遇到的一个问题就是效用或者消费者满足程度的度量问题。在这一问题上，西方经济学家先后提出了基数效用论和序数效用论两种理论。

基数效用论和序数效用论都是说明消费者选择的理论，二者之间的关键差别是商品给消费者带来的满足程度即效用是否可度量。

第一，基数效用论假定，消费者消费商品或劳务所获得的满足程度即效用可以用 1、2、3 等基数加以表示。正如长度可以用"米"作为度量单位、重量可以用"千克"作为度量单位一样，消费者消费不同商品或者数量获得的效用满足也是可以用一个特定的单位加以度量的。有些信奉基数效用论的经济学家甚至为效用的计量单位设计了"尤特尔"（英文"util"的音译）这一名称。这样，消费者拥有商品的效用就可以确定地表示出来。比如，一个人吃一块巧克力的效用是 2 个尤特尔，而听一场音乐会的效用是 30 个尤特尔，如果一个消费者边吃巧克力边欣赏音乐会，那他的效用就是 32 个尤特尔。因此，消费者消费一定商品或劳务获得的效用是所有这些商品或劳务的效用之和。而且他们认为不同消费者获得的效用具有共同的计量单位，因而不同消费者的效用可以进行加总和相互比较。

第二，基数效用论又假定随着消费者消费一种商品或劳务数量的增加，消费者每增加一单位该商品或劳务的消费所获得的满足程度的增加量逐渐下降。基于这一假定，基数效用论对商品的总效用和边际效用的概念进行了区分，前者对应着效用总额，后者对应着增加的效用。这样，在收入既定的条件下，消费者会权衡这些收入的不同用途可以产生的效用，不断地调整各种商品和劳务的组合。如果消费者在现有条件下花费同样的费用，消费一种商品比消费另一种商品获得更多的效用，则消费者会增加第一种商品的消费，同时减少另外一种商品的消费。例如，同样是花费 5 元钱，如果你觉得吃草莓冰激凌的效用为 10，而吃巧克力冰激凌的效用只有 8，那么你当然就会买草莓冰激凌而不会买巧克力冰激凌。显然，消费者在进行这一调整的过程中损失掉的效用小于得到的效用，因而寻求效用最大化的消费者就会不断地进行调整，直到获得最大效用为止。这种利用增加商品消费量从而增加效用来分析消费者选择的方法就是边际效用分析方法。利用边际效用分析法，基数效用论得出了消费者选择的最优条件，从而得到了消费者的需求曲线，并证明了需求规律。

序数效用论是为了弥补基数效用论的缺陷而提出来的另一种研究消费者行为的理论。基数效用论中一个基本假设是，商品的效用可以计量和加总。但是序数效用论却认为，商品的效用是消费者对商品满足其欲望的一种心理评价，因而很难准确地加以衡量，更难对不同消费者的效用进行比较和加总。因此序数效用论并不是准确地计算消费者消费商品获得的满足程度的数值,而是对消费不同商品或数量获得的效用满足按第一、第二、第三……的顺序进行排序。序数效用论认为,消费者只要能对商品带来的满足程度的进行大小排序,就可以选择效用最大的商品组合。比如,同样是花费一元钱,如果消费一块巧克力带来的满足超过消费一个包子带来的满足,消费者自然会选择购买巧克力而不是包子。为了说明消费者的选择过程,序数效用论通常借用无差异曲线进行分析。消费者根据不同商品或不同商品组合的效用满足程度进行排序,在收入允许的范围内选择效用等级最高的商品组合。利用上述分析,序数效用论同样得出了消费者选择最优商品数量组合的条件,并由此得出了消费者的需求曲线。

序数效用论避免了用基数来度量效用的假定,对消费者行为的限制更少,但它并没有从本质上否定基数效用论。因此本书并不过分强调基数效用论和序数效用论的区别,并在不涉及个人之间比较时使用基数效用。

第二节 基数效用论

下面我们利用基数效用论来分析消费者选择的过程。

一、总效用与边际效用

(一)总效用和边际效用定义

根据上面的说明,基数效用论有两个基本假定:第一,消费者消费商品或劳务所获得的满足程度即效用可以用1、2、3等基数加以计量;第二,随着消费者消费商品或劳务数量的增加,满足程度或效用总量一般是增加的,但消费者每增加一单位商品或劳务的消费所获得的满足程度逐渐下降。基于这些假定,基数效用论区分商品的总效用和边际效用的概念。

总效用(total utility)是指在一定时间内消费者从消费商品或劳务中获得的满足程度的总量,用 TU 表示。边际效用(marginal utility)是指在一定时间内消费者从增加一单位商品或劳务的消费中所得到的效用增加量,用 MU 表示。总效用是消费者在这一时间内消费的每一单位商品或劳务得到的效用总和。对特定消费者而言,总效用取决于消费者消费商品的数量。边际效用是新增加一单位商品带来的效用,它也与消费商品的数量有关。

假定消费者对一种商品的消费数量为 Q,则总效用函数为:$TU = f(Q)$

边际效用函数为:$MU = \dfrac{\Delta TU(Q)}{\Delta Q}$

当商品的增加量趋于无穷小,即 $\Delta Q \to 0$ 时有:

$$MU = \lim_{\Delta Q \to 0} \frac{\Delta TU(Q)}{\Delta Q} = \frac{dTU(Q)}{dQ} \tag{3-1}$$

这里要指出的是,在西方经济学中,边际分析是基本的分析方法之一。"边际"概念则是一个重要的基本概念。边际效用是本书出现的第一个"边际"概念。在此,有必要强调一下,边际量的一般含义是表示一单位的自变量的变化量所引起的因变量的变化量。边际量的一般定义公式为:

$$\text{边际量} = \frac{\text{因变量的变化量}}{\text{自变量的变化量}}$$

下面,我们利用表3-1来具体说明总效用与边际效用之间的关系。由表中可见,当商品的消费量由0增加为1时,总效用由0增加为10效用单位,总效用的增量即边际效用为10(10-0)效用单位。当商品的消费量由1增加为2时,总效用由10效用单位上升为18效用单位,总效用的增量即边际效用下降为8(18-10)效用单位。依此类推,当商品的消费量增加为6时,总效用达到最大值,为30效用单位,而边际效用已递减为0(30-30)效用单位。此时,消费者对该商品的消费已达到饱和点,当商品的消费量再增加为7时,边际效用会进一步递减为负值,即-2(28-30)效用单位,总效用便下降为28效用单位了。如表3-1及图3-1所示。

表3-1　　　　　　　　　　　　　某商品的效用表

商品数量(1)	总效用(2)	边际效用(3)	价格(4)
0	0		
1	10	10	5
2	18	8	4
3	24	6	3
4	28	4	2
5	30	2	1
6	30	0	0
7	28	-2	

图3-1中的横轴表示商品的数量,纵轴表示效用量,TU曲线和MU曲线分别为总效用曲线和边际效用曲线。因为边际效用被定义为消费品的一单位变化量所带来的总效用的变化量,又因为图中的商品消费量是离散的,所以,图中MU曲线上的每一个值都记在相应的两个消费数量的中点上。

在图3-1中,MU曲线是向右下方倾斜的,它反映了边际效用递减规律,相应地,TU曲线是以递减的速率先上升后下降的。具体而言,边际效用与总效用之间的相互关系为:当边际效用为正值时,总效用曲线呈上升趋势;当边际效用递减为零时,总效用曲线达到最高点;当边际效用继续递减为负值时,总效用曲线呈下降趋势。从数学意义上讲,如果效用曲线是连续的,则每一消费量上的边际效用值就是总效用曲线上相应的点的斜率。

(二) 边际效用递减规律及其原因

从图3-1可以看出,随着消费者消费商品数量的增加,消费者从中获得的总效用是逐渐增加的,但消费者获得的边际效用却是逐渐减少的,这就是所谓的边际效用递减规律。一定时间内,在其他商品的消费量保持不变

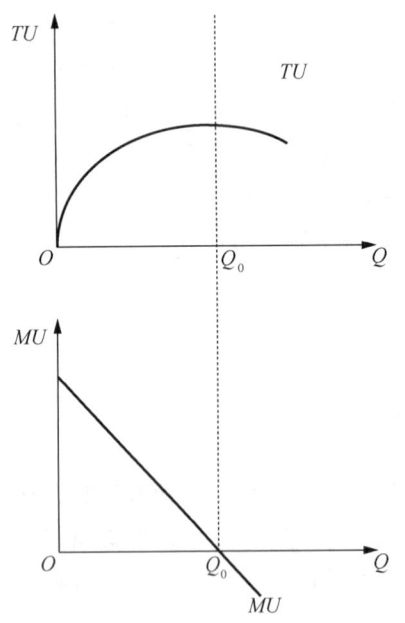

图3-1 总效用和边际效用

的条件下,随着消费者对某种商品消费量的增加,消费者从该商品连续增加的每一消费单位中所得到的效用增量即边际效用是递减的。通常被用来说明边际效用递减规律的例子类似如下:在一个人饥饿的时候,吃第一块巧克力给他带来的效用是很大的。此后,随着这个人所吃的巧克力数量的连续增加,虽然总效用是不断增加的,但每一块巧克力给他带来的效用增量即边际效用是递减的。当他完全吃饱的时候,巧克力的总效用达到最大值,而边际效用却降为零。如果他还继续吃巧克力,就会感到不适,这意味着巧克力的边际效用进一步降为负值,总效用也开始下降。具体地,可以进一步用表3-1中的第(1)、第(2)和第(3)栏来说明。比如,这个人吃第一块巧克力时,他对第一块巧克力给自己带来的效用的评价为10效用单位,即第一块巧克力的边际效用为10效用单位。当他吃第二块巧克力时,他对第二块巧克力的效用的评价下降为8效用单位,即第二块巧克力的边际效用为8效用单位,但这时他吃两块巧克力的总效用为18(10+8)效用单位。类似地,当他吃第三块巧克力时,他对第三块巧克力的效用的评价进一步下降为6效用单位,即第三块巧克力的边际效用为6效用单位,而此时他吃三块巧克力的总效用为24(10+8+6)效用单位。以此类推,直至他吃第六块巧克力时,边际效用递减为零,总效用达到最大值30效用单位。而到他吃第七块巧克力时,边际效用递减为-2效用单位,总效用下降为28(30-2)效用单位。

对于边际效用递减规律产生的原因,基数效用论给出了两个方面的解释:一方面,从消费者的角度来看,商品被优先用于满足最重要的需要,故最先消费的商品边际效用就大;另一方面,从商品本身对消费者所产生的重复刺激来看,随着一种商品消费数量的连续增加,消费者接受的刺激的程度越来越弱。这样,消费品的边际效用便随着消费品的用途重要性的下降而递减。最后,还有很重要的一点,在现实生活中消费者对任何一种商品的消费都有饱和点,与这一事实相对应的另一个事实就是边际效用递减。因为只有当消费商品的边际效用逐步递减为零时,消费者才达到消费饱和点。

延伸阅读3-1

美国总统和四个三明治

罗斯福是唯一一位连续当了四任美国总统的人。曾经在一次采访中,有位记者问罗斯福总统:"请问您连续担任四届美国总统,是一种怎样的体验?"罗斯福笑了笑,并没有当场回答,而是告诉这位记者,留下来吃饭,吃饭的时候会向他揭晓答案。当然吃饭也是比较快速的,先上来一个三明治,记者已饿坏了,狼吞虎咽地吃光了,吃得很舒服。然后又上来一个三明治,记者正好还没吃饱,就慢悠悠地又吃掉了,记者依旧感觉很美味。接着又上来一个三明治,这时候记者已经感觉撑饱的了,碍于总统的情面,心想那就"舍命陪君子"了,愁眉苦脸地又一小口一小口地吃了下去。最后又上来一个三明治,这时,记者已经清楚了总统的用意。

资料来源:网易九州故事万花筒:美国总统和四个三明治[EB/OL].(2022-05-12)[2024-04-06]. https://www.163.com/dy/article/H76T389T0534THXH.html.有删改.

(三) 关于货币的边际效用

经济学家认为,货币如同商品一样,也具有效用。消费者用货币购买商品,是用货币的效用去交换商品的效用。商品的边际效用递减规律对于货币也同样适用。通常,对于一个消费者来说,随着他的货币收入量的不断增加,货币的边际效用是递减的。这就是说,随着某消费者货币收入的逐步增加,收入每增加一元钱给该消费者带来的边际效用一般是越来越小的。

但是,在分析消费者行为时,我们又通常假定货币的边际效用是不变的。这是因为,在一般情况下,消费者在一定时期内的收入是给定的,而且,单位商品的价格往往只占消费者总货币收入量中的很小部分,所以,当消费者对某种商品的购买量发生很小的变化时,所支出的货币的边际效用的变化是非常小的,可以略去不计。这样,货币的边际效用便通常被假定为是一个不变的常数。

二维码3-3:谢作诗:货币的边际效用递减吗?

二、基数效用论消费者均衡

消费者追求自身的最大满足,同时会受到收入条件的限制。经济学中,把消费者使用既定的收入实现最大效用并保持这种情形不变的状态称为消费者均衡。在消费者均衡状态下,消费者消费一定数量的各种商品的组合,是他在现有的收入条件下所能达到的最优组合,因此他既不想再增加也不想再减少任何一种商品的消费数量。

为了得到消费者均衡的实现条件,基数效用论通常作出以下假定:第一,消费者的偏好保持不变,即消费者消费一种商品的总效用和边际效用是给定的;第二,消费者的收入保持不变;第三,消费者消费的商品价格保持不变。

在上述条件下,基数效用论得到的消费者实现效用最大化的均衡条件是:在既定的收入约束条件下,消费者购买各种商品获得的边际效用与价格之比相等,并且都等于货币的边际效用。假定:消费者用既定的收入 I 购买 n 种商品,P_1,P_2,……,P_n 分别为 n 种商品的既定价格,λ 为不变的货币边际效用。X_1,X_2,……,X_n 分别表示 n 种商品的数量,MU_1,MU_2,……,MU_n 分别表示 n 种商品的边际效用,则上述的消费者效用最大化的均衡条件可以用公式表示为:

$$P_1X_1 + P_2X_2 + \cdots + P_nX_n = I \tag{3-2}$$

$$\frac{MU_1}{P_1} = \frac{MU_2}{P_2} = \cdots = \frac{MU_n}{P_n} = \lambda \tag{3-3}$$

式(3-2)是限制条件;式(3-3)是在限制条件下消费者实现效用最大化的均衡条件,表示消费者应选择最优的商品组合,使得自己花费在各种商品上的最后一元钱所带来的边际效用相等,且等于货币的边际效用。

三、需求曲线的推导

从理论上讲,分析消费者行为的目的在于得到消费者的需求曲线,揭示需求曲线背后的问题,在其他条件不变的情况下,对应于既定的价格,消费者选择效用最大的商品数量(组合),那么,这一数量(组合)就是该价格下的需求量。因此,消费者的需求曲线来源于消费者效用最大化的均衡条件。

进一步地,基数效用论从消费者效用最大化的均衡条件出发来具体推导需求曲线。其中,边际效用递减规律是构造消费者需求曲线的基础。

根据前面的效用最大化均衡条件(式3-3),考虑消费者购买一种商品的情况,那么,效用最大化的均衡条件可以写为:

$$\frac{MU}{P} = \lambda \tag{3-4}$$

式(3-4)意味着:对于任何一种商品来说,随着需求量的不断增加,边际效用是递减的,因此,为了保证均衡条件式(3-4)的实现,在货币边际效用 λ 不变的前提下,消费者愿意支付的最高价格 P 必定同比例于 MU 的递减而递减。式(3-4)还表示:消费者应该选择最优的商品购买数量,使得最后一元钱购买该商品所得到的边际效用与所付出的最后一元钱的货币的边际效用相等。下面仍以表3-1为例来说明。

假定表3-1中货币的边际效用 $\lambda=2$。为了实现 $MU/P=\lambda$ 的均衡条件,当商品的消费量为1时,边际效用为10,则消费者为购买第一单位的商品所愿意支付的最高价格为 $5(10\div2)$。当商品的消费量增加为2时,边际效用递减为8,则消费者为购买第二单位的商品所愿意支付的最高价格下降为 $4(8\div2)$······直至商品的消费量增加为5时,边际效用进一步递减为2,消费者为购买第5单位的商品所愿意支付的最高价格降为 $1(2\div2)$。显然,随着商品消费量的不断增加,消费者愿意支付的最高价格 P 同比例于 MU 的递减而递减。

因此,通过上述推导消费者需求曲线的过程,可以得到每单位支出购买商品获得的边际效用等于货币边际效用的条件,商品价格与需求量联系在一起。在边际效用递减规律的作用下,消费者的需求曲线是向右下方倾斜的。

事实上,对应于商品的某一特定价格,消费者消费最后一单位商品的边际效用恰好等于价格与货币边际效用的乘积。在货币的边际效用既定的条件下,如果商品的价格提高,那么消费者增加一单位商品的购买需要支付的货币数量就越多,损失掉的效用随之增加。为了能够弥补效用的损失,消费者需要从该单位商品的消费中获取更多的边际效用。在边际效用递减规律的作用下,消费者会选择消费更少的商品。

由此可见,正是由于边际效用递减规律,消费者对商品的需求曲线才向右下方倾斜,所以,边际效用递减规律是保证需求规律成立的一个重要前提。

四、消费者剩余

在自愿交易的条件下,消费者通过选择最优的消费数量可以使自身的境况得到改善。借助于上面推导的消费者需求曲线可以很好地说明如何度量经济交换所获得的好处。

首先,从改变对消费者需求曲线的理解开始。需求曲线不仅表示价格与商品的需求量之间的关系,也可以理解为在购买特定数量商品时消费者愿意支付的最高价格。但对消费者而言,市场价格是外生给定的,所以在其支付意愿与实际支付值之间存在一个差值,这就构成了一种"心理剩余"。消费者为得到一定数量的某种商品愿意支付的数额与实际必须支付的数额之间的差值被称为消费者剩余。

举一个例子来说明:假定巧克力的市场价格为3元。当某消费者在一块巧克力都没有的情况下购买第一块巧克力时,第一块巧克力的边际效用是很大的,他认为值得付5元去购买,即他愿意支付的最高价格为5元。于是,当这个消费者以市场价格3元购买第一块巧克力时,就创造了额外的2元的消费者剩余。随着消费者对巧克力消费量的逐个增加,巧克力的边际效用递减,他为购买第二块、第三块和第四块巧克力所愿意支付的最高价格分别递减为4.5元、4元和3.5元。这样,他为购买四块巧克力所愿意支付的最高总金额为 $17(5+4.5+4+3.5)$ 元。但他实际按市场价格支付的总金额为 $12(3\times4)$ 元,两者的差额为 $5(17-12)$ 元,这个差额就是消费者剩余。因此,消费者认为购买4块巧克力是值得的,能使自己的境况得到改善。由此可见,消费者剩余是消费者在购买一定数量的某种商品时愿意支付的最高总价格和实际支付的总价格之间的差额。

消费者剩余可以用几何图形来表示。简单地说,消费者剩余可以用消费者需求曲线以下、市场价格线以上的面积来表示,如图 3-2 中的阴影部分面积所示。具体地看,在图 3-2 中,需求曲线以反需求函数的形式 $P^d = f(Q)$ 给出,它表示消费者对每一单位商品所愿意支付的最高价格。假定该商品的市场价格为 P_0,消费者的购买量为 Q_0。那么,根据消费者剩余的定义,我们可以推断,在产量 0 到 Q_0 区间需求曲线以下的面积表示消费者为购买 Q_0 数量的商品所愿意支付的最高总金额(即总价格),即相当于图中 $OABQ_0$ 的面积;而实际支付的总金额(即总价格)等于市场价格 P_0 乘以购买量 Q_0,即相当于图中的矩形 OP_0BQ_0 的面积。这两块面积的差额即图中的阴影部分 P_0AB 的面积,表示的就是消费者剩余。

消费者剩余也可以用数学公式来表示。令反需求函数为 $P^d = f(Q)$,价格为 P_0 时的消费者的需求量为 Q_0,则消费者剩余为:

$$CS = \int_0^{Q_0} f(Q) dQ - P_0 Q_0 \tag{3-5}$$

式(3-5)中,CS 为消费者剩余的英文简写,式子右边的第一项即积分项,表示消费者愿意支付的最高总金额,第二项表示消费者实际支付的总金额。

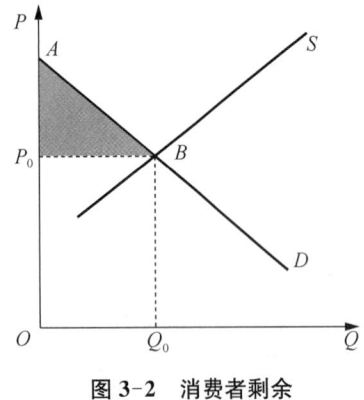

图 3-2 消费者剩余

以上,我们利用单个消费者的需求曲线得到了单个消费者剩余,这一分析可以扩展到整个市场:类似地,我们可以由市场的需求曲线得到整个市场的消费者剩余,市场的消费者剩余可以用市场需求曲线以下、市场价格线以上的面积来表示,市场均衡价格和均衡数量分别为 P_0 和 Q_0,市场的消费者剩余表示为阴影部分的面积,如图 3-2 所示。

通过上述可得,消费者剩余又被定义为消费者从消费商品中获得的总效用与总的市场价值之间的差额,即消费商品的净效用。

最后需要指出,消费者剩余是消费者的主观心理评价,它反映消费者通过购买和消费商品所感受到的状态的改善。因此,消费者剩余通常被用来度量和分析社会福利问题。

延伸阅读 3-2

反垄断法之法益的再检讨——《平台经济领域的反垄指南》第 17 条

《国务院反垄断委员会关于平台经济领域的反垄断指南》第 17 条对平台经济领域具有市场支配地位的经营者的差别待遇行为进行了规定,保护消费者免受"大数据杀熟"是该规定的重要目标。但从宏观的角度观察,针对消费者的差别待遇能够促进竞争、提升整体福利。相比于统一定价,差异化定价不仅提高了行业利润,吸引潜在竞争者的加入,而且能适应消费者不同的支付意愿,使更多消费者购买产品,提升社会产出。该规定以消费者的视角为出发点,未能细致考虑差别待遇的整体效果,导致反垄断法评价标准的矛盾与混乱。故须明确竞争者而非消费者才是反垄断法的保护对象。

资料来源:郭钺.反垄断法之法益的再检讨——以《平台经济领域的反垄指南》第 17 条为线索[C]//上海市法学会.《上海法学研究》集刊(2021 年第 6 卷 总第 54 卷)——新兴权利与法治中国文集,2021:8.

第三节 序数效用论

上一节我们运用边际分析方法考察了消费者的行为,得出了消费者对商品的需求曲线。序数效用论者用无差异曲线分析法来考察消费者的选择行为,并在此基础上推导出消费者的需求曲线,阐述需求曲线的经济含义。

一、关于偏好的假定

消费者的偏好是指消费者对商品或商品组合的喜好程度。消费者对商品的偏好可以根据某些客观指标,也可以基于心理感受给出主观判断。每一个消费者拥有一个特定的偏好,消费者基于偏好对商品做出主观价值判断,并据此对商品及其数量组合所带来满足程度的大小进行排序。

为了更好地运用偏好的排序功能说明消费者的选择,序数效用论者提出了关于消费者偏好的三个基本的假定。

1. 偏好的完全性

偏好的完全性又称偏好的完备性,是指消费者总是可以比较和排列对所给出的两个不同的商品组合的偏好。换言之,对于任何两个商品组合 A 和 B,消费者总是可以作出,而且只能作出以下三种判断中的一种:对 A 的偏好大于对 B 的偏好;对 B 的偏好大于对 A 的偏好;对 A 和 B 的偏好相同(即 A 和 B 是无差异的)。偏好的完全性假定保证消费者对于任意两个商品组合的偏好的表达方式是完备的(即完全的),即消费者总是可以把自己对任意两个商品组合的偏好评价准确地表达出来。

2. 偏好的可传递性

偏好的可传递性,即对于任何三个商品组合 A、B 和 C,如果消费者对 A 的偏好大于 B,对 B 的偏好又大于 C,那么,该消费者对 A 的偏好一定大于 C。偏好的可传递性假定保证了消费者偏好的一致性,因而也是理性的。

3. 偏好的非饱和性

偏好的非饱和性表示在其他商品数量相同的条件下,消费者更偏好数量大的商品组合,或更偏好多样性的产品组合。

二、无差异曲线及其特点

在上述偏好假定的基础上,我们可以运用无差异曲线表示消费者对商品组合的偏好。

无差异曲线是表示能够给消费者带来相同满足程度的不同数量的商品组合描绘出来的曲线。或者说,它是表示能够给消费者带来相同的效用水平或满足程度的两种商品的所有组合。下面用表 3-2 和图 3-3 具体说明无差异曲线的构建。

表 3-2　　　　　　　　　　　某消费者的无差异表

商品组合	表 A		表 B		表 C	
	X_1	X_2	X_1	X_2	X_1	X_2
a	10	50	20	70	30	90

(续表)

商品组合	表A		表B		表C	
	X_1	X_2	X_1	X_2	X_1	X_2
b	20	30	30	50	40	70
c	30	23	40	40	50	52
d	40	18	50	30	60	44
e	50	14	60	25	70	42
f	60	10	80	20	80	37

表 3-2 是某消费者关于商品 1 和商品 2 的无差异表列,表中的 X_1 和 X_2 分别表示商品 1 和商品 2 的数量。表中列出了关于这两种商品各种不同的组合。该表由三个子表即无差异表 A、无差异表 B 和无差异表 C 组成,每一个子表中都包含六个商品组合,且假定每一个子表中六个商品组合的效用水平是相同的。以无差异表 A 为例:表 A 中有 a、b、c、d、e 和 f 六个商品组合。在 a 组合中,商品 1 和商品 2 的数量各为 10 和 50;在 b 组合中,商品 1 和商品 2 的数量各为 20 和 70;如此等等。消费者对这六个组合的偏好程度是无差异的。同样地,消费者对无差异表 B 中的所有六个商品组合的偏好程度也都是相同的,无差异表 C 中六个商品组合给消费者带来的满足程度也都是相同的。

但需要注意的是,无差异表 A、无差异表 B 和无差异表 C 各自所代表的效用水平的大小是不一样的。只要对表中的商品组合进行仔细观察和分析,就可以发现,根据偏好的非饱和性假设,可以得出结论:无差异表 A 所代表的效用水平低于无差异表 B,无差异表 B 又低于无差异表 C。

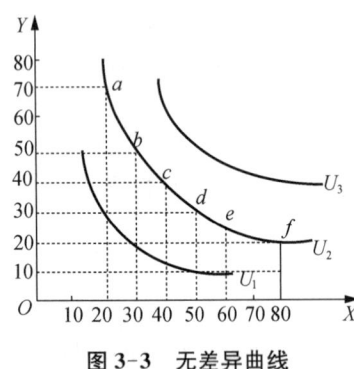

图 3-3 无差异曲线

根据表 3-2 绘制的无差异曲线如图 3-3 所示。图中的横轴和纵轴分别表示商品 1 的数量 X_1 和商品 2 的数量 X_2,曲线 U_1、U_2 和 U_3 顺次代表与无差异表 A、无差异表 B 和无差异表 C 相对应的三条无差异曲线。这三条无差异曲线是这样得到的:以无差异曲线 U_2 为例,先根据无差异表 B 描绘出相应的六个商品组合点 a、b、c、d、e 和 f,然后用曲线把这六个点连接起来(在商品数量可以无限细分的假定下),便形成了平滑的无差异曲线 U_2。用相同的方法,可以根据无差异表 A 和无差异表 C,分别绘制出无差异曲线 U_1 和 U_3。

需要指出,在表 3-2 中我们只列出了三个无差异子表,相应地,在图 3-3 中,我们只得到了三条无差异曲线。实际上,我们可以假定消费者的偏好程度无限多,也就是说,我们可以有无穷个无差异子表,从而得到无数条无差异曲线。表 3-2 和图 3-3 只不过是一种分析的简化而已。

在此,我们再进一步引入效用函数的概念。效用函数表示某一商品组合给消费者所带来的效用水平。假定消费者只消费两种商品,则效用函数为:

$$U = f(X_1, X_2) \tag{3-6}$$

无差异曲线具有以下四个基本特征：

（1）无差异曲线有无数多条，每一条都代表着消费者消费商品组合可以获得的一个效用水平，并且离原点越远，代表的两种商品的数量组合就越大，根据偏好的非饱和性假设，无差异曲线代表的效用水平就越高。由于可供消费者选择的商品数量组合是无限的，所以可以描绘出无数条无差异曲线。

（2）在同一坐标平面图上的任何两条无差异曲线均不会相交。在图3-4中，两条无差异曲线相交于 a 点，这种画法是错误的。其理由在于：根据无差异曲线的定义，由无差异曲线 U_1 可得 a、b 两点的效用水平是相等的即无差异的，由无差异曲线 U_2 可得 a、c 两点的效用水平是相等的即无差异的。于是，根据偏好的可传递性假定，必定有 b 和 c 这两点的效用水平是相等的。但是，观察和比较图中 b 和 c 这两点的商品组合，可以发现 c 组合中的每一种商品的数量都多于 b 组合，于是，根据偏好的非饱和性假定，必定有 c 点的效用水平大于 b 点的效用水平。这样一来，矛盾便产生了：该消费者在认为 b

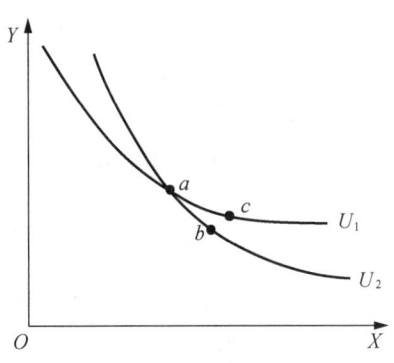

图3-4　无差异曲线相交

点和 c 点无差异的同时，又认为 c 点要优于 b 点，这就违背了偏好的完全性假定。由此证明：同一坐标平面图上的任何两条无差异曲线均不会相交，除非重合。

（3）无差异曲线向右下方倾斜。如果在一条无差异曲线上画出一段向右上方倾斜的曲线，不难发现，在这段曲线上选择某一商品组合点，必然存在两种商品的数量均大于这一组合点的点，但两个组合却是无差异的，这就与偏好的非饱和性假设相矛盾。所以无差异曲线向右下方倾斜隐含地排除了非意愿商品的存在。从几何上看，无差异曲线的这一特征意味着其斜率为负值。它表明，随着一种商品数量的增加，减少另一种商品的数量，消费者也可以获得与原来相同程度的满足。所以，无差异曲线向右下方倾斜也表明，在效用水平保持不变的条件下，一种商品对另外一种商品产生了替代。

（4）无差异曲线凸向原点。这一特征与偏好的非饱和性假设相对应，消费者偏好多样性的产品组合，因为在一条无差异曲线任意两点的连线上，商品组合都更加丰富，消费者的效用满足水平也越高。从几何意义上看，无差异曲线凸向原点表明其倾斜程度越来越平缓。从无差异曲线代表的经济学意义上看，无差异曲线凸向原点意味着，随着一种商品数量增加，另外一种商品减少的数量越来越小，即一种商品对另外一种商品的替代能力越来越弱。为了刻画一种商品对另外一种商品的替代程度，经济学中经常采用边际替代率这一概念。

二维码3-4：无差异曲线与产品设计策略

三、边际替代率

（一）边际替代率的含义

在同一条无差异曲线上，消费者因一种商品数量的减少而造成的损失可以由另外一种商品增加而得到弥补。这就说明，在维持效用水平不变的前提条件下，消费者在增加一种商品的消费数量的同时，必然会放弃一部分另一种商品的消费数量，即两种商品的消费数量之间存在着替代关系。由此，经济学家提出了商品的边际替代率（marginal rate of substitution，MRS）的概念。

商品的边际替代率指的是在维持效用水平不变的前提下,消费者增加一单位某种商品的消费数量时所需要放弃的另一种商品的消费数量。

商品1对商品2的边际替代率的定义公式为:

$$MRS_{12} = -\frac{\Delta X_2}{\Delta X_1} \tag{3-7}$$

式(3-7)中,ΔX_1 和 ΔX_2 分别为商品1和商品2的变化量。由于 ΔX_1 是增加量,ΔX_2 是减少量,两者的符号相反,所以,为了使 MRS_{12} 的计算结果是正值,以便于比较,就在公式中加了一个负号。

当商品数量的变化趋于无穷小时,则商品的边际替代率公式为:

$$MRS_{12} = \lim_{\Delta X_1 \to 0} -\frac{\Delta X_2}{\Delta X_1} = -\frac{\mathrm{d}X_2}{\mathrm{d}X_1} \tag{3-8}$$

由式(3-8)可知,无差异曲线上某一点的边际替代率就是无差异曲线在该点的斜率的绝对值。

(二)商品的边际替代率递减规律

商品的边际替代率反映了在效用水平不变的情况下,消费者为得到1单位数量的某种商品而愿意放弃的另外一种商品的数量,也就是消费者对两种商品偏好程度的相对估价。但是,随着一种商品消费量的增减,商品的稀缺程度就会发生变动,消费者对额外1单位商品的偏好程度也会发生改变,因此,商品的边际替代率与消费者消费的两种商品消费量有关。并且,随着一种商品消费量的增加,该商品对另外一种商品的边际替代率越来越小。这一特征被概括为商品的边际替代率递减规律。

商品的边际替代率递减规律是指在保持效用水平不变的条件下,随着一种商品消费数量的增加,消费者增加一单位该商品的消费而愿意放弃的另外一种商品的消费数量逐渐减少,即随着一种商品数量的增加,它对另外一种商品的边际替代率递减。

商品边际替代率递减规律反映出了两种商品对消费者而言稀缺程度的相对变动,也就反映出了它们满足消费者偏好的相对能力的变动。在保持效用水平不变的前提下,随着第一种商品消费量的增加,第二种商品的消费量减少。结果,第一种商品相对充裕,而第二种商品相对稀缺,因而消费者就会更偏爱第二种商品。在这种情况下,增加一单位相对充裕的第一种商品,消费者愿意放弃的相对稀缺的第二种商品数量就会越来越少。

在两种商品的替代过程中,普遍存在一种现象,这种现象背后的规律被称为商品的边际替代率递减规律。具体地说,商品的边际替代率递减规律是指:在维持效用水平不变的前提下,随着一种商品的消费数量的连续增加,消费者为得到每一单位的这种商品所需要放弃的另一种商品的消费数量是递减的。之所以会普遍发生商品的边际替代率递减现象,其原因在于:随着一种商品的消费数量的逐步增加,消费者想要获得更多的这种商品的愿望就会递减,从而,他为了多获得一单位的这种商品而愿意放弃的另一种商品的数量就会越来越少。

既然商品的边际替代率服从递减规律,而边际替代率又是无差异曲线斜率的绝对值,所以,随着第一种商品数量的增加,无差异曲线的形状就越来越平缓。因此,边际替代率递减规律保证了无差异曲线凸向原点。

四、预算约束线

(一) 预算约束线的含义

预算约束线简称预算线,它表示在收入和商品价格既定的条件下,消费者用全部收入所能购买到的各种商品的不同数量的组合。

仍以消费者消费两种商品为例。假定某消费者的一笔收入为 120 元,全部用来购买商品 1 和商品 2,其中,商品 1 的价格 P_1 为 4 元,商品 2 的价格 P_2 为 3 元。那么,消费者的全部收入都用来购买商品 1 可得 30 单位,消费者的全部收入用来购买商品 2 可得 40 单位。由此作出的预算线为图 3-5 中的线段 AB。

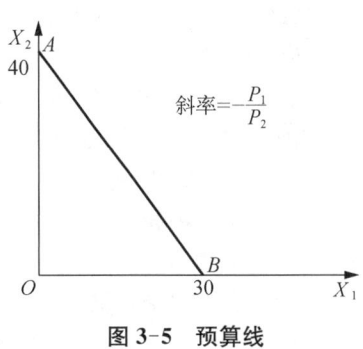

图 3-5 预算线

在两种商品的情形中,图 3-5 表示的预算线恰好是一条直线,所以该约束条件也就被称为消费者的预算约束线。

图中预算线的横截距 OB 和纵截距 OA 分别表示消费者的全部收入用来购买商品 1 和商品 2 的数量。预算线的斜率是两商品的价格之比的相反数即 $-\dfrac{P_1}{P_2}$,因为,预算线的斜率可以写为:

$$-\frac{OA}{OB} = -\frac{\dfrac{120}{P_2}}{\dfrac{120}{P_1}} = -\frac{P_1}{P_2}$$

假定以 I 表示消费者的既定收入,以 P_1 和 P_2 分别表示商品 1 和商品 2 的价格,以 X_1 和 X_2 分别表示商品 1 和商品 2 的数量,那么,相应的预算等式为:

$$P_1 X_1 + P_2 X_2 = I \tag{3-9}$$

该式表示:消费者的全部收入等于他购买商品 1 和商品 2 的总支出。而且,可以用 $\dfrac{I}{P_1}$ 和 $\dfrac{I}{P_2}$ 来分别表示全部收入仅购买商品 1 或商品 2 的数量,它们分别表示预算线的横截距和纵截距。此外,式(3-9)可以改写成如下形式:

$$X_2 = -\frac{P_1}{P_2} X_1 + \frac{I}{P_2} \tag{3-10}$$

式(3-10)的预算线方程告诉我们,预算线的斜率为 $-\dfrac{P_1}{P_2}$,纵截距为 $\dfrac{I}{P_2}$。

(二) 预算约束线的变动

预算约束线的确定是以消费者收入和商品价格既定为条件的。当消费者的收入和商品的价格发生变动时,消费者的预算约束线也会随之变动。下面区分四种不同的情形说明预算约束线的变动方向。

第一种,两商品的价格 P_1 和 P_2 不变,消费者的收入 I 发生变化。这时,相应的预算线的位置会发生平移。如图 3-6(a),假定原有的预算线为 AB,消费者收入 I 增加,使预算线由 AB 向右平移至 $A'B'$。相反,消费者收入 I 减少,使预算线 AB 向左平移至 $A''B''$。前者表示消费者的全部收入用来购买任何一种商品的数量都因收入的增加而增加,相反,后者表示消费者的全部收入用来购买任何一种商品的数量都因收入的减少而减少。

第二种,消费者的收入 I 不变,两种商品的价格 P_1 和 P_2 同比例同方向发生变化,这时,相应的预算线的位置也会发生平移,如图 3-6(a)所示。

第三种,当消费者的收入 I 不变,商品 1 的价格 P_1 和商品 2 的价格 P_2 中的一种价格发生变化而另一种价格保持不变,这时,预算线斜率发生变化,预算线截距发生变化,如图 3-6(b)和图 3-6(c)所示。

第四种,消费者的收入 I 与两种商品的价格 P_1 和 P_2 都同比例同方向发生变化。这时预算线不发生变化。它表示消费者的全部收入用来购买任何一种商品的数量都未发生变化。

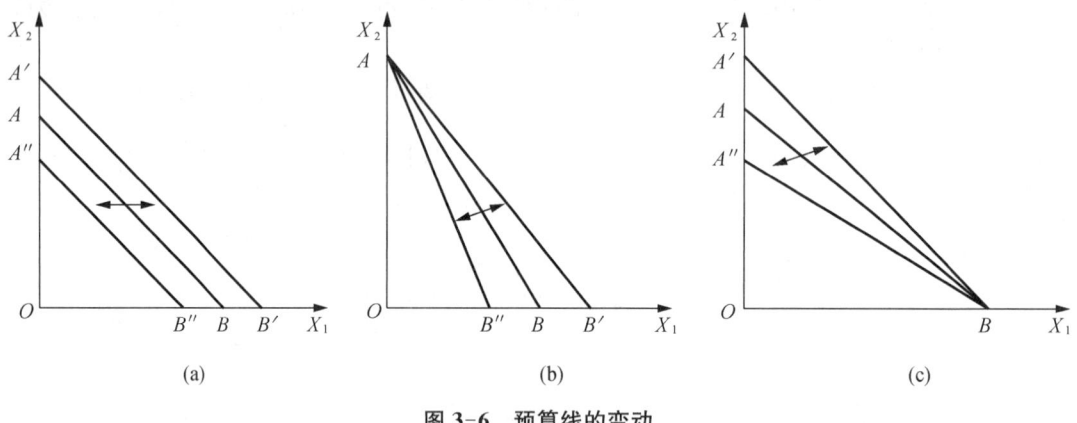

图 3-6 预算线的变动

延伸阅读 3-3

经济日报时评:过紧日子必须强化预算约束

今年我国实施近 2 万亿元的减税降费措施,规模之大前所未有,目的是用政府收入的"减法",换取企业效益的"加法"和市场活力的"乘法"。各级政府过紧日子必须坚持预算硬约束,严格执行预算,并落实好全面实施预算绩效管理要求,把每一分钱花在"刀刃"上。

今年,我国在实施更大规模减税降费的同时,明确要求"各级政府要过紧日子",各方纷纷点赞这个节用裕民之举。各级政府和部门如何切实按照要求做到过紧日子?预算安排必须体现"过紧日子"的要求,并且所有收支必须受到预算的严格约束。近日,102 个中央预算部门预算集中向社会公开,受到公众高度关注。

艰苦奋斗、勤俭节约是我们党的优良传统,"党和政府带头过紧日子,目的是为老百姓过好日子"。今年我国实施近 2 万亿元的减税降费措施,规模之大前所未有,目的是用政府收入的"减法",换取企业效益的"加法"和市场活力的"乘法"。大规模减税降费会给各级财政带来很大压力,在这种情况下,强调政府"过紧日子"的意义尤为重大。

为此,《政府工作报告》明确要求,各级政府要过紧日子,想方设法筹集资金,具体举措包括中央财政要开源节流,一般性支出压减 5% 以上,"三公"经费再压减 3% 左右,长期沉淀资金一律收回,地方政府也要主动挖潜,大力优化支出结构等。

资料来源:曾金华.经济日报时评:过紧日子必须强化预算约束[EB/OL].(2019-04-05)[2023-12-06]. https://cnews.chinadaily.com.cn/a/201904/05/WS5ca6a1a4a310e7f8b1574cdd.html.

五、序数效用论消费者均衡

为了确定消费商品的最优数量组合,理性的消费者试图在既定收入约束条件下寻求最大化的效用满足。消费者均衡将利用无差异曲线和预算约束线来考察消费者实现效用最大化的均衡条件及其均衡点的变动情况。

在收入和商品价格既定的条件下消费者试图选择使自身效用最大的商品数量组合。在这一过程中消费者受到追逐更高效用动机的驱使,也受到来自收入预算的制约。在这两种相反力量的作用下,当消费者选择了最优消费数量维持这种状态不变,此时消费者处于均衡状态。消费者均衡可以借助无差异曲线和预算约束线加以说明。

消费者的最优购买行为必须满足两个条件:第一,最优的商品购买组合必须是消费者最偏好的商品组合。也就是说,最优的商品购买组合必须是能够给消费者带来最大效用的商品组合。第二,最优的商品购买组合必须位于给定的预算线上。

下面,我们利用图 3-7 来具体说明消费者的最优购买行为。

第一,把要分析的问题准确表述如下:假定消费者的偏好给定,再假定消费者的收入和两种商品的价格给定,那么,消费者应该如何选择最优的商品组合,以获得最大的效用呢? 我们可以从下面两点入手分析:一是消费者偏好给定的假定,意味着给定了一个由该消费者的无数条无差异曲线所构成的无差异曲线簇。为了简化分析,我们从中取出三条,这便是图 3-7 中三条无差异曲线 U_1、U_2 和 U_3 的由来。二是消费者的收入和两商品的价格给定的假定,意味着给定了该消费者的一条预算线,这便是图 3-7 中唯一的一条预算线 CD 的由来。

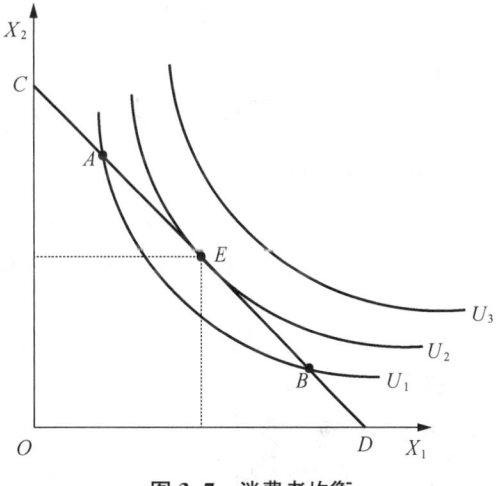

图 3-7 消费者均衡

第二,在图 3-7 中找出该消费者实现效用最大化的最优商品组合。面对图 3-7 中的一条预算线和三条无差异曲线,只有预算线 CD 和无差异曲线 U_2 的相切点 E,才是消费者在给定的预算约束下能够获得最大效用的均衡点。

为什么唯有 E 点才是消费者效用最大化的均衡点呢? 这是因为,就无差异曲线 U_3 来说,虽然它代表的效用水平高于无差异曲线 U_2,但它与既定的预算线 AB 既无交点又无切点。这说明消费者在既定的收入水平下无法实现无差异曲线 U_3 上的任何一点的商品组合的购买。就无差异曲线 U_1 来说,虽然它与既定的预算线 CD 相交于 A、B 两点,这表明消费者利用现有收入可以购买 A、B 两点的商品组合。但是,这两点的效用水平低于无差异曲线 U_2,因此,理性的消费者不会用全部收入去购买无差异曲线 U_1 上 A、B 两点的商品组合。事实上,就 A 点和 B 点来说,若消费者能改变购买组合,选择 AB 线段上位于 A 点右边或凸点左边的任何一点的商品组合,则都可以达到比 U_1 更高的无差异曲线,以获得比 A 点和 B

47

点更大的效用水平。这种沿着 AB 线段由 A 点往右和由 B 点往左的运动,最后必定在切点达到均衡。显然,只有当既定的预算线 CD 和无差异曲线 U_2 相切于 E 点时,消费者才在既定的预算约束条件下获得最大的满足。故 E 点就是消费者实现效用最大化的均衡点。

最后,找出消费者效用最大化的均衡条件。在切点 E,无差异曲线和预算线两者的斜率是相等的。我们已经知道,无差异曲线的斜率的绝对值就是商品的边际替代率 MRS_{12},预算线的斜率的绝对值可以用两商品的价格之比 $\frac{P_1}{P_2}$ 来表示。

由此,在均衡点 E 有:

$$MRS_{12} = \frac{P_1}{P_2} \tag{3-11}$$

这就是消费者效用最大化的均衡条件。它表示:在一定的预算约束下,为了实现最大的效用,消费者应该选择最优的商品组合,使得两商品的边际替代率等于两商品的价格之比。或者说,商品的边际替代率等于两种商品的价格比,与消费者每单位货币支出购买任意一种商品所得到的边际效用都相等,本质上具有相同的含义。这也进一步说明,效用的基数度量还是序数表示并不是问题的关键,二者的实质相同。

第四节 价格变化和收入变化对消费者均衡的影响

一、价格-消费曲线与需求曲线

(一) 价格-消费曲线

价格-消费曲线表示,在消费者的收入和一种商品的价格保持不变的条件下,随着另一种商品价格的变动,消费者均衡点变动的轨迹。

在图 3-8(a)中,假定商品 1 的初始价格为 P_1^1,相应的预算线为 AB,它与无差异曲线 U_1 相切于效用最大化的均衡点 E_1。如果商品 1 的价格由 P_1^1 下降为 P_1^2,相应的预算线由 AB 移至 AB′,于是,AB′ 与另一种较高无差异曲线 U_2 相切于均衡点 E_2。如果商品 1 的价格再由 P_1^2 继续下降为 P_1^3,相应的预算线由 AB′ 移至 AB″,于是,AB″ 与另一条更高的无差异曲线 U_3 相切于均衡点 E_3……,不难发现,随着商品 1 的价格的不断变化,可以找到无数个诸如 E_1、E_2 和 E_3 那样的均衡点,它们的轨迹就是价格-消费曲线。

(二) 消费者的需求曲线

通过消费者的价格-消费曲线可以推导出消费者对一种商品的需求曲线。在第二章中给出过消费者需求的含义,所谓消费者的需求是指在其他条件不变的情况下,对应于一系列可能的价格,消费者愿意并且能够购买的该商品的数量。在这里,愿意意味着消费者可以通过消费该商品(与其他商品组合在一起)获得最大满足,而能够则意味着这些消费在消费者的预算约束范围之内。由此可以发现,对应于一种商品的价格,这一价格与假定不变的其他商品价格一起确定了一条特定的预算约束线。在这一条预算约束线上消费者选择的效用最大化的点所对应的该商品消费量即为这一价格下的需求量。同样地,通过变动该商品的价格可以得到一系列的需求量,从而最终得到消费者的需求曲线。

分析图 3-8(a)中价格-消费曲线上的三个均衡点 E_1、E_2 和 E_3,可以看出,在每一个均衡点上,都存在着商品 1 的价格与商品 1 的需求量之间一一对应的关系。根据商品 1 的价格和需求量之间的这种对应关系,把每一个 P_1 数值和相应的均衡点上的 X_1 数值绘制在商品的价格-数量坐标图上,便可以得到单个消费者的需求曲线。

序数效用论者所推导的需求曲线一般是向右下方倾斜的,它表示商品的价格和需求量呈反方向变化。尤其是,需求曲线上与每一价格水平相对应的商品需求量都是可以给消费者带来最大效用的均衡数量,如图 3-8 所示。

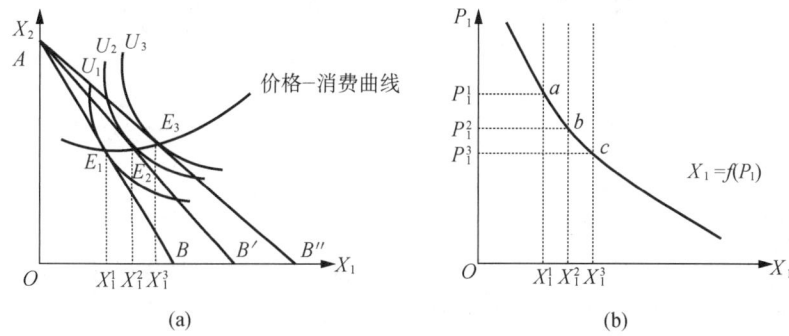

图 3-8 价格-消费曲线和消费者的需求曲线

二、收入-消费曲线与恩格尔曲线

(一) 收入-消费曲线

收入-消费曲线又称收入-消费扩展线。它表示,在商品的价格保持不变的条件下,随着消费者收入水平的变动,消费者均衡点变动的轨迹。

我们以图 3-9 来具体说明收入-消费曲线的形成。

在图 3-9(a)中,随着收入水平的不断增加,预算线由 AB 移至 AB′,再移至 A″B″,于是,形成了三个不同收入水平下的消费者效用最大化的均衡点 E_1、E_2 和 E_3。如果收入水平的变化是连续的,则可以得到无数个这样的均衡点的轨迹,这便是图 3-9(a)中的收入-消费曲线。图 3-9(a)中的收入-消费曲线是向右上方倾斜的,它表示:随着收入水平的增加,消费者对商品 1 和商品 2 的需求量都是上升的,所以,图 3-9(a)中的两种商品都是正常品。

在图 3-9(b)中,采用与图 3-9(a)中相类似的方法,随着收入水平的连续增加,描绘出了另一条收入-消费曲线。但是图 3-9(b)中的收入-消费曲线是向后弯曲的,它表示:随着收入水平的增加,消费者对商品 1 的需求量开始是增加的,但当收入上升到一定水平之后,消费者对商品 1 的需求量反而减少了。这说明,在一定的收入水平上,商品 1 由正常品变成了劣等品。我们可以在日常经济生活中找到这样的例子。譬如,对某些消费者来说,在收入水平较低时,土豆是正常品;而在收入水平较高时,土豆就有可能成为劣等品。因为,在他们变得较富裕的时候,他们可能会减少对土豆的消费量,而增加对其他肉类与食物的消费量,如图 3-9 所示。

(二) 恩格尔曲线

早在 19 世纪 60 年代,德国统计学家恩格尔对比利时家庭调查数据分类列表,建立了家庭在食品项目以及其他项目上的支出与家庭收入(或总支出)之间的一个数量关系。这些数

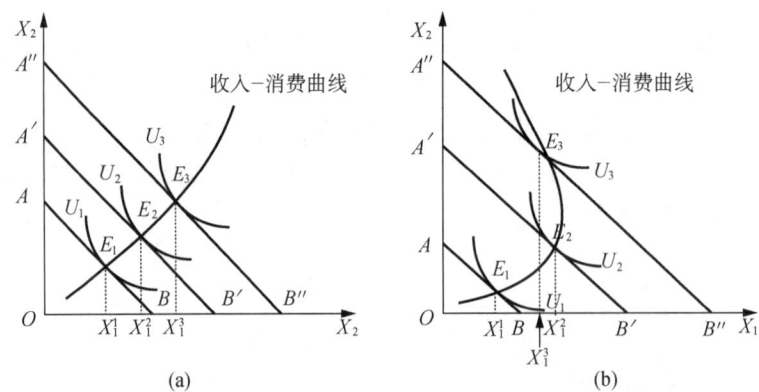

图 3-9 收入-消费曲线

量关系及其相对应的图形被称为恩格尔曲线。

恩格尔曲线可以由消费者收入扩展线得到。假定商品的价格保持不变,则家庭用于某种商品的支出量与消费量具有完全相同的性质,因此,恩格尔曲线就可以由商品的消费数量与家庭收入之间的关系表示出来。

由消费者的收入-消费曲线可以推导出消费者的恩格尔曲线。

恩格尔曲线表示消费者在每一收入水平对某商品的需求量。与恩格尔曲线相对应的函数关系为 $X=f(I)$,其中,I 为收入水平,X 为某种商品的需求量。图 3-9 中的收入-消费曲线反映了消费者的收入水平和商品的需求量之间存在着一一对应的关系:以商品 1 为例,当收入水平为 I_1 时,商品 1 的需求量为 X_1^1;当收入水平增加为 I_2 时,商品 1 的需求量增加为 X_1^2;当收入水平再增加为 I_3 时,商品 1 的需求量变动为 X_1^3……把这种一一对应的收入和需求量的组合描绘在相应的平面坐标图中,便可以得到相应的恩格尔曲线,如图 3-10 所示。

图 3-9(a)和图 3-10(a)是相对应的,图中的商品 1 是正常品,商品 1 的需求量 X_1 随着收入水平 I 的上升而增加。图 3-9(b)和图 3-10(b)是相对应的,在一定的收入水平上,图中的商品 1 由正常品转变为劣等品。或者说,在较低的收入水平范围,商品 1 的需求量与收入水平呈同方向的变动;在较高的收入水平范围,商品 1 的需求量与收入水平呈反方向的变动,恩格尔曲线的斜率为负,如图 3-10(b)所示。

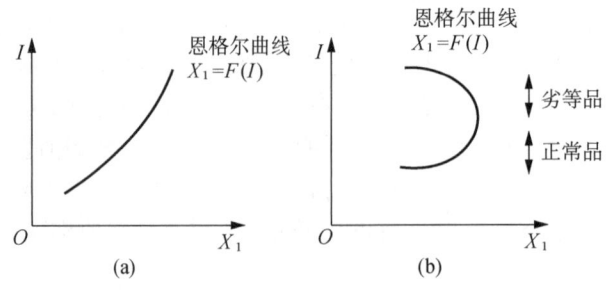

图 3-10 恩格尔曲线

特别地,恩格尔重点考察了家庭的食物支出与收入之间的关系。他发现,家庭的食物支出在家庭总支出中所占的比重随着家庭收入的增加而递减。这一发现不仅适用于比利时的数据,而且和其他国家的横截面数据以及时间序列数据也十分吻合,因而作为一个普遍结论而被广泛接受,并被称为恩格尔定律。恩格尔定律意味着随着家庭收入的增加,食物支出的增长速度不及收入增长快,因而食物支出关于收入的弹性系数小于1,后者也被看成是恩格尔定律的另外一种更方便的表述。

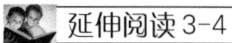

延伸阅读3-4

使用恩格尔系数应注意的问题

(1) 可以用恩格尔系数衡量和反映同一地域居民生活水平发展的历史趋势。某一地域居民的消费行为具有连续性和趋同性,因此对同一地域的居民生活水平进行较大时间跨度的历史比较时,恩格尔系数是比较合适的衡量指标。

(2) 要谨慎使用恩格尔系数衡量和比较地区之间的居民生活水平。我国地域辽阔,不同地区气候条件、居民生活习惯不同,造成基本生活消费包含内容相差很大,这从很大程度上干扰了收入对恩格尔系数的影响,会造成对地区之间居民生活水平高低的判断失衡。尤其是当涉及地区之间民生发展、全面建成小康社会进程的监测、评价和比较时,应谨慎使用恩格尔系数。

资料来源:国家统计局. 什么是恩格尔系数[EB/OL]. (2023-01-01)[2024-04-06]. https://www.stats.gov.cn/zs/tjws/tjzb/202301/t20230101_1903801.html.

本 章 小 结

本章主要学习了总效用、边际效用的概念和关系,需求曲线的推导,消费者剩余,无差异曲线的概念和特点,边际替代率,预算约束线的概念,消费者均衡;通过讲授总效用、边际效用、无差异曲线、边际替代率、预算约束线,消费者均衡,说明消费者的购买行为。

本章重要概念

总效用　边际效用　无差异曲线　边际替代率　预算约束线　消费者均衡

二维码3-5:
练一练

二维码3-6:
练一练答案

第四章 生产理论

- 内容提要
- 重点难点
- 学习目标
- 知识框架
- 思政育人
- 第一节 企业的目标
- 第二节 短期生产函数
- 第三节 长期生产函数
- 本章小结
- 本章重要概念

内容提要

本章主要讲解企业的生产理论,包括企业的目标、生产函数等,生产函数包括短期生产函数和长期生产函数。短期生产函数包括一种可变要素的生产函数,总产量、平均产量和边际产量的概念,边际报酬递减规律,短期生产的三个区间,同时讲解了长期生产函数,长期生产函数包括等产量曲线、边际技术替代率、等成本线、生产要素最优组合。

重点难点

本章重点为一种可变要素的生产函数,总产量、平均产量和边际产量的概念,边际报酬递减规律,短期生产的三个区间;难点为两种可变要素的生产函数、等产量线、边际技术替代率、等成本线、生产要素最优组合。

学习目标

通过本章学习,学生应掌握企业的目标、生产函数等,能够计算一种可变要素的生产函数的相关问题,理解经济学中的长短期,了解并掌握两种可变要素生产函数的使用问题。

知识框架

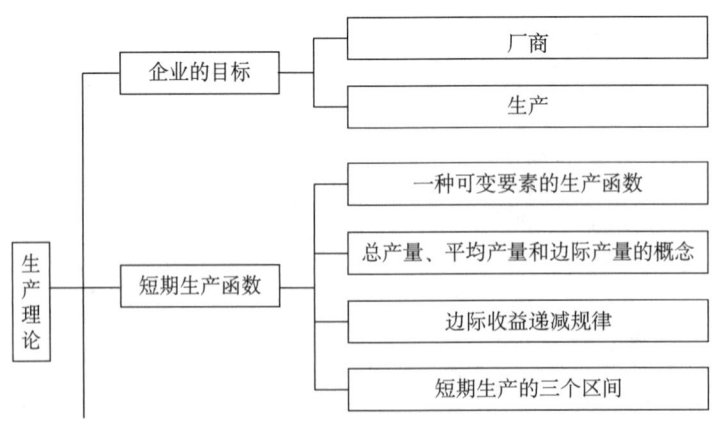

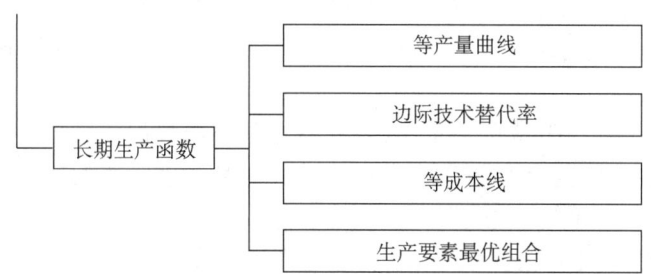

 思政育人　　　科学把握推动高质量发展的着力点

党的二十大报告明确指出,高质量发展是全面建设社会主义现代化国家的首要任务,强调要坚持以推动高质量发展为主题,着力提高全要素生产率,着力提升产业链供应链韧性和安全水平,着力推进城乡融合和区域协调发展,推动经济实现质的有效提升和量的合理增长。深入理解这"三个着力",对于在新形势下科学把握推动高质量发展的着力点,推动高质量发展取得新突破,具有十分重要的意义。

经济增长一方面取决于要素投入,另一方面取决于全要素生产率的提升,这是经济增长的两个源泉。经济增长总额中,扣除要素投入贡献后的"余值"部分,就是全要素生产率(TFP)的贡献。提高全要素生产率,既是推动高质量发展的重要途径,又是检验高质量发展最重要的指标之一。

深化要素市场化改革。党的二十大报告强调,要"构建全国统一大市场,深化要素市场化改革,建设高标准市场体系",这一要求指明了深化改革的方向。通过深化要素市场化改革清除阻碍要素流动的堵点卡点,畅通国民经济循环,推动劳动力、土地、资金、技术、数据等要素优化配置,将为提高全要素生产率创造条件。深化户籍制度改革,畅通劳动力和人才社会性流动渠道;深化农村土地制度改革,促进城乡要素双向流动;深化金融体制改革,疏通金融和实体经济的传导机制;深化科技体制改革,提高创新资源配置效率;加快构建数据基础制度体系,培育发展数据要素市场。

资料来源:王一鸣.科学把握推动高质量发展的着力点[EB/OL].(2022-12-06)[2023-12-03]. https://news.gmw.cn/2022-12/06/content_36210139.htm.

第一节　企业的目标

一、厂商

在微观经济学中,生产者又称厂商或企业,厂商指能够作出统一的生产决策的单个经济单位。下面介绍厂商的组织形式和厂商的目标。

(一) 厂商的组织形式

与消费者一样,厂商是市场经济活动中的基本经济单位。厂商既包括提供各种有形产品的企业,如农场、汽车制造厂,又包括提供各种服务的企业,如律师事务所、投资咨询公司等。按基本的法定形式区分,厂商主要包括个体企业、合伙制企业和公司三种类型。

个体企业是单个人所有的企业,如大多数杂货店、私人诊所等。在个体独资企业中,无论是业主自己经营,还是雇用他人经营,业主承担与生产投入有关的成本以及各种税费等经营所需要的成本,并获取全部的收入,而且对企业负债承担无限责任。

合伙制企业是指由两个或两个以上的人共同分担经营责任的企业。尽管组成这类企业并不需要经过特定的法律程序,但大多数合资企业都会以协议的形式规定合资人的责任和权益。合资企业的经营者可以是出资人,也可以是聘用的人。同独资企业一样,合资企业的合伙人对企业的负债承担无限的责任。

公司是以法律程序建立的法定实体,其特点是企业与创办者和所有人相分离。一家公司成立之后就发行股票,股票可以出售或转让。所有者以股东的身份出现。股东推举一些人作为董事,组成董事会以代表股东的利益。董事会成员可以是股东也可以不是。董事会只负责公司重大事件的决定,日常经营授权经理进行管理。股东对企业负债承担有限责任,其数额以购买的股票为限。

与个体和合伙制企业相比,公司制企业有利于筹集大量的资金。股票分散在不同的股东手中,风险相对分散。由于股票可以自由买卖或馈赠,公司通常不会受到个别股东是否持有股票的影响。不过,在公司制企业中,股东往往委托经营,因而所有者与经营者存在很大程度上的分离,同时由于接受委托的经营者更了解企业的情况,企业不能完全体现所有人的利益。

在西方主要国家中,以上三种企业组织都以不同的形式存在着。通常,从数量上看,个体和合伙制企业占有相当大的比重,但它们的销售量所占的比重并不很高。相反,公司在社会销售总额中所占的比重却很大,因而也就在社会经济中起到决定性作用。因此,在西方经济学中,时常以公司作为厂商的例子。

延伸阅读4-1

2021年底国有企业公司制改革将全面完成

新华社北京3月20日电(记者 王希)2021年是国企改革三年行动的攻坚之年、关键之年,国有企业公司制改革打响"收官战"——国家机关和事业单位、地方所属国有企业公司制改革全面推进,今年年底将完成收尾工作。

这是记者从国务院国有企业改革领导小组办公室日前召开的国家机关、事业单位和地方国有企业公司制改革推进会上了解到的信息。

国务院国有企业改革领导小组办公室副主任、国务院国资委副主任翁杰明在此次会议上表示,全面完成国有企业公司制改革,是全面深化国有企业改革的迫切需要,是加快转换国有企业经营机制的必然要求,对进一步推动国有企业与市场经济深入融合、激发国有企业活力和发展动力等具有重大意义。

他强调说,公司制改革不是简单的翻牌,而是要实现打造独立的市场主体、完善公司治理结构和市场化经营机制的目标。他表示,要把握工作重点,统筹推动改革,做到因企制宜分类推进;要着力转换体制机制,处理好改革发展稳定关系,防止国有资产流失,切实加强党的领导。

国企公司制改革主要是指将传统的全民所有制企业改制为符合现代企业制度要求、规范的公司制企业。党的十八大以来,国务院国资委积极推动中央企业于2017年完成公司制改革,省级国资委监管企业约96%也完成了改革任务。2020年启动的国企改革三年行动明确提出,要全面完成国有企业公司制改革。

资料来源:新华社.今年底国有企业公司制改革将全面完成[EB/OL].(2021-03-20)[2023-12-06].https://www.gov.cn/xinwen/2021-03/20/content_5594147.htm.

二维码4-1:【涨知识】一文带你了解个体工商户、个人独资企业、一人有限责任公司的区别

(二)厂商的目标

在经济社会中,厂商又具有不同的组织形式,因而厂商的目标也有一定的差异。但厂商经营的基本目标是盈利。厂商向市场提供消费者需要的产品或劳务并非出自本能,而是为了销售一定数量的商品,获得尽可能多的剩余。在经济学中,厂商追求尽可能多的盈利被称

为利润最大化目标。

企业的利润,等于销售产品的总收益与生产商品的总成本之间的差额。收益超过成本的最大差额,亦即利润最大化,是企业孜孜以求的目标,是其行为的基本动机。所以,经济学把企业的目标确定为利润最大化。

经济学中假定厂商的目标是利润最大化,但在实际经营活动中,厂商的目标却可能不是利润最大化。比如,厂商可能只追求一个满意的利润,也可能是为了获取最大限度的销售收入等。现代公司中主要经营者与企业的所有者(即股东)实现分离,我们或许更有理由相信,在很大程度上控制着企业日常经营的公司目标不是利润最大化。尽管如此,不能否认,利润是一个企业长期生存与发展的必要条件。基于这一原因,同时为了简化分析,经济学把利润最大化作为厂商追求的唯一目标。

二、生产

为了追求最大的利润,所有厂商都会尽可能采用适当的技术进行生产。生产技术指生产过程中投入量与产出量之间的数量关系,它通常用生产函数来表示。利用生产函数可以分析投入量变化所导致的产量变化的基本特征和规律。

(一) 生产函数

厂商的生产过程可以被看成是从投入生产要素到生产出产品的过程。生产要素一般划分为四个类型:劳动、土地、资本和企业家才能。劳动是人类在生产活动中提供的体力和智力的总和。土地不仅指土地本身,还包括地上和地下的一切自然资源,如森林、江河湖泊、海洋、矿藏等。资本可以是货币形态的,也可以是实物形态的。资本的实物形态,又称为资本品或投资品,如厂房、机器设备、动力燃料、原材料等。企业家才能指企业家组织建立和经营管理企业的才能。通过对生产要素的运用,厂商可以提供各种实物产品,如房屋、食品、机器、日用品等,也可以提供各种劳务,如金融、旅游、医疗、理发服务等。

生产函数表示在一定时期内及给定的技术条件下,生产中所使用的各种生产要素的数量与所能生产的最大产量之间的关系。任何生产函数都是以给定的生产技术为前提的。一旦生产技术发生变化,则会形成新的生产函数。新的生产函数可以表现为要素投入量和产量的变化关系。

假定 X_n 顺次表示某产品生产过程中所使用的 n 种生产要素的投入数量,Q 表示所能生产的最大产量,则生产函数为:

$$Q = f(X_1, X_2, \cdots\cdots, X_n) \tag{4-1}$$

该生产函数表示在一定时期内在既定的生产技术下的生产要素组合$(X_1, X_2, \cdots\cdots, X_n)$所能生产的最大产量为 Q。最大产量是对生产函数的本质规定,它强调生产函数所体现的生产技术是有效率的,其产量是在现有条件下不可能再增大的产量。

为了简化分析,通常假定生产中只使用劳动和资本两种生产要素。若以 L 表示劳动投入数量,以 K 表示资本投入数量,则生产函数为:

$$Q = f(L, K) \tag{4-2}$$

任何一种生产活动都可以用生产函数来表示,如农业生产活动或汽车生产活动均存在各自的生产函数;此外,运用生产函数还可以分析诸如一所学校或医院等的运行情况。所以,估计和研究各种生产函数对经济理论研究和实际经济活动都具有重要意义。

(二) 生产的短期和长期

厂商的生产可以区分为短期和长期,它们各自的生产技术特征和规律是不相同的。如何区分生产的短期和长期呢?生产的短期指生产者来不及调整全部生产要素的数量,至少有一种生产要素的数量是固定不变的生产周期。由此,短期生产的要素投入区分为固定要素投入和可变要素投入。诸如机器设备、厂房等在短期内无法进行数量调整的要素为固定要素投入,诸如劳动、原材料、燃料等在短期内可以进行数量调整的要素为可变要素投入。生产的长期指生产者可以调整全部生产要素的生产周期。例如,生产者在长期可以通过对全部要素投入量的调整,来缩小或扩大生产规模,甚至进入或退出一个行业的生产。由于在长期生产中每种要素的投入数量都是可以调整的,因而也就不存在可变要素投入与固定要素投入的区分。

生产的短期和长期的区分是以能否变动全部要素投入数量为标准的。对于不同产品的生产而言,其短期和长期的时期长短各异。比如,一个大型炼油厂的规模变动可能需要三年才能完成,而一个豆腐作坊的规模变动可能仅需一个月。也就是说,炼油厂的短期和长期的分界线为三年,而豆腐作坊的短期和长期的分界线仅为一个月。

接下来的第二、第三节,我们将分别以一种可变要素的生产函数来考察短期的生产技术特征,以两种可变要素的生产函数来考察长期的生产技术特征。

二维码4-2:如何理解数据是新型生产要素

第二节 短期生产函数

一、一种可变要素的生产函数

假定资本投入量是固定的,以 K 表示,并取 $K = \overline{K}$。劳动投入量是可变的,以 L 表示,则生产函数可以写成:

$$Q = f(L, \overline{K}) \tag{4-3}$$

这便是一种可变生产要素的短期生产函数,它表示:在生产技术和资本投入量给定的条件下,由可变要素劳动投入量变化所导致的最大产量的变化。那么,随着劳动投入量的变化,产量的变化会呈现出哪些基本特征和规律?厂商的生产要素的合理投入区间又应该在哪里?这需要从劳动的总产量、平均产量和边际产量三者及其相互关系的角度来考察,这将构成本节短期生产理论的主要内容。

二、总产量、平均产量和边际产量的概念

由短期生产函数 $Q = f(L, \overline{K})$ 可以得到劳动的总产量(total product)、平均产量(average product)和边际产量(marginal product),它们的英文缩写顺次是 TP_L、AP_L 和 MP_L。

劳动的总产量 TP_L 表示与可变要素劳动的每一投入数量相对应的最大总产量。其定义公式为:

$$TP_L = f(L, \overline{K}) \tag{4-4}$$

劳动的平均产量 AP_L 表示平均每一单位可变要素劳动的投入量所生产的产量。其定义公式为：

$$AP_L = \frac{TP_L(L, \overline{K})}{L} \qquad (4\text{-}5)$$

劳动的边际产量 MP_L 表示增加一单位可变要素劳动的投入量所增加的产量。其定义公式为：

$$MP_L = \frac{\Delta TP_L(L, \overline{K})}{\Delta L} \qquad (4\text{-}6)$$

或者：

$$MP_L = \lim_{\Delta L \to 0} \frac{\Delta TP_L(L, \overline{K})}{\Delta L} = \frac{\mathrm{d}TP_L(L, \overline{K})}{\mathrm{d}L} \qquad (4\text{-}7)$$

类似地，对于劳动投入量固定、资本投入量可变的短期生产函数 $TP_K = f(\overline{L}, K)$ 来说，相应的资本的总产量、平均产量和边际产量的定义公式分别是：

$$TP_K = f(\overline{L}, K) \qquad (4\text{-}8)$$

$$AP_K = \frac{TP_K(\overline{L}, K)}{K} \qquad (4\text{-}9)$$

$$MP_K = \frac{\Delta TP_K(\overline{L}, K)}{\Delta K} \qquad (4\text{-}10)$$

或者：

$$MP_K = \lim_{\Delta K \to 0} \frac{\Delta TP_K(\overline{L}, K)}{\Delta K} = \frac{\mathrm{d}TP_K(\overline{L}, K)}{\mathrm{d}K} \qquad (4\text{-}11)$$

根据以上概念及其定义，我们可以编制一个关于一种可变要素的短期生产函数的总产量、平均产量和边际产量的表列，表 4-1 就是一个例子。表中的短期生产函数为 $TP_L = f(L, \overline{K})$，资本投入量固定为 $\overline{K} = 10$；随着劳动投入量的变化，劳动的总产量、平均产量和边际产量的变化如表 4-1 所示。

表 4-1　　**总产量、边际产量和平均产量表**

资本量($\overline{K}$)	劳动量(L)	劳动增量(ΔL)	总产量(TP)	边际产量(MP)	平均产量(AP)
10	0	0	0	0	0
10	1	1	8	8	8
10	2	1	20	12	10
10	3	1	36	16	12
10	4	1	48	12	12

(续表)

资本量($\bar{K}$)	劳动量(L)	劳动增量(ΔL)	总产量(TP)	边际产量(MP)	平均产量(AP)
10	5	1	55	7	11
10	6	1	60	5	10
10	7	1	60	0	8.6
10	8	1	56	−4	7

根据上表可以做出图 4-1：横轴 OL 代表劳动量，纵轴 OQ 代表产量，TP 为总产量曲线，AP 为平均产量曲线，MP 为边际产量曲线，如图 4-1 所示。

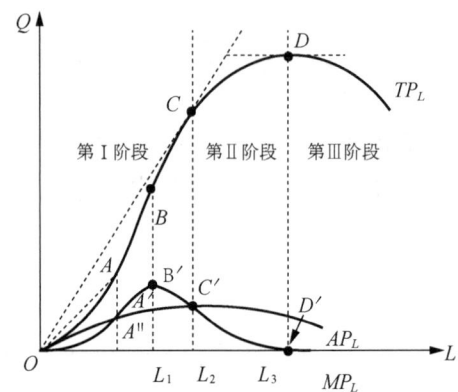

图 4-1　总产量、边际产量、平均产量曲线

在图 4-1 中，横轴表示可变生产要素劳动的投入数量 L，纵轴表示产量 Q，特定劳动投入量所对应的总产量（TP_L）、平均产量（AP_L）和边际产量（MP_L）的变动趋势分别描绘在图中。考察这三条曲线不难发现，它们都具有先增加后递减的趋势。出现这种趋势的原因是边际收益递减规律在发挥作用。同时，这三条曲线也存在密切的联系。

首先，在边际收益递减规律的作用下，劳动的边际产量曲线呈现先增加后递减的趋势。在图中，当劳动的投入数量超过 L_1 之后，劳动的边际产量呈递减趋势；当劳动增加到 L_3 时，边际产量为零；之后，劳动的边际产量为负数值，这时增加 1 单位劳动不仅不能增加总产量，反而还会使得总产量下降。

其次，相应于先增加后递减的边际产量，总产量曲线也呈现出先增加后递减的趋势。这是因为，在边际产量大于零时，增加 1 单位劳动使得产量增加，因而总产量会随着这一单位劳动加入生产而增加；相反，若边际产量小于零，增加 1 单位的劳动将使得总产量减少。这样，在劳动投入从零到 L_3 之间，边际产量大于零，因而在这段区间内，总产量递增；当劳动投入量超过 L_3 之后，总产量曲线向右下方倾斜。顺便我们可以得到一个结论，即边际产量等于零的点对应的总产量为最大。

再次，边际产量也反映了总产量变动的速度。在边际产量为正并且递增的阶段，随着劳动投入量的增加，总产量增加的速度越来越快；当边际产量递减时，总产量增加的速度越来越慢。在图 4-1 中，劳动投入量 L_1 为其分界点。

最后，对应于先增加后递减的总产量曲线，劳动的平均产量曲线也是先递增后递减的。

并且,只要总产量大于零,平均产量就会为正数值,从而边际产量曲线与平均产量曲线相交。当边际产量大于平均产量时,增加一单位劳动所增加的产量超过平均水平,因而增加该单位劳动将使得平均产量增加;相反,如果边际产量小于平均产量,增加一单位劳动将使得平均产量趋于减少。因此,平均产量曲线与边际产量曲线一定相交于平均产量曲线的最大值点上,即图 4-1 中劳动量 L_2 的对应点 E。

三、边际收益递减规律

(一) 边际收益递减规律内容

边际收益递减规律又称为边际产量递减规律,它是指,在技术水平保持不变的条件下,把一种可变的生产要素连同其他一种或几种不变的生产要素投入到生产过程之中,随着这种可变的生产要素投入量的增加,最初每增加一单位该要素所带来的产量增加量是递增的;但当这种可变要素的投入量增加到一定程度之后,增加一单位该要素的投入数量所带来的产量增加量是递减的,即在投入增加到一定程度之后,边际产量是递减的。

理解边际收益递减规律需要注意以下三点:

第一,边际收益递减规律发挥作用的条件是生产技术水平保持不变。这要求生产过程中所使用的技术没有发生重大变革。在当今经济生活中,技术进步速度很快,但就理论分析的范围而论,当厂商选择一个特定生产技术之后,如果只有一种生产要素的数量可以调整,那就意味着生产处于短期,这时生产技术水平不变的假设是能够成立的。

第二,边际收益递减规律只有在其他投入的生产要素数量保持不变的条件下才可能成立。如果连同可变的生产要素一起增加其他生产要素,那么这一规律就不成立了。

第三,边际产量递减发生在变动投入增加到一定程度之后。这就是说,最初可变投入的边际产量很可能是递增的,只有当这种投入超出一定范围之后才有边际产量递减。

(二) 边际收益递减规律的成因

产品的生产需要把可变生产要素与固定不变的生产要素组合在一起。在可变要素数量很小时,相对于不变的生产要素而言,可变的生产要素投入量不足,增加一单位可变生产要素可以使得固定不变的生产要素更好地发挥作用,因而所增加的产量也会增加。但随着这种可变生产要素的不断增加,不变的生产要素开始变得相对不足,从而对发挥可变生产要素的作用形成制约。这时,增加一单位可变生产要素的投入量所增加的产量就会越来越小,因此出现边际产量递减趋势。

四、短期生产的三个区间

根据产量变化的特征,可以将短期生产划分为三个区间,如图 4-2 所示。

综观总产量曲线、平均产量曲线和边际产量曲线及其相互关系,可以确定劳动这一可变生产要素投入量的合理区间。

如图 4-2 所示,劳动投入量 L_3 对应着边际产量与平均产量曲线的交点,L_4 对应着边际产量等于零或者说是总产量最大的点。这样,劳动的投入量被分

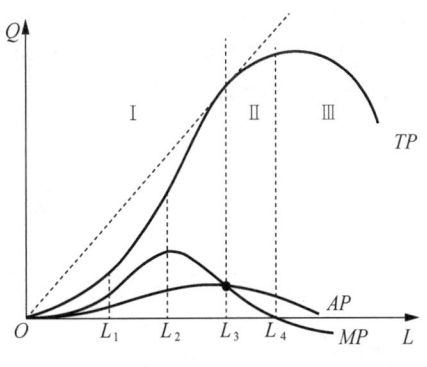

图 4-2 生产三区间

成三个区间:从零到 L_3 为第一区间Ⅰ;从 L_3 到 L_4 为第二区间Ⅱ;超过 L_4 之后为第三区间Ⅲ。根据产量变化的特征,可以将短期生产划分为三个区间,如图4-2所示。

在劳动投入量的第一区间Ⅰ内,平均产量呈上升趋势,劳动的边际产量大于劳动的平均产量。这意味着,劳动的边际水平超过平均水平,即新增加的1单位劳动比现有劳动的平均水平要高,因而理性的厂商不会把劳动投入量确定在这一区间。

与第一区间Ⅰ相对应的是劳动投入的第三区间Ⅲ,在这一区间内,可变生产要素劳动的边际产量小于零,即增加投入不仅不增加产量,反而会使产量下降,因而理性的厂商也不会把投入确定在这一区间上。因此,理性的生产者只会把劳动量的投入选择在第二区间Ⅱ上。

在第二区间Ⅱ,劳动的投入大于平均产量与边际产量曲线的交点所对应的劳动量 L_3,但又没有达到边际产量等于零时对应的劳动投入量 L_4,这一区间被称为可变生产要素的合理投入区。

需要说明的是,可变生产要素的合理投入区只给出了可变生产要素的投入范围,但并没有确定可变生产要素的投入数量。事实上,可变生产要素投入数量的确定还与要素的价格等因素有关。劳动者的工资越低,劳动投入量就越接近于 L_4,但不会超过这一点。

延伸阅读4-2

全国人大代表、湘潭市市长胡贺波:生产函数已变,宏观调控着力点要如何把握?

胡贺波以财经专业见长。2022年全国两会,胡贺波重点谈了"强化跨周期和逆周期调节作用";今年全国两会,他再一次接受《中国经济周刊》专访,话题围绕"全力拼经济如何深刻理解和把握生产函数变化"展开。

2023年政府工作报告提出,要"推动经济运行整体好转,实现质的有效提升和量的合理增长"。

胡贺波特别关注生产函数变化给我国经济增长带来的挑战。

胡贺波告诉《中国经济周刊》记者:"我国生产函数的两个主要变量对我国经济增长的贡献度正在发生深刻影响。"

他具体解释称,一是从要素增长维度来看,我国以往依赖劳动力、资本、资源等要素,高投入、外需拉动、投资拉动、规模扩张的增长模式,随着发展阶段的转变和外围环境的变化,越来越难以为继。二是从全要素生产率增长维度来看,未来经济发展面临人口结构老龄化、宏观杠杆率承压、资源环境约束接近上限、城镇化步伐放缓等明显增多的硬约束,经济增长将更多地依赖全要素生产率的提高。

面对我国生产函数正在发生的变化,胡贺波认为,政府宏观调控着力点也须随之变化,需转向提升资源配置效率为主,更多激发市场主体活力、创造力,使政府力量和市场力量形成合力。

胡贺波说,现阶段,在全面建设社会主义现代化国家进程中,必须解决好质的问题,在质的大幅提升中实现量的持续增长。

资料来源:郭志强.全国人大代表、湘潭市市长胡贺波:生产函数已变,宏观调控着力点要如何把握?[J].中国经济周刊,2023(05):54-55.

二维码4-5:短期生产的三个区间

第三节　长期生产函数

一、两种可变要素生产函数

假定厂商进行长期生产。这时,厂商可以调整所使用的所有生产要素投入量。假定厂商只使用劳动和资本两种生产要素投入,而这两种生产要素的投入量都是可变的。这时,劳动与资本之间的任意一个组合,都对应着某个产出数量,这些投入组合与它们所能生产的最大产量之间的对应关系就是这里要考察的长期生产函数。

两种可变生产要素的长期生产函数可以写为:$Q = f(L, K)$

生产函数反映了一个特定投入组合的总产量。对应于特定的劳动和资本投入量,我们也可以定义相应于劳动或者资本投入量的平均产量和边际产量。

二、等产量曲线

(一) 等产量曲线的定义

等产量曲线表示在技术水平不变的条件下,可以生产相同产量的两种生产要素不同组合所描述出来的轨迹。

等产量曲线是经济学上用来探讨生产行为时的一个专有名词,指在进行生产活动时,必须使用两种不同生产要素(例如 K 是资本,L 为劳力)时,厂商对这两种生产要素需求量的不同组合,却能达到同样的产量时,这两种生产要素需求量的组合轨迹,即等产量曲线,如图 4-3 所示。以常数 Q^0 表示既定的产量水平,则与等产量曲线相对应的生产函数为:

$$Q = f(L, K) = Q^0$$

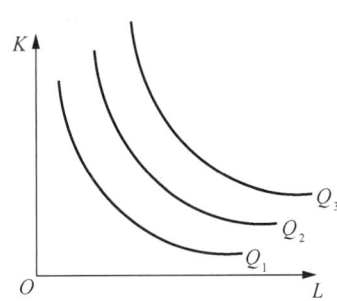

图 4-3 等产量曲线

图 4-3 有三条等产量曲线,它们分别表示可以生产出 $Q_1=100$ 单位、$Q_2=200$ 单位和 $Q_3=300$ 单位产量的各种生产要素的组合。

(二) 等产量曲线的特征

等产量线具有以下特征:

第一,等产量曲线有无数多条,其中每一条代表着一个产量值,离原点越远的等产量曲线代表的产量越大。

第二,任意两条等产量曲线不相交。

第三,等产量曲线向右下方倾斜。

第四,等产量曲线凸向原点。

第一个特征表明,在投入组合可以任意改变的条件下,可以画出无数条等产量曲线。在这些等产量曲线中,离原点越远,生产过程中所投入的劳动和资本的数量越多,从而它们所能生产的产量也就越大。

第二个特征表明,在生产技术水平既定的条件下,一个特定的生产要素组合点所生产的最大产量只能有一个数值,因而过这一点的等产量曲线也只能有一条。

第三个特征显示,随着一种生产要素投入数量的增加,另外一种生产要素投入量减少。这意味着,两种要素之间存在着替代的关系。

第四个特征涉及等产量曲线的斜率,这是由边际技术替代率递减所决定的。

三、边际技术替代率

(一) 边际技术替代率的定义

边际技术替代率表示,在保持产量水平不变的条件下,增加一个单位的某种生产要素投入量可以代替的另一种生产要素的投入量,用 $MRTS_{12}$ 来表示。例如,劳动 L 对于资本 K 的边际技术替代率表示在生产相同产量的前提下,增加一单位的劳动可以代替的资本的数量,用公式表示为:

$$MRTS_{LK} = -\frac{\Delta K}{\Delta L} \tag{4-12}$$

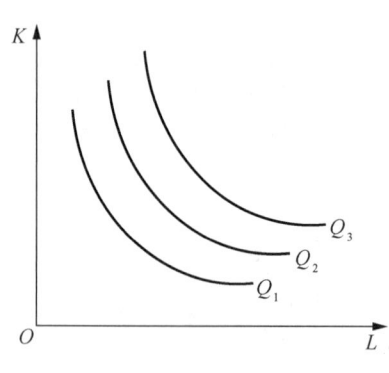

图 4-4 等产量曲线

式(4-12)中,ΔL 表示劳动投入的改变量,ΔK 表示相应于劳动的改变,在产量保持不变的条件下资本的改变量。通常,生产要素的投入位于合理区域之中,随着劳动数量的增加,资本数量会减少,即 ΔL 和 ΔK 的符号相反,因此公式中加一负号是为了使得边际技术替代率 $MRTS_{LK}$ 为正数值。

从几何意义上看,边际技术替代率是等产量曲线上某一点斜率的绝对值。如图 4-4 所示,在一条等产量曲线上,当劳动投入量增加 ΔL 时,资本的数量相应地减少 ΔK。

当 ΔL 趋近于 0 时,则相应的边际技术替代率的定义公式为:

$$MRTS_{LK} = \lim_{\Delta L \to 0} -\frac{\Delta K}{\Delta L} = -\frac{dK}{dL} \tag{4-13}$$

显然,等产量曲线上某一点的边际技术替代率就是等产量曲线在该点斜率的绝对值。

边际技术替代率还可以表示为两要素的边际产量之比。这是因为,边际技术替代率的概念是建立在等产量曲线的基础上的,所以,对于任意一条给定的等产量曲线来说,当用劳动投入去替代资本投入时,在维持产量水平不变的前提下,增加劳动投入量所带来的总产量的增加量和减少资本量所带来的总产量的减少量必定是相等的,即必有:

$$|\Delta L \cdot MP_L| = |\Delta K \cdot MP_K| \tag{4-14}$$

整理得:

$$-\frac{\Delta K}{\Delta L} = \frac{MP_L}{MP_K}$$

由边际技术替代率的定义公式得:

$$MRTS_{LK} = -\frac{\Delta K}{\Delta L} = \frac{MP_L}{MP_K} \tag{4-15}$$

或者有:

$$MRTS_{LK} = -\frac{dK}{dL} = \frac{MP_L}{MP_K}$$

可见,边际技术替代率可以表示为两要素的边际产量之比。

(二)边际技术替代率递减规律

边际技术替代率递减规律是指在保持产量不变的条件下,随着一种生产要素数量的增加,每增加一单位该生产要素所替代的另一种生产要素的数量是逐渐减少的,即一种生产要素对另一种生产要素的边际技术替代率随着该生产要素增加而递减。

边际技术替代率与两种生产要素边际产量之间的关系式(4-15)给出了边际技术替代率递减的解释。假定厂商处于生产要素的合理投入区内,则等产量线向右下方倾斜,从而随着劳动投入量的增加,在保持相同产量的条件下,资本的投入量随之减少。同时,由于生产要素的边际产量服从递减规律,随着劳动投入量的增加,劳动的边际产量是递减的,即式(4-15)中的分子是递减的;同时,随着这一过程中资本投入量的逐渐减少,资本的边际产量递增,即式(4-15)中的分母是递增的。也就是说,随着劳动投入量增加,每增加一单位劳动所增加的边际产量越来越小,从而它所代替的资本的数量就会越来越少;同时,随着劳动对资本的替代,资本投入量越来越少,其边际产量越来越大,从而越不容易被劳动替代。因此,劳动对资本的边际技术替代率随着劳动投入量的增加而递减。

由于边际技术替代率为等产量曲线斜率的绝对值,因而边际技术替代率递减规律决定了等产量曲线凸向原点,如图4-5所示。

边际技术替代率递减的主要原因在于:任何一种产品的生产技术都要求各要素投入之间有适当的比例,这意味着要素之间的替代是有限制的。简单地说,以劳动和资本两种要素投入为例,在产量给定的前提下,在劳动投入量很少和资本投入量很多的情况下,减少一些资本投入量可以很容易地通过增加劳动投入量来弥补,以维持原有的产量水平,即劳动对资本的替代是很容易的。但是,在劳动投入增加到相当多的数量和资本投入量减少到相当少的数量的情况下,再用劳动去替代资本就是很困难的了。

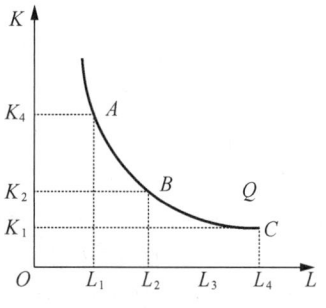

图 4-5 边际技术替代率

四、等成本线

(一) 等成本线的定义

厂商使用生产要素的数量与成本之间的关系可以由等成本方程表示。等成本线表示在生产要素价格既定的条件下厂商花费相同的成本可以购买到的两种生产要素的不同数量组合。

(二) 等成本线的推导

假定劳动和资本的价格分别为 ω 和 γ,厂商花费相同的成本 C。则成本方程为:$C = \omega L + \gamma K$,由成本方程可得,购买劳动和资本两种生产要素数量的组合用公式表示为:

$$K = -\frac{\omega}{\gamma}L + \frac{C}{\gamma} \tag{4-16}$$

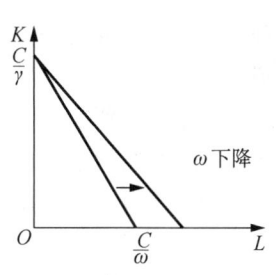

图 4-6 等成本线的移动

根据式(4-16)可以得到等成本线,如图4-6所示。

在式(4-16)中,厂商可以使用不同的生产要素投入,但花费的成本是相同的,因而该式被称为厂商的等成本方程。在劳动和资本构成的坐标平面上,等成本方程可以表示为等成本线。在成本和生产要素价格既定的条件下,等成本线是一条向右下方倾斜的直线。

图 4-6 中横轴上的点 $\frac{C}{\omega}$ 表示既定的全部成本都购买劳动时可得的劳动要素的数量,纵轴上的点 $\frac{C}{\gamma}$ 表示既定的全部成本都购买资本时可得的资本要素的数量,连接这两点的线段就是等成本线。它表示既定的全部成本所能购买到的劳动和资本的各种组合。等成本线的纵截距为 $\frac{C}{\gamma}$,等成本线的斜率为 $-\frac{\omega}{\gamma}$,即两种生产要素价格之比的负值。

在图 4-6 中,等成本线以内的区域中的任何一点都表示既定的全部成本都用来购买该点的劳动和资本的组合以后还有剩余。等成本线以外的区域中的任何一点都表示用既定的全部成本购买该点的劳动和资本的组合是不够的。等成本线上的任何一点表示用既定的全部成本能刚好购买到的劳动和资本的组合。

五、生产要素的最优组合

一个经济上理性的厂商不仅要考虑生产要素对产量的影响,而且要考虑使用生产要素的费用,厂商总试图把生产要素数量选择在最优的组合点上。

厂商寻求生产要素使用上的最优组合可能会遇到两种不同的约束:成本既定或者是生产的产量既定。在成本既定的条件下,厂商试图寻求生产的产量最大;在生产产量既定的条件下,厂商试图寻求花费最小的成本。当厂商在成本既定约束条件下生产出最大的产量或者生产既定的产量花费最小的成本时,厂商保持这种状态不变,我们称这种状态为生产者均衡。在生产者处于均衡状态时,厂商所使用的生产要素达到一种最优组合。所以,生产要素的最优组合是厂商使用既定的成本生产的最大产量或者在产量既定条件下花费的成本最小的生产要素组合点。

厂商对生产要素的最优选择可以通过既定成本下产量最大化和产量既定条件下成本最小化两种方式实现。

(一)既定成本下产量最大化

理性的生产厂商总试图使用既定的成本,使生产要素的组合可以生产尽可能多的产量。厂商的这一选择过程可以借助于等产量曲线与等成本线加以说明。我们依旧假定劳动和资本的价格分别为 ω 和 γ,厂商花费相同的成本 C。

把厂商的等产量曲线和相应的等成本线画在同一个平面坐标系中,就可以确定厂商在既定成本下实现最大产量的最优要素组合点,即生产的均衡点。如图 4-7 所示。

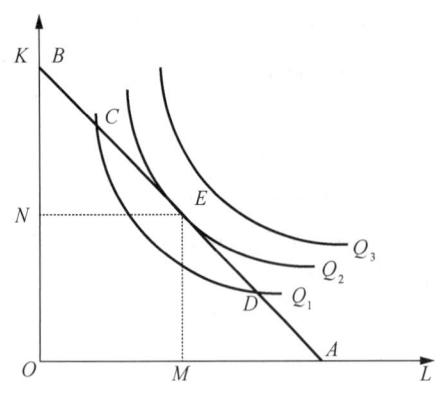

图 4-7 既定成本下最大产量的最优组合

在图中,有一条等成本线 AB 和三条等产量曲线 Q_1、Q_2 和 Q_3。等成本线 AB 的位置和斜率决定于既定的成本量 C 和既定的已知的两要素的价格比例 $-\frac{\omega}{\gamma}$。由图中可见,唯一的等成本线 AB 与其中一条等产量曲线 Q_2 相切于 E 点,该点就是生产的均衡点。它表示:在既定成本条件下,厂商应该按照 E 点的生产要素组合进行生产,即劳动投入量和资本投入量分别为 M 和 N,此时,厂商就会获得最大的产量。

对于理性的厂商而言,既然选择要素组合点 C 与 E 花费相同成本,但 E 的产量更大,那么自然会选择 E 而不选择 C。基于这种考虑,厂商在等成本线上不断地调整生产要素的组合,当要素组合点为等产量曲线与等成本线的切点时,如图中的 E 点所示,厂商使用既定的成本实现了生产最大产量的目标,作为生产者的厂商处于均衡。这一点即厂商使用既定成本生产最大产量的生产要素最优组合点。

由于厂商的生产要素最优组合点恰好位于等产量曲线与等成本线的切点,因而在生产要素最优组合点处两条曲线的斜率相等。等产量曲线的斜率绝对值由要素的边际技术替代率加以表示,而等成本线的斜率绝对值等于相应的两种要素的价格之比。

(二) 利润最大化得到的最优生产要素组合

在另外一些情况下,厂商的目标是生产既定产量,比如以销定产的厂商。这时,厂商使用生产要素的最优组合是生产既定的产量力求使得成本最小。

假定:在完全竞争条件下,企业的生产函数为 $Q=f(L, K)$,既定的商品的价格为 P,既定的劳动的价格和资本的价格分别为 ω 和 γ,π 表示利润。由于厂商的利润等于总收益减去总成本,于是,厂商的利润函数为:

$$\pi(L, K) = P \Delta f(L, K) - (\omega L + \gamma K) \tag{4-17}$$

式中,$P\Delta f(L, K)$ 表示总收益,$\omega L + \gamma K$ 表示总成本。

利润最大化的一阶条件为:

$$\frac{\partial \pi}{\partial L} = P \frac{\partial f}{\partial L} - \omega = 0$$

$$\frac{\partial \pi}{\partial K} = P \frac{\partial f}{\partial K} - \gamma = 0$$

根据以上两式,可以整理得到:

$$\frac{\frac{\partial f}{\partial L}}{\frac{\partial f}{\partial K}} = \frac{MP_L}{MP_K} = \frac{\omega}{\gamma} \tag{4-18}$$

因此,厂商无论是实现了既定成本下产量最大的均衡,还是达到了生产既定产量花费成本最小的均衡,它所选择的生产要素最优组合条件可以一般性地表述为,两种生产要素投入的边际技术替代率等于两种生产要素之间的生产要素价格比,或者说是每单位成本购买任意一种生产要素所得到的边际产量都相等。

本 章 小 结

本章主要学习生产理论的主要内容,要求掌握企业的目标和企业的组织形式,学习者应了解企业生产的短期和长期的区分标准,了解一种可变要素生产函数的相关问题,了解并掌握总产量、平均产量和边际产量之间的关系,了解短期生产的三个区间。

本章重要概念

企业 生产函数 生产要素 总产量 边际产量 短期生产三区间

二维码4-6:
练一练

二维码4-7:
练一练答案

第五章　成本理论

- 内容提要
- 重点难点
- 学习目标
- 知识框架
- 思政育人
- 第一节　成本的概念
- 第二节　短期成本曲线
- 第三节　长期成本曲线
- 本章小结
- 本章重要概念

内容提要

本章主要讲解成本的相关概念,阐述机会成本的概念,显成本和隐成本的区别;介绍短期成本的分类,分析并描绘短期成本的曲线图,说明短期产量曲线和短期成本曲线的关系;讲解长期成本曲线的相关内容。

重点难点

本章重点为短期成本的分类、短期成本的曲线图,以及短期产量曲线和短期成本曲线之间的关系。本章难点为长期成本曲线的类型,长期边际成本曲线的相关内容。

学习目标

通过本章的学习,学生应掌握企业生产面临的各种成本,熟悉机会成本的概念,了解显成本和隐成本的区别,掌握短期成本的分类,并能描绘短期成本的曲线图,了解短期产量曲线和短期成本曲线的关系,熟悉长期成本曲线的相关内容。

知识框架

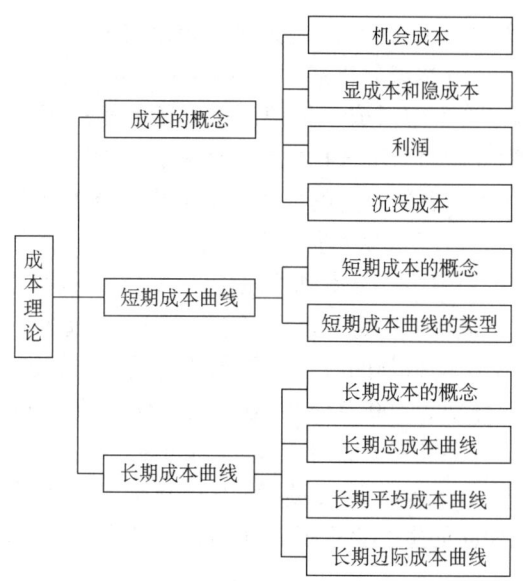

思政育人　　4 部门提出 22 项任务推进今年降成本工作

2023 年 5 月 31 日,国家发展改革委等 4 部门发布《关于做好 2023 年降成本重点工作的通知》(以下简称《通知》),提出 8 个方面 22 项任务。

增强税费优惠政策的精准性针对性,完善税费优惠政策。2023 年底前,对月销售额 10 万元以下的小规模纳税人免征增值税,对小规模纳税人适用 3% 征收率的应税销售收入减按 1% 征收增值税,对生产、生活性服务业纳税人分别实施 5% 和 10% 的增值税加计抵减。

提升金融对实体经济服务质效。持续发挥贷款市场报价利率(LPR)改革效能和存款利率市场化调整机制的重要作用,推动经营主体融资成本稳中有降。用好用足普惠小微贷款支持工具,继续增加小微企业的首贷、续贷、信用贷。

持续降低制度性交易成本。实施公平竞争审查督查。开展民生领域反垄断执法专项行动,加大滥用行政权力排除、限制竞争反垄断执法力度。进一步完善市场准入制度,稳步扩大市场准入效能评估试点,深入开展违背市场准入负面清单案例归集和通报。深化商事制度改革,加大"证照分离"改革推进力度,推进市场准入准营退出便利化。

此外,《通知》还从缓解企业人工成本压力、降低企业用地原材料成本、推进物流提质增效降本、提高企业资金周转效率、激励企业内部挖潜等方面提出相关举措。

资料来源:刘志强. 4 部门提出 22 项任务推进今年降成本工作[EB/OL]. (2023-06-16)[2023-11-22]. https://paper.people.com.cn/rmrb/html/2023-06/16/nw.D110000renmrb_20230616_5-02.htm.

第一节　成本的概念

一、机会成本

(一)机会成本的含义

企业的成本又称生产成本,是指在一定时期内,企业生产一定数量的产品所使用的生产要素的费用。然而,经济学家眼中的成本与会计账户上规定的成本,即经济成本与会计成本,二者在含义上存在较大差异。企业均有自己的会计账户,它记录着企业在过去一段时期内生产和经营过程中的实际支出,这些支出被称为会计成本。会计成本常被用于对以往经济行为的审核和评价。而经济学家分析成本的目的在于考察企业的决策,并进而分析资源配置的结果及效率,所以经济学中对成本的使用重在衡量稀缺资源配置于不同用途上的代价。这涉及使用一项资源或做出一项选择放弃掉的机会,即机会成本。

企业的机会成本是指生产者所放弃的使用相同的生产要素在其他生产用途中所能获得的最高收入。从机会成本的角度来考量生产成本,将有利于经济资源的有效配置。

例如,假定某厂商利用一项生产要素既可以生产 A 产品,也可以生产 B 产品或 C 产品,在面临这三种选择时,如果该厂商决定生产 A 产品,那么,它就放弃了利用相同的生产要素在 B 产品或 C 产品生产中所能得到的收入。如果相同的经济资源被用在 B 产品和 C 产品的生产中所能得到的收入分别为 500 万元和 800 万元,那么,该厂商生产 A 产品的机会成本就是它所放弃的在生产 B 产品或 C 产品中所能得到的最高收入,即 800 万元。换言之,如果该厂商生产 A 产品的收入小于 800 万元,那么,它选择生产 A 产品显然就是一个错误的决定,而它正确的选择是把相同的生产要素投放到 C 产品的生产中,从而获得尽可能高的收入

（即 800 万元）。由此可见，机会成本的概念是与稀缺资源的有效配置密切联系在一起的。企业的生产成本应该从机会成本的角度来理解，这是经济学效率要求的基本体现。

事实上，机会成本概念并不仅仅局限于应用在对厂商生产成本的分析，它被广泛运用于对各种经济活动的分析之中。

（二）机会成本的前提条件

1. 所使用的资源具有多种用途

机会成本本质上是对不能利用的机会所付出的成本，因为企业选择了这种用途，就必然丧失其他的用途所能带来的收益。如果资源的使用方式是单一的，那就谈不上各个机会的利益比较。只有当资源具有多用性的时候，企业才要考虑机会成本，这是考虑机会成本的一个前提条件。

2. 把可能获得的最大收入视为机会成本

考虑机会成本时并不是指任何一个使用方式，而是指可能获得最大收入的使用方式。在这里，我们需要关注可能性。

二维码5-1：
机会成本

二、显成本和隐成本

由于资源的稀缺性，生产者对任何资源的使用都是有代价的。从这个意义上讲，厂商的所有生产成本都是机会成本。企业的生产成本可具体分为显成本和隐成本两部分。无论是显成本还是隐成本，都需要以机会成本的概念来理解和度量。

（一）显成本

企业生产的显成本指厂商在生产要素市场上购买或租用他人所拥有的生产要素的实际支出。也就是说，显成本是需要企业支出货币的投入成本。

例如，某厂商雇用了一定数量的工人、从银行获得了一定数量的贷款，并租用了一定数量的土地。为此，这个厂商就需要向工人支付工资、向银行支付利息、向土地所有者支付地租，这些货币支出便构成了该厂商生产的显成本。重要的是，从机会成本的角度讲，该厂商的这笔显成本的支出总价格必须等于这些生产要素所有者将相同的生产要素投入到其他用途中时所能得到的最高收入。否则，该厂商就不能购买或租用到这些生产要素，并保持对它们的使用权。

（二）隐成本

企业生产的隐成本指厂商自己拥有的且被用于自己企业生产过程中的那些生产要素的总价格。或者说，隐成本是指不需要企业支出货币的投入成本。

例如，为了进行生产，某企业所有者还动用了自己拥有的资金和土地，并亲自管理企业。观察现实生产活动我们会发现，企业对自己所拥有的生产要素往往是无偿使用的，即企业所有者通常并不领取相应的利息、地租和工资。从机会成本的角度看，这种不计报酬的做法是错误的。因为当厂商利用自有的生产要素进行生产时，便放弃了使用相同的生产要素在其他生产用途中所能得到的最高收入，这便是厂商从事当前生产的机会成本。所以，应该将厂商使用自有要素应得的各类货币收入计入成本。但是，由于事实上这笔成本往往不发生货币支付而被忽视，故被称为隐成本。

此外，经济学家还指出，既然厂商借用他人的资本需要支付利息、租用他人的土地需要支付地租、聘用他人来管理企业需要支付薪金，那么，同样的道理，当厂商使用自有生产要素时,也应该得到报酬。不同的是,企业所有者应该自己向自己支付利息、地租和薪金。当然,这笔报酬也必须按照厂商自有生产要素在其他用途中所能得到的最高收入来支付。否则,该厂商会把自有生产要素转移出自己的企业,以便在其他生产机会中获得更高的报酬。

由此可见,经济学中使用的成本概念与通常的会计成本有着明显的不同。如无特别说明经济学中使用按"机会"衡量的成本,并称之为经济成本,以示与会计成本的区别。因此,企业的生产成本,即经济成本可表示为:

$$经济成本 = 显成本 + 隐成本 \qquad (5\text{-}1)$$

三、利润

由于经济学家眼中的成本与会计成本有所不同,所以在企业销售一定数量的产品获得的收入相同的条件下,按经济成本和会计成本计算,所得到的企业利润就会存在差异。与经济成本和会计成本的区别相一致,企业的利润也区分为经济利润和会计利润。

经济利润是指企业销售产品获得的收益与经济成本之间的差额,即:

$$经济利润 = 收益 - 经济成本 \qquad (5\text{-}2)$$

会计利润则是指企业销售产品获得的收益与会计成本之间的差额,即:

$$会计利润 = 收益 - 会计成本 \qquad (5\text{-}3)$$

二者的主要差异源于经济学家对成本的内涵理解不同,其中经济成本包含了隐成本支出,而会计成本只记录实际支出。所以,会计利润通常会超过经济利润。在经济学中,还需要区分经济利润和正常利润。从机会成本的角度看,当一个企业所有者同时具备企业家才能时,企业所有者也应对自己所提供的企业家才能给予报酬支付,这部分报酬支付通常被称为正常利润。显然,正常利润是生产成本的一部分,它以隐成本计入成本。而且,企业所有者在自己企业从事经营管理所得到的报酬应该等于他所放弃的在其他企业从事经营管理可以得到的最高报酬。

正常利润属于成本,因此,经济利润中不包含正常利润。这意味着,当厂商的经济利润为零时,厂商的正常利润已全部实现了。

特别地,由于企业从事经营活动获得的正常利润构成了经济成本的一部分,所以,经济利润也必然是在正常利润水平之上的那一部分利润,因而经济利润更像人们日常理解的超额利润。

对于实际经营活动来说,会计成本和会计利润的科目都是有意义的。但是,对于企业的生产决策而言,厂商必须考虑稀缺资源的机会成本,进行权衡比较,以有效地使用有限的资源。总之,经济学家关注的是经济成本(即机会成本)和经济利润;生产者所追求的最大的利润指的就是最大的经济利润。经济利润也被称为超额利润。

四、沉没成本

沉没成本是一种历史成本,对现有决策而言是不可控成本,会很大程度上影响人们的行为方式与决策。从这个意义上说,在投资决策时应排除沉没成本的干扰。对企业来说,沉没成本是企业在以前经营活动中已经支付现金,而经营期间摊入成本费用的支出。因此,固定资产、无形资产、递延资产等均属于企业的沉没成本。

从成本的可追溯性来说，沉没成本可以是直接成本，也可以是间接成本。如果沉没成本可追溯到个别产品或部门则属于直接成本；如果沉没成本由几个产品或部门共同引起则属于间接成本。

从成本的形态看，沉没成本可以是固定成本，也可以是变动成本。企业在撤销某个部门或是停止某种产品生产时，沉没成本中通常既包括机器设备等固定成本，也包括原材料、零部件等变动成本。通常情况下，固定成本比变动成本更容易沉没。

从数量角度看，沉没成本可以是整体成本，也可以是部分成本。例如中途弃用的机器设备，如果能变卖出售获得部分价值，那么其账面价值不会全部沉没，只有变现价值低于账面价值的部分才是沉没成本。

一般说来，资产的流动性、通用性、兼容性越强，其沉没的部分就越少。"现金为王"的观念也可以从这个角度去理解。固定资产、研究开发、专用性资产等都是容易沉没的，分工和专业化也往往与一定的沉没成本相对应。此外，资产的沉没性也具有时间性，会随着时间的推移而不断转化。以具有一定通用性的固定资产为例，在尚未使用或折旧期限之后弃用，可能只有很少一部分会成为沉没成本，而中途弃用沉没成本则会较高。

例如，假设某人计划开办一家餐厅，并已经投入了大量的时间和金钱来租赁场地、购买设备以及进行装修。然而，在准备开业之前，他发现该地区的餐饮市场已经饱和，竞争激烈，并且市场需求下降。尽管他已经投入了大量的资金和精力，但意识到继续开办餐厅可能会面临巨大的风险和亏损。这时，他面临一个决策：是继续开办餐厅并承担可能的亏损，还是放弃这个计划并寻找其他商机？在这种情况下，投入到租赁场地、设备和装修中的资金已经成为沉没成本。无论选择继续开办餐厅还是放弃，这些成本都无法收回。因此，他不能仅仅因为已经投入了大量资金而选择继续开办餐厅，而是应该基于当前市场条件和经济前景来做出决策。

经济学中的沉没成本原理告诉我们，决策应该基于未来的预期效益，而不是过去已经发生的成本。忽略沉没成本，能够帮助人们做出更理性和有效的决策，以实现利益最大化。

延伸阅读 5-1

难以狠心止损"沉没成本效应"使被骗者做出错误选择

"沉没成本效应"是指为了避免损失带来的负面情绪而沉溺于过去的付出，包括时间、金钱、精力等，而选择了非理性的行为方式。这种心理学效应被诈骗分子广泛应用于各类诈骗中，并引导着受害者作出错误的选择。2023年4月14日，镇江警方发布了一起有关的案例。

4月11日晚上，镇江丹阳的汤女士来到丹阳市公安局埤城派出所报警，称自己被骗了40余万元。民警了解情况后发现，这是一起典型的刷单类诈骗。4月10日上午，陌生人将受害人汤女士拉进了一个陌生群聊，先发红包，让群成员关注一些抖音账户，之后在群内发送链接让群成员下载某APP。在这款APP的群聊中，汤女士将自己的微信收款码截图发了进去，对方指令其往不同银行账户转了两笔数额较小的钱款，并通过微信收款码向汤女士支付了所谓的任务返利。第三次任务，对方让汤女士转了4 000余元。这笔钱转出去之后，对方称汤女士"任务做错了，钱不能返了"。如果汤女士此时立即报警，被骗金额是4 000余元，遗憾的是，汤女士没有。

"我想拿回这4 000多块钱，便接受了对方提供给我的'解决方案'。"在埤城派出所报警时，汤女士懊悔不已。对于当时的汤女士来说，似乎还有一种侥幸心理，继续投入、追加投入、不断投入……一步一步走向自认为还有一线希望的"深渊"。殊不知,她只是难以狠心止损。

于是,按照诈骗分子所谓的"解决方案",汤女士又添加了一位名为"金牌兑换师"的陌生好友,并按照对方指令,依次向6个不同的银行账户先后转出2万多到13万多不等的六笔钱款。直到对方让其再转20余万到某账户时,她才意识到这是诈骗。而此时,汤女士已陆续转出40余万元。从4 000余元到40余万,沉没成本乘以100。像汤女士这样,因为不舍最初的沉没成本,而投入几倍、几十倍,甚至百倍成本的情况非常普遍!

"为了几十块被骗了好几万",这是很多刷单骗局受害者共同的经历。抱着试试看的心态,几十、几百也在承受范围内,这是大多数受害者在被骗之前共同的想法。究其原因,就是受害者对损失的厌恶,同时,承受损失所带来的自我怀疑、自我否定,会导致受害人产生尽快弥补损失的强烈动机,这种动机将会使后续的决策更加冒险。

在刷单返利类电信诈骗中,因为受害人期望能挽回之前支付出去的高额本金,或是希望自己之前"工作"付出的努力有所回报,所以会本能地拒绝支付"沉没成本"。诈骗分子正是利用了他们这一心理,引导受害人不断投入,屡次被骗。警方提醒:不要有"轻轻松松赚大钱"的心理,感觉不对劲,不要犹豫,立即报警!

资料来源:刘舒. 难以狠心止损 "沉没成本效应"使被骗者做出错误选择[EB/OL]. (2023-04-14)[2023-11-21]. https://news.jstv.com/a/20230414/ab386234c6c04378ba3171b11f684393.shtml.

第二节 短期成本曲线

一、短期成本的概念

在短期内,对应于产量的变动,企业使用的生产要素被区分为可变投入和不变投入,企业只能对可变要素的投入数量进行调整。相应于生产要素的不变与可变的区分,企业的生产成本也有不变成本和可变成本的区分,进而可以相应地根据产量定义平均成本和边际成本,这些重要的短期成本概念涵盖在下面的三组定义之中。

(一)总成本

企业为生产既定产量所需要的生产要素投入的费用就是该产量下的总成本(TC),它由总不变成本和总可变成本两部分构成。

总不变成本(FC)是厂商在短期内为生产一定数量的产品对不变生产要素所支付的总成本。例如,建筑物和机器设备的折旧费等就属于总不变成本。由于在短期内不管企业的产量为多少,这部分不变要素的投入量都是不变的,所以,总不变成本是一个常数,它不随着产量的变化而变化。即使在产量为零时,总不变成本也仍然存在。

总可变成本(VC)是厂商在短期内为生产一定数量的产品对可变生产要素所支付的总成本。例如,厂商对原材料、燃料动力和工人工资的支付等就属于总可变成本,总可变成本随着产量的增加而增加。总可变成本的函数形式为:

$$VC = VC(Q) \tag{5-4}$$

综上,总成本用公式表示为:

$$TC(Q) = FC + VC(Q) \tag{5-5}$$

(二)平均成本

平均总成本(AC)是厂商在短期内平均每生产一单位产品所支付的全部成本,用公式表示为:

$$AC(Q) = \frac{TC(Q)}{Q} \tag{5-6}$$

平均不变成本（AFC）是厂商在短期内平均每生产一单位产品所支付的不变成本，用公式表示为：

$$AFC = \frac{FC}{Q} \tag{5-7}$$

平均可变成本（AVC）是厂商在短期内平均每生产一单位产品所支付的可变成本，用公式表示为：

$$AVC(Q) = \frac{VC(Q)}{Q} \tag{5-8}$$

由于总成本等于不变成本与可变成本之和，因而在式(5-5)两边同时除以产量 Q 可以得到平均成本、平均不变成本以及平均可变成本的关系：

$$AC(Q) = \frac{TC(Q)}{Q} = \frac{FC}{Q} + \frac{VC(Q)}{Q} = AFC + AVC(Q) \tag{5-9}$$

（三）边际成本

边际成本（MC）是厂商在短期内增加一单位产量时所增加的总成本，用公式表示为：

$$MC(Q) = \frac{\Delta TC(Q)}{\Delta Q} = \lim_{\Delta Q \to 0} \frac{\Delta TC(Q)}{\Delta Q} = \frac{\mathrm{d}TC}{\mathrm{d}Q} = \frac{\mathrm{d}VC}{\mathrm{d}Q} \tag{5-10}$$

二、短期成本曲线的类型

企业的生产成本以产量为前提条件，所以这些成本也会随着产量的变动表现出一定的规律性特征。为了便于分析短期成本的变动特征，继续假定企业使用劳动 L 和资本 K 两种生产要素，并且在短期内劳动是可变投入，而资本的投入量保持不变，并取 $K = \overline{K}$。同时假定劳动和资本投入的价格 w 和 r 保持不变。

（一）总成本曲线

因不变成本不随产量的改变而变动，所以不变成本曲线 FC 是一条平行于产量轴的直线。企业的可变成本会随着产量的增加而递增，所以可变成本曲线 VC 是从原点出发的一条向右上方倾斜的曲线。这是因为，随着产量的增加，所需要的劳动投入数量相应地增加，从而在劳动价格既定的条件下，企业的可变成本也会增加。至于总成本，它等于不变成本与可变成本的和，而不变成本为常数，因而总成本曲线 TC 也是一条向右上方倾斜的曲线，只是出发点不同而已。由上述内容可知，总成本 TC 由不变成本 FC 和可变成本 VC 两部分组成，如图 5-1 所示。

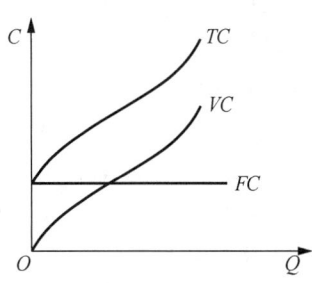

图 5-1 不变成本、可变成本和总成本曲线

不过，需要说明的是，总成本曲线和可变成本曲线虽然都向右上方倾斜但它们并不是一条直线，其变动率取决于边际成本的大小。关于这一点，在后续介绍短期成本曲线之间的关系时将予以补充。

(二) 平均成本曲线

在平均不变成本、平均可变成本和平均成本这三条曲线中,随着产量的逐渐增加,平均不变成本曲线 AFC 递减,平均可变成本曲线 AVC 以及平均成本曲线 AC 则都呈现出先递减后增加的 U 形。

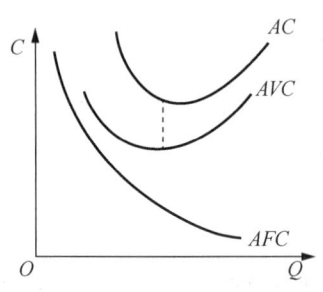

图 5-2 平均成本、平均可变成本和平均不变成本曲线

其中,由于不变成本是一个常数,因而随着产量的增加,平均每单位产量分摊到的不变成本逐渐降低,所以平均不变成本曲线是一条向右下方倾斜的曲线,并且随着产量无限增大,其数值也逐渐趋于 0。平均不变成本、平均可变成本和平均成本的三条曲线,如图 5-2 所示。

平均可变成本曲线 AVC 之所以呈现 U 形,源于生产要素的边际报酬递减规律。为了说明这一点,考察只有劳动可变的生产过程。在这一例子中,$VC=w \cdot L$,于是根据定义,平均可变成本为:

$$AVC = \frac{VC(Q)}{Q} = \frac{w \cdot L}{Q} = \frac{w}{Q/L} = \frac{w}{AP_L} \tag{5-11}$$

由式(5-11)可知,在要素价格 w 不变的条件下,平均可变成本与可变要素劳动的平均产量呈反方向变动关系。回忆短期生产曲线的说明过程可以知道,在边际报酬递减规律的作用下,随着劳动投入量的增加,平均产量先增加后递减,呈现倒 U 形,所以平均可变成本曲线必然呈现出先减少后增加的正 U 形。

上述结果表明,随着劳动投入量的增加,如果平均每单位劳动所生产的产量是递增的,那么,每单位产量所需要的劳动就是递减的,在劳动的工资率既定的条件下,企业花费在劳动上的可变成本也会相应地减少;如果平均每单位劳动所生产的产量是递减的,那么情况正好相反。因此,在边际报酬递减规律的作用下,平均可变成本曲线呈现 U 形。

平均成本曲线 AC 的形状可以由平均不变成本曲线 AFC 和平均可变成本曲线 AVC 进行推理。由于平均成本等于平均不变成本与平均可变成本之和,所以它的形状完全由后两者所决定。随着产量增加,平均不变成本递减,而平均可变成本先递减后递增,因而,在平均可变成本曲线递减阶段,平均成本曲线一定递减。同时注意到,尽管在产量超过平均可变成本最低点之后平均成本仍会下降,但由于平均成本高于平均可变成本,并且平均不变成本会逐渐趋向于 0,所以平均成本必然在平均可变成本曲线的上方,并最终呈现出与后者相近的形状。因此,平均成本曲线也会像平均可变成本曲线一样,呈现先递减后递增的 U 形。

(三) 边际成本曲线

边际成本曲线 MC 也呈现先递减后递增的 U 形,如图 5-3 所示。

边际成本曲线的形状也可以通过劳动和资本两种生产要素投入生产,且这两种生产要素中,短期内只有劳动是可变投入的例子说明,根据定义可得边际成本 MC 的公式为:

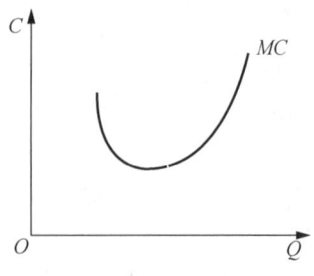

图 5-3 边际成本曲线

$$MC(Q) = \frac{\Delta TC(Q)}{\Delta Q} = \frac{\Delta VC(Q)}{\Delta Q} = \frac{\Delta(w \cdot L)}{\Delta Q} = \frac{w}{\Delta Q/\Delta L} = \frac{w}{MP_L} \tag{5-12}$$

式中，ΔQ 表示企业的产量改变量，$\Delta TC(Q)$ 和 $\Delta VC(Q)$ 分别表示因产量改变而导致的总成本和可变成本的改变量，它们二者相等。

从中可以看出，在劳动的工资率 w 保持不变的条件下，企业的边际成本与劳动的边际产量成反比。但在边际报酬递减规律的作用下，劳动的边际产量先递增后递减，因而这也就决定了短期边际成本必然随着产量增加先递减后递增。式(5-12)表明，企业的边际成本与可变要素的边际产量呈反方向变动。事实上，一方面，增加劳动所带来的产量增加越多，增加 1 单位的产量所需要增加的劳动投入量越小。在工资率既定的条件下，所需要增加的成本就越低；另一方面，随着产量的增加，所需要的劳动投入量就越大。但随着劳动投入量的增加，在边际报酬递减规律的作用下，边际产量呈现先递增后递减的趋势，这也就决定了边际成本曲线呈现出先递减后递增的 U 形特征。

已知边际成本的 U 形特征，就很容易理解图 5-1 中总成本曲线和可变成本曲线的形状了。事实上，由于边际成本是它们的变动率，所以，无论是总成本曲线还是可变成本曲线，在上升过程中，最初增加速度越来越慢，曲线越来越平缓，但之后随着产出数量增加，其增加速度越来越快，曲线越来越陡峭。

二维码5-4：从边际成本看：餐厅提供免费续杯服务

（四）短期成本曲线之间的关系

根据上一部分内容，已得出了短期内三条成本曲线（不变成本、可变成本和总成本曲线）、三条平均成本曲线（平均不变成本、平均可变成本和平均成本曲线）以及边际成本曲线随着产量变动而变动的基本特征，但它们并不是孤立存在的，而是相互联系的。这些成本在不同的生产阶段上表现出来的变动特征，主要由边际成本所决定。

1. 边际成本与总成本之间的关系

边际成本是总成本和可变成本的改变率，反映了两者的变动速度。根据定义，边际成本是增加 1 单位产量所增加的总成本，因而边际成本越小，总成本增加的速度就越慢。反之，边际成本越大，总成本增加的速度就越快。因此，在边际成本递减的阶段，总成本增加的速度递减，即总成本曲线越来越平缓；而在边际成本递增的阶段，总成本增加的速度越来越快，即总成本曲线越来越陡峭。

由于边际成本也是可变成本的变动率，所以上述分析也适用于边际成本与可变成本曲线之间的关系。总成本与边际成本的关系如图 5-4 所示。

图 5-4 重新描绘了图 5-3 给出的边际成本曲线，在边际报酬递减规律的作用下，随着企业的产量逐渐增加，企业的边际成本递减；当产量达到 Q_0 时，边际成本最低；之后，边际成本递增。对应于满足这一特征的边际成本曲线，在产量由 0 逐渐增加到 Q_0 时，企业的总成本和可变成本虽然增加，但增加速度越来越慢，两条曲线也就越来越平缓；当产量超过 Q_0 之后，总成本和可变成本曲线增加速度越来越快，两条曲线也就越来越陡峭。

2. 边际成本与平均成本之间的关系

边际成本曲线与平均成本曲线和平均可变成本曲线相交，并且分别交于它们的最低点。边际成本曲线与平均成本曲线虽然都为 U 形，但是由于在平均成本曲线下降阶段，新增加 1 单位产量所

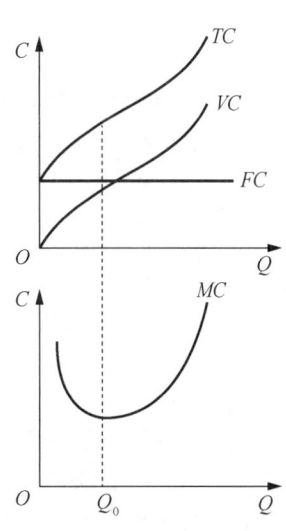

图 5-4 总成本与边际成本之间的关系

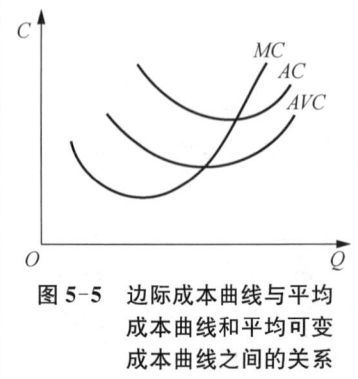

图 5-5 边际成本曲线与平均成本曲线和平均可变成本曲线之间的关系

增加的成本低于原有的平均成本,所以边际成本曲线在平均成本曲线的下方;反之,在平均成本曲线递增的阶段,边际成本曲线在平均成本曲线的上方。因此,对应于 U 形的平均成本曲线,边际成本曲线一定与其相交于平均成本曲线的最低点。由于边际成本同时反映了可变成本的变动率,所以,基于同样的理由,边际成本曲线也必然与平均可变成本曲线相交于后者的最低点,边际成本曲线与平均成本和平均可变成本曲线之间的关系如图 5-5 所示。

3. 产量曲线与成本曲线之间的关系

最后,提及边际成本和平均可变成本分别与边际产量和平均产量之间的关系将有助于理解上述短期成本之间的关系。回看式(5-11)和式(5-12)的证明,边际成本与边际产量呈反方向变动的关系,平均可变成本与平均产量之间呈反方向变动关系,并且在平均产量最大值点上,即边际产量与平均产量相交时,平均可变成本也一定处于最低点,此时,边际成本与平均可变成本曲线相交。

在图 5-6(a)中,当劳动投入为 L_1 时,平均产量达到最大相应的产量为 Q_1。于是,在图 5-6(b)中,对应于产量 Q_1,平均可变成本最小,此时边际成本与平均可变成本曲线相交。也就是说,从图形形状来看,图 5-6(b)恰好是图 5-6(a)的一个整体反转 180°。产量曲线和成本曲线之间的关系如图 5-6 所示。

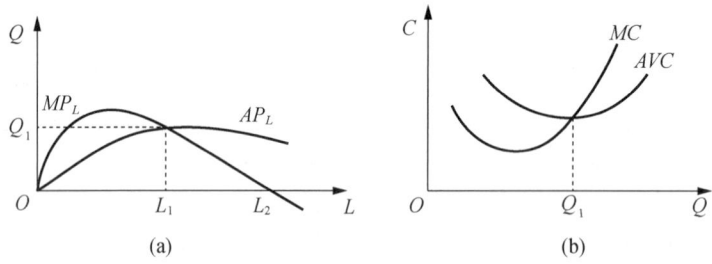

图 5-6 产量曲线与成本曲线之间的关系

总之,短期成本来源于短期生产,而边际报酬递减规律决定了短期产量曲线的基本特征,所以也就间接决定了企业短期成本曲线变动的特征以及这些成本之间的相互关系。

第三节 长期成本曲线

本节将对厂商的长期成本进行分析,依次对长期总成本、长期平均成本和长期边际成本进行分析,并进一步考察这三条长期成本曲线之间的相互关系。在长期内,厂商可以根据产量的要求调整全部的生产要素投入量,甚至进入或退出一个行业,因此,厂商所有的成本都是可变的。厂商的长期成本的类型包含长期总成本、长期平均成本和长期边际成本,它们的英文缩写顺次为 LTC、LAC 和 LMC。

一、长期成本的概念

在长期中,企业可以对所有的生产要素进行调整,因而所有生产要素都是可变投入,长期内没有不变成本和可变成本的区分。因此,有关长期成本的讨论只涉及长期总成本、长期平均成本和长期边际成本。

长期总成本(LTC)是指企业在长期中生产一定产量水平时通过改变生产规模所能达到的最低成本。为了区别于短期总成本,通常把长期总成本表示为 LTC,相应地,长期总成本函数写成以下形式:

$$LTC = LTC(Q) \tag{5-13}$$

长期平均成本(LAC)是指从长期来看,企业平均每单位产量所花费的总成本,用公式表示为:

$$LAC = \frac{LTC(Q)}{Q} \tag{5-14}$$

长期边际成本(LMC)是指从长期来看,企业每增加1单位产量所增加的总成本,用公式表示为:

$$LMC = \frac{\Delta LTC}{\Delta Q} \tag{5-15}$$

除了关注长期调整之外,总成本、平均成本和边际成本的概念与上一节的含义相同。下面着重分析这三个成本量在长期中相应于规模的调整以及随产量变动的基本特征。

二、长期总成本曲线

长期中,企业可以根据计划产量对所有的生产要素投入量进行调整,在每一个产量水平上企业都将实现生产要素的最优组合,所以,企业的长期成本会呈现出比短期成本"更低"的特征。

既然长期中企业可以对短期内固定不变的要素进行调整,那么长期总成本曲线就是这些短期总成本曲线不断调整的结果,短期总成本向长期总成本曲线的调整如图5-7所示。

为了表示方便,假定企业使用特定的生产技术进行生产但只有三种短期内固定不变的投入可供调整,例如厂房数量只有 K_1、K_2 和 K_3 三个规模。企业相应的短期不变成本分别为 FC_1、FC_2 和 FC_3。在短期内,如果企业选择使用的厂房数量为 K_1,那么其短期总成本曲线就是 TC_1。类似地,对应于 K_2 和 K_3,企业的短期总成本曲线分别为 TC_2 和 TC_3。

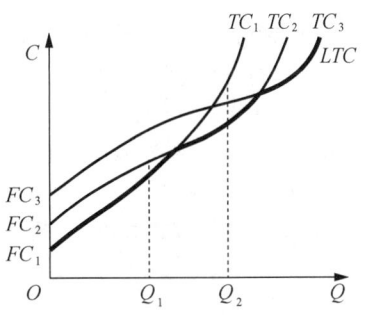

图5-7 短期总成本向长期总成本曲线的调整

假定企业最初使用 K_2 进行生产,并计划生产产量 Q_1,那么该企业的生产成本为 Q_1 在 TC_2 上对应的数值。但是,如果企业选择在 K_1 下生产 Q_1 则成本为 Q_1 在 TC_1 上对应的数值。由于企业处于长期,它可以根据需要调整厂房的数量,所以为了节约成本,企业会选择

由 K_2 调整到 K_1，这样，生产 Q_1 的长期成本就是 Q_1 在 TC_1 上对应的数值而不是 Q_1 在 TC_2 上对应的数值。在企业将厂房的投入数量选择为 K_1 之后，它进入另外一个短期。如果它计划生产 Q_2，那么其生产成本短期内必然为 Q_2 在 TC_1 上对应的数值。如果继续允许企业进一步调整所有的生产要素，则企业会将厂房调整为 K_2。所以，企业生产 Q_2 的长期成本为 Q_2 在 TC_2 上对应的数值。

不难看出，随着产量的变动，企业在不断地调整短期内固定不变的生产要素投入数量 K，使得生产任意产量时所对应的成本都是可供选择的短期生产成本中生产该产量所能达到的最低成本点。由这些成本点描绘出来的曲线就构成了企业的长期总成本曲线，如图5-7中由较粗的线条描绘出来的LTC。在上述分析中，短期内固定不变的要素投入量 K 只有三种选择。假设短期内固定不变的生产要素投入量以微小的单位逐一增加，那么，短期总成本曲线就有无数条。于是，企业生产任何一个产量在长期中所花费的成本就是所有生产该产量的这些短期成本中最低的成本点。随着产量变动，这些最低成本点连成的一条曲线就是该企业的长期总成本曲线LTC。

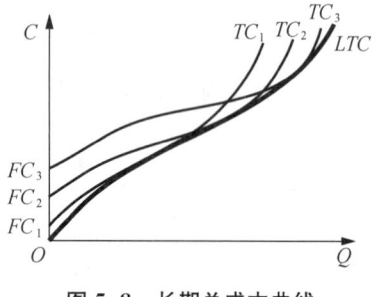

图5-8 长期总成本曲线

比较短期和长期总成本曲线可以发现，LTC在所有短期总成本曲线的下方，而在长期总成本曲线的每一点上都有一条短期总成本曲线与之相切，即长期总成本曲线是无数条短期总成本曲线的包络曲线，如图5-8所示。包络曲线体现出长期总成本曲线的两个特征：长期中生产每一个特定产量花费的成本在所有短期成本中最低，而这种状态必然通过某一个短期内的最优选择来实现。

延伸阅读5-2

增强减税降费精准性 积极降低企业长期成本

近年来，我国实施了一系列降低企业成本、减轻企业负担的政策措施，为激发企业活力发挥了积极作用。日前，财政部部长刘昆在国新办新闻发布会上表示，将进一步完善税费优惠政策，突出对中小微企业、个体工商户以及特困行业的支持，让企业多减一些负担，增添更大的发展动力。

当前，国内外形势更趋复杂严峻，企业降成本政策的效用受到挑战。如何精准有力地降低企业成本也是今年全国两会代表委员们的重点关注话题。多位代表委员表示，降低企业成本不能仅靠财政政策支持，而是需要各方面政策协同发力，在短期增强减税降费政策精准性的同时，还要站在中长期的角度，从降低投入风险、熨平周期波动、改善制度环境的角度，降低企业风险成本。

近期多项调研指出，我国许多企业的综合成本负担依然较大。中国财政科学研究院调研发现，虽然企业税费成本、融资成本在去年有所下降，但当前企业面临的风险与挑战仍然突出，并对降成本政策效果形成对冲，企业成本负担压力仍然较大。中国中小企业发展促进中心发布的《2022年度中小企业发展环境评估报告》同样指出，部分地区企业成本负担依然较重。

多位代表委员认为，接下来，应该多措并举，努力降低企业的长期成本，比如降低企业研发风险与成本、加大长周期资金支持等，提升企业中长期发展信心。比如，全国政协委员、全国工商联副主席、奇安信集团董事长齐向东在提案中建议，延长"专精特新"企业的贷款还本付息时间、开展贷款保证保险、设立专项投资基金。全国政协委员、新希望集团董事长刘永好在提案中建议，研发支持农业领域的长周期专项金融产品，熨平企业产业周期，提高企业对农业进行资本投入和技术投入的信心和积极性。

"降低环境的不确定性，实现公共风险收敛乃至最小化，仅仅依靠宏观政策是不够的。"刘尚希表示，还需要通过一系列改革举措来破解结构性和长期性问题,比如,我国长期存在的城乡二元结构,明显妨碍了农民群体的发展,也导致其收入和劳动技能难以提升。这是当前我国推动共同富裕、促进社会和谐所面临的最大风险。短期来看,必须扩大内需,在农民市民化上做文章,以公共消费带动私人消费;长期来看,必须以公共消费促进人力资本的平等积累。

资料来源:朱雨蒙. 两会丨增强减税降费精准性 积极降低企业长期成本[EB/OL].(2023-03-05) [2023-11-21]. https://mp.weixin.qq.com/s/RSkvGrPiNqmYqgqUDAZp6Q.

三、长期平均成本曲线

(一)长期平均成本曲线的推导

长期平均成本是基于长期总成本定义的,所以与短期分析一样,可以很容易地从长期总成本曲线中得到长期平均成本曲线,这里不再重复。下面集中考察长期平均成本曲线与短期平均成本曲线之间的关系。

继续以上文中提到的企业只能在 K_1、K_2 和 K_3 中选择厂房数量的情形为例,根据式(5-14)关于平均成本的定义,可以得到分别对应于图 5-8 中三条短期总成本曲线的短期平均成本曲线 AC_1、AC_2 和 AC_3,如图 5-9 所示。由于长期总成本是所有短期总成本中"最低的那些部分"连成的一条曲线,因此长期平均成本也必然是这些最低的部分对应的平均成本连成的一条曲线。

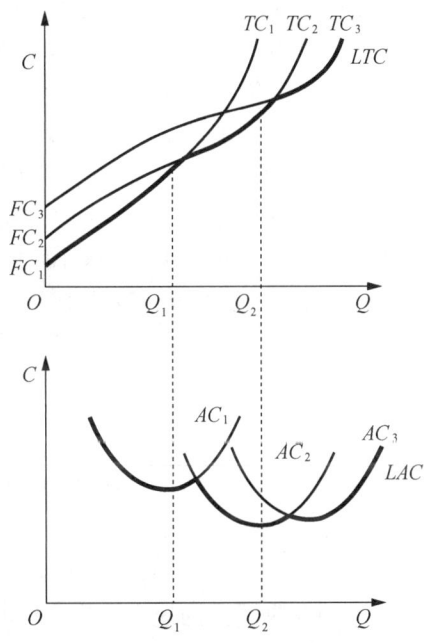

图 5-9 长期平均成本与长期总成本曲线

例如,如果企业计划生产的产量为 Q_1,那么企业选择的最优厂房数量为 K_1,所花费的长期成本由该产量对应的 TC_1 上的点所决定,因此,企业生产 Q_1 的长期平均成本就是 AC_1。同样,如果企业计划生产的产量为 Q_2,则企业选择的最优厂房数量为 K_2,其长期总成本为 TC_2,相应的长期平均成本为 AC_2。可见,对应于每一个产量,长期平均成本是生产这一产量的所有短期平均成本中最低的成本。随着产量的变动,这些最低的成本点连成的曲线就是企业的长期平均成本曲线。长期平均成本与长期总成本曲线如图 5-9 所示。

假如企业可以以任意的数量调整短期内固定不变的要素投入,那么对应于每一个产量,所有短期成本中最低的成本点构成的长期平均成本曲线 LAC,是所有短期平均成本曲线的包络曲线。长期平均成本曲线位于所有短期平均成本曲线的下方,并且在每一个产量水平上,都有一条特定的短期平均成本曲线 AC 与之相切,如图 5-10 所示。

需要指出的是,长期平均成本曲线并不是所有短期平均成本曲线最低点的连线。事实上,尽管企业在长期中能以更低的成本生产一个特定的产量,这的确包含着企业寻求平均成本最低的含义,但这里的最低并不是在每一条短期平均成本曲线上选择最低点,而是在产量给定的条件下比较短期内固定不变的要素(这里是厂房数量 K)的不同投入量,从中选择一个使得生产该产量所花费的平均成本为最低的投入,那么这一投入对应的短期平均成本就

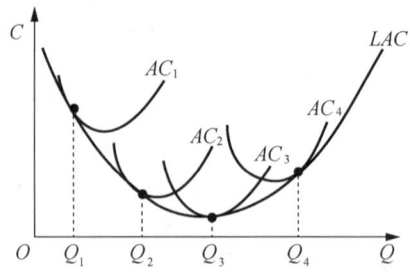

图 5-10 长期平均成本曲线

是该产量的长期平均成本,而这时该短期平均成本是否为最低则无关紧要。例如,在图 5-10 中,AC_1 的最低点就不在长期平均成本曲线上。

(二) 长期平均成本曲线的形状

图 5-10 中的长期平均成本曲线呈先降后升的 U 形,长期平均成本曲线的 U 形特征是由长期生产中的规模经济和规模不经济决定的。

在企业生产扩张的开始阶段,厂商由于扩大生产规模而使经济效益得到提高,这便是规模经济。在生产扩张到一定的规模以后,厂商继续扩大生产规模,就会使经济效益下降,这便是规模不经济。或者说,厂商产量增加的倍数大于成本增加的倍数,为规模经济;相反,厂商产量增加的倍数小于成本增加的倍数,为规模不经济。由于规模经济和规模不经济都是由厂商变动自己的企业生产规模引起的,所以,也被称作内在经济和内在不经济。

更具体地说,假设企业的生产函数为 $Q=f(L,K)$,在生产规模扩大过程中,企业同比例增加劳动和资本两种生产要素的投入量,使之为原来的 λ 倍(约定 λ>1),则相应的生产量为 μQ,即:

$$\mu Q = f(\lambda L, \lambda K) \tag{5-16}$$

其中,若 $\mu>\lambda$,则生产是规模报酬递增的;若 $\mu=\lambda$,则生产是规模报酬不变的;若 $\mu<\lambda$,则生产是规模报酬递减的。

一般来说,在企业的生产规模由小到大的扩张过程中,会先后出现规模经济和规模不经济。正是长期生产的规模经济和规模不经济的作用,决定了长期平均成本 LAC 曲线表现出先下降后上升的 U 形特征。正如图 5-10 所示,在产量小于 Q_3 的生产阶段,由于规模经济的作用,LAC 曲线不断下降;在产量大于 Q_3 的生产阶段,由于规模不经济的作用,LAC 曲线不断上升。只有在产量等于 Q_3 时,规模经济的作用全部释放,LAC 曲线降到最低点,此时的生产规模用 AC_3 曲线表示。

企业长期生产表现出的规模报酬先是递增的,然后是递减的。规模报酬的这种变化规律,也是造成 LAC 曲线先降后升特征的一个原因。需要指出的是,规模报酬分析是以厂商以相同的比例变动全部要素投入量为前提的,即各生产要素投入量之间的比例保持不变。而事实上,厂商长期生产的规模经济和规模不经济,既可以产生于各生产要素投入量之间的比例保持不变的情况,也可以产生于各生产要素投入量之间的比例发生变化的情况。或者说,规模经济和规模不经济的内涵包含了规模报酬的变化。因此,在更一般的意义上,长期生产的规模经济和规模不经济的技术特征是 LAC 曲线呈 U 形特征的决定因素。

生产过程中为什么会出现不同的规模经济状况(或者狭义地说是出现不同的规模报

酬)?事实上,随着企业生产规模的扩大和产量的增加,生产存在着有利于节约成本的若干因素。但是,企业的生产规模也并非越大越好。对于特定的生产技术而言,企业规模的扩大也有使得成本增加的因素,并最终导致生产出现规模不经济。下面,我们将对规模经济的优势及造成规模不经济的原因展开说明。

1. 规模经济的优势

(1) 成本优势。规模经济通过批量采购和集中生产,能够降低单位产品的生产成本。这是因为大规模生产可以分摊固定成本,例如设备折旧、工资等,从而降低每单位产品的成本。此外,由于采购数量增加,企业与供应商的谈判能力也会提高,可以获得更低的采购价格。

例如,如果一个企业生产100个产品比生产10个产品有更高的固定成本分摊,那么生产100个产品的每个单位成本就会更低。同时,如果企业能够通过批量采购获得更低的采购价格,那么其每个单位产品的成本也会相应降低。

(2) 效率优势。规模经济能够提高生产效率,减少生产中的浪费和不必要的重复劳动。在生产过程中,如果各个环节之间能够顺畅衔接,资源能够得到合理配置,那么生产效率就会提高。而规模经济可以通过优化生产流程和管理方式,实现更高效的生产。

例如,如果一个企业的生产流程中存在很多重复劳动和浪费,那么其生产效率就会降低。而通过规模经济,企业可以更好地整合资源,优化生产流程,减少不必要的重复劳动和浪费,从而提高生产效率。

(3) 创新优势。随着企业规模的扩大,其研发能力也会相应增强,从而能够更好地推动产品创新和技术进步。这是因为大规模的企业通常有更多的资金和资源用于研发和创新,也有更多的市场需求和技术人才来支持创新活动。

例如,如果一个企业规模较小,其研发能力可能相对较弱。而随着企业规模的扩大,其资金和资源不断增加,可以投入更多的研发和创新活动。同时,大规模企业通常拥有更多的市场需求和技术人才,可以为创新活动提供更好的支持和推动。

(4) 市场优势。规模经济有助于企业更好地掌握市场需求和趋势,提高市场占有率,扩大销售渠道。由于企业规模较大,其市场影响力和知名度也会相应提高,从而更容易进入新市场、扩大销售渠道和推广新产品。

例如,如果一个企业在某个细分市场中的份额较大,那么其对于市场需求和趋势的掌握也会更加准确和及时。同时,由于其市场份额较大和市场影响力的提高,企业可以更容易地进入新市场、扩大销售渠道和推广新产品。

(5) 品牌优势。规模经济有助于企业建立品牌形象,提升产品知名度和美誉度,进而增强企业的市场竞争力。大规模企业通常有更多的资金和资源用于品牌建设和市场推广,同时也有更多的消费者信任和认可其产品和服务。

例如,如果一个企业在市场上已经拥有一定的知名度和美誉度,那么其新产品的推广会更容易,其市场占有率也会更容易提高。同时,由于其品牌形象已经树立,消费者对于其产品和服务也会更加信任和认可。

(6) 人才优势。规模经济有助于企业吸引和留住优秀人才,提升员工的专业技能和综合素质,从而更好地推动企业的发展。大规模企业通常有更多的资金和资源用于员工培训和发展,也有更多的机会为员工提供更好的职业发展路径和福利待遇。

例如,如果一个企业规模较大,其对于优秀人才的吸引力也会相应提高。同时,由于其资金和资源的增加,可以通过提供更好的员工培训和发展机会以及福利待遇等条件来留住优秀人才。这些优秀人才不仅具有专业技能和知识,还能够为企业带来更多的创新和发展机会。

(7) 合作优势。规模经济有助于某一企业与其他企业建立合作关系,实现资源共享和优势互补,提高整体竞争力。由于企业规模较大,其在产业链中的地位也会相应提高,从而更容易与其他企业建立合作关系并实现资源共享和优势互补。

如果一个企业在某个行业中拥有较大的市场份额和影响力,那么其与其他企业建立合作关系的可能性也会相应增加。通过合作可以实现资源共享和优势互补,从而提高整体竞争力并更好地应对市场竞争挑战。

(8) 政策优势。政府对于规模较大的企业可能会给予一定的政策支持和优惠,从而帮助企业更好地发展。这些政策支持和优惠可能包括税收减免、财政补贴、土地租赁优惠等。这些政策支持和优惠可以为企业带来更多的资金和资源支持,从而更好地推动企业的发展。

2. 造成规模不经济的原因

(1) 固定成本的分摊问题。在生产过程中,有些成本是与产量无关的,即固定成本,如租金、折旧费等。当产量过小时,固定成本需要分摊到较少的产品上,导致单位产品成本增加。相反,当产量过大时,固定成本的分摊效益逐渐减弱,也会导致单位产品成本的增加。

(2) 生产过程中的协调问题。当产量过小时,生产过程中的各个环节难以充分协调,效率低下,从而导致单位产品成本增加。而当产量过大时,由于生产过程中的各个环节需要更多的协作和协调,难以保持高效率,同样会导致单位产品成本的增加。

(3) 规模扩张对管理能力和资源配置的影响。在生产过程中,当规模扩张时,企业的管理能力和资源配置可能会面临挑战。如果企业的管理能力没有跟上规模扩张的步伐,可能会导致生产效率下降,单位产品成本增加。此外,如果企业的资源配置不合理,也可能会导致生产效率下降,出现规模不经济的情况。

以上是造成规模不经济的原因,当出现规模不经济时,企业需要重新审视其生产过程、管理能力和资源配置等方面的问题,并采取相应的措施来改善生产效率、降低单位产品成本,以实现持续发展和盈利。

延伸阅读 5-3

规模经济:逆全球化下的中国新优势

2020年以来,全球供应链经历了三轮冲击。微观层面企业更加重视供应链的稳定,宏观上各国政府强调产业链的韧性,不仅从效率也从安全的角度看待产业的竞争力。

党的二十大报告提出:"要坚持以推动高质量发展为主题,把实施扩大内需战略同深化供给侧结构性改革有机结合起来,增强国内大循环内生动力和可靠性,提升国际循环质量和水平,加快建设现代化经济体系,着力提高全要素生产率,着力提升产业链供应链韧性和安全水平。"40多年的改革开放和经济高速增长后,中国在全球产业链扮演着关键角色,现在也遇到新挑战,高质量发展要求兼顾产业链的效率和安全。

1. 逆全球化:历史没有终结

过去40年,新古典经济学占据主流地位,在政策层面体现为全球范围内促进经济市场化和金融自由化,带来商品和服务贸易,跨境资本、技术和信息流动大幅扩张。伴随技术进步,运输和信息沟通成本降低,专业化分工日益细化,全球产业链成为效率提升和经济繁荣的重要载体。1989年美国政治学者福山提出"历史终结论",认为,市场经济会逐渐形成一个统一的学习和文化共同体,政治不再重要,市场决定一切。

但从2008年全球金融危机、贸易保护主义抬头开始,到新型冠状病毒感染和俄乌冲突,逆全球化的驱动力从经济层面扩张到非经济因素。虽然新型冠状病毒感染短期对供应链的冲击很大,但有越来越多的迹象显示地缘政治再次成为影响全球资源配置的更深远的因素,国家安全要求降低产业链成为地缘政治竞争工具的风险。在逆全球化时代,历史并没有终结。

2. 逆全球化:大国更具优势

消费者多样性(要求一定的人口规模)和生产端的规模经济结合,促进国际贸易和全球产业链的发展。在逆全球化的趋势下,我们应该如何认识规模经济的作用及其对产业链的影响? 规模经济是指规模收益递增,直观来讲就是投入增加一倍,产出增加超过一倍。生产规模的增加提升生产效率,降低产品的单位成本,一方面是劳动者专业化分工,设备专业化分工提升劳动生产率;另一方面,一定的市场规模意味着足够大的需求,有助于固定成本的分担,吸引投资者和企业家参与。

过去30年中国参与全球市场竞争,经济的高速增长受益于全球市场的规模经济效应,但实际上小型经济体通过参与全球分工和合作获得的收益可能更大。在全球化时代,一个企业面对的市场规模可以比其本土市场规模大得多,由此小型经济体通过聚焦并做大某个产业而享受到规模经济效应。二战结束后的全球化和自由贸易时代,不少小型经济体享有全球范围的规模经济效应,实现了高速增长,迈入富裕经济体行列。

经济一体化程度越高,政治意义上的国家大小对经济增长的影响就越小,这解释了为什么过去几十年主流的宏观经济分析不重视传统政治概念上的国家规模的大小。在逆全球化时代,自由贸易等经济因素的作用下降,政治、文化、历史等非经济因素的重要性上升。各国通过参与全球产业链分工享受规模经济的空间下降,这对所有国家来讲都是不利的,但小型经济体的损失更大。逆全球化强化了地缘政治意义上的国家概念,一国的经济和人口规模跟过去相比变得更重要。

在知识经济时代,人口规模大的国家能够支持大规模的人力资本和研发投入,拥有更多的创新人才,技术进步因此更快,而技术进步具有强溢出效应,一旦产生即可被所有行业共用,大国借助更大市场规模获得规模报酬递增的潜力更大。大国的优势还体现在更多的人分担公共品的成本,人均成本较低意味着所有人都能享受更好的公共服务,包括基础设施、公共卫生、教育等。大国也更有能力保护自己,有更多的安全保障。大国内部不同区域之间可以相互帮助(财政转移支付等),更有能力应对包括自然灾害在内的冲击。

逆全球化背景下,地缘政治与国家安全的重要性上升,也增加了各国利用国际市场的摩擦,各国更需依托自身市场形成的初始规模来参与国际竞争。借助本土的大规模需求市场,大国可以在国际产业竞争中占有优势,并通过服务全球市场扩大原有的规模经济效应,大国产业链的前后向关联更强,能够在更多产业链中占据主导地位。

党的二十大报告提出,依托我国超大规模市场优势,以国内大循环吸引全球资源要素,增强国内国际两个市场两种资源联动效应。当前,中国是全球第二大经济体,人口总量居世界第一,劳动力规模相当于印度、美国、印度尼西亚三个人口大国的总和,具备发挥规模优势的潜力,这也有望成为未来中国经济的新增长点。但并非大国就一定能实现规模经济,要避免有规模但没有规模经济,最根本的是市场经济竞争和消费引领。

3. 做好逆全球化下的竞争

对中国而言,逆全球化下促进市场竞争需要减少内部市场"碎片化"、应对转向不可贸易部门和数字经济发展带来的新挑战。内部市场方面,促进公共服务均等化、降低收入分配差距有利于提升消费需求,打造国内消费大市场。不可贸易部门方面,土地本身具有规模不经济的属性,对其他部门发展收益的攫取能力强,是导致资源配置扭曲和收入分化扩大的重要因素。过去20年,出口和房地产扩张是中国经济发展的两个特征,两者的共同点是拉动短期需求,差异在于出口参与全球市场竞争,有助于提升效率,而房地产天然和垄断、寻租行为联系在一起,损害整体经济运行的效率。数字经济发展带来的挑战是平衡规模经济和反垄断、隐私保护以及跨国数字治理合作等生产关系方面的问题。

资料来源：彭文生. 规模经济：逆全球化下的中国新优势[EB/OL]. (2023-04-07)[2023-11-21]. https://news.bjd.com.cn/2023/04/07/10390551.shtml.

四、长期边际成本曲线

长期边际成本 LMC 表示厂商在长期内增加一单位产量所引起的最低总成本的增量。长期边际成本函数可以写为：

$$LMC = \lim_{\Delta Q \to 0} \frac{\Delta LTC(Q)}{\Delta Q} = \frac{\mathrm{d}LTC(Q)}{\mathrm{d}Q} \tag{5-17}$$

由式(5-17)可知，每一产量水平上的 LMC 值都是相应的 LTC 曲线的斜率。由于边际成本反映了总成本的变动率，即总成本曲线的斜率，所以把每一个产量上对应的长期总成本曲线的斜率值描绘在坐标平面中，就得到了长期边际成本曲线 LMC。

在长期中，生产逐渐由规模经济转向规模不经济，从而企业的长期平均成本曲线呈现 U 形，这同时决定了长期边际成本曲线通常也为 U 形。在平均成本递减阶段，LMC 低于 LAC；而在平均成本递增阶段，LMC 高于 LAC。所以，对应于 U 形的长期平均成本，长期边际成本会随着产量增加最初在 LAC 下方逐渐下降，之后转而增加，并最终穿过 LAC 曲线的最低点，上升到长期平均成本曲线的上方，长期边际成本曲线与长期平均成本曲线的关系如图 5-11 所示。

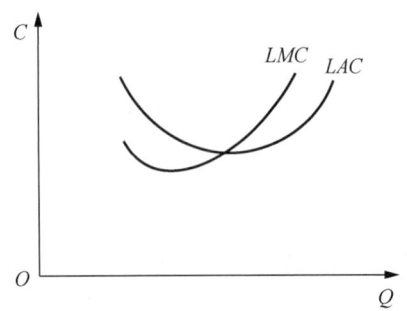

图 5-11 长期边际成本曲线与
长期平均成本曲线

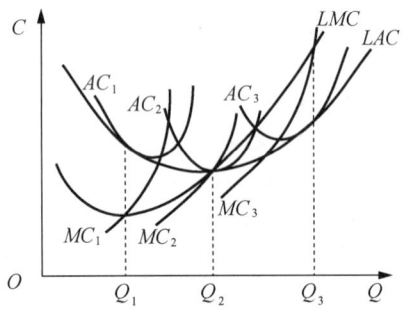

图 5-12 长期边际成本曲线与
短期边际成本曲线

最后需要指出，虽然长期边际成本曲线也为 U 形，但它并不是所有短期边际成本曲线的包络曲线。观察这一图形不难发现，在 LMC 曲线下方可以存在短期边际成本曲线，如图中的 MC_3。不过，这并不是说，长期边际成本与短期边际成本之间不存在任何关系。事实上，由于长期平均成本是短期平均成本的包络曲线，所以在每一个产量水平上都存在一条短期平均成本曲线与长期平均成本曲线相切，如图 5-12 中产量为 Q_1 时，AC_1 与 LAC 相切。此时，长期总成本曲线 LTC 也一定与短期总成本曲线 TC_1 相切。这就决定了，在此产量下二者的边际成本必然相等，因而在 Q_1 点长期边际成本曲线 LMC 与短期边际成本曲线 MC_1 相交，长期边际成本曲线与短期边际成本曲线的关系如图 5-12 所示。

本章小结

本章的主要学习内容是成本理论,需重点掌握短期成本的类型,理解并绘制短期成本曲线,理解短期成本曲线之间的关系;掌握长期成本的三条曲线,熟悉规模经济与规模不经济。

本章重要概念

机会成本　短期成本　长期成本　边际成本　规模经济　规模不经济

二维码5-6
练一练

二维码5-7
练一练答案

第六章 不同市场结构中的厂商均衡理论

- 内容提要
- 重点难点
- 学习目标
- 知识框架
- 思政育人
- 第一节 厂商和市场的类型
- 第二节 利润最大化原则
- 第三节 完全竞争市场
- 第四节 完全垄断市场
- 第五节 垄断竞争市场
- 第六节 寡头垄断市场
- 本章小结
- 本章重要概念

内容提要

本章研究在不同类型的市场上厂商(即企业)如何决定其产品的价格和产量。本章主要讲解厂商和市场的类型、利润最大化原则以及不同市场中厂商的短期及长期均衡等知识。

重点难点

本章的重点为市场类型的划分标准、利润最大化原则及完全竞争市场的短期与长期均衡;本章难点为不完全竞争市场中厂商价格及产量的决定。

学习目标

通过本章的学习,学生应理解并掌握市场类型的划分标准、最优产量的计算公式、完全竞争厂商的需求和收益曲线、完全竞争厂商的短期和长期均衡、完全垄断厂商短期和长期均衡、价格歧视等,了解垄断竞争厂商的短期和长期均衡、寡头垄断厂商的典型模型等理论,并能够将理论与实践结合,解决实际经济问题。

知识框架

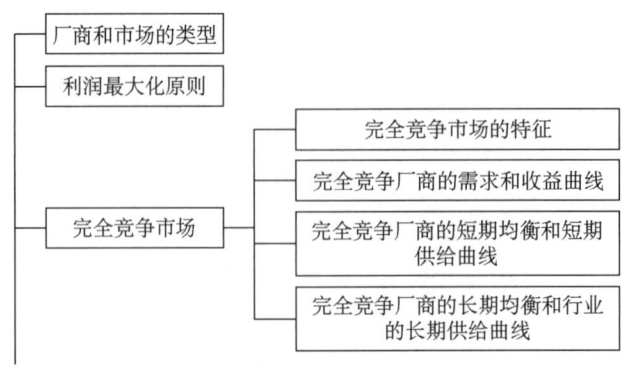

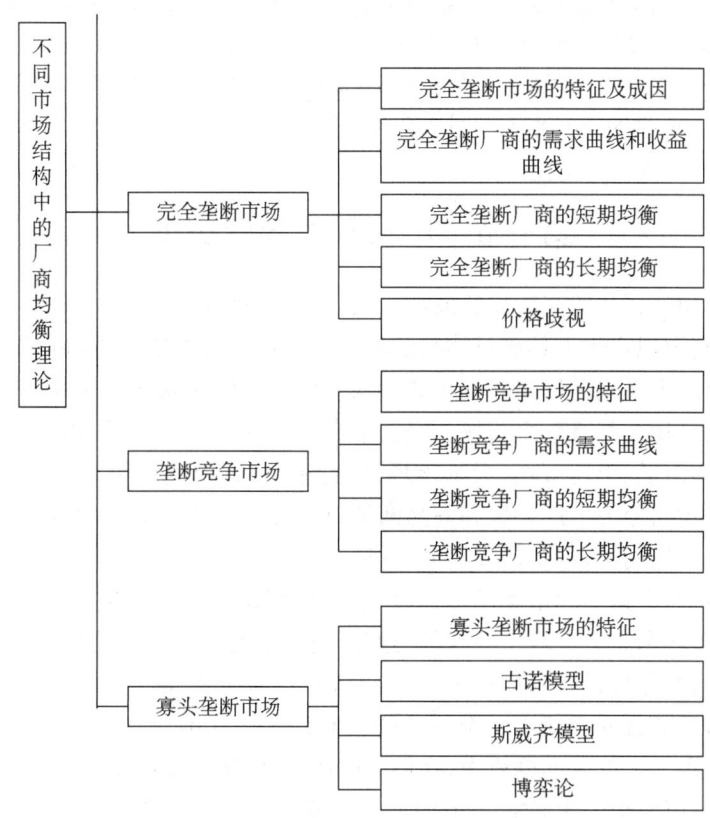

思政育人　　启航新时代，奋力推动反垄断事业迈上新台阶

《中华人民共和国反垄断法》是我国现行的经济法之一，是为预防和制止垄断行为，保护市场公平竞争，鼓励创新，提高经济运行效率，维护消费者利益和社会公共利益，促进社会主义市场经济健康发展制定的法律。《中华人民共和国反垄断法》由中华人民共和国第十届全国人民代表大会常务委员会第二十九次会议于2007年8月30日通过，自2008年8月1日起施行。2022年6月24日，第十三届全国人民代表大会常务委员会第三十五次会议通过修改《中华人民共和国反垄断法》的决定，自2022年8月1日起施行。

2022年，反垄断执法机构聚焦民生领域和互联网平台，常态化开展滥用市场支配地位行为反垄断监管执法，维护消费者利益和市场公平竞争，打通垄断堵点，推动建设全国统一大市场和高质量发展，取得积极成效。其中，比较典型的案例为治理知网滥用市场支配地位案。

2022年5月，市场监管总局对知网涉嫌滥用市场支配地位行为立案调查。经调查，自2014年以来，知网在中国境内中文学术文献网络数据库服务市场具有支配地位。知网滥用市场支配地位，通过连续大幅提高服务价格、拆分数据库变相涨价；通过签订独家合作协议等方式，限定学术期刊出版单位、高校不得向任何第三方授权使用学术期刊、博硕士学位论文等学术文献数据，并采取多种奖惩措施保障独家合作实施。知网实施不公平高价、限定交易行为排除、限制了中文学术文献网络数据库服务市场竞争，侵害了用户合法权益，影响了相关市场创新发展和学术交流传播。

知网实施的上述行为违反了新修改《中华人民共和国反垄断法》第二十二条第一款第（一）项、第（四）项禁止的"以不公平的高价销售商品"和"没有正当理由，限定交易相对人只能与其进行交易"的规定。2022年12月，市场监管总局依法作出行政处罚决定，责令当事人停止违法行为，对当事人处以其2021年中国境内销售额17.52亿元的5%的罚款，共计8760万元。同时，坚持依法规范和促进发展并重，监督知网全面落实整改措施、消除违法行为后果,要求知网围绕解除独家合作、减轻用户负担、加强内部合规管理等方面进行全面整改,促进行业规范健康创新发展。

资料来源:国家反垄断局.中国反垄断执法年度报告(2022)[EB/OL].(2023-02-15)[2023-11-16]. https://www.gov.cn/lianbo/bumen/202306/P020230612294618624831.

第一节 厂商和市场的类型

市场是从事物品买卖的交易场所或接洽点。一个市场可以是一个有形买卖物品的交易场所,也可以是利用现代化工具进行物品交易的接洽点。从本质上讲,市场是物品买卖双方相互作用并得以决定其交易价格和交易数量的一种组织形式或制度安排。

任何一种交易物品都有一个市场。经济中有多少种交易物品,就相应地有多少个市场。例如,可以有石油市场、土地市场、大米市场、自行车市场、铅笔市场等。我们可以把经济中所有的可交易的物品分为生产要素和商品两类,相应地,经济中所有的市场也可以分为生产要素市场和商品市场两类,本章研究商品市场。

在经济分析中,根据不同市场结构的特征,我们将市场划分为完全竞争市场、垄断竞争市场、寡头垄断市场和完全垄断市场四种类型。决定市场类型划分的主要因素有以下四个:第一,市场上厂商的数目;第二,厂商生产的产品的差别程度;第三,单个厂商对市场价格的控制程度;第四,厂商进入或退出一个行业的难易程度。其中,第一个因素和第二个因素是最基本的决定因素。在以后的分析中,我们可以体会到,第三个因素是第一个因素和第二个因素的必然结果,第四个因素是第一个因素的延伸。关于完全竞争市场、垄断竞争市场、寡头垄断市场和完全垄断市场的划分及其相应的特征可以用表6-1来概括。

表6-1　　市场类型的划分和特征

市场类型	厂商数目	厂商生产的产品的差别程度	单个厂商对市场价格控制的程度	厂商进出一个行业的难易程度	接近的商品市场
完全竞争市场	很多	完全无差别	没有	很容易	农业品
垄断竞争市场	很多	有差别	有一些	比较容易	轻工产品、零售业
寡头垄断市场	几个	有差别或无差别	相当程度	比较困难	钢、汽车、石油
完全垄断市场	唯一	唯一的产品,且无相近的替代品	很大程度,但经常受到管制	很困难,几乎不可能	公用事业如水、电

表6-1是一个简单的说明,以后对每一类市场进行考察时,我们会对每一类市场的特征作出详细的分析。

与市场这一概念相对应的另一个概念是行业。行业指为同一个商品市场生产和提供商品的所有的厂商的总体。市场和行业的类型是一致的,比如,完全竞争市场对应的是完全竞争行业,垄断竞争市场对应的是垄断竞争行业等。

为什么在经济理论研究中要区分不同的市场结构呢?这是因为市场的均衡价格和均衡数量取决于市场的需求曲线和供给曲线。消费者追求效用最大化的行为决定了市场的需求曲线,厂商追求利润最大化的行为决定了市场的供给曲线,厂商的利润取决于收益和成本,其中厂商成本主要取决于厂商的生产技术方面的因素(生产论和成本论),而厂商的收益则取决于市场对其产品的需求状况。在不同类型的市场条件下,厂商所面临的对其产品的需求状况是不相同的,所以,在分析厂商的利润最大化的决策时,必须要区分不同的市场类型。

二维码6-1:
视频:市场类型的划分标准

第二节 利润最大化原则

经济学假设理性的厂商追求的目标为利润最大化,利润最大化原则就是指厂商追求最大利润时要遵循的一般原则。总利润是总收益和总成本的差额,要达到利润最大化就意味着厂商要力求使总收益和总成本之间的差额最大。

$$\pi = TR - TC \tag{6-1}$$

显然,总利润、总收益和总成本都是产量的函数,利润函数的极值点是其一阶导数为零的点,即

$$\frac{\mathrm{d}\pi}{\mathrm{d}Q} = \frac{\mathrm{d}TR}{\mathrm{d}Q} - \frac{\mathrm{d}TC}{\mathrm{d}Q} = MR - MC$$

令 $\frac{\mathrm{d}\pi}{\mathrm{d}Q} = 0$,总利润达到最大,则有:

$$MR = MC \tag{6-2}$$

边际收益与边际成本相等即利润最大化原则。假设 $MR > MC$,表明多生产一单位产品所增加的收益大于生产这一单位产品所耗费的成本,这时继续生产还有潜在的利润可以获得,对理性的厂商来说应继续进行生产,直至两者相等。反过来,假设 $MR < MC$,则表明多生产一单位产品所增加的收益小于生产这一单位产品所耗费的成本,这时厂商出现亏损,为了减少亏损,厂商必定要减少生产,直至两者相等。因此,只有在 $MR = MC$ 时,厂商想得到的利润都得到了,生产达到一种均衡状态。

总之,$MR = MC$ 既是利润最大化原则,同时又是亏损最小化原则。这一原则贯穿厂商行为分析的始终。

相关思考6-1

思考一下,当企业的产量符合 $MR = MC$ 时,该企业一定盈利吗?

第三节 完全竞争市场

一、完全竞争市场的特征

(一) 市场上有大量的买者和卖者
由于市场上有无数的买者和卖者,所以,相对于整个市场的总需求量和总供给量而言,每一个买者的需求量和每一个卖者的供给量都是微不足道的,都好比是一桶水中的一滴水。

任何一个买者买与不买,或买多与买少,以及任何一个卖者卖与不卖,或卖多与卖少,都不会对市场的价格水平产生任何的影响。于是,在这样的市场中,每一个消费者或每一个厂商对市场价格没有任何的控制力量,他们每一个人都只能被动地接受既定的市场价格,他们被称为价格接受者。

(二) 市场上每一个厂商提供的商品都是完全同质的

商品同质指厂商之间提供的商品是完全无差别的,它不仅指商品的质量、规格、商标等完全相同,购物环境、售后服务等方面也完全相同。这样一来,对于消费者来说,无法区分产品是由哪一家厂商生产的,或者说,购买任何一家厂商的产品都是一样的。在这种情况下,如果有一个厂商单独提价,那么,他的产品就会完全卖不出去。当然,单个厂商也没有必要单独降价。因为,在一般情况下,单个厂商总是可以按照既定的市场价格实现属于自己的那一份相对来说很小的销售份额。所以,厂商既不会单独提价,也不会单独降价。可见,完全竞争市场的第二个条件,进一步强化了在完全竞争市场上每一个买者和卖者都是被动的既定市场价格的接受者的说法。

(三) 所有的资源都具有完全的流动性

所有的资源都具有完全的流动性意味着厂商进入或退出一个行业是完全自由和毫无困难的。所有资源可以在各厂商之间和各行业之间完全自由地流动,不存在任何障碍。这样,任何一种资源都可以及时地投向能获得最大利润的生产,并及时地从亏损的生产中退出。在这样的过程中,缺乏效率的企业将被市场淘汰,取而代之的是具有效率的企业。

(四) 信息是完全的

信息是完全的意味着市场上的每一个买者和卖者都掌握与自己的经济决策有关的一切信息。这样,每一个消费者和每一个厂商可以根据自己所掌握的完全信息,作出自己的最优经济决策,从而获得最大的经济利益。而且,由于每一个买者和卖者都知道既定的市场价格,都按照这一既定的市场价格进行交易,这也就排除了由于信息不通畅而可能导致的一个市场同时按照不同的价格进行交易的情况。

符合以上四个假定条件的市场被称为完全竞争市场。经济学家指出,完全竞争市场是一个非个性化的市场。因为,完全竞争市场中的每一个买者和卖者都是市场价格的被动接受者,而且,他们中的任何一个成员都既不会也没有必要去改变市场价格;每个厂商生产的产品都是完全相同的;所有的资源都可以完全自由地流动,不存在同种资源之间的报酬差距;完全竞争市场上的信息是完全的,任何一个交易者都不具备信息优势。因此,完全竞争市场中不存在交易者的个性。

由以上分析可见:理论分析中所假设的完全竞争市场的条件是非常苛刻的。在现实经济生活中,真正符合以上四个条件的市场是不存在的。我们通常只把一些农产品市场,如大米市场、小麦市场等,看成是比较接近完全竞争市场的市场。既然在现实经济生活中并不存在完全竞争市场,为什么还要建立和研究完全竞争市场模型呢?这是因为从对完全竞争市场模型的分析中,可以得到关于市场机制及其配置资源的一些基本原理,而且,该模型也可以为其他类型市场的经济效率分析和评价提供一个参照对比。

延伸阅读 6-1

大型养鸡场为什么赔钱?

许多大城市为了保证居民的菜篮子,由政府投资修建了大型养鸡场,结果失败者多,一些大型养鸡场甚至竞争不过农民养鸡专业户,最后以破产而告终。其中的原因很多,重要的一点原因在于鸡蛋市场是一个完全竞争的市场结构。

从经济学的角度看,鸡蛋市场有许多买者和卖者,每一个生产者包括大型养鸡场在市场上占的份额都是微不足道的,难以通过产量来控制市场价格,而且,鸡蛋是无差别产品,企业不能以产品差别形成自己的垄断地位,只能接受市场供求决定的价格。鸡蛋市场没有任何进入障碍,投资小,技术难度不高,谁想进入都可以,这些特点决定了鸡蛋市场是一个完全竞争市场。

在鸡蛋这样的完全竞争市场上,短期中,供小于求,价格高,养鸡可获得超额利润。如果供大于求,价格低,养鸡可能亏本。但在长期中,养鸡企业在确定产量规模或在作出进入还是退出的决策时,一定要考虑价格和平均成本的关系。如果价格大于平均成本,原有的养鸡企业就会扩大生产规模,其他的人也会进入该行业。如果价格小于平均成本,企业就会作出减产或退出养鸡业的决策。当价格等于平均成本时,鸡蛋市场实现了长期均衡,这时企业的总成本等于总收益,企业可以得到正常利润。

政府建立的大型养鸡场在完全竞争市场上没有什么优势。它的规模不足以大到控制市场,产品也没有特色。在鸡蛋市场竞争激烈,产品价格很低的情况下,养鸡的农户可以把成本压得很低,因为农民几乎没有什么固定成本,也不向自己支付工资,成本支出主要是购买种鸡和饲料。而大型养鸡场的成本则压不下来,养鸡场要建大鸡舍,采用机械化方式,具有一批管理人员,还要向工人支付工资。这使养鸡场的成本大大高于行业平均成本。而农民则以低成本占领了鸡蛋市场。农民的市场份额决定了他们的成本就是平均成本,养鸡场的成本高于农民的养鸡成本,也就是高于行业平均成本,当价格等于行业平均成本时,养鸡场的破产就是必然的。

政府出资兴办大型养鸡场的动机或许是好的,但是,鸡蛋市场不需要大型养鸡场这样的"庞然大物",即使农民养鸡也实现了现代化,也难以有大型养鸡场的地位。鸡蛋市场的行业技术特点决定了小规模、低成本是该市场合理的企业组织方式。政府花钱建养鸡场出力不讨好,这些年政府不再干预鸡蛋市场,市民们反而吃到了物美价廉的鸡蛋。

资料来源:百度文库. 大型养鸡场为什么赔钱[EB/OL]. (2022-04-07)[2023-12-25]. https://wenku.baidu.com/view/eda2baf2a68da0116c175f0e7cd184254b351be4.html.

二、完全竞争厂商的需求曲线和收益曲线

(一)完全竞争厂商的需求曲线

在完全竞争市场中,商品的价格是由市场需求曲线和市场供给曲线的交点决定的。市场需求曲线是个别消费者需求曲线的加总,市场供给曲线则是个别厂商供给曲线的加总。但个别厂商面临的需求曲线与市场需求曲线不同,因为处于完全竞争市场中的厂商被认为是一个价格的接受者(price taker),单个厂商改变销售量不会引起市场价格的变动。由于单个厂商的产量只占总市场容量的一个非常微小的比例,因而该厂商能按现行的市场价格销售它希望销售的全部数量,所以它没有必要下降价格。同时它也不能提价,因为产品完全同质,而且信息完全,它稍一提价,消费者就会转而购买其他厂商的产品,自身产品的销售量便降为零。所以,在完全竞争条件下,厂商不存在价格决策问题。单个厂商面对的需求曲线是一条具有完全价格弹性的水平线,价格水平则由市场供求决定。完全竞争厂商的需求曲线如图6-1所示。

(二)完全竞争厂商的收益曲线

由于完全竞争厂商面对既定的价格,厂商的总收益 TR 数量上等于商品的市场价格 P 乘以出售商品的数量 Q,价格 P 是常数,即 $TR = P \cdot Q$。因此总收益曲线 TR 是一条向右上方倾斜的直线,并且以 P 作为曲线的斜率,如图6-2所示。

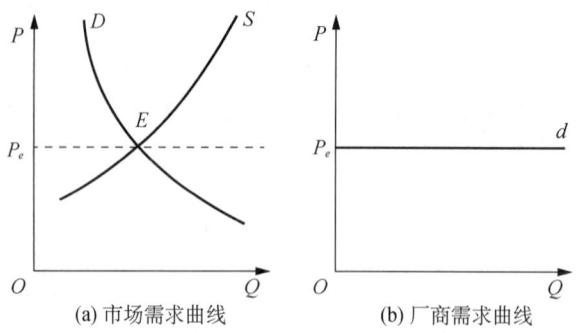

图 6-1 完全竞争市场和厂商的需求曲线

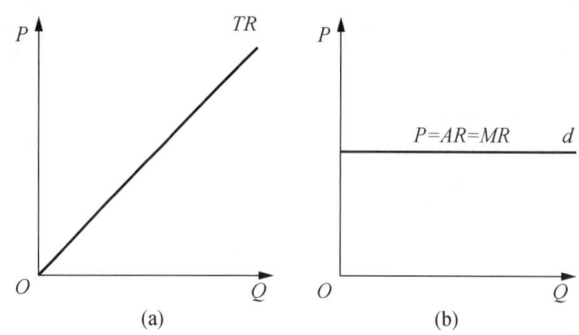

图 6-2 完全竞争厂商的收益曲线

在完全竞争市场中,平均收益就等于商品的市场价格:

$$AR = \frac{TR}{Q} = \frac{P \cdot Q}{Q} = P \tag{6-3}$$

同时,边际收益也等于商品的市场价格:

$$MR = \frac{\Delta TR}{\Delta Q} = \frac{\mathrm{d}TR}{\mathrm{d}Q} = P \tag{6-4}$$

由此,我们得到 $P=AR=MR$ 这一完全竞争市场的显著特征。在图形上表现为厂商的需求曲线(价格线)、平均收益曲线和边际收益曲线这三条线重合在一起,即"三线合一"。

既然在完全竞争条件下价格是由市场决定的,厂商能出售它想出售的任何数量的产品,那么它的产量是否是无限的呢?答案是否定的。因为如果厂商的产量超过了一定的限度,就会引起生产成本迅速提高,以至总利润减少,甚至亏本。这就促使我们进一步来研究厂商的最优产量决策问题。

三、完全竞争厂商的短期均衡和短期供给曲线

(一)完全竞争厂商的短期均衡

尽管完全竞争厂商是价格的接受者,但它对产品的数量能够做出最有利的决策。如前所述,厂商遵循利润最大化原则来确定其应该生产的产量。因为在短期,厂商只能调整可变要素的投入量,来不及调整固定要素的投入量,所以,厂商在短期的均衡可能出现以下几种

情况。

1. 存在经济利润或超额利润

如图 6-3 所示,厂商以 $MR=MC$ 这一利润最大化原则确定的 E 点来生产产量为 Q_E 的产品,价格为 P_E,平均成本为 FQ_E,厂商在短期内获得的经济利润可以用阴影部分 P_EEP_FF 的面积来表示。显然,在价格既定的前提下,厂商生产产品的平均成本越低,经济利润就越丰厚。如图 6-3 所示。

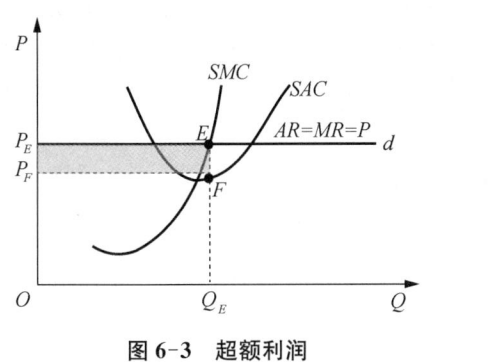

图 6-3　超额利润

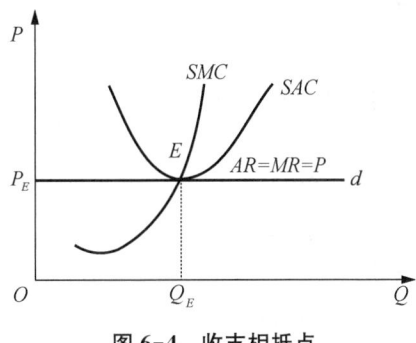

图 6-4　收支相抵点

2. 既不存在亏损,也不存在超额利润

厂商为了追求利润最大化,产量为 Q_E,此时,总收益与总成本相等,经济利润为零,E 点被称为"收支相抵点"。如图 6-4 所示。

3. 有亏损,但继续生产

当平均收益小于平均成本,厂商是亏损的,但由于价格高于平均可变成本,所以厂商的收益不仅能弥补可变成本,还可以弥补一部分固定成本,厂商应选择继续生产,其亏损最小化的产量为 Q_E,亏损额为阴影部分 P_FFP_EE 的面积。如果厂商选择停产,亏损额会更大。如图 6-5 所示。

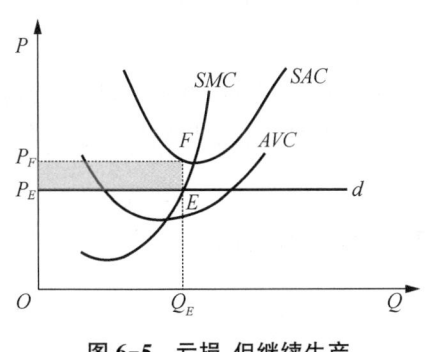

图 6-5　亏损,但继续生产

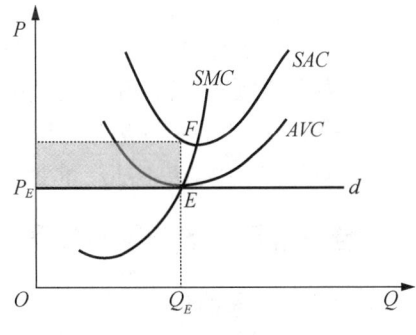

图 6-6　停止营业点

4. 停止营业点

在 Q_E 产量上,价格只能弥补可变成本,对固定成本没有任何弥补,厂商生产或不生产的亏损额都是固定成本,故厂商生产或不生产是一样的,E 点被称为"停止营业点"或"关门点"。如图 6-6 所示。

5. 必须停止营业

当厂商有亏损额且产品的价格低于平均可变成本时，厂商不仅损失了固定成本，连可变成本都弥补不了，因此厂商停止营业是理性的选择，此时厂商停止营业损失的仅仅是固定成本。如图 6-7 所示。

综上，在短期，厂商的均衡条件为 $MR=MC$，即根据边际收益等于边际成本的利润最大化原则来确定均衡产量，这个原则无论在何种市场结构中都适用于厂商，由于完全竞争市场的特殊性，因此，$MR=MC$ 可以表述为：

$$P = MR = MC \tag{6-5}$$

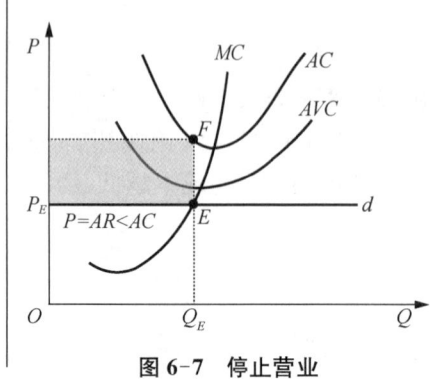

图 6-7 停止营业

❓ 相关思考 6-2

思考一下，在短期内，当企业亏损时，一定要停产吗？请解释原因。

（二）完全竞争厂商的短期供给曲线

从完全竞争厂商的短期均衡条件 $P=MR=MC$ 中我们可以得出厂商的短期供给曲线。供给曲线可用于表示厂商在不同价格水平上愿意并且能够提供的产量。而在完全竞争条件下，厂商愿意生产的产量由 $MR=MC$ 决定，价格与边际收益又相等，因此厂商的短期供给曲线就是它的短期边际成本曲线高于平均可变成本的部分，即 MC 曲线停止营业点及以上的部分。如图 6-8 所示。

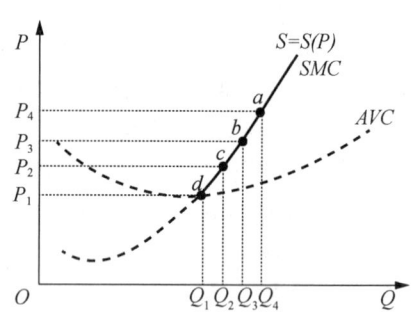

图 6-8 完全竞争厂商短期供给曲线

由此可知，供给曲线是符合利润最大化的产量和价格的组合轨迹。在完全竞争条件下，厂商的短期供给曲线从左下方向右上方倾斜，价格和产量呈正向相关，这与 MC 曲线的变化轨迹相一致。但需要注意的是，这两条曲线的经济学含义还是有区别的，供给曲线表示厂商供给量与价格间的关系，而 MC 曲线则是边际成本随产量变化的轨迹。

四、完全竞争厂商的长期均衡和行业的长期供给曲线

（一）完全竞争厂商的长期均衡

在长期，厂商有足够的时间调整所有要素投入的数量，使得生产规模达到最优。完全竞争市场不存在任何阻碍，所有资源都能自由进出，进出成本很低，因此如果行业内的完全竞争厂商可以获得超额利润的话，其他厂商就会把资源转移过来，进入该行业分享超额利润，同时行业内的某些厂商会扩大生产规模以求得更多的超额利润。在其他条件不变的前提下，随着新厂商的加入和规模的扩大，整个行业的供给会增加，供求重新达到均衡的结果就是产品的价格下降，直至单个厂商的超额利润消失为止，市场价格达到平均成本的最低点。反之，如果行业内的完全竞争厂商出现亏损，那么某些厂商会由于亏损而退出市场，某些厂商

会减少生产,在其他条件不变的前提下,供给量的减少导致产品价格的上升,直至上升为平均成本的最低点,即单个厂商的亏损消失为止。因此,完全竞争厂商长期均衡的条件为:

$$MR = LMC = LAC \qquad (6-6)$$

下图显示了完全竞争厂商的长期均衡。当市场价格为 P_1 时,厂商有超额利润;当市场价格为 P_3 时,厂商亏损。随着新厂商的进入、原先厂商的扩张,或者该行业厂商退出或缩减生产,价格最终由于供给量的增减而达 P_2。此时,厂商既没有超额利润也没有亏损,只获得正常利润。如图 6-9 所示。

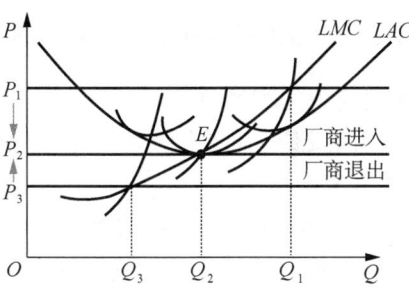

图 6-9 完全竞争厂商长期均衡

(二)完全竞争行业的长期供给曲线

如前所述,长期均衡是指行业内的所有厂商只获得正常利润,不存在超额利润也不存在亏损,价格为平均成本的最低点。这种均衡状态会由于整个市场需求的变动而被打破。我们假设由于人们的收入水平提高了,对产品的需求上升,导致均衡价格上扬,行业内的厂商由于有利可图,自然吸引其他厂商进入,供给量增加,价格下跌,再次恢复到长期均衡状态。因此,行业长期供给曲线为行业长期均衡点的轨迹。

当整个行业的产量由于厂商的进出发生变动时,行业中厂商的长期平均成本曲线会受其影响。根据行业变动时对行业成本的影响,我们可以把行业划分为成本递增行业、成本不变行业和成本递减行业。

行业成本变动的主要因素在于外在经济和外在不经济。如果整个行业存在外在经济,随着行业规模的扩大,行业内厂商的数量增加,单个厂商的平均成本会下降;如果存在外在不经济,那么最终行业内的单个厂商随着行业规模的扩大,其平均成本会上升。

1. 成本递增行业的长期供给曲线

成本递增行业指当整个行业的产量增加后,产品的平均成本会上升的行业。成本上涨可以由多种因素引起,如新厂商的进入造成生产要素的短缺,从而造成生产要素的价格上升等。成本递增行业的长期供给曲线是一条随着产量的增加逐渐向右上方倾斜的曲线。如图 6-10 所示。

市场原先的均衡点在 E_1 点,P_1 和 Q_1 分别为原先的均衡价格和均衡产量,此时行业内的厂商经济利润为零。现假设市场需求由于人们的收入提高而增加了,需求曲线向右上方移动,产品的市场价格也随之提高到了 P_2,市场价格的提高使得完全竞争厂商又能获得超额利润,从而吸引着新厂商的进入,整个行业扩张。行业扩张导致对生产要素的需求增加,要素价格上涨,结果使厂商的平均成本曲线上移,行业产量的增加使市场的供给曲线从

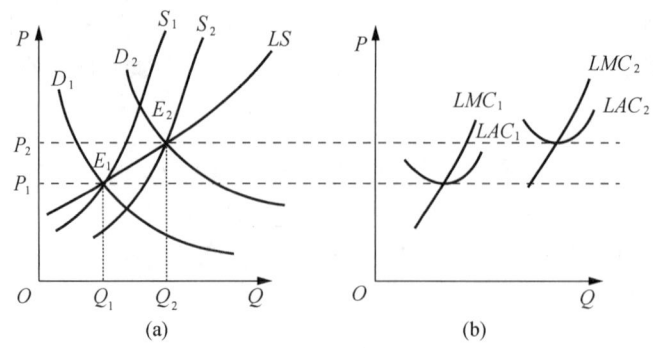

图 6-10 成本递增行业的长期供给曲线

S_1 向右下方移至 S_2，在 E_2 点达到新的均衡，厂商只能得到正常利润。E_1、E_2 两点的连线即长期供给曲线，显然，长期供给曲线是厂商长期平均成本最低点的轨迹。

2. 成本递减行业的长期供给曲线

成本递减行业指行业的产量增加时，生产要素的价格下降，会导致产品成本下降的行业。成本递减行业的长期供给曲线是一条随着产量的增加逐渐向右下方倾斜的曲线，其具体的形成过程与成本递增行业正好相反，在此不再赘述。如图 6-11 所示。

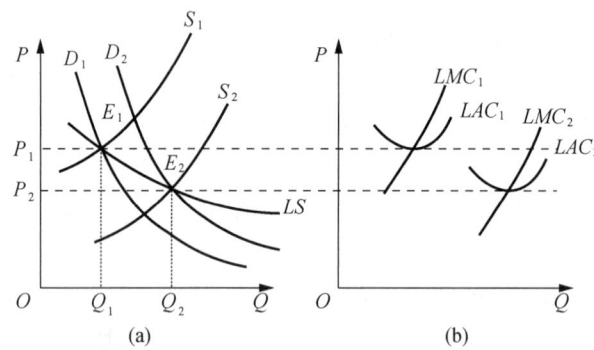

图 6-11 成本递减行业的长期供给曲线

3. 成本不变行业的长期供给曲线

成本不变行业指行业的产量增加时，生产要素价格不变的行业。行业内厂商的平均成本曲线并不随着行业产量的变化而移动。成本不变行业的长期供给曲线为一条水平线。如图 6-12 所示。

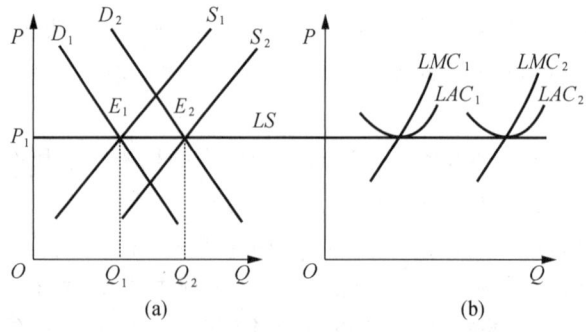

图 6-12 成本不变行业的长期供给曲线

第四节 | 完全垄断市场

一、完全垄断市场的特征及成因

(一) 完全垄断市场的特征

(1) 厂商数目唯一。一家厂商控制了某种产品的全部供给,完全垄断市场上垄断厂商排斥其他竞争对手,独自控制了一个行业的供给。由于整个行业仅存在唯一的供给者,厂商就是行业。

(2) 完全垄断厂商是市场价格的制定者。由于完全垄断厂商控制了整个行业的供给,也就控制了整个行业的价格,成为价格制定者。完全垄断厂商可以有两种经营决策:以较高价格出售较少产量,或以较低价格出售较多产量。

(3) 完全垄断厂商的产品不存在任何相近的替代品。否则,其他厂商可以生产替代品来代替垄断厂商的产品,完全垄断厂商就不可能成为市场上唯一的供给者,因此消费者无其他选择。

(4) 其他任何厂商进入该行业都极为困难或不可能,要素资源难以流动。完全垄断市场上存在进入障碍,其他厂商难以参与生产。

完全垄断市场和完全竞争市场一样,都只是一种理论假定,是对实际中某些产品的一种抽象,现实中绝大多数产品都具有不同程度的替代性。

(二) 完全垄断市场的成因

完全垄断市场形成的原因很多,最根本的原因是为了建立和维护一个合法的或经济的壁垒,从而阻止其他厂商进入该市场,以便巩固垄断企业的垄断地位。垄断厂商作为市场唯一的供给者,很容易控制市场某一种产品的数量及其市场价格,从而可连续获得垄断利润。具体地说,完全垄断市场形成的主要原因有以下几个方面。

1. 规模经济的要求

有些行业的生产需要投入大量的固定资产和资金,如果充分发挥这些固定资产和资金的作用,则这个行业只需要一个厂商进行生产就能满足整个市场的产品供给,这样的厂商适合进行大规模的生产。具有这种规模的生产就具有经济性,低于这种规模的生产则是不经济的,这样来看,规模经济就成为垄断形成的重要原因。同时,大量的固定资产和资金作用的充分发挥,使厂商具有了进行大规模生产的能力和优势,因而这个厂商能够以低于其他厂商的生产成本或低于几个厂商共同生产的成本和价格,向市场提供全部供给。那么,在这个行业当中,只有这个厂商才能够生存下来,其他厂商都不具备这种生存能力。

2. 保护专利的需要

专利是政府授予发明者的某些权利。这些权利一般是指在一定时期内对专利对象的制作、利用和处理的排他性独占权,从而使发明者获得应有的收益。某项产品、技术或劳务的发明者拥有专利权以后,在专利保护的有效期内形成了对这种产品、技术和劳务的垄断。专利创造了一种保护发明者的产权,在专利的有效保护期内其他任何生产者都不得进行这种产品、技术和劳务的生产与使用,或模仿这些发明进行生产。若不保护发明专利,社会和生产就难以进步与发展。

3. 对进入的自然限制

当某个生产者拥有并且控制了生产所必需的某种或某几种生产要素的供给来源时，就形成了垄断。这种垄断形成以后，其他任何生产者都难以参与此类要素的市场供给，从而就自然地限制或阻止了其他生产者的进入，这样，就维护了这个生产者的垄断地位及其垄断利益。这种垄断的形成得力于两个方面：第一，得力于生产中的先行进入。由于生产者先行进入某一行业，从而使其在某种要素或某几种要素的生产中先行具有了某些优势，如生产技术或生产经营的优势，从而增加了其他生产者的进入难度，先行进入者就可以逐渐形成垄断；第二，得力于生产中占据的自然地理优势。某种要素或某几种要素生产的自然地理优势被某个生产者占据以后，其他生产者生产同种要素或同几种要素时就不再具有自然地理优势，前者就形成了生产中的自然地理优势垄断，例如，拥有或控制主要原料可以阻止竞争，从而形成垄断，这也是最常见的自然地理优势垄断。

延伸阅读 6-2

德比尔的钻石垄断

关键资源所有权垄断的典型例子是南非的钻石公司德比尔。德比尔控制了世界钻石生产的 80% 左右，虽然这家企业的市场份额并不是 100%，但它也大到足以对世界钻石价格产生重大影响的程度。德比尔拥有多大的市场势力呢？这个问题的答案部分取决于市场上有没有这种产品的相近替代品。如果人们认为翡翠、红宝石和蓝宝石都是钻石的良好替代品，那么，德比尔的市场势力就较小了。在这种情况下，德比尔任何一种想提高钻石价格的努力都会使人们转向对其他宝石的购买。但是，如果人们认为这些其他石头都与钻石非常不同，那么，德比尔就可以在相当大程度上影响钻石产品的价格。德比尔支付了大量广告费。乍一看，这种决策似乎有点奇怪。如果垄断者是一种产品的唯一卖者，为什么它还需要广告呢？德比尔投放广告的一个目的是在消费者心目中把钻石与其他宝石区分开来。当德比尔的口号告诉你"钻石永恒"时，你马上会想到翡翠、红宝石和蓝宝石并不是这样。如果广告是成功的，消费者就将认为钻石是独特的，不是许多宝石中的一种，而且，这种感觉就使德比尔有更大的市场势力。

资料来源：MBA 智库. 德比尔的钻石垄断 [EB/OL]. （2023 - 07 - 27）[2023 - 11 - 22]. https://doc.mbalib.com/view/590f5118f5e5feb4188400fa27622f1e.html.

4. 对进入的法律限制

政府通过特许经营，给予某些企业独家经营某种物品或劳务的权利。这种独家经营的权利是一种排他性的独有权利，是国家运用行政和法律的手段赋予并进行保护的权利。政府的特许经营，使独家经营企业不受潜在新进入者的竞争威胁，从而形成合法的垄断。政府对进入市场进行法律限制形成法律垄断，主要是基于三个方面的考虑：一是基于某种公司福利需要的考虑，如某些必须进行严格控制的药品的生产，必须由政府特许独家经营；二是基于保证国家安全的考虑，如各种武器、弹药的生产必须被垄断；三是基于国家财政和税收收入的考虑，如国家对某些利润丰厚商品进行垄断经营等。

二、完全垄断厂商的需求曲线和收益曲线

（一）需求曲线

完全垄断条件下，市场上只有一家厂商，厂商和行业合二为一，厂商就是行业，因此，垄断厂商面临的需求曲线就是整个市场的需求曲线，这是垄断厂商的重要特征。垄断厂商的

二维码6-2：中华人民共和国反垄断法

需求曲线向右下方倾斜,斜率为负,销售量和价格成反比。如图 6-13 所示。

(二) 收益曲线

在完全垄断市场上,厂商是价格的制定者,消费者只是既定价格的接受者,厂商每卖出一个单位的产品给厂商带来的收益就等于产品的单价,即厂商的平均收益,故厂商的平均收益曲线与需求曲线重合。

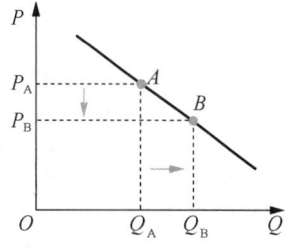

图 6-13 垄断厂商的需求曲线

完全垄断市场上,边际收益随着厂商产量的增加而递减。边际收益是指每增加一个单位产品所引起的总收益增加,而平均收益是指销售每一个单位产品获得的平均收入,当平均收益随着销售量的增加而下降时,边际收益比平均收益下降得更快,否则就不会出现平均收益的递减,这也是边际量和平均量的一般关系,所以 MR 曲线在 AR 曲线的下方。

下图 6-14 说明完全垄断市场价格递减条件下的销售量、价格和收益之间的关系。

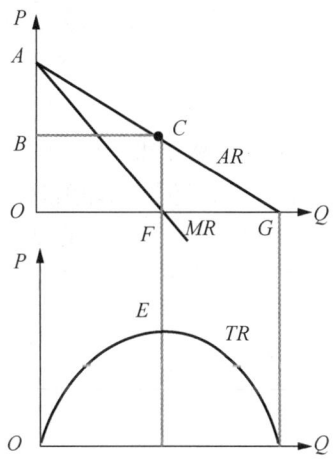

图 6-14 垄断厂商的收益曲线

三、完全垄断厂商的短期均衡

完全垄断厂商为了获得最大利润,也必须遵循 $MR=MC$ 的原则。在短期内,垄断厂商无法改变不变要素的投入量,它是在既定的生产规模下通过对产量和价格的同时调整,来实现 $MR=SMC$ 的利润最大化原则的。

垄断厂商根据边际原则确定最佳产量及价格之后是否有盈利,取决于他的平均成本状况。短期,垄断厂商可能出现盈利、超额利润为零或亏损三种情况。

(一) 获取超额利润的短期均衡:$P>SAC$

在短期生产中,如果供给小于需求,市场价格高于平均成本,就会存在超额利润。如图 6-15 所示,运用边际成本—边际收益分析法,垄断厂商按照 $MR=SMC$ 的原则来确定产量水平 Q_E,这样的产量水平对应的价格为 P_E,显然,价格大于成本,厂商存在超额利润,超额利润可以用阴影部分的面积来表示。

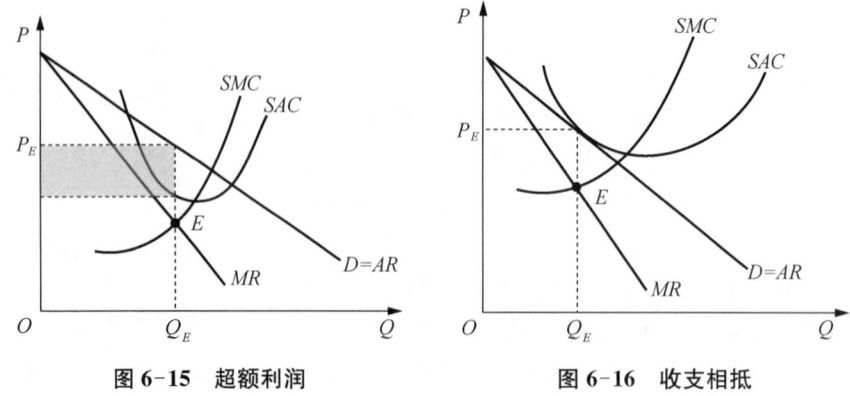

图 6-15 超额利润　　　　　图 6-16 收支相抵

（二）超额利润为零的短期均衡：$P=SAC$

如果市场供给等于需求，价格等于平均成本，则超额利润为零。如图 6-16 所示，此时按照 $MR=SMC$ 确定产量水平，这一产量水平与需求曲线的交点正好是 SAC 曲线与需求曲线的切点，因此在这一产量水平上平均收益等于平均成本，因而垄断厂商的总收益等于总成本，厂商的超额利润为零。

（三）亏损最小的短期均衡：$AVC<P<SAC$

垄断厂商虽然可以通过控制产量和价格获得利润，但并不意味着总能获得利润，垄断厂商也可能发生亏损，这种情况可能是由于既定生产规模的生产成本过高，也可能是由于面临的市场需求过小。如图 6-17 所示，按照 $MR=SMC$ 的原则确定的产量水平在 Q_E 上，从需求曲线得到与这一产量水平相对应的价格为 P_E，平均收益小于平均成本，厂商蒙受损失，但这时的损失额是最小的，等于阴影部分的面积。此时 $P_E>AVC$，因此垄断厂商继续进行生产，所获得的总收益在补偿了全部可变成本的基础上，最大限度地补偿了部分固定成本，如果 $P_E<AVC$，厂商将会停止生产。

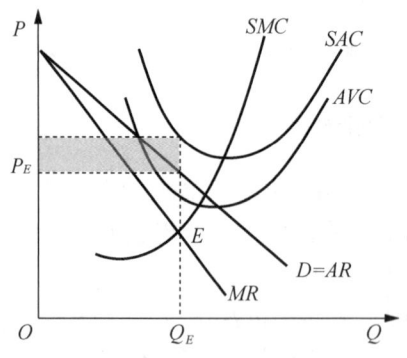

图 6-17 亏损，但继续生产

四、完全垄断厂商的长期均衡

完全垄断厂商在长期内可以调整全部生产要素的投入量即生产规模，从而实现最大的利润。垄断行业排除了其他厂商加入的可能性，因此，与完全竞争厂商不同，如果垄断厂商在短期内获得利润，那么，他的利润在长期内不会因为新厂商的加入而消失，垄断厂商在长期内是可以保持利润的。如果垄断厂商在长期内只能获得正常利润或存在亏损,在长期内厂商可以通过调整生产规模来获得超额利润或者消除亏损。

如图 6-18 所示,垄断厂商会把产量调整到 $MR = LMC = SMC_2$ 所确定的产量水平 Q_2 上,此时对应的生产规模为 SAC_2 和 SMC_2 所表示的生产规模,对应的总利润为阴影部分 $P_2B_2F_2A_2$ 所表示的面积,此时的总利润大于短期内获得的总利润。在 Q_2 产量水平上,MR 曲线、LMC 曲线、SMC_2 曲线交于一点 E_2,这表明厂商利润最大化的条件 $MR = MC$ 不仅在短期得到满足,在长期也得到满足,所以,垄断厂商的长期均衡条件是

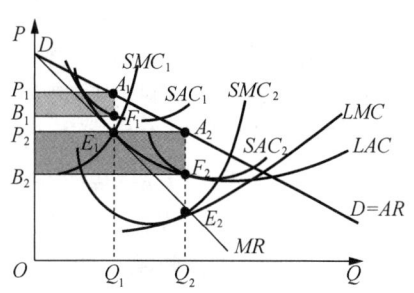

图 6-18 垄断厂商的长期均衡

$$MR = LMC = SMC \tag{6-7}$$

延伸阅读 6-3

垄断药品与非专利药品

完全垄断市场上的价格决定方式完全不同于竞争市场的决定方式。对这种理论的一种自然检验是药品市场,因为这个市场有两种市场结构。当一个企业开发了一种新药时,专利法使企业垄断了那种药品的销售,但最后企业的专利过期,任何公司都可以生产并销售这种药品,在那时,市场就从垄断变为竞争的市场。

当专利过期以后,药品的价格会发生什么变动呢?生产药品的边际成本是不变的(这对许多药品是接近正确的)。在专利存在期内,垄断企业通过生产边际收益等于边际成本的产量并收取大大高于边际成本的价格使利润最大化。但是,当专利到期时,生产这种药品的利润将鼓励新企业进入市场,随着市场变为竞争的市场,价格将下降到等于边际成本。

实际上,经验与我们的理论一致。当药品专利到期时,其他公司迅速进入并开始销售所谓的无品牌药品,这种药品的化学成分与先前垄断者的有品牌产品相同。而且,正如我们的分析所预言的,竞争地生产的无品牌药品的价格大大低于垄断者收取的价格。

但是,专利到期并没有使垄断者失去全部市场势力。一些消费者仍忠于有品牌的药品,这也许是因为担心新的无品牌药品实际上与他们用了许多年的药不一样。因此,以前的垄断者至少可以继续收取比新竞争者略高一点的价格。

资料来源:人人文库.垄断药品与非专利药品[EB/OL].(2024-01-30)[2024-02-22]. https://www.renrendoc.com/paper/308889715.html.

二维码 6-3:天津市自来水集团有限公司滥用市场支配地位案

五、价格歧视

在有些情况下,垄断厂商会对同一种产品收取不同的价格,这种做法往往会增加垄断厂商的利润。以不同价格销售同一种产品,被称为价格歧视。

垄断厂商实行价格歧视,必须具备以下的基本条件:第一,消费者需求价格弹性不同,即对商品的偏好不同。市场的消费者具有不同偏好,且这些不同的偏好可以被区分开,这样,厂商才有可能对不同的消费者或消费群体收取不同的价格。第二,不同的消费者群体或不同的销售市场是相互隔离的。这样就排除了中间商由低价处买进商品,转手又在高价处

出售商品而从中获利的情况。

价格歧视可以分为一级、二级和三级价格歧视,下面分别论述。

(一) 一级价格歧视

一级价格歧视又称完全价格歧视,是指厂商根据消费者愿意为每单位商品付出的最高价格而为每单位产品制定不同的销售价格。即每一单位产品都有不同的价格,假定垄断者知道每一个消费者对任何数量的产品所愿意支付的最大货币量,并以此决定其价格,所确定的价格正好等于对产品的需求价格,因而获得每个消费者的全部消费者剩余,这是一种极端的情况,现实中很少发生。

(二) 二级价格歧视

二级价格歧视是指垄断厂商根据不同的购买量确定价格。在二级价格歧视下,购买相同数量产品的每个人都支付相同的价格,因此不是不同的人之间,而是不同的产量之间存在价格歧视。日常生活中,二级价格歧视比较普遍,如电力公司实行的分段定价等,二级价格歧视主要使用于那些容易度量和记录的商品和劳务,如煤气、电力、水等。

(三) 三级价格歧视

三级价格歧视是指垄断厂商对同一种产品在不同的市场上(或对不同的消费者群体)收取不同的价格。一般来说,应在需求价格弹性小的市场上提高价格,而在需求价格弹性大的市场上降低价格。实际中的例子很多,如同一种产品,国内市场和国际市场价格不一样,黄金时间和非黄金时间的广告费不一样等。

二维码6-4:
价格歧视与
航空公司的
小算盘

第五节 垄断竞争市场

一、垄断竞争市场的特征

完全竞争市场和完全垄断市场是理论分析中两种极端的市场组织。在现实经济生活中,通常存在的是垄断竞争市场和寡头垄断市场。其中,垄断竞争市场与完全竞争市场比较接近。

垄断竞争市场是这样的一种市场组织,一个市场中有许多厂商生产和销售有差别的同种产品。根据垄断竞争市场的这一基本特征,西方经济学家提出了生产集团的概念。因为,在完全竞争市场和完全垄断市场条件下,行业的含义是很明确的,它是指生产同一种无差别的产品的厂商的总和。而在垄断竞争市场,产品差别这一重要特点使得上述意义上的行业不存在。为此,在垄断竞争市场理论中,把市场上大量的生产非常接近的同种产品的厂商的总和称作生产集团,例如,快餐食品集团、理发集团等。具体地说,垄断竞争市场形成的条件主要有以下四点。

(一) 大量的厂商生产有差别的同种产品

这些厂商生产的产品彼此之间都是非常接近的替代品,例如,牛肉面和鸡丝面是有差别的同种面食产品,二者具有较密切的替代性。这里的产品差别不仅指同一种产品在质量、构造、外观、销售服务条件等方面的差别,还包括商标、广告方面的差别和以消费者的想象为基础的任何虚构的差别。例如,虽然在两家不同饭馆出售的同一种菜肴(如清蒸鱼)在实质上没有差别,然而,消费者心理上却认为一家饭馆的清蒸鱼比另一家鲜美,这时即存在着虚构的产品差别。

（二）单个厂商对价格的控制能力较弱

由于市场上的每种产品之间存在着差别,因此,每个厂商对自己产品的价格都具有一定的垄断,从而使得市场中带有垄断的因素。一般说来,产品的差别越大,厂商对价格的控制程度也就越高。但由于有差别的产品相互之间又是很相似的替代,或者说每一种产品都会遇到大量其他相似产品的竞争,因此,市场中有竞争的因素。如此,便构成了垄断因素和竞争因素并存的垄断竞争市场的特征。例如饮料、方便面等垄断竞争市场。

（三）厂商数量非常多

由于垄断竞争市场进入障碍较低,所以会有大量厂商进入,以至于每个厂商都认为自己对行业的影响很小,不会引起竞争对手的注意和反应,因而自己也不会受到竞争对手报复措施的影响。例如餐饮、理发行业等垄断竞争市场。

（四）厂商进入和退出一个生产集团障碍较低

厂商进出一个行业比较容易,这点同完全竞争市场类似,厂商的规模不算很大,所需资本不是太多,进入和退出一个行业障碍不大,比较容易。在现实生活中,垄断竞争的市场组织在零售业和服务业中是很普遍的,例如糖果等垄断竞争市场。

二、垄断竞争厂商的需求曲线

由于垄断竞争厂商可以在一定程度上控制自己产品的价格,即通过改变有差别产品的销售量来影响商品的价格,所以,和完全垄断厂商一样,垄断竞争厂商所面临的需求曲线也是向右下方倾斜的。所不同的是,由于各垄断竞争厂商的产品相互之间都是很接近的替代品,市场中的竞争因素又使得垄断竞争厂商的需求曲线具有较大的弹性。因此,垄断竞争厂商向右下方倾斜的需求曲线是比较平坦的,相对地比较接近完全竞争厂商的水平形状的需求曲线。

垄断竞争厂商面临两类需求曲线,它们通常被称为 D 曲线和 d 曲线。需求曲线 d 表示在垄断竞争生产集团中的某个厂商改变产品价格,而其他厂商的产品价格都保持不变时,该厂商的产品价格和销售量之间的关系。需求曲线 D 表示在垄断竞争生产集团的某个厂商改变产品价格,而且集团内的其他所有厂商也使产品价格发生相同变化时,该厂商的产品价格和销售量之间的关系。如图 6-19 所示。

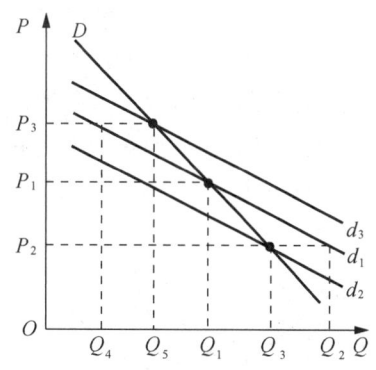

图 6-19 垄断竞争厂商的需求曲线

需求曲线 d 和需求曲线 D 存在以下关系:第一,当垄断竞争生产集团内的所有厂商都以相同方式改变产品价格时,整个市场价格的变化会使得单个垄断竞争厂商的 d 需求曲线的位置沿着 D 需求曲线上下平移。如果市场价格下跌,则 d 需求曲线沿着 D 需求曲线向下平移;如果市场价格上升,则 d 曲线沿着 D 曲线向上平移。第二,d 需求曲线和 D 需求曲线相交意味着垄断竞争市场的供求相等状态。第三,d 需求曲线的弹性大于 D 需求曲线,即前者较之后者更平坦一些。这是因为 d 曲线反映了单个厂商的需求和价格的变动,而 D 曲线反映了整个市场的需求和价格的变动。

三、垄断竞争厂商的短期均衡

在短期均衡实现过程中,垄断竞争市场同垄断市场一样,垄断竞争厂商也会出现超额利润、收支相抵、亏损三种情况。与垄断市场不同之处在于垄断竞争厂商面对的市场需求曲线斜率的绝对值较小。在考虑生产成本因素之后,垄断竞争厂商会选择边际成本与边际收益相等的条件下生产,即 E 点。如图 6-20 所示。

E 点所决定的产量为 Q_E,价格为 P_E。由于此时的短期收益大于短期成本,所以,垄断竞争厂商是有利润的,其利润为阴影部分面积。

垄断竞争市场的短期均衡条件是:

$$MR = SMC \tag{6-8}$$

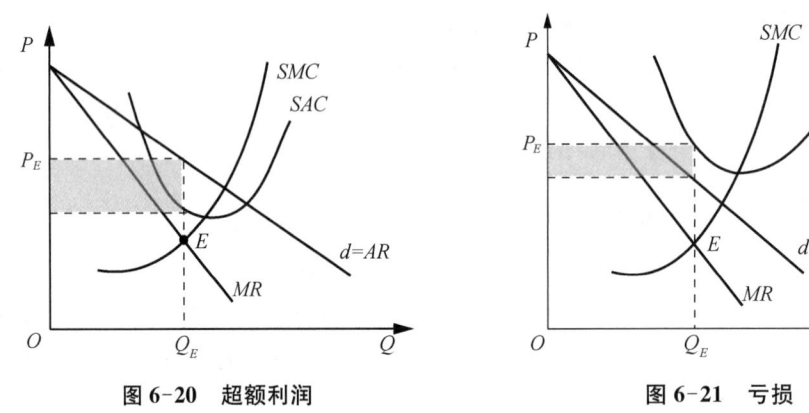

图 6-20 超额利润　　　　　　　　图 6-21 亏损

垄断竞争厂商决定产量和价格的方式与垄断厂商完全相同。另外,垄断竞争厂商也可能会有损失出现。如图 6-21 所示。

在产量 Q_E 下,如果短期平均收益低于短期平均成本,垄断厂商就会亏损。但无论是有利润还是亏损,在短期内都不会吸引其他厂商加入或使原有厂商退出。长期的情形则不同,因为在垄断竞争市场下,每家厂商的规模都不大,而且厂商数目很多,厂商进出市场都非常自由。所以,当厂商在短期内有利润存在时,就会吸引新的厂商加入,当厂商有亏损时,就会有厂商退出。

四、垄断竞争厂商的长期均衡

在长期,厂商可以任意变动一切生产投入要素。如果垄断竞争市场出现超额利润或亏损,会通过新厂商进入或原有厂商退出,最终使超额利润或亏损消失,从而在达到长期均衡时整个行业的超额利润为零。因此,垄断竞争厂商与完全垄断厂商不同(完全垄断厂商在长期拥有超额利润),而是与完全竞争厂商一样,在长期由于总收益等于总成本,只能获得正常利润。如图 6-22 所示。

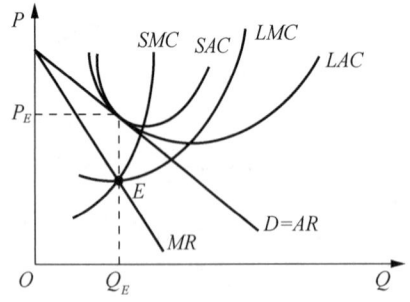

图 6-22 垄断竞争厂商的长期均衡

在上图中,长期内垄断竞争厂商仍然会维持在 $MR=MC$ 条件下生产,即图中的 E 点。E 点所决定的产量为 Q_E,价格为 P_E。在长期均衡时,平均收益等于平均成本,因此,利润为零。此时不会有新的厂商加入,也不会有旧的厂商退出,市场达到长期均衡。

垄断竞争市场的长期均衡条件是:

$$MR = LMC$$
$$P = AR = LAC \tag{6-9}$$

? 相关思考6-3

思考一下,长期来看,垄断竞争厂商可以维持超额利润吗?

第六节 寡头垄断市场

一、寡头垄断市场的特征

寡头垄断市场又称为寡头市场。它是指少数几家厂商控制整个市场产品的生产和销售的这样一种市场组织。寡头市场被认为是一种较为普遍的市场组织,西方国家不少行业都表现出寡头垄断的特点,例如,美国的汽车业、电气设备业等,都被几家企业所控制。其特点如下。

(一) 厂商数量少

寡头垄断市场上的厂商只有少数几个(当厂商为两个时,叫双头垄断市场),每个厂商在市场中都具有举足轻重的地位,对其产品价格具有相当的影响力。

(二) 相互依存

任何一个厂商进行决策时,必须把竞争者的反应考虑在内,因而它们既不是价格的制定者,更不是价格的接受者,而是价格的寻求者。

(三) 产品同质或异质

产品没有差别,彼此依存的程度很高,叫纯粹寡头垄断市场,存在于钢铁、尼龙、水泥等产业;产品有差别,彼此依存关系较低,叫差别寡头垄断市场,存在于汽车、重型机械、石油产品、电气用具、香烟等产业。

(四) 市场进出不易

其他厂商进入相当困难,甚至极其困难。因为不仅在规模、资金、信誉、市场、原料、专利等方面,其他厂商难以与原有厂商匹敌,而且由于原有厂商相互依存,其他厂商不仅难以进入,也难以退出。

形成寡头市场的主要原因有:某些产品的生产必须在相当大的生产规模上运行才能达到最好的经济效益;行业中几家厂商对生产所需的基本生产资源的供给的控制;政府的扶植和支持等。由此可见,寡头市场和垄断市场的成因是很相似的,只是在程度上有所差别而已。寡头市场是比较接近垄断市场的一种市场组织。

寡头厂商的价格和产量决定是一个很复杂的问题。其主要原因在于:在寡头市场上,每个厂商的产量都在全行业的总产量中占一个较大的份额,从而每个厂商的产量和价格变动都会对其他竞争对手以至整个行业的产量和价格产生举足轻重的影响。正因为如此,每个寡头厂商在采取某项行动之前,必须要先推测这一行动对其他厂商的影响以及其他厂商可能作出的反应。然后,才能采取最有力的行动。所以,单个寡头厂商的利润受到所有厂商的决策的相互作用的影响。寡头厂商们的行为之间这种复杂关系,使得寡头理论复杂化。一般说来,不知道竞争对手的反应无法建立寡头厂商的模型,或者说,有多少关于竞争对手的反应方式,就有多少寡头厂商的模型。因此,没有一个寡头市场模型,可以对寡头市场的价格和产量决定作出一般介绍,以下介绍几个有代表性的寡头市场模型。

二、古诺模型

古诺模型是早期的寡头模型。它是由法国经济学家古诺于1838年提出的。古诺模型常被作为寡头理论分析的出发点。古诺模型是一个只有两个寡头厂商的简单模型,该模型也被称为"双头模型"。古诺模型的结论可以很容易地推广到三个或三个以上的寡头厂商的情况中去。

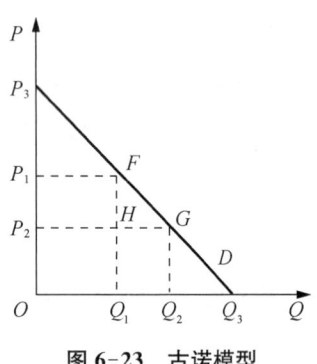

图 6-23 古诺模型

古诺模型分析的是两个出售矿泉水的生产成本为零的寡头厂商的情况。古诺模型的假定是:市场上只有 A、B 两个厂商生产和销售相同的产品,它们的生产成本为零;它们共同面临的市场的需求曲线是线性的,A、B 两个厂商都准确地了解市场的需求曲线;A、B 两个厂商都是在已知对方产量的情况下,各自确定能够给自己带来最大利润的产量,即每一个厂商都是消极地以自己的产量去适应对方已确定的产量。古诺模型价格和产量的决定,如图 6-23 所示。

在图中,D 曲线为两个厂商共同面临的线性的市场需求曲线。由于生产成本为零,故图中无成本曲线。

在第一轮,A 厂商首先进入市场。由于生产成本为零,所以,厂商的收益就等于利润,A 厂商面临 D 需求曲线,将产量定为市场总容量的 1/2,将价格定为 P_1,从而实现了最大的利润,其利润量相当于图中矩形 OP_1FQ_1 的面积。然后,B 厂商进入市场。B 厂商准确地知道 A 厂商在本轮留给自己市场容量的 1/2,B 厂商也按相同的方式行动,生产它所面临的市场容量的 1/2。此时,市场价格下降为 P_2,B 厂商获得的最大利润相当于图中矩形 Q_1HGQ_2 的面积。而 A 厂商的利润因价格的下降而减少为矩形 OP_2HQ_1 的面积。

在这样轮复一轮的过程中,A 厂商的产量会逐渐地减少,B 厂商的产量会逐渐地增加,最后,达到 A、B 两个厂商的产量都相等的均衡状态为止。在均衡状态中,A、B 两个厂商的产量都为市场总容量的 1/3,即每个厂商的产量为 $1/3Q_3$,行业的总产量为 $2/3Q_3$。

以上双头古诺模型的结论可以进一步推广。令寡头厂商的数量为 m,则可以得到一般的结论如下:

$$每个寡头厂商的均衡产量 = 市场总容量 \times \frac{1}{m+1}$$

$$行业的均衡总产量 = 市场总容量 \times \frac{m}{m+1}$$

三、斯威齐模型

斯威齐模型也被称为弯折的需求曲线模型。该模型由美国经济学家斯威齐于1939年提出,用于解释一些寡头市场上的价格刚性现象。

该模型的基本假设条件是:如果一个寡头厂商提高价格,行业中的其他寡头厂商不会跟着改变自己的价格,因而提价的寡头厂商的销售量的减少是很多的;如果一个寡头厂商降低价格,行业中的其他寡头厂商会将价格下降到相同的水平,以避免销售份额的减少,因而该寡头厂商的销售量的增加是很有限的。

以上的假设条件下可推导出寡头厂商的弯折的需求曲线。现用图6-24加以说明。图中有厂商的一条 d_1 需求曲线和一条 D_2 需求曲线,它们与上一节分析的垄断竞争厂商所面临的两条需求曲线的含义是相同的。d_1 需求曲线表示该寡头厂商变动价格而其他寡头厂商保持价格不变时的该寡头厂商的需求状况,D_2 需求曲线表示行业内所有寡头厂商都以相同方式改变价格时该厂商的需求状况。假定开始时的市场价格为 d_1 需求曲线和 D_2 需求曲线的交点 E 所决定的 P_0,那么,根据该模型的基本假设条件,该垄断厂商由 E 点出发,提价所面临的需求曲线是 d_1 需求曲线上左上方的一段,降价所面临的需求曲线是 D_2 需求曲线上右下方的一段,于是,这两段共同构成的该寡头厂商的需求曲线为 d_1D_2。显然,这是一条弯折的需求曲线,折点是 E 点。这条弯折的需求曲线表示该寡头厂商从 E 点出发,在各个价格水平所面临的市场需求量。

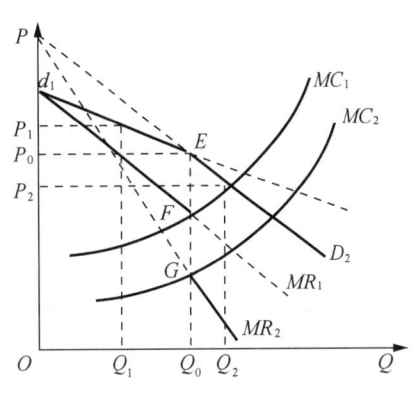

图 6-24 斯威齐模型

由弯折的需求曲线可以得到间断的边际收益曲线。图中与需求曲线 d_1E 段所对应的边际收益曲线为 MR_1,与需求曲线 ED_2 段所对应的边际收益曲线为 MR_2,两者合在一起,便构成了寡头厂商的间断的边际收益曲线,其间断部分为垂直虚线 FG。

利用间断的边际收益曲线,便可以解释寡头市场上的价格刚性现象。只要短期边际成本曲线的位置变动不超出边际收益曲线的垂直间断范围,寡头厂商的均衡价格和均衡数量都不会发生变化。有的西方经济学家认为,虽然弯折的需求曲线模型为寡头市场较为普遍的价格刚性现象提供了一种解释,但是该模型并没有说明具有刚性的价格本身,如图中的价格水平 P_0,是如何形成的,这是该模型的一个缺陷。

四、博弈论

(一) 博弈论的含义

博弈论又称对策论,是描述和研究行为者之间策略相互依存和相互作用的一种决策理论。博弈论被应用于政治、外交、军事、经济等研究领域。自20世纪80年代以来,博弈论在经济学中得到了更广泛的运用,它对寡头理论、信息经济学等方面的发展作出了重要的贡献。博弈的应用被认为是微观经济学的重要发展。在此,我们将介绍博弈论的一些基本概念,并以此分析一些寡头博弈行为。

(二)博弈论的基本要素

1. 局中人

在一场竞赛或博弈中,每一个有决策权的参与者成为一个局中人。只有两个局中人的博弈现象称为"两人博弈",而多于两个局中人的博弈称为"多人博弈"。

2. 策略

一局博弈中,每个局中人都有选择实际可行的完整的行动方案,即方案不是某阶段的行动方案,而是指导整个行动的一个方案。一个局中人的自始至终全局筹划的可行行动方案,称为这个局中人的策略。如果在一场博弈中,局中人只有有限个策略,则称为"有限博弈",否则称为"无限博弈"。

3. 支付

支付是指博弈结束时局中人得到的利益。支付有时以局中人得到的效用来表示,有时以局中人得到的货币报酬来表示。局中人的利益最大化也就是指支付或报酬的最大化。

(三)策略均衡

1. 占优策略均衡

占优策略均衡指无论其他参与者采取什么策略,该参与者都有唯一的最优策略,这一策略就是他的占优策略。也就是说,如果某一个参与者具有占优策略,那么,无论其他参与者选择什么策略,该参与者确信自己所选择的唯一策略都是最优的。由博弈中的所有参与者的占优策略组合所构成的均衡就是占优策略均衡。

2. 纳什均衡

在有的博弈均衡中,某参与者并不存在既定的占优策略,他的占优策略随着其他参与者的策略的变化而变化。在一个均衡里,如果其他参与者不改变策略,任何一个参与者都不会改变自己的策略,则为纳什均衡。这一概念由美国数学家约翰·纳什提出,故名纳什均衡。纳什均衡,是这样的一组策略:第一,在该策略组合中,每个局中人的策略都是给定其他局中人的策略情况下的最佳反应。有一个局中人的策略发生变化,原来的策略组合就不再是纳什均衡;第二,该策略具有自我实施的功能。在纳什均衡下,没有一个局中人可以通过单方面改变自己的策略的方式来提高自己的支付。也就是说,没有人愿意偏离均衡。

占优策略均衡要求任何一个参与者对于其他参与者的任何策略选择来说,其最优策略都是唯一的。纳什均衡只要求任何一个参与者在其他参与者的策略选择已定的情况下,其选择的策略是最优的。所以,占优战略均衡一定是纳什均衡,而纳什均衡不一定是占优策略均衡。

(四)博弈论的应用

1. 囚徒困境

囚徒困境的故事讲的是,两个嫌疑犯作案后被警察抓住,分别关在不同的屋子里接受审讯。警察知道两人有罪,但缺乏足够的证据。警察告诉每个人:如果两人都抵赖,各判刑1年;如果两人都坦白,各判刑8年;如果两人中的一个坦白而另一个抵赖,坦白的放出去,抵赖的判刑10年。于是,每个囚徒都面临两种选择:坦白或抵赖。然而,不管同伙选择什么,每个囚徒的最优选择是坦白:如果同伙抵赖、自己坦白的话放出去,不坦白的话判刑1年,坦白比不坦白好;如果同伙坦白、自己坦白的话判刑8年,不坦白的话判刑10年,坦白还是比不坦白好。如果两个嫌疑犯都选择坦白,各判刑8年。如果两人都选择抵赖,各判刑1年,显然这个结果好。但这个帕累托改进办不到,因为它不能满足人类的理性要求。囚徒困境所反映出的深刻问题是,人类的个人理性有时能导致集体的非理性——聪明的人类会因自己的聪明而作茧自缚。囚徒困境中甲、乙两人的选择如表6-2所示。

表6-2　　　　　　　　　　　　　　　囚徒困境

囚徒		甲	
		坦白	抵赖
乙	坦白	(判8年,判8年)	(判10年,释放)
	抵赖	(释放,判10年)	(判1年,判1年)

2. 智猪博弈

"智猪博弈"是一个著名的纳什均衡的例子。假设猪圈里有一头大猪、一头小猪。猪圈的一头有猪食槽,另一头安装着控制猪食供应的按钮,按一下按钮会有10个单位的猪食进槽,但是谁按按钮谁就会首先付出2个单位的成本,若大猪先到槽边,大猪和小猪吃到食物的收益比是9∶1;大猪和小猪同时到槽边,收益比是7∶3;小猪先到槽边,收益比是6∶4。那么,在两头猪都有智慧的前提下,最终结果是小猪选择等待。

"智猪博弈"由约翰·纳什于1950年提出。实际上小猪选择等待,让大猪去按控制按钮,而自己选择"坐船"(或称为搭便车)的原因很简单:在大猪选择行动的前提下,小猪选择等待的话,在大猪返回食槽之前,小猪可得到4个单位的纯收益,大猪到达之后只能得到剩下的6个单位,实得4个单位的纯收益。而小猪和大猪同时行动的话,则它们同时到达食槽,分别得到1个单位和5个单位的纯收益。在大猪选择等待的前提下,小猪如果行动的话,小猪在返回到达食槽之前,大猪已吃了9个单位,小猪只能吃到剩下的1个单位,则小猪的收入将不抵成本,纯收益为-1单位。如果大猪也选择等待的话,那么小猪的收益为零,成本也为零,总之,等待还是要优于行动。

用博弈论中的报酬矩阵可以更清晰地刻画出小猪的选择,如表6-3所示。

表6-3　　　　　　　　　　　　　　　智猪博弈

智猪		小猪	
		行动	等待
大猪	行动	(5,1)	(4,4)
	等待	(9,-1)	(0,0)

从矩阵中可以看出,当大猪选择行动的时候,小猪如果行动,其收益是1,而小猪等待的话,其收益是4,所以小猪选择等待;当大猪选择等待的时候,小猪如果行动,其收益是-1,而小猪如果等待,其收益是0,所以小猪也选择等待。综合来看,无论大猪是选择行动还是等待,小猪的选择都将是等待,即等待是小猪的占优策略。

在小企业经营中,学会如何"搭便车"是一个精明的职业经理人最为基本的素质。在某些时候,小企业如果能够注意等待,让其他大的企业首先开发市场,是一种明智的选择。

本章小结

本章主要学习了不同市场类型中厂商价格和产量的决定。通过本章学习,学习者应掌握每个市场类型的特征、短期均衡与长期均衡、价格歧视、古诺模型、斯威齐模型等。

本章重要概念

完全竞争市场　完全垄断市场　垄断竞争市场　寡头垄断市场　收支相抵点　停止营业点　成本递增行业　成本递减行业　成本不变行业　一级价格歧视　二级价格歧视　三级价格歧视　博弈论

二维码6-5:
练一练

二维码6-6:
练一练答案

第七章　生产要素市场

> 内容提要
> 重点难点
> 学习目标
> 知识框架
> 思政育人
> 第一节　使用生产要素的原则
> 第二节　生产要素的需求曲线
> 第三节　生产要素的供给曲线
> 本章小结
> 本章重要概念

内容提要

本章主要讲述完全竞争厂商使用生产要素的原则、完全竞争厂商生产要素的需求曲线，以及生产要素的供给曲线；同时讲解了劳动供给、土地供给、资本供给以及对应的生产要素的价格决定。本章需要掌握生产要素的边际收益、边际成本、劳动供给曲线和土地供给曲线的形状分析。

重点难点

本章重点为生产要素的边际收益和边际成本，难点在于劳动供给曲线和土地供给曲线的分析。

学习目标

通过本章学习，学生应了解使用生产要素的基本原则；熟悉完全竞争厂商的生产要素的曲线；理解劳动供给曲线与土地供给曲线的形状；掌握劳动供给曲线与土地供给曲线的分析；理解生产要素市场的重要意义。

知识框架

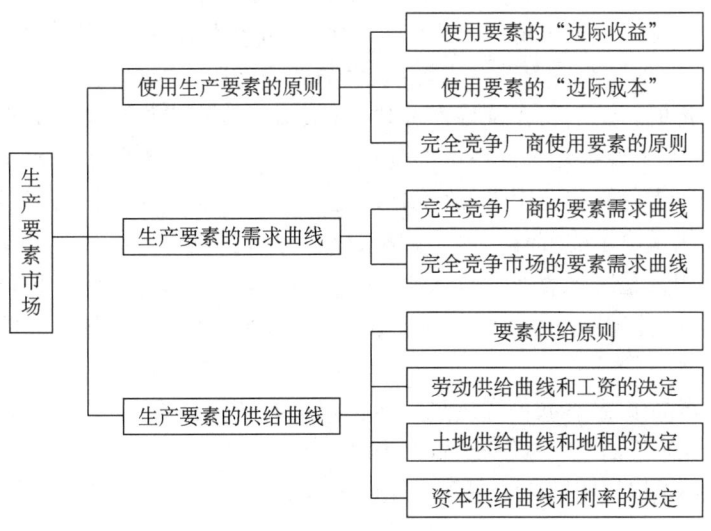

思政育人　　新质生产力推动中国经济高质量发展

习近平总书记在主持召开新时代推动东北全面振兴座谈会时强调:"积极培育新能源、新材料、先进制造、电子信息等战略性新兴产业,积极培育未来产业,加快形成新质生产力,增强发展新动能。"习近平总书记关于"新质生产力"的重要论述,为新发展阶段全面落实创新驱动发展战略、大力推动产业结构优化升级、有效促进区域经济协调发展、加快培育未来产业竞争新优势,进而推动中国经济高质量发展提供了根本遵循。生产力是推动社会进步最活跃、最革命的要素。社会生产力的发展是衡量社会进步的重要标志,也是推动整个社会发展由低级到高级、由落后到先进的关键力量。构成生产力的要素可以分为实体性要素和非实体性要素,其中劳动者、生产资料与劳动对象是实体性要素,科技、管理、信息和数据等是非实体性要素。从生产力的要素结构来看,与传统生产力不同,新质生产力就是实体性要素提质增效,同时非实体性要素,尤其是科技创新发挥着主导作用的先进生产力。

新质生产力的"新"体现在要素构成和具体表现两个方面。一是要素构成新,包括掌握新科技的新型劳动者、智能设备等新生产资料、数字空间等非物质化的新劳动对象,以及新科技、新管理模式和数据新要素等。二是具体表现新,即依托于新技术、新产业、新业态和新领域的先进生产力。新质生产力的"质"则体现为四个方面的要求。一是新本质。科学把握和实施创新驱动发展战略,要求新质生产力必须与传统生产力有本质区别,经济发展方式由传统要素驱动转向创新驱动。二是高质量。推进中国式现代化、全面建设社会主义现代化国家,要求新质生产力必须服务于高质量发展的目标取向。三是高品质。我国社会主要矛盾的转化,要求新质生产力必须更好满足人民对高品质生活的需要。四是"质"优势。中华民族伟大复兴战略全局,要求新质生产力必须服务于构筑"质""量"并重的国际竞争新优势。进入新发展阶段,新质生产力的"新"和"质"都是以科技创新为主的生产力,都需要摆脱传统增长路径,形成适应数字经济时代要求,推动实现高质量发展的先进生产力。

当代大学生应该关注技术创新和产业升级,促进传统产业向高端化、智能化、绿色化转型,推动新兴产业发展壮大。

资料来源:中国社会科学网.新质生产力推动中国经济高质量发展[EB/OL].(2023-11-13)[2023-11-16]. https://theory.gmw.cn/2023-11/13/content_36961487.htm.

第一节　使用生产要素的原则

前述各章讨论的是消费品(或称产品)的价格和数量的决定。这一部分内容通常被看成是所谓的"价值"理论。由于讨论的范围局限于产品市场本身,所以它对价格决定的论述并不完全。第一,它在推导产品需求曲线时,假定消费者的收入水平是既定的,但并未说明收入水平是如何决定的;第二,它在推导产品供给曲线时,假定生产要素(以下简称"要素")的价格是既定的,但并未说明要素价格是如何决定的。由于消费者的收入水平在很大程度上取决于其拥有的要素价格和使用量,故价格理论的上述两点不完全性可以被概括为它缺乏对要素价格和使用量决定的解释。为了弥补这个不足,我们需要研究生产要素市场。因为要素的价格和使用量是决定消费者收入水平的重要因素,所以要素价格理论在西方经济学中又被看成所谓的"分配"理论。于是,从产品市场转到生产要素市场也意味着从价格理论转到分配理论。

之前在分析产品市场时,我们界定过完全竞争厂商的概念,完全竞争厂商实际上只是"产品市场上的完全竞争厂商"。一旦从产品市场的分析扩展到产品市场与要素市场的分析,产品市场完全竞争就不足以说明厂商的完全竞争性,还必须要求要素市场是完全竞争的。

和完全竞争产品市场一样，完全竞争要素市场的基本性质也可以被描述为：要素的供求双方数量都很多，要素没有任何区别，要素供求双方都具有完全的信息，要素可以充分自由地流动等。显然，完全满足这些要求的要素市场在现实生活中也是不存在的。

本章讨论完全竞争条件下要素价格（以及数量）的决定，并把同时处于完全竞争产品市场和完全竞争要素市场中的厂商称为完全竞争厂商。按照这个规定，不完全竞争厂商包括如下三种情况：第一，在产品市场上完全竞争，但在要素市场上不完全竞争；第二，在要素市场上完全竞争，但在产品市场上不完全竞争；第三，在产品市场和要素市场上都不完全竞争。

一、使用要素的"边际收益"

企业的收益都等于产品价格和产品数量的乘积。在完全竞争条件下，产品买卖双方数量很多且产品毫无差别，故任何一家厂商单独增加或减少其产量都不会影响产品价格。换句话说，产品价格与单个厂商的产量多少没有关系。产品价格 P 是既定常数。由于产品价格固定不变，厂商的收益便取决于产量。因此，总收益 R 被看成是产量 Q 的函数。即有：

$$R(Q) = Q \cdot P \tag{7-1}$$

在式(7-1)中，R、Q 和 P 分别为厂商的总收益、产量和产品价格。$R(Q)$ 表示收益 R 是产量 Q 的函数。

现在我们把讨论从产品市场向要素市场方面深入一步。在产品市场分析中，收益只被看成是产量的函数而与生产要素无关。一旦转入要素市场，则我们应进一步看到，产量本身又是生产要素的函数。完全竞争厂商使用的生产要素为劳动 L，使用一定量的劳动要素将创造出一定量的产量。要素与产量之间的这种数量关系，就是所谓生产函数：

$$Q = Q(L) \tag{7-2}$$

若将式(7-2)代入式(7-1)，则可以将收益看成生产要素的复合函数：

$$R[Q(L)] = Q(L) \cdot P \tag{7-3}$$

下面我们考虑收益函数的一阶导数。在产品市场理论中，收益是产量的函数。因此，收益可以对产量求导数。收益对产量的导数就是所谓产品的边际收益 MR。而在完全竞争条件下，这个边际收益等于产品的价格，即 $MR = P$。我们现在研究的是生产要素的使用问题。在要素市场理论中，收益成了要素的复合函数。因此，为了求得要素的边际收益，我们必须以要素为自变量求取导数。根据式(7-3)可知，收益对要素的导数为 $MP \cdot P$。式中，MP 就是之前讨论过的要素的边际产品（或边际生产率），即：

$$MP = \frac{dQ(L)}{dL} \tag{7-4}$$

它表示增加使用一个单位要素所增加的产量。要素边际产品 MP 与既定产品价格 P 的乘积，即 $MP \cdot P$，显然就表示增加使用一单位要素所增加的收益。这就是完全竞争厂商使用生产要素的"边际收益"。为了与前面的产品的边际收益的概念相区别，我们通常把使用要素的"边际收益"称为"边际产品价值"，并用 VMP 表示。

于是有：

$$VMP = MP \cdot P \tag{7-5}$$

它表示在完全竞争条件下,厂商增加使用一个单位要素所增加的收益。应特别注意边际产品价值 VMP 与产品的边际收益 MR 的区别:产品的边际收益(以下简称"边际收益")通常是对产量而言;边际产品价值则是对要素而言,是要素的边际产品价值。

由于要素的边际产品 MP 是产量对要素的导数,故它也是要素的函数。为了表示这层意思,有时也把它写成 MP(L)。根据"边际生产力递减规律",该函数曲线向右下方倾斜,即:随着要素使用量的增加,其边际产品将不断下降。更进一步,要素的边际产品价值 VMP 也是要素的函数,也可以写成 VMP(L),并且,由于产品价格 P 为正的常数,边际产品价值曲线显然也与边际产品曲线一样向右下方倾斜。

某个只使用劳动要素的厂商的边际产品价值的部分数据如表 7-1 所示。

表 7-1　　　　　　　　　　厂商的边际产品与边际产品价值

要素数量 L	边际产品 MP	产品价格 P	边际产品价值 $VMP = MP \cdot P$
1	10	2	20
2	9	2	18
3	8	2	16
4	7	2	14
5	6	2	12
6	5	2	10
7	4	2	8
8	3	2	6
9	2	2	4
10	1	2	2

将表 7-1 中的这部分数据绘制成图,如图 7-1 所示。

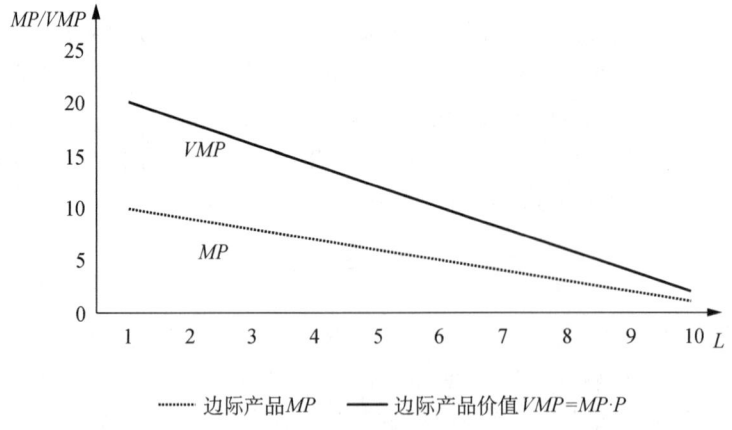

图 7-1　完全竞争厂商的边际产品和边际产品价值

在图 7-1 中,横轴表示劳动要素的数量 L,纵轴表示边际产品 MP 和边际产品价值 VMP。由图可见,边际产品价值曲线与边际产品曲线一样均向右下方倾斜,但二者的位置不同。

一般来说,边际产品价值曲线位置的高低取决于两个因素,即要素的边际产品函数 $MP(L)$ 的值和产品价格 P 的高低。随着价格水平的上升或要素的边际产品的上升,边际产品价值曲线将向右上方移动,反之则向左下方移动。边际产品价值函数与边际产品函数的相对位置关系则取决于产品价格是大于1、小于1还是等于1。如果产品价格大于1(如表7-1中 $P=2$ 的情况),则对于给定的某个要素数量,边际产品价值大于边际产品,因而边际产品价值曲线高于边际产品曲线。如果产品价格小于1,则情况恰好相反,边际产品价值曲线将位于边际产品曲线的下方。当产品价格恰好等于1时,边际产品价值等于边际产品,两条曲线完全重合。

二、使用要素的"边际成本"

在成本理论中,成本函数表示厂商的成本与产量水平之间的各种关系,或者说,成本被看成是产量的函数:

$$C = C(Q) \tag{7-6}$$

但是,由于产量本身又取决于使用的生产要素的数量,故成本也可以直接表示成为生产要素的函数。根据成本方程便可以得到要素使用的成本函数。若设使用的劳动要素的价格即工资为 W,则使用要素的成本就可表示为:

$$C = W \cdot L \tag{7-7}$$

式(7-7)表明使用要素的成本等于要素价格和要素使用数量的乘积。其中,要素价格 W 是既定不变的常数。这是因为,在完全竞争条件下,要素买卖双方数量很多且要素毫无区别,任何一家厂商单独增加或减少其要素购买量都不会影响要素价格。由于要素价格为既定常数,使用要素的"边际成本"即增加使用一单位生产要素所增加的成本恰好就等于要素价格。完全竞争厂商使用要素的边际成本曲线如图7-2所示。

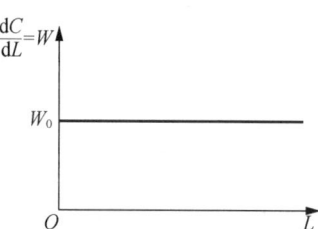

图7-2 完全竞争厂商使用要素的边际成本

在图7-2中,横轴表示生产要素(劳动 L)的使用数量,纵轴表示边际成本,边际成本曲线就是一条平行于横轴的直线。其与横轴的截距就是单位劳动的价格,即工资 W_0。它表示,在完全竞争的生产要素市场上,单个厂商每增加使用一单位生产要素所增加的成本,即边际成本是一直不变的。例如,设劳动价格为固定的每小时6元,则厂商每增加一小时的劳动就需要增加6元的成本。于是它所使用的要素的"边际成本"为6元,就等于不变的生产要素价格。

三、完全竞争厂商使用要素的原则

假定完全竞争厂商只使用一种生产要素、生产单一产品、追求最大限度的利润,根据以上的假定内容,我们来讨论完全竞争厂商使用生产要素的一般原则。利润最大化要求任何经济活动的"边际收益"和"边际成本"都必须相等。这一点不仅适用于产品数量的决定,而且适用于要素使用量的决定。

厂商使用要素的原则是利润最大化这个一般原则在要素使用问题上的具体化,它可以简单地表述为：使用要素的"边际成本"和相应的"边际收益"相等。根据上面的讨论，在完全竞争条件下，厂商使用要素的"边际成本"等于要素价格 W，而使用要素的"边际收益"是边际产品价值 VMP，因此，完全竞争厂商使用要素的原则可以表示为：

$$VMP = W \tag{7-8}$$

或者

$$MP \cdot P = W \tag{7-9}$$

当上述条件被满足时，完全竞争厂商达到了利润最大化，此时使用的要素数量为最优要素数量。

为了更好地理解这个原则，不妨先来考察 $VMP \neq W$ 时的情况。当 $VMP > W$ 时，增加使用一单位劳动所增加的收益会大于增加的成本。显然，厂商增加劳动使用量可以增加利润。随着劳动使用量的增加，劳动的价格 W 不变，而劳动的边际产量递减，从而劳动的边际产品价值将递减，最终使 $VMP = W$。当 $VMP < W$ 时，减少使用一单位劳动所减少的收益会小于节省的成本，因而厂商应该减少劳动的使用以增加利润。随着劳动使用量的减少，劳动的边际产量递增，从而边际产品价值将上升，最终也将达到 $VMP = W$，实现利润最大化。

由此可见，无论要素的边际产品价值大于还是小于要素的价格，相应的要素使用量都不是最优的。只有当 $VMP = W$ 时，即边际产品价值恰好等于要素价格时，厂商的劳动使用量才使利润达到了最大。

二维码 7-1：
新质生产力

第二节 生产要素的需求曲线

一、完全竞争厂商的要素需求曲线

完全竞争厂商对生产要素 L 的需求函数反映的是：在其他条件不变时，完全竞争厂商对要素 L 的需求量与要素价格 W 之间的关系，这个关系容易用要素需求表来表示。表 7-2 是只使用一种生产要素的某个完全竞争厂商的要素需求表。表 7-2 与表 7-1 相比，增加了表示要素价格的最后一栏。其中，要素价格也与产品价格一样是既定不变的常数，不因要素数量的变化而变化。为了保证利润达到最大化，厂商使用的要素量必须使要素价格与要素的边际产品价值相等。完全竞争厂商的要素需求表如表 7-2 所示。

表 7-2 完全竞争厂商的要素需求表

要素数量 L	边际产品 MP	产品价格 P	边际产品价值 $VMP = MP \cdot P$	要素价格 W
1	10	10	100	100
2	9	10	90	90
3	8	10	80	80
4	7	10	70	70
5	6	10	60	60
6	5	10	50	50

(续表)

要素数量 L	边际产品 MP	产品价格 P	边际产品价值 $VMP = MP \cdot P$	要素价格 W
7	4	10	40	40
8	3	10	30	30
9	2	10	20	20
10	1	10	10	10

要素需求表 7-2 中最后一栏与倒数第二栏的数字完全一样。现在给定一个要素价格，例如要素价格为 100 时，为了使要素使用量达到最优，边际产品价值亦必须为 100，而与边际产品价值 100 对应的要素数量为 1。因此，当要素价格为 100 时，要素需求量为 1。同样地，给定另外一个要素价格，例如要素价格为 50 时，由表 7-2 可以找到另外一个对应的要素需求量是 6，依此类推。表 7-2 的最后一栏和第一栏可以用于表示厂商的要素需求曲线。

完全竞争企业的需求曲线是相应的需求要素函数的几何表示。它反映的是在其他条件不变时，完全竞争企业对要素的需求量与要素价格之间的对应关系。则有：

$$VMP(L) = W \tag{7-10}$$

由于产品价格 P 不变，故上式确定了从要素价格 W 到要素使用量 L 的一个函数关系，也即确定了厂商对要素的一个需求函数。

满足上式的要素使用数量，也是厂商的最优选择。根据上式，可以得到厂商要素需求曲线的形状特征。现在假定 W 上升，厂商为了重新达到均衡，必须调整要素使用量 L，使得 $P \cdot MP(L)$ 亦上升。根据边际报酬递减规律，厂商必须减少要素使用量 L。反之，假定 W 下降，则厂商必须增加要素使用量 L。由此我们得到结论：在产品市场完全竞争的条件下，厂商的要素需求曲线与其边际收益产品曲线一样向右下方倾斜。因此，在产品市场、要素市场完全竞争条件下，厂商对单一要素的需求曲线将与其边际产品价值曲线完全重合，如图 7-3 所示。

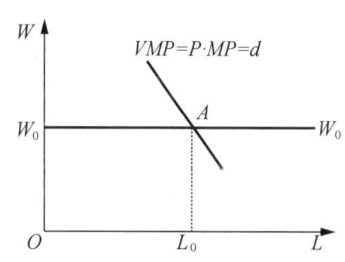

图 7-3 完全竞争厂商的要素需求曲线

在完全竞争的要素市场上，厂商面临的要素供给曲线是一条水平线。如图 7-3，给定一个要素价格如 W_0 时，就确定了一条水平的要素供给曲线；要素使用原则 $VMP = W$，在几何图形上就会存在一个 VMP 曲线与 W_0 曲线的交点 A。在 A 点上，当要素价格为 W_0 时，要素需求量为 L_0。这就是说，边际产品价值曲线 VMP 上的 A 点，也是要素需求曲线上的一点。由此可见：在使用一种生产要素，而且产品市场和要素市场均满足完全竞争条件的情况下，厂商对要素的需求曲线与要素的边际产品价值曲线恰好重合。

应当指出的是，尽管要素的需求曲线与其边际产品价值曲线形状重合为一条线，但这两条线的含义却是截然不同的。首先，它包含的变量的含义不同。作为边际产品价值曲线，它的 L 表示要素使用量。而作为要素需求曲线，这个 L 却表示最优要素使用量或要素需求量。其次，它反映的函数关系也不同：在边际产品价值函数中，自变量为要素使用量 L，边际产品价值是要素使用量的函数。而在要素需求函数中，自变量却是要素价格 W，要素需求量

L 是要素价格的函数。

由于要素需求曲线与边际产品价值曲线重合,故前者也与后者一样,曲线形状将因产品价格和边际产品函数这两个因素的变动而变动。注意到这一点有助于理解它们重合的条件。要素需求曲线与要素的边际产品价值曲线重合意味着:当要素价格变化时,要素需求量是沿着一条既定的边际产品价值曲线变化的(参见图 7-3)。这就要求,当要素价格变化时,要素的边际产品价值曲线不得随之改变;或者更进一步说,它的两个组成部分即要素的边际产品曲线和产品价格不得随之改变。否则,要素需求曲线必将"脱离"其边际产品价值曲线。例如,如果要素的边际产品曲线或产品价格随着要素价格的变化而变化,则给定一个要素价格 W_0,就有一条相应的边际产品价值曲线 VMP_0,而根据要素使用原则 $VMP_0 = W_0$,可得到要素需求量 L_0。显然,(W_0, L_0) 点位于曲线 VMP_0 上。如果再给定另外一个要素价格 W_1,则有另外一条边际产品价值曲线 VMP_1 与之相应。再根据要素使用原则 $VMP_1 = W_1$,又可得到一要素需求量 L_1。显然,新的 (W_1, L_1) 点位于新的曲线 VMP_1 上,而非原来的曲线 VMP_0 上。因此,要素需求曲线不再与某一条边际产品价值曲线重合。

由此可见,要素需求曲线等于边际产品价值曲线的结论实际上要依赖于两个"潜在假定":第一,要素的边际产品曲线不受要素价格变化的影响;第二,产品价格不受要素价格变化的影响。一方面,如果局限于讨论只有一种生产要素的情况(如本章所假定的那样),则第一个假定自然满足;另一方面,如果局限于讨论只有一个厂商进行生产调整,但并不考虑其他厂商调整的情况,则第二个假定自然满足。但是一旦扩大到考虑使用多种生产要素或者多个厂商调整行为,则上述假定就不再合理,从而不能再用边际产品价值曲线代表要素需求曲线。换句话说,在考虑共同使用多种要素以及多个厂商共同调整时,完全竞争厂商对要素 L 的需求曲线一般说来就不再等于该要素的边际产品价值曲线。由于本章假定只使用一种生产要素,下面只讨论多个厂商共同调整的情况对要素需求造成的影响。

延伸阅读 7-1

构建全国要素统一大市场的必要性

2022 年 3 月,提请十三届全国人大五次会议审查的计划报告提出,加快培育数据要素市场。现在数据已经成为和土地、劳动力、资本、技术并列的五大生产要素之一。

国务院新闻办公室于 2023 年 6 月 5 日上午 10 时举行国务院政策例行吹风会,国家发展和改革委员会副主任李春临和商务部、国家市场监督管理总局有关负责人介绍建设全国统一大市场有关情况。李春临表示,党的二十大报告强调,构建全国统一大市场,深化要素市场化改革,建设高标准市场体系。下一步,将加快培育统一的技术和数据市场,破除要素市场分割和多轨运行,推动各领域要素市场制度在政策取向上相互配合、在实施过程中相互促进、在改革成效上相得益彰。

构建数据要素全国统一大市场的必要性如下:

第一,从理论角度看,数据要素市场是全国统一大市场的重要组成部分。"数据要素市场化是将数据作为一种要素资源,通过市场机制进行交易、流通和配置。数据要素市场化的实现可以促进数据资源的最大化利用和价值实现,推动数据经济的发展"。只有建设好全国统一的数据要素市场,才能更好建设全国统一大市场,才能更完整全面地发挥数据推动转型升级、促进高质量发展的作用。

第二,从实践角度看,鉴于当前建立数据交易场所、提供专业化服务、打造数据交易生态系统的总体趋势,数据交易平台已经成为国际社会经济资源的核心基础设施。自 2014 年"大数据"首次写入政府工作报告以来,我国许多地方以数据交易机构为重要载体,陆续开展数据流通交易的市场化路径探索,运营模式也在不断推陈出新。但目前地区、部门、行业间不畅通,全国数据交易市场发展不平衡不充分,交易标的质量不一。各地区与部门建立的地方性数据交易平台在交易过程中采用的数据标准、交易规则不同,数据要素在不同地区或平台之间的流通交易存在障碍。同时,众多数据资源分散在不同行业,行业间的数字化水平差异导致数据壁垒的产生,阻碍数据价值发掘。因此,建设全国统一大市场成为当前迫切的任务。

第三,从产业发展角度看,建设数据要素全国统一大市场,才能更好地激发产业的创新活力,才能加速推进数据要素价值化过程,更好地为实体经济赋能发展。以5G、大数据、人工智能、区块链等为代表的数字技术加速向各领域渗透融合,数据应用场景不断拓展。数据要素的市场化流通应用,催生城市大脑、智能机器人等新技术新产品,孵化智慧交通、远程医疗、无人工厂、共享经济、移动支付等新业态新模式。

资料来源:第一财经. 构建全国要素统一大市场 全面助力数据价值化发展[EB/OL]. (2023-06-08)[2023-11-20]. https://baijiahao. baidu. com/s?id=1768115994157715601&wfr=spider&for=pc.

二、完全竞争市场的要素需求曲线

上一节已经说明,在一定条件下,单个的完全竞争厂商的要素需求曲线等于其边际产品价值曲线。其中,一个条件是假定其他厂商均不进行调整。否则,厂商的要素需求曲线将"脱离"边际产品价值曲线。当我们从单个厂商转到研究整个市场的情况时,这个条件显然不再得到满足,因而单个厂商的边际产品价值曲线不再代表其要素需求曲线,它们的简单加总也不再代表整个市场的要素需求曲线。

我们首先研究使用同一种生产要素的多个厂商同时调整的情况,并研究此种情况下某单个厂商(例如厂商m)对要素L的需求曲线。在研究使用一种要素的完全竞争厂商m的要素需求曲线时,如果不考虑其他厂商的调整活动,则要素价格的变化就不会影响产品的价格,从而不会改变要素的边际产品价值曲线。其理由如下:假设要素价格发生变化,根据其他厂商均不调整的假定,要素价格变化只引起厂商m的要素需求量和使用量的变化,从而只引起它的产品数量的变化。由于厂商m是产品市场上的完全竞争者,故其产量变化并不能改变产品的价格。如果允许其他厂商也进行调整,则情况将完全不同。现在要素价格变动不仅引起厂商m,而且引起所有其他厂商的要素需求量和使用量的变化,从而影响其产量的变动。尽管在完全竞争条件下,单个厂商的产量变化不影响价格,但全体厂商的产量都变化时会影响价格。要素价格变化所引起的全体厂商的产量变动将改变产品的供给曲线,在产品市场需求量不变时,将改变产品的市场价格。产品价格的改变再反过来使每一个厂商的边际产品价值曲线发生改变,从而厂商m的边际产品价值曲线发生改变。于是,厂商m的要素需求曲线也不再等于其边际产品价值曲线。

多个厂商同时调整情况下,厂商m的要素需求曲线如图7-4所示。

在图7-4中,横轴为要素数量L,纵轴为要素价格W。设给定初始要素价格为W_0,相应地有一个产品价格P_0,从而有一条边际产品价值曲线$P_0 \cdot MP$。根据该曲线可确定W_0下的要素需求量L_0。L_0对应的点H即所求需求曲线上一点。如果这时没有其他厂商的调整,则整条需求曲线就可以看成是$P_0 \cdot MP$。假定让要素价格下降到W_1,则要素需求量就应增加到L_2。但现在由于其他厂商也进行调

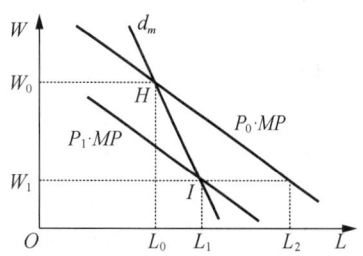

图7-4 多个厂商调整时,厂商m的要素需求曲线

整,于是要素价格下降使厂商 m 的边际产品价值曲线向左下方移动,移动到 $P_1 \cdot MP$,从而在要素价格 W_1 下,L 的需求量不再是 L_2,而是稍少一些的 L_1。于是又得到要素需求曲线上一点 I。重复上述过程,可以得到其他与 H、I 性质相同的点。将这些点连接起来,即得到多个厂商调整情况下厂商 m 对要素 L 的需求曲线 d_m。d_m 表示经过多个厂商相互作用的调整,即经过行业调整之后得到的第 m 个厂商的要素需求曲线,可简称为行业调整曲线。一般来说,d_m 曲线仍然是向右下方倾斜的,但比边际产品价值曲线要陡峭一些。

例如,假定完全竞争要素市场中包含有 n 个厂商(n 是一个很大的数)。其中,每个厂商经过行业调整后的要素需求曲线分别为 d_1、d_2、……、d_n,整个市场的要素需求曲线 D 可以看成是所有这些厂商的要素需求曲线的简单水平相加,即:

$$D = \sum_{m=1}^{n} d_m \tag{7-11}$$

特别是,如果假定这些厂商的情况均一样的话,即:

$$d_1 = d_2 = \cdots\cdots = d_n \tag{7-12}$$

则完全竞争市场的要素需求函数就是:

$$D = \sum_{m=1}^{n} d_m = n \cdot d_m \tag{7-13}$$

上式中,d_m 可以是任何一个厂商的要素需求曲线,如图 7-5 所示。

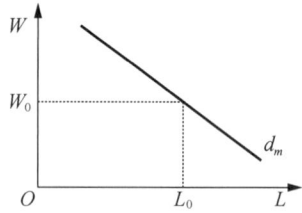

图 7-5　整个市场的要素需求曲线

第三节　生产要素的供给曲线

如前所述,所谓从要素使用者角度讨论要素需求,就是从要素使用者即生产者或厂商的利润最大化行为出发,来研究其对要素的需求量是如何随着要素价格的变化而变化的。与此相仿,可以把要素供给研究看成是从要素所有者的最大化行为出发来分析其对要素的供给量是如何随着要素价格的变化而变化的。因此,首先要明确谁是要素的供给者?什么是要素供给者的最大化行为?

在西方经济学的要素需求理论中,要素使用者是"单一"的,即生产者或厂商,因而其行为目标也是"单一"的,即追求利润的最大化。在转到供给方面之后,问题稍稍复杂一些,要素所有者既可以是生产者,也可以是消费者。生产者生产许多将要再次投入生产过程的"中间产品"或"中间生产要素"(如钢材、车床等),因而是中间要素的所有者;消费者则向市场提供"原始生产要素"(如劳动、土地和某些资本等),因而是原始要素的所有者。由于要素所有者的身份不同,他们的行为目的也不相同。按照西方学者的假定,生产者和消费者的行为目的分别是利润最大化和效用最大化。

要素所有者及其行为目标的不一致自然会影响对要素供给的分析。最重要的影响便是要素供给原则不会再像要素需求原则那样,因为不同的行为目标将导出不同的行为原则,进而影响诸如分析的方法、形式甚至某些结论等。因此,从理论上来说,要素供给理论须分成两个并列的部分,分别加以讨论:根据生产者的利润最大化行为讨论其对中间要素的供给;根据消费者(或资源所有者,如劳动、土地和某些资本等的所有者)的效用最大化行为讨论其对原始要素的供给。

但是,在上述两个部分中的第一部分,即中间要素的供给与一般产品的供给并无任何区别,因为中间要素即中间产品本身就是一般产品,而关于一般产品的供给理论在产品市场,特别是在完全竞争产品市场的分析中已经详细讨论过。因此本章关于要素供给的讨论可以完全局限于要素所有者为消费者,其行为目的为效用最大化这一范围之内,即从消费者的效用最大化行为出发来建立其要素供给量与要素价格之间关系的理论。

一旦将关于要素供给的讨论局限于消费者范围之内,要素供给问题便有一个明显的特点:消费者拥有的要素数量(以下简称为"资源")在一定时期内总是既定不变的。例如,消费者拥有的时间一天只有 24 小时,其可能提供的劳动供给不可能超过这个数。又如,消费者拥有的土地也是固定的,比如说为 2 万平方米,则他可能提供的土地供给也只有这么多。再如,消费者拥有的收入为每日 500 元,则他不可能比这储蓄(即供给资本)得更多等。

由于资源是既定的,消费者只能将其拥有的全部既定资源的一部分(这部分可以小到 0,也可能大到等于其资源总量)作为生产要素来提供给市场。全部既定资源中除去供给市场的生产要素外,剩下的部分可称为"保留自用"(或简称为"自用")的资源。因此,所谓要素供给问题可以看成是:消费者在一定的要素价格水平下,将其全部既定资源在"要素供给"和"保留自用"两种用途上进行分配以获得最大效用。

一、要素供给原则

(一) 效用最大化的条件

生产要素所有者如何进行资源分配,才能使效用最大化呢? 结论应该是:作为"保留自用"的资源的边际效用等于作为"要素供给"的资源的边际效用。因为如果"保留自用"的资源的边际效用大于作为"要素供给"的资源的边际效用,那么,要素所有者可以从作为"要素供给"的资源中拿出一小部分作为自用,来增加消费者的总效用。因为,拿出来的这一部分资源作为自用所增加的效用要大于减少这一部分资源作"要素供给"所导致的效用损失,即收益大于成本。由于边际效用递减,这个过程会持续到"自用资源"的边际效用等于"要素供给"资源的边际效用,达到均衡状态。如果"保留自用"的资源的边际效用大于"要素供给"资源的边际效用,则整个过程刚好相反。

(二) 要素供给原则的推导

"要素供给"的边际效用和"自用资源"的边际效用是怎样的呢? 正如上面所说,要素供给本身并不能给消费者带来效用,而是与收入相联系,给消费者带来间接效用。因此,效用可以被看作是要素的复合函数。假如要素供给增量为 ΔL,由此而引起的收入增量为 ΔY,而由收入增量所引起的效用增量为 ΔU,则:

$$\frac{\Delta U}{\Delta L} = \frac{\Delta U}{\Delta Y} \cdot \frac{\Delta Y}{\Delta L} \tag{7-14}$$

取极限即得：

$$\frac{dU}{dL} = \frac{dU}{dY} \cdot \frac{dY}{dL} \tag{7-15}$$

其中，$\frac{dU}{dL}$ 为要素供给的边际效用，表示要素供给量增加1单位所带来的消费者效用增加量。$\frac{dU}{dY}$ 为收入的边际效用，表示增加1单位货币收入所增加的效用。$\frac{dY}{dL}$ 是要素供给的边际收入，即增加1单位要素供给所增加的收入。如果这里的要素 L 是劳动，劳动的单位是小时，货币的单位是元，则上式表示：增加1小时劳动所增加的效用等于增加1小时劳动所增加的收入与增加一元货币收入所增加的效用的乘积。

在完全竞争的要素市场中，要素供给者是要素价格的接受者，他提供的要素数量变化不会影响要素价格，因此要素的边际收入等于要素的不变价格 W，即：

$$\frac{dY}{dL} = W$$

式(7-15)可以简化为：

$$\frac{dU}{dL} = \frac{dU}{dY} \cdot W \tag{7-16}$$

上式表示，在完全竞争的要素市场，要素所有者要想实现效用最大化，应该使自用资源的边际效用等于单位货币的边际效用与不变的要素价格的乘积。

与要素供给提供间接效用相比，自用资源的情况稍稍复杂一些：它既可带来间接效用，亦可带来直接效用，而且更为重要的是带来直接效用。例如，拿消费者拥有的时间资源来说，如果不把时间用于劳动(即不将其作为劳动要素去供给市场)，则可以将它用于做家务、看电影或休息。显然，自用时间在这里是通过不同的途径产生效用的。在第一种情况下，它节省了本来需要请别人来做家务的昂贵开支，因而和要素供给一样，可以说是间接地带来了效用，即通过节约开支相对增加收入从而间接增加效用；在后两种情况下，它则直接地增加了消费者的效用，因为它直接地满足了消费者的娱乐和健康的需要。

为了分析简便起见，以后假定自用资源的效用都是直接的，即不考虑类似于上述时间可以用来干家务这类现象。若用 l 表示自用资源的数量，则自用资源的边际效用就是效用增量与自用资源增量之比的极限值 $\frac{dU}{dl}$，它表示增加一单位自用资源所带来的效用增量。

借助以上自用资源的直接效用和自用资源的间接效用的概念，可以将效用最大化的条件表示为：

$$\frac{dU}{dl} = \frac{dU}{dY} \cdot W \tag{7-17}$$

如果考虑有所谓"收入的价格"W_y，则显然有 $W_y = 1$。于是可以将式(7-17)写成：

$$\frac{\dfrac{dU}{dl}}{\dfrac{dU}{dY}} = \frac{W}{W_y} \tag{7-18}$$

上式左边为资源与收入的边际效用之比,右边则为资源和收入的价格之比。这个公式与产品市场分析中的效用最大化公式是完全一致的。

上述要素供给原则可以推导如下:设消费者拥有的单一既定资源总量为 L,资源价格(亦即要素价格)为 W,在该要素价格下,消费者的自用资源量为 l,从而其要素供给量为 $(L-l)$,从要素供给中得到的收入为 $Y=W\cdot(L-l)$。消费者的效用来自两个方面,即自用资源和要素供给的收入,故效用函数可写为 $U=U(Y,l)$。消费者在既定资源数量条件下决定资源在要素供给和保留自用两种用途之间的分配,故约束条件(即预算线)为 $(L-l)+l=L$,或者,改写成收入与要素供给量的关系即得:$Y+W\cdot l=W\cdot L$。

于是消费者的要素供给问题可以表述为:在约束条件 $Y+W\cdot l=W\cdot L$ 下使效用函数 $U=U(Y,l)$ 达到最大。对于该问题求解利润最大化的条件,也可得到要素供给原则。

延伸阅读 7-2

"稳"与"进"良性互动 构建现代化产业体系

对现代化产业体系建设来说,产业发展保持合理增速是必要前提,这是"稳"的重要内涵;要以高水平为重要目标,这是"进"的题中应有之义。要想实现现代化产业体系建设"稳"与"进"的良性互动,就要因时因势平衡好发展速度、转型升级两者的关系。

在建设现代化产业体系的实践中形成"稳"与"进"的良性互动,要在"稳"和"进"两个维度找准路径和方向,激发各类优质要素资源发挥潜力。从"稳"的角度看,一是稳预期,二是稳投入。从"进"的角度看,要在巩固、提升、融合、创新方面着手,把做强实体经济的政策导向,转化为有利于加快形成现代化产业体系的重点举措。

中长期来看,加快建设现代化产业体系还要着力推动一批具有基础性、长远性的制度建设。从要素角度分类,主要有四个方面的潜在着力点:

第一,优化区域产业用地。土地是产业高质量发展的重要基础资源,无论现代化产业体系发展到什么程度,都离不开土地的保障和支持。在要素资源总量供给有限的大前提下,做好存量资源的利用是可持续发展的关键。守好耕地保护"红线",夯实粮食安全各项制度举措。总结工业用地"标准地"改革的成功经验,进一步盘活存量工业用地,提升区域工业用地利用效率。建立健全区域内工业用地"标准地"出让工作机制。探索跨区域工业用地指标统筹协调匹配机制,根据产业功能、配套程度从更大范围内配置用地资源。盘活产业园区存量用地,优化相关指标体系,提升土地集约利用水平。

第二,强化人才培养供给。人是生产力中最活跃的因素,现代化产业体系建设离不开多类型、多层次、多领域人才的培养和供给。从当前实际情况看,构建现代化产业体系,在人才培养方面,除持续加大创新型人才培养外,持续提升职业教育质量,培养造就大批高技能人才、高级技术工人、熟悉生产一线的"大工匠",对于夯实现代化产业体系的人才基础至关重要。在优化培养环境方面,建议提高中等职业技术学校、高等职业技术学院的办学质量,突出办学特色,健全职业技能人才培养体系。提高对高等职业技术学院的资源支持力度,提升职高、技校在当前整个国民教育体系中的地位。在加强职业吸引力方面,可在不同省份探索建立相关院校学生毕业"定向分配"制度,建立健全相关的培养模式,吸引更多优质生源向职业技术教育汇聚。系统梳理现有职业技能相关领域技术等级、职称评定有关制度,通过整合、优化、分门类进行修订和完善,不断提升相关认证的"含金量",提高技术工人的职业获得感,匹配好相应的、实实在在的职业待遇。推广技术工人"学徒制"培养模式,构建学校、工厂、研究院所联动培养机制,促进职业技术人才在实际工作岗位中锻炼成才。加大财政经费保障力度,探索建立稳定增长的投入机制,确保职业教育发展所需资金充足。

第三,掌握技术创新主动权。历次产业变革的实践表明,技术的引擎作用是显而易见的。一是通过推动生产工艺和流程不断优化,为技术创新做好坚实的积累。技术的进步不完全是另起炉灶、凭空想象,大部分还是要在已有技术的基础上持续升级,生产工艺的背后是经年累月的技术沉淀成果。成熟稳健的工艺是高质量制造的前提条件,把更多技术应用于生产过程,将创新能力转化成发展动力,助力现代化产业体系建设。二是注重原创技术策源地建设,加快形成一套有助于创新要素集结的长效机制。科技创新是一项系统工程,制度支撑是基础,是营造科技创新良好环境的关键一环。纵观高水平企业,技术创新活力强的背后都有坚实的制度基础。例如,企业通过内部管理制度不断优化,加快培育创新人才队伍,积累更多技术专利,并根据企业自身技术条件和业务方向精准开展技术创新。三是强化基础学科研究。把着力的"关口"前移,放在高等院校相关学科建设方面,政策要做一定的兜底,构建人才培养的长效、有效机制。

第四,更好发挥数据要素支撑作用。数字技术与实体经济深度融合,是构建现代化产业体系的必然要求,也是顺应新一轮科技革命和产业变革的必然结果。当前,更好发挥数据要素的作用,还是要在数据权属方面建立更为细致的规范制度,数据要素的共享、流通、交易等各环节才能有牢靠的基础。海量的数据资源服务于生产不是一蹴而就,要统筹产业发展和数据安全,形成高效利用与规范有序的良性循环。前期可从工业互联网应用过程中总结各类成熟经验场景,按照场景制定数据共享集成利用标准规范,为数据发挥更大作用做好相关试点试验。利用新一代数字技术积极赋能实体经济发展,推动企业研发设计、企业管理、生产制造、市场销售等各环节的数字化智能化。同时,持续提高传统行业的供给质量,提高企业生产效率、市场响应速度,拓展企业发展空间,使传统产业朝着数字化智能化方向转型,进而提高整个国民经济循环的速度和效率。

资料来源:上海证券报."稳"与"进"良性互动 构建现代化产业体系[EB/OL].(2023-11-18)[2023-11-20]. https://news.cnstock.com/news,yw-202311-5152420.htm.

二、劳动供给曲线和工资的决定

(一) 劳动和闲暇

劳动供给涉及消费者对其拥有的既定时间资源的分配。消费者拥有的时间资源是既定的,这句话具有两层含义。首先,每天只有 24 小时,这是不会改变的;其次,在这固定的 24 小时之中,有一部分时间必须用于睡眠而不能挪作他用。必需的睡眠时间虽不是绝对不变,但对于特定的消费者而言,短期内不会变化很大。如果将必需的睡眠时间挪作他用,则消费者的满足程度即效用以及劳动生产力都将受到很大的影响。为了方便起见,这里假定消费者每天必需用于睡眠的时间是 8 小时。因此,消费者可以自由支配的时间资源每天为固定的 16 小时(24－8)。

根据上述假定,消费者可能的劳动供给只能来自 16 小时之内,而不能超过它。其最大劳动供给为 16 小时。设劳动供给量为 6 小时,则全部时间资源中的剩余部分为 10 小时(16－6),称为"闲暇"。闲暇包括除必需的睡眠时间和劳动供给之外的全部活动时间。例如,用于吃、喝、玩、乐的活动时间,即用于各种消费活动的时间。在现实生活中,闲暇也可用于非市场活动的"劳动",如干家务活。为简单起见,这里不考虑这种情况。若用 H 表示闲暇,则 $16-H$ 就代表消费者的劳动供给量。因此,劳动供给问题就可以被看成消费者如何决定其固定的时间资源 16 小时中闲暇 H 所占的部分,或者说,消费者如何决定其全部资源在闲暇和劳动供给两种用途上的分配。

消费者选择一部分时间作为闲暇来享受,选择其余时间作为劳动供给。前者即闲暇直接增加了效用,后者则可以带来收入,通过将收入用于消费再增加消费者的效用。因此,就实质而言,消费者并非在闲暇和劳动二者之间进行选择,而是在闲暇和劳动收入之间进行选择。或者更一般地说,是在自用资源和收入之间进行选择。显然,上一节讨论的模型完全适用于分析目前的问题。

(二)劳动的供给曲线

劳动的供给曲线如图 7-6 和图 7-7 所示。图 7-6 中的横轴 H 表示闲暇,纵轴 Y 表示收入。消费者的初始状态点 E 现在表示的是非劳动收入 $\overline{Y}$ 与时间资源总量 16 小时的组合。假定劳动的价格即工资为 W_0 每小时,则可能的最大收入(劳动收入加非劳动收入)为 $K_0 = 16W_0 + \overline{Y}$。于是消费者在工资 W_0 条件下的预算线为连接初始状态点 E 与纵轴上 K_0 点的直线 EK_0。EK_0 与无差异曲线 U_0 相切,切点为 A,与 A 点对应的最优闲暇量为 H_0,从而劳动供给量为 $(16-H_0)$。于是得到劳动供给曲线(参见图 7-7)上的一点 $a(16-H_0, W_0)$。

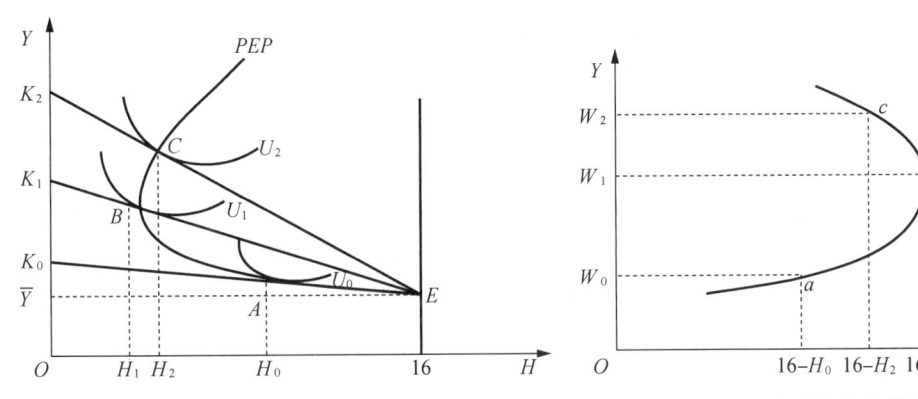

图 7-6 时间资源在闲暇与劳动供给之间分配

图 7-7 劳动的供给曲线

再回到图 7-6。现在我们让劳动的价格先上升到 W_1 每小时,再上升到 W_2 每小时,则消费者的预算线将绕着初始状态点 E 顺时针旋转到 EK_1 和 EK_2,其中 $K_1 = 16W_1 + \overline{Y}$,$K_2 = 16W_2 + \overline{Y}$。预算线 EK_1 和 EK_2 分别与无差异曲线 U_1 和 U_2 相切,切点分别为 B 和 C。均衡点 B 和 C 对应的最优闲暇量分别为 H_1 和 H_2,从而相应的劳动供给量分别为 $(16-H_1)$ 和 $(16-H_2)$。现又得到劳动供给曲线上的两点:$b(16-H_1, W_1)$、$c(16-H_2, W_2)$。

重复上述过程,我们可得到图 7-6 中类似于 A 点、B 点和 C 点的其他点。将这些点连接起来,即得到图 7-6 中的价格扩展线 PEP;相应地,在图 7-7 中可得到类似于 a 点、b 点和 c 点的其他点,将所有这些点连接起来,即得到消费者的劳动供给曲线 S_L。

与一般的供给曲线不同,图 7-7 描绘的劳动供给曲线具有一个鲜明的特点,即它具有一段"向后弯曲"的部分。当工资较低时,随着工资的上升,消费者为较高的工资所吸引将减少闲暇,增加劳动供给量。在这个阶段,劳动供给曲线向右上方倾斜。但是,工资上涨对劳动供给的吸引力是有限的。当工资上涨到 W_1 时,消费者的劳动供给量达到最大。此时如果继续增加工资,劳动供给量非但不会增加,反而会减少。于是劳动供给曲线从工资 W_1 处起开始向后弯曲。

劳动供给曲线的这个特点也可以从图 7-6 中消费者随工资变化对闲暇的需求量的变化中看出。由图可知，随着工资从 W_0 上升到 W_1，再上升到 W_2，预算线在纵轴的截距上升，消费者的闲暇需求量是先减后增的，即从 H_0 减少到 H_1，然后又增加到 H_2。在时间资源总量既定时，这当然意味着劳动供给量是先增后减的，即从 $16-H_0$ 增加到 $16-H_1$，然后又减少到 $16-H_2$。

二维码7-2：2022 年各省平均工资

（三）均衡工资的决定

将所有单个消费者的劳动供给曲线水平相加，即得到整个市场的劳动供给曲线。尽管许多单个消费者的劳动供给曲线可能会向后弯曲，但劳动的市场供给曲线却不一定也是如此。在较高的工资水平上，现有的工人也许会提供较少的劳动，但高工资也会吸引新的工人进来，因而总的市场劳动供给一般还是随着工资的上升而增加的，因此市场劳动供给曲线仍然是向右上方倾斜的。

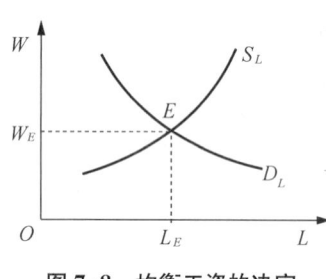

图 7-8 均衡工资的决定

由于要素的边际生产力递减，要素的市场需求曲线通常总是向右下方倾斜。劳动的市场需求曲线也不例外。将向右下方倾斜的劳动需求曲线和向右上方倾斜的劳动供给曲线综合起来，即可决定均衡工资水平。如图 7-8 所示。

上述模型说明了工资决定的一般理论，并不说明工人在同一行业或不同行业里的工资水平都一样。实际的工资水平受到很多因素的影响。比如，有的行业舒适、安静、安全、有趣，有的行业则肮脏、吵闹、危险、枯燥，前者会吸引众多的求职者，后者则少有人问津，因此前者工资高而后者工资低，这种工资差别是补偿性工资差别；劳动者之间的工作效率的差别也是造成工资差异的一个重要原因；工会在西方劳动市场上起着举足轻重的作用，工会对劳动市场的垄断会使工人的实际工资水平高于竞争性的工资水平；政府的最低工资法等许多因素都会影响工人的工资；此外，劳动市场的信息不完全、对劳动者流动的限制、性别歧视等都是造成工资差别的因素。

三、土地供给曲线和地租的决定

（一）土地、土地供给和土地价格

在正式讨论土地（以及资本）的供给之前，有几个概念需要首先明确。

第一，生产要素服务的源泉和生产要素服务本身。生产要素服务的源泉不同于生产要素服务本身。例如，劳动服务的源泉是人类或劳动者，但劳动服务却是用"人-时"（或代表劳动者在某个特定时期工作的其他单位）来衡量的；同样，土地是土地服务的源泉，但土地服务本身却是用"公顷-年"（即使用 1 公顷土地 1 年）之类的单位来衡量的。资本的源泉和其服务本身也有类似的区别，比如，建筑物和机器作为源泉也不同于它们提供的服务。

第二，源泉的供给及需求和服务的供给及需求。源泉的供求是指卖和买生产要素服务的"载体"；服务的供求则是指卖和买生产要素服务本身而非其"载体"。有些生产要素服务的源泉及其本身都可以在市场中交易，如土地和资本。有些生产要素则不能，如劳动。劳动服务可以被买卖，但劳动服务的源泉（即人类自身）却不能被买卖。

第三，源泉的价格和服务的价格。如果源泉和服务二者均可在市场上交易，则有两个价格，即源泉的价格和服务的价格。例如，就土地而言，有一个"1 公顷土地（即源泉）的价格"，还有一个"使用1公顷土地1年(即服务)的价格"。再如建筑物和机器,它们本身有一个市场价格(即源泉的价格),还有一个使用它们一定时间的价格(即服务的价格)。这两个价格显然不同,因而有必要加以区分。生产要素服务的源泉的价格,特别是资本品(如机器)的价格,由它们的市场供求曲线决定,其过程与前面已经论述过的商品价格的决定大致相同。我们在分配论中不再重复。因此,分配论中所论述的是生产要素服务价格的决定。劳动是一个例外。由于只有劳动服务能够买卖,因此,只有一个价格,即劳动服务的价格。故在上一节中,我们没有对劳动服务的源泉和劳动服务等也作类似的区分。在谈到劳动供给和劳动价格时,它必定是指劳动服务的供给和劳动服务的价格,不会引起任何的误解。

为明确起见,我们假定下面讨论的土地、土地供给及土地价格(资本、资本供给及资本价格)均是指土地服务、土地服务的供给及土地服务的价格(资本服务、资本服务的供给以及资本服务的价格)。其中,土地服务的价格被称为地租,资本服务的价格被称为利率。

(二) 土地的供给曲线

假定土地所有者是消费者,其行为目的是效用最大化。他所用的土地数量在一定时期内也是既定的和有限的。和前一节分析的劳动者一样,土地所有者现在要解决的问题是:如何将既定数量的土地资源在保留自用和供给市场这两种用途上进行分配以获得最大的效用?

与供给劳动的情况类似,供给土地本身不直接增加效用。土地所有者供给土地的目的是获得土地收入,而土地收入可以用于各种消费目的,从而增加效用。因此,土地所有者实际上是在土地供给所可能带来的收入与自用土地之间进行选择。于是土地所有者的效用函数可以写为:

$$U = U(Y, q) \tag{7-19}$$

式(7-19)中,Y 和 q 分别为土地收入和自用土地数量。

现在的问题是:自用土地是如何增加土地所有者的效用的呢?显然,如果不用来供给市场,则土地可以用来建造花园或高尔夫球场等。土地的这些消费性使用当然会增加土地所有者的效用,就像劳动者的闲暇的作用一样。不过一般来说,土地的消费性使用只占土地的一个很微小的部分,不像时间的消费性使用占全部时间的一个较大的部分。如果假定不考虑土地的消费性使用这个微小的部分,即不考虑土地所有者自用土地的效用,则自用土地的边际效用等于0,从而效用函数简化为:

$$U = U(Y) \tag{7-20}$$

换句话说,效用只取决于土地收入而与自用土地的数量大小无关。在这种情况下,为了获得最大效用就必须使土地收入达到最大(因为效用总是收入的递增函数),而为了使土地收入最大又要求尽可能地多供给土地(假定土地价格总为正)。由于土地所有者拥有的土地既定,如土地数量为 Q_0,故他将供给数量为 Q_0 的土地全数供给市场——无论土地价格 R 是多少。因此,土地供给曲线将在 Q_0 的位置上垂直,如图7-9所示。

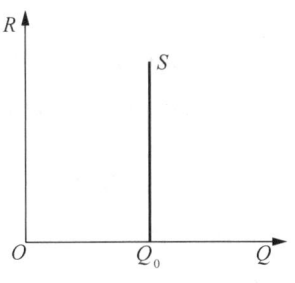

图7-9 土地的供给曲线

(三) 使用土地的价格和地租的决定

我们将所有单个土地所有者的土地供给曲线水平相加,即得到整个市场的土地供给曲线。我们再将向右下方倾斜的市场的土地需求曲线与土地供给曲线结合起来,即可决定使用土地的均衡价格。如图 7-10 所示。

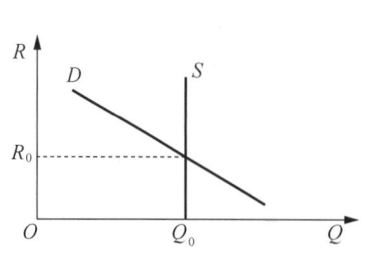

图 7-10　土地服务的均衡价格

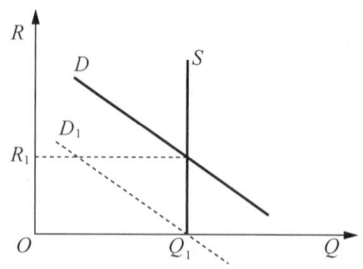

图 7-11　地租及其产生

图 7-10 中土地需求曲线 D 与土地供给曲线 S 的交点是土地市场的均衡点。该均衡点决定了土地服务的均衡价格 R_0。特别是，如果假定土地没有自用价值，则单个土地所有者的土地供给曲线为垂直线，故市场的土地供给曲线亦为垂直线。

当土地供给曲线垂直时，它与土地需求曲线的交点所决定的土地服务的价格具有特殊意义：它常常被称为"地租"。如图 7-11 中的 R_1 所示。

由于此时土地的供给曲线垂直且固定不变，故地租完全由土地的需求曲线决定，而与土地的供给曲线无关：它随着需求曲线的上升而上升，随着需求曲线的下降而下降。如果需求曲线下降到 D_1，则地租将消失，即等于 0。

根据上述地租决定理论，我们可以给出一个关于地租产生的解释。假设一开始时，土地供给量固定不变为 Q_1，对土地的需求曲线为 D_1，地租为 0；现在由于技术进步使土地的边际生产力提高，或由于人口增加使粮食需求增加，粮食价格上涨，土地的需求曲线便开始向右移动，地租开始出现。因此，可以这样来说明地租产生的（技术）原因：地租产生的根本原因为土地稀少，供给不能增加；如果土地供给不变，则地租产生的直接原因就是土地需求曲线的右移。土地需求曲线右移是因为土地的边际生产力提高或土地产品（如粮食）的需求增加从而导致的粮价提高。如果假定技术不变，则地租就由于土地产品价格的上升而产生，且随着产品价格的上涨而不断上涨。

四、资本供给曲线和利率的决定

（一）资本的定义

二维码 7-3：
李嘉图的
地租理论

在日常生活中，资本常常被看成一个包罗万象的东西，它代表着一个经济系统的所有有形资源，包括劳动人口及一切有用之物。例如，消费品（住房、家具等）、生产资料（工厂、机器等），甚至包括现金余额和自然资源（如土地）。显而易见，这个关于资本的概念并不适用我们的分析目的。如果将此作为定义，则资本不再是与劳动及土地并列的生产要素（因为它包括后两者），甚至不再是生产要素（因为它包括消费商品）。

作为与劳动和土地并列的一种生产要素，资本的特点可以概括如下：第一，它的数量是可以改变的，即它可以通过人们的经济活动生产出来；第二，它之所以被生产出来，是为了获得更多的产品和劳务；第三，它是作为投入要素，即通过被用于生产过程来得到更多的产品和劳务的。

由于第一个特点，资本便与其他两种生产要素即土地和劳动区别开来了。因为土地和劳动均是"自然"给定的,不能由人们的经济活动生产出来;由于第二及第三个特点,资本便与一切非生产要素的东西区别开来了。例如,由于第二个特点,它不同于普通的消费商品,因为消费商品不能带来更多的产品和劳务,其价值仅等于自身而不能增值;再例如,由于第二及第三个特点,它甚至不同于单纯的储蓄,因为在现代社会中,单纯的储蓄本身仅仅意味着可贷资金的增加,如果这些资金并不实际贷出,则不能增值;即使贷出从而增值,也可能不被用于生产过程。

根据上述三个特点,可以将资本定义为:资本是由经济制度本身生产出来并被用作投入要素以便进一步生产更多产品和劳务的物品。

(二) 利率的定义及决定

资本和资本服务均可在市场交易,因而有两个价格。一方面,作为生产要素服务的源泉,资本本身具有市场价格,即所谓的资本价值。例如,一台机器、一幢建筑物在市场上可按一定价格出售。另一方面,资本也与土地和劳动等其他要素一样,可以在市场上被租借(注意不是出售)出去。因此,作为生产要素服务,资本服务也有一个价格,即使用资本的价格,或者说,获取资本使用权所需的价格。这个价格通常被称为利率,并用 r 来表示。

例如,一台价值为 1 000 元的机器被使用一年得到的收入为 100 元。用这个年收入除以机器本身的价值即得到该机器每单位价值服务的年收入。这就是该机器服务的价格或(年)利率,其可表示为 $r=10\%[(100 \div 1\,000) \times 100\%]$。

由此可见,资本服务的价格或利率等于资本服务的年收入与资本价值之比。用公式表示为:

$$r = \frac{Z}{P} \tag{7-21}$$

式(7-21)中, Z 为资本服务的年收入; P 为资本价值。

如果在使用资本的这一年里,资本价值本身发生了变化(即资本增值或者贬值),例如,在上面的例子中,机器的市场价格在一年中上升或下降了,则在计算利率时应当将这个资本价值增量的部分与资本服务的年收入放在一起看待。因此,利率的决定公式应修改为:

$$r = \frac{Z + \Delta P}{P} \tag{7-22}$$

式(7-22)中, ΔP 为资本价值增量,它可以大于、等于或小于 0。

不同的资本的价值或者年收入可能并不相同,但资本服务的年收入与资本价值的比率却有趋于相等的趋势。例如,资本 A 具有较高的利率,则人们将购买它,从而使它的市场价格即资本价值被抬高,于是根据式(7-21),它的利率将下降。这个过程将一直继续下去,直到 A 的利率与其他资本的利率相等时为止。

(三) 资本的供给曲线

现在根据上面给出的资本定义来讨论资本的供给问题:以效用最大化为目的的资本所有者如何向市场供给资本要素?由资本的定义可知,资本与土地及劳动的一个根本区别在于:资本的数量是可以变化的,即它可以被人们的经济活动创造出来,而土地和劳动则是"自然给定"的。这个根本区别使得资本的供给问题完全不同于土地和劳动的供给问题。尽管对单个人来说,他可以通过购买如土地来增加其所拥有的土地数量,但这也意味着,其他人拥有的土地数量相应地减少了。因此,从整个社会来看,这种买卖行为并没有改变总的土地数量。单个人完全可以在不影响其他人资本拥有量的情况下增加自己的资本资源。这就是"储蓄",即保留其收入的一部分不用于当前的消费。当一个人进行储蓄而非消费时,他就增加了自己拥有的资本数量。他可以自己生产新资本,也可以购买资本的所有权,如股票、债券等。当储蓄者购买股票或债券时,其他人则得到一笔所需要的资金去建造厂房和机器等新资本。无论如何,单个人的资本数量由于储蓄而增加,或者相反,由于负储蓄而减少。

因为资源所有者拥有的资本数量是可变的,所以我们现在面临的不再是单一的既定资本的供给问题,而是如何确定最优的资本拥有量的问题。只有在确定了最优资本拥有量之后,才可以讨论这个既定最优量的供给问题。这后一个问题与土地及劳动的供给问题并无二致,均涉及既定资源在要素供给和自用用途之间的分配。如果假定资本的自用价值等于零(这个假定与土地自用价值为零相比并不更加不符合实际),则既定资本资源的供给也是固定的,其供给曲线为一条垂直线。至于前一个问题,即最优资本拥有量问题实际上就是确定最优储蓄量的问题。假定资源所有者的原有资本存量为 K_0,最优资本量为 K',则当 $K_0 < K'$ 时,资源所有者将通过储蓄来增加其资本拥有量,以达到最优水平;反之则将进行负储蓄。因此,资源所有者的资本供给问题现在归结为如何对既定收入在消费和储蓄两方面进行分配的问题。

由于资本所有者进行储蓄从而增加资本拥有量的目的也是将来能够得到更多的收入,从而有可能在将来进行更多的消费,故既定收入如何在消费和储蓄之间进行分配的问题,又可以进一步看成是资源所有者如何在现在消费和未来消费之间进行选择,即所谓不同时期的消费决策问题。

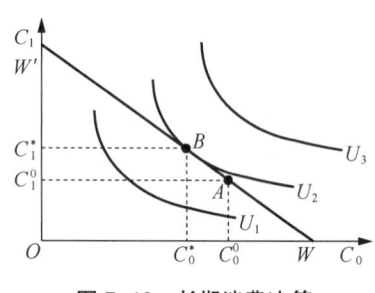

图 7-12 长期消费决策

简单起见,我们假定只有一种商品,只有今年和明年两个时期,并且消费者可以将商品借出或借入。在这些假定之下,不同时期的消费决策如图 7-12 所示。

图 7-12 中,横轴 C_0 和纵轴 C_1 分别代表今年和明年消费的商品量,U_1、U_2 和 U_3 是消费者有代表性的三条无差异曲线。

在这里,无差异曲线表示的是给消费者带来同等满足的今年消费的商品量和明年消费的商品量的所有组合,它们与通常所见的无差异曲线一样,也向右下方倾斜并凸向原点,且较高的无差异曲线代表较高的效用。无差异曲线向右下方倾斜表明,为了保证总效用水平不变,则如果减少今年的消费量就必须用增加明年的消费量来弥补,反之亦然。无差异曲线凸向原点表明,今年消费对明年消费的"边际替代率"递减,因为随着今年消费量的增加和明年消费量的减少,今年消费的"边际效用"将下降,而明年消费的"边际效用"则上升,于是今年消费替代明年消费的能力将下降。

我们再来看预算线 $W'W$。假定消费者今年得到的商品量(或收入)为 C_0^0,明年将得到的商品量(或收入)为 C_1^0。于是消费者的初始状态可以用图中的 A 点 (C_0^0, C_1^0) 表示。显而易见,A 点是预算线上的一点。处于 A 点的消费者可以借出一部分他今年的商品,也可以借入一部分别人今年的商品。如果再假定他所面临的市场利率为 r,则他减少 1 单位商品的今年消费就可以增加 $(1+r)$ 单位商品的明年消费。换句话说,预算线的斜率必为 $-(1+r)$,

其中负号说明预算线是向右下方倾斜的。因此,预算线具备两个特点。第一,它必须经过初始状态 A 点。第二,它的倾斜程度由市场利率 r 完全确定,随着 r 的上升而愈加陡峭。将这两个特点综合在一起,即得如下结论:随着利率的上升,预算线将绕着初始状态点 A 顺时针旋转;反之亦然。

消费者的均衡位置当然是在预算线与无差异曲线 U_2 的切点 B,即他的长期最优消费决策是:今年消费 C_0^*,明年消费 C_1^*。比较一下初始状态 A 与均衡状态 B 即知,虽然处于 A 点的消费者今年拥有的商品量为 C_0^0,但他却决定只消费其中的一部分即 C_0^*,而将另一部分 $(C_0^0 - C_0^*)$ 储蓄起来,并按利率 r 借出去,从而能够在明年将消费从 C_1^0 提高到 C_1^*。

于是,由以上分析可知,给定一个市场利率 r,消费者今年有一个最优的储蓄量和贷出量。如果进一步令利率变化,例如,设市场利率提高,则预算线将绕着初始点 A 顺时针旋转,从而将与另一条无差异曲线相切,得到另一个均衡点及另一个最优储蓄量和贷出量。将不同利率水平下消费者的最优储蓄量组合在一起,就得到一条储蓄或贷款供给曲线,如图 7-13 所示。

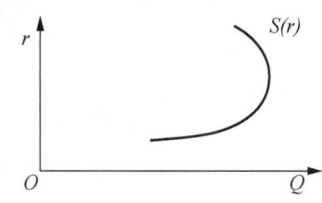

图 7-13 储蓄或贷款供给曲线

在图中,横轴 Q 表示储蓄或贷款供给。一般来说,随着利率的上升,人们的储蓄也会被诱使增加,从而曲线向右上方倾斜。但与劳动供给曲线时的情况相同,当利率处于很高的水平时,贷款供给曲线亦可能出现向后弯曲的现象。

(四) 资本市场的均衡

从短期来看,储蓄当然还是在增加资本,但增加的数量与原有的庞大资本存量相比可能微不足道。为了分析的方便起见,我们假定储蓄在短期中对资本数量不产生影响,即在短期中资本存量固定不变。

由于假定资本数量在短期为既定的,又由于以前已经假定了资本的自用价值为零,故资本的短期供给曲线是一条垂直线。例如,设一开始时,资本数量为 K_1。相应的短期资本供给曲线就是 $S_1 S_1$。如图 7-14 所示。

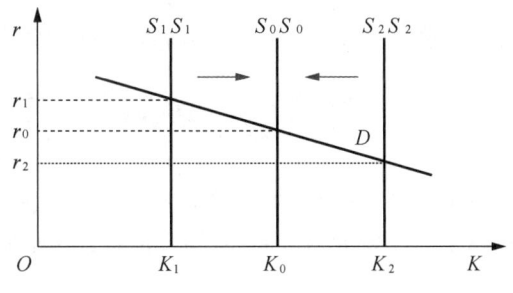

图 7-14 资本市场均衡

垂直的短期资本供给曲线表明,在短期中,资本供给 K 与利率 r 的高低无关。资本的需求曲线 D 当然仍是向右下方倾斜的。资本的需求曲线 D 和短期供给曲线 $S_1 S_1$ 的交点决定了短期均衡利率水平为 r_1,资本数量为 K_1。

图 7-14 中的 (K_1, r_1) 是资本市场的短期均衡状态。从长期来看,它可能均衡,也可能不均衡。这是因为,在短期均衡 (K_1, r_1) 上,一方面,利率 r 决定了储蓄的数量;另一方面,

短期资本存量 K_1 决定了折旧的数量。如果由 (K_1,r_1) 决定的储蓄和折旧并不相等,就会出现不等于零的净投资,资本存量就会随之发生变化。例如,在短期均衡状态 (K_1,r_1),如果储蓄大于折旧,则就存在正的净投资,正的净投资将导致资本存量从原来的 K_1 水平上增加;反之,如果储蓄小于折旧,则就存在负的净投资,负的净投资将导致资本存量从原来的 K_1 水平上减少。由此可见,尽管在短期中 K 是均衡的,但在长期中却可能并不均衡。只有当某个短期均衡的利率和资本存量所决定的储蓄和折旧正好相等时,这个短期均衡才同时也是长期均衡。

现在来看资本市场是如何从短期均衡走向长期均衡的。假定在一开始时的短期均衡状态 (K_1,r_1),利率相对较高而资本存量相对较低。相对较高的利率意味着相对较高的储蓄,相对较低的资本存量意味着相对较低的折旧。于是,在 (K_1,r_1) 上,储蓄大于折旧,即净投资大于零。净投资大于零导致资本存量增加。这意味着,从长期来看,短期资本供给曲线将沿着资本的需求曲线 D 从原来的 S_1S_1 向右移动(参见图 7-14)。随着短期资本供给曲线的向右移动,利率将下降而资本存量将增加,结果,储蓄相应下降而折旧相应增加,原先的储蓄与折旧的差距会缩小。这个过程将一直继续下去,直到储蓄与折旧之间的差距缩小到零,即二者相等为止。设短期资本供给曲线右移到 S_0S_0 时,储蓄恰好等于折旧,则 S_0S_0 与资本需求曲线 D 的交点 (K_0,r_0) 既表示资本市场的短期均衡,也表示它的长期均衡。在 (K_0,r_0) 上,由于储蓄和折旧恰好相等,净投资为零,故资本存量将稳定在 K_0 的水平上不再变化,资本市场达到了长期均衡。除非资本的需求曲线上移或者人们对未来消费的偏好增强,利率 r_0 和资本数量 K_0 将维持不变。

反过来,如果假定一开始时的短期资本供给曲线为图 7-14 中的 S_2S_2,短期均衡状态为 (K_2,r_2),此时,利率相对较低而资本存量相对较高。一方面,由于利率相对较低,故储蓄和投资也相对较低;另一方面,由于资本存量相对较高,故折旧也相对较高。于是,在 (K_2,r_2) 上储蓄小于折旧,即存在着负的净投资。负的净投资导致资本存量减少。这意味着,从长期来看,短期资本供给曲线将从原来的 S_2S_2 沿着资本的需求曲线 D 向左移动(参见图 7-14)。随着短期资本供给曲线的向左移动,利率将上升而资本存量将下降,结果,储蓄相应增加而折旧相应减少,原先的储蓄与折旧的差距会缩小。这个过程将一直继续下去,直到储蓄与折旧趋于相等为止。换句话说,短期资本供给曲线同样会左移到 S_0S_0。

本 章 小 结

本章主要讲解了要素使用的基本原则、要素需求曲线、要素供给曲线以及各类生产要素价格的确定。本章需要掌握生产要素的边际收益、边际成本、劳动供给曲线和土地供给曲线的形状分析。

本章重要概念

二维码 7-6:
练一练答案

完全竞争厂商　边际收益产品　生产要素　生产要素市场　完全竞争　边际产品价值
边际要素成本　供给曲线　劳动的供给曲线　均衡工资

第八章 一般均衡论和福利经济学

- ➤ 内容提要
- ➤ 重点难点
- ➤ 学习目标
- ➤ 知识框架
- ➤ 思政育人
- ➤ 第一节 一般均衡理论
- ➤ 第二节 判断经济效率的标准
- ➤ 第三节 交换的帕累托最优
- ➤ 第四节 生产的帕累托最优
- ➤ 第五节 交换和生产的帕累托最优
- ➤ 第六节 完全竞争和帕累托最优状态
- ➤ 第七节 社会福利函数
- ➤ 本章小结
- ➤ 本章重要概念

内容提要

本章主要讲解经济学的均衡、帕累托最优条件和社会福利函数。经济学的均衡包括局部均衡和一般均衡;帕累托最优状态的条件包括交换的帕累托最优条件、生产的帕累托最优条件、生产和交换的帕累托最优条件。

重点难点

本章重点为帕累托最优标准、交换的帕累托最优条件、生产的帕累托最优条件、生产和交换的帕累托最优条件、阿罗不可能定理;难点为帕累托最优标准、交换的帕累托最优条件、生产的帕累托最优条件、生产和交换的帕累托最优条件。

学习目标

通过本章学习,学生应准确理解判断经济效率的帕累托最优标准,掌握生产、交换的帕累托最优的条件以及论证完全竞争市场经济能够达到帕累托最优效率的原因。掌握社会福利函数,能够运用阿罗不可能定理和福利经济学原理分析现实问题。

知识框架

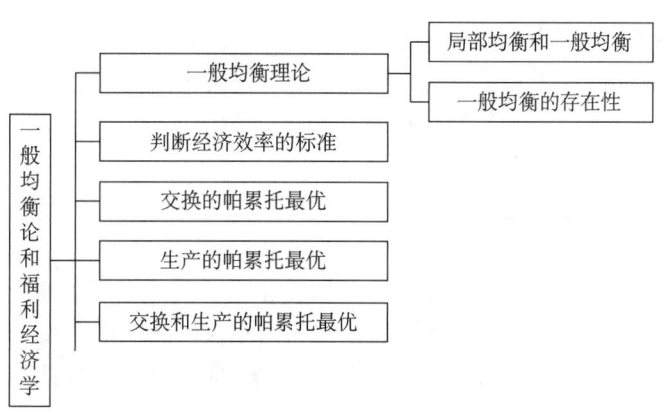

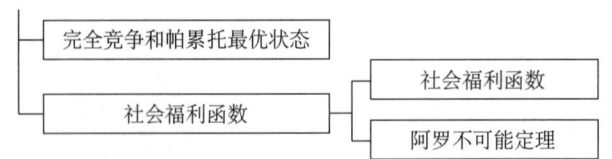

 思政育人　　以高质量发展推动西南地区加速崛起

川渝黔三省市地处西南内陆腹地,地理空间相邻,民风民俗相通。近年来,川渝黔三地紧紧抓住成渝地区双城经济圈建设的重要机遇,区域合作逐步扩展到体制机制、交通建设、产业发展、生态文明等多个方面,已形成3小时高铁经济区,成为全国最具发展活力的内陆区域。一是经济增速居于全国靠前位置。党的十八大以来,川渝黔三地按可比价计算的年均经济增速均超过全国水平。其中,重庆2012—2021年地区生产总值年均增长9.2%,贵州2013—2021年地区生产总值年均增长9.4%,四川2013—2021年地区生产总值年均增长7.7%。二是新动能显著增强。至2021年,三地合计劳动生产率达到劳均13万元,研究与试验发展人员约60万人,研究与试验发展经费投入总量保持稳定增长,高新技术企业数超过3000个,以上指标均比2011年实现至少翻一番。三是区域重要增长极地位显现。至2022年,川渝黔地区生产总值合计突破10万亿元,经济体量占全国的比重从2011年的7.1%跃升至2022年的8.8%,占西部地区的比重从2011年的36.7%提升至41.3%,成为新时代推进西部大开发形成新格局的重要力量。川渝黔地区正在走出一条创新动力更加强劲、协调发展更加有效、绿色转型更加彰显、开放水平更快提升、共享成色更加鲜明的区域高质量协同发展新路。

展望未来,川渝黔三省市要始终以新发展理念为引领,坚持以高质量发展统揽全局,聚焦产业联动、创新带动、内陆开放、生态合作等关键领域,开展深层次、高水平的区域协作,推动三地加速崛起。

西南地区的发展崛起,体现出国家整体经济规划的全局视野,也有助于提高西南地区人民的生活质量,提升社会福利水平。

资料来源:张学立. 以高质量发展推动西南地区加速崛起[EB/OL]. (2023-11-15)[2023-11-22]. https://epaper.gmw.cn/gmrb/html/2023-11/15/nw.D110000gmrb_20231115_2-07.htm.

第一节　一般均衡理论

一、局部均衡和一般均衡

1. 概念

局部均衡(partial equilibrium)研究的是单个产品市场或要素市场,它假定每个市场都是孤立的,市场中商品的需求和供给仅仅是其自身价格的函数,与其他商品的价格无关。假定其他商品的价格不变,某种商品的需求曲线和供给曲线共同决定了该商品市场的均衡价格和均衡数量,这种均衡即局部均衡。

但实际上,没有一个市场能在其他市场发生变化时,不对这一变化做出反应,这就涉及一般均衡问题。

一般均衡(general equilibrium)是将所有相互联系的各个市场看成是一个整体来进行研究。在一般均衡理论中,每一种商品的需求和供给不仅取决于该商品本身的价格,也取决于其他相关商品(如替代品和互补品)的价格。每一种商品的价格不能单独决定,而必须和其他商品的价格联合着来决定。当整个经济的价格体系恰好使所有的商品都供求相等时，市场就达到了一般均衡。

比如说，在产品市场上，CD光碟的价格上升，将引起磁带需求曲线右移和CD机的需求曲线左移，从而使磁带的价格上升，CD机的价格下降；进一步，磁带和CD机的价格变化将反过来影响CD光碟的价格，CD光碟的价格变化将进一步影响磁带和CD机的价格，如此循环。

2. 分析说明

为了更好地理解整个经济体系中各个不同市场的相互作用过程，我们考察一个简化的市场情况。在该经济中，总共包括四个市场，其中有两个要素市场，两个产品市场，为方便起见，假定第一个要素市场为原油市场，第二个要素市场为原油的替代要素煤市场，第一个产品市场也是以原油为投入的汽油市场，第二个产品市场为与汽油相互补充的小汽车市场。

现在假定，所有市场在刚开始的时候均处于均衡状态。图8-1由图(a)、图(b)、图(c)和图(d)四个子图构成，他们分别代表原油、煤、汽油和小汽车市场。每一子图中，初始状态均由供求曲线S和D给出，相应的均衡价格和均衡产量均由P_0和Q_0表示（当然，不同市场中P_0的和Q_0表示的是不同的产品或要素，并且其数值大小亦不一定相同）。

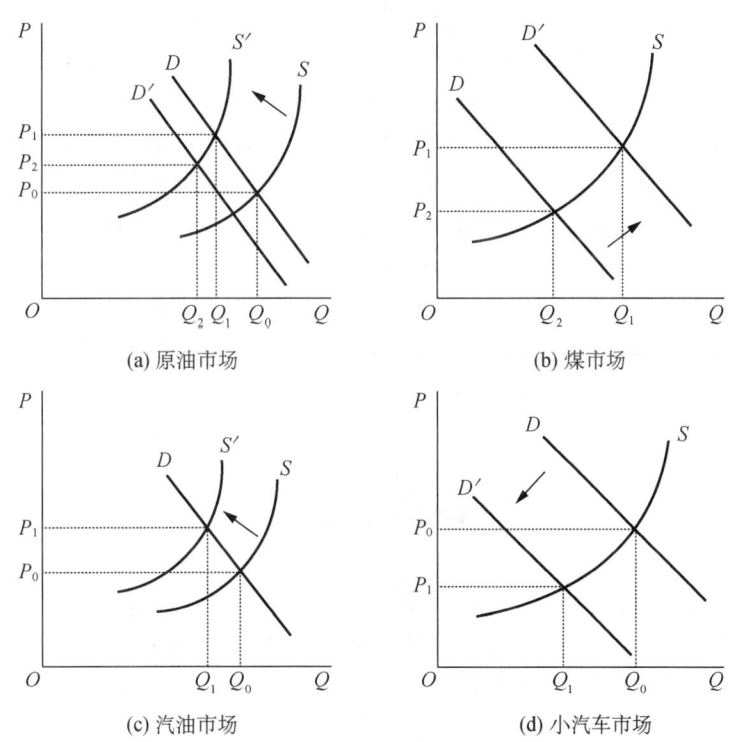

图8-1 市场之间的相互关系

图8-1(a)为原油市场。假定原油的供给由于某种非价格因素的影响而减少，即它的供给曲线从原来的S向左移动，假设供给曲线左移到S'。根据以前的局部均衡分析，将使原油的价格上升到P_1，产量则下降到Q_1。如果不考虑各个市场之间的相互依赖关系，则这就是全部的结果：P_1和Q_1分别为新的均衡价格和均衡数量。

但是，从一般均衡的角度分析，情况就不再相同。原油市场的价格变化将打破其他市场的原有均衡,从而引起它们的调整;而其他市场的调整又会反过来进一步影响原油市场,因而最终的原油均衡价格和数量并不一定就是 P_1 和 Q_1。

图 8-1(b)为煤市场。由于原油和煤是替代品,故原油价格的上升造成煤的需求的增加,即煤的需求曲线从 D 向右移到 D',那么均衡价格上升到 P_1,均衡产量增加到 Q_1。

图 8-1(c)为汽油市场。由于原油是汽油的投入要素,投入要素的价格上升就使汽油成本增加,于是,汽油的供给将减少。换句话说,原油价格的上涨使得汽油的供给曲线向左边移动,假设供给曲线由 S 移到 S'。S'与原来的需求曲线相交决定了汽油的新均衡价格为 P_1,新均衡产量为 Q_1。

图 8-1(d)为小汽车市场。汽车和汽油是所谓的互补商品。当图 8-1(c)中的汽油市场价格上升之后,其补充品即小汽车的需求将减少。换句话说,小汽车的需求曲线由于汽油价格上升而向左边移动,假设需求曲线由 D 左移到 D',使得小汽车的均衡价格下降到 P_1,均衡产量减少到 Q_1。

由此我们知道,原油市场供给减少造成原油价格上升对所有其他市场的影响:其产品汽油的价格上升,其替代品煤的价格上升,以及小汽车的价格下降。所有这些其他市场价格的变化会反回来影响原油市场。首先,汽油价格的上升将提高原油的需求,而汽油数量的下降则减少该需求,故汽油市场的反馈效应可能使原油需求曲线左移或右移;其次,小汽车市场价格下降及数量减少很可能使原油需求曲线左移;最后,煤市场价格上升及数量上升的反馈效应则是增加对原油的需求。最终的结果,原油的需求曲线可能左移,可能右移,原油需求曲线的左移或右移取决于两方面力量的大小。在图 8-1(a)中,假定左移的力量超过了右移的力量,于是原油的需求曲线 D 向左移动到位置 D'。此时,原油的均衡价格和数量不再等于局部均衡分析中的 P_1 和 Q_1,而是为 P_2 和 Q_2。

现在图 8-1(a)中的原油价格发生了变化,按照上述分析该变化又会影响其他市场;被影响后的其他市场均又会反过来再影响原油市场……如此一直继续调整下去,直到最后所有市场又都重新达到均衡状态,即新的一般均衡状态。

相关思考 8-1

粮食价格上涨的连锁反应

联合国粮食及农业组织(FAO)指出,由于产量问题和库存不足,2008 年全球谷物价格将保持在较高水平,这将导致世界许多地区的面包、意大利面、肉类和牛奶等主要食品价格飞涨。

该组织在报告中说,据估计,2008 年许多国家将不得不花更多的钱用于谷物进口,这将引起粮食供应链的连锁反应,导致动物饲料和主要食品的零售价格提高。该机构说,2007 年涨幅最大的是乳制品,在某些情况下价格增长超过 200%。报告还说,价格上涨导致粮食运输价格上涨,而对生物燃料的需求也不断增加,这将导致生产环保燃料的农作物价格上涨。

请结合所学知识,分析上述现象。

二、一般均衡的存在性

在前面的分析中,我们假定市场是可以达到一般均衡的。如果市场不能达到一般均衡,市场中的所有价格将一直处于波动状态,对商品或劳务均衡价格和均衡数量的分析也就无法成立。那么,是否存在稳定的一般均衡呢?即是否存在一组均衡价格,在该价格体系上,所有商品的供求均相等呢？这就是所谓的一般均衡的存在性问题。

法国经济学家里昂·瓦尔拉斯在经济学史上最先充分地认识到一般均衡问题的重要性。他第一个提出了一般均衡的数学模型并试图解决一般均衡的存在性问题。除此之外，他还对一般均衡的唯一性、稳定性及最优性等问题作过探索。瓦尔拉斯的一般均衡体系是按照从简单到复杂的路线一步步建立起来的。他首先撇开生产、资本积累和货币流通等复杂因素，集中考察所谓交换的一般均衡。在解决了交换的一般均衡之后，他加入更加现实一些的假定——商品是生产出来的，从而讨论了生产（以及交换）的一般均衡。但是，生产的一般均衡仍然不够"一般"，它只考虑了消费品的生产而忽略了资本品的生产和再生产。因此，瓦尔拉斯进一步提出其关于"资本积累"的第三个一般均衡模型。他的最后一个模型是"货币和流通理论"，考虑了货币交换和货币窖藏的作用，从而把一般均衡理论从实物经济推广到了货币经济。

尽管瓦尔拉斯最先认识到一般均衡问题的重要性，但遗憾的是，瓦尔拉斯关于一般均衡存在性的证明却是不严格的甚至是错误的。因为他简单地认为，在所有市场的供给和需求都相等的均衡条件中，方程数目和变量数目相等，则一般均衡是存在且唯一的。直到 20 世纪二三十年代之后，西方经济学家利用集合论、拓扑学等数学方法，在相当严格的假定条件下证明：一般均衡体系存在着均衡，而且，这种均衡可以处于稳定状态，并同时满足经济效率的要求。这些假设条件有：任何厂商都不存在规模报酬递增；每一种商品的生产至少必须使用一种原始生产要素。任何消费者所提供的原始生产要素都不得大于它的初始存量；每个消费者都可以提供所有的原始生产要素；每个消费者的序数效用函数都是连续的；消费者的欲望是无限的；无差异曲线凸向原点，等等。总之，在一定的假设条件全部得到满足时，一般均衡体系就有均衡解存在。

第二节 │ 判断经济效率的标准

一、实证经济学与规范经济学

1. 实证经济学

实证经济学（positive economics）研究经济体系是怎样运行的，它对经济行为作出有关的假设，根据假设分析和陈述经济行为及其后果，并试图对结论进行检验。简言之，实证经济学回答"是什么"的问题。例如，在上一节中，西方经济学从一系列假定出发说明了整个经济体系在理论上存在所谓一般均衡状态，即存在这样一组价格，使得所有商品的供求都恰好相等。这就是实证经济学。

2. 规范经济学

规范经济学（nomative economics）试图从一定的价值判断出发，根据这些标准，对一个经济体系的运行进行评价，并进一步说明一个经济体系应当怎样运行，以及为此提出相应的对策。因此，规范经济学研究的是"应当是什么"的问题。例如，上一节中西方经济学说明了一般均衡的存在，但是这种均衡是否对整个社会是"最优"呢？是否还有其他的更好的状态使得整个社会的福利更大呢？这些都涉及好坏、优劣等价值判断的问题。这些问题属于规范经济学的研究范畴。

二维码 8-1：视频：实证经济学与规范经济学

二、帕累托标准

为判断不同资源配置方案的优劣,假定整个社会只有甲和乙两个人,且只有 A 和 B 两种资源配置状态。甲和乙在 A 和 B 之间进行选择,每个人的选择有三种可能:一种是认为 A 优于 B,一种是认为 B 优于 A,还有一种是认为 A 与 B 没有差异。如果甲和乙持相同的看法,从社会来看他们的意见就是最好的。但是如果甲和乙的意见完全相反,则从社会的角度难以说明 A 和 B 哪个最优,除非能够假定甲或乙的意见无关紧要,可以不予考虑,否则不能判断 A 和 B 的优劣。但如果 A 和 B 的意见虽然不一致,但二者无根本对立,例如甲认为 A 优于 B,乙认为 A 与 B 没有差异,此时社会可认为 A 优于 B。推而广之,整个社会如果至少有一人认为 A 优于 B,而没有人认为 A 劣于 B,则从社会的观点看亦有 A 优于 B。这就是帕累托最优状态标准,简称为帕累托标准(pareto criterion)。

1. 帕累托改进

如果既定的资源配置状态的改变可以使至少有一个人的状态变好而不使其他任何人的状况变坏,则我们认为这种资源配置状态的变化是"好"的;否则,我们认为是"坏"的。这种以帕累托标准来衡量"好"的状态改变称为"帕累托改进"(pareto improvement)。

2. 帕累托最优状态

如果对于既定的资源配置状态,所有的帕累托改进都不存在,即在该状态上,任意的改变都不可能使至少有一人的状况变好而又不使其他任何人的状况变坏,则这种资源配置状态就是帕累托最优状态(pareto optimality)。

达到帕累托最优状态所具备的条件称为帕累托最优条件。帕累托最优条件包括:交换的最优条件、生产的最优条件以及交换和生产的最优条件。

二维码 8-2:
视频:帕累托标准

相关思考 8-2

白天与黑夜对盲人是一样的

牧师、心理学家和经济学家三人决定去打高尔夫球。在他们前边,是两位打得非常缓慢的人。打到第八洞时,他们因实在受不了开始大声地抱怨。牧师说:"圣母呀,我祈祷,他们下次再来打球前应该好好练习练习。"心理学家说:"我敢发誓,肯定有人喜欢打慢球。"经济学家说:"我真没有想到打高尔夫球花这么长的时间。"在打第九洞时,心理学家忍受不了这样的节奏,就走向那两位球童,要求让他们这些后来者先打。球童说可以,并解释说他们二位是双目失明的退休消防员,所以球打得很慢。他们都是因为在大火中救人致盲的,所以希望三位不要再提高嗓门抱怨了。牧师深感惭愧地说:"我身为神职人员,居然一直在诅咒盲人球打得慢。"心理学家亦感到惭愧:"我是一位职业为人排忧解难的人,可我一直在抱怨需要帮助的盲人球打得慢。"经济学家表情凝重地对球童说:"听仔细了,下次让他们晚上来打球。"

白天与黑夜对盲人是一样的,经济学家的话形象地揭示了帕累托最优状态的含义,你能理解吗?

第三节 交换的帕累托最优

前面我们已经说明了整个社会如何通过价格机制达到一般均衡,这里我们要进一步分析这种一般均衡形成时经济效率是否已达到最大。研究这个问题,西方经济学家通常采用一种直观的、非数学计算的方法——埃奇沃斯盒状图(edgeworth box diagram)。这种盒状图由英国经济学家埃奇沃斯于1881年首创,方形的盒的长和高分别代表两个消费者(或生产者)所拥有的两种商品(或生产要素)的总量,盒状图中各点表示两种商品(或生产要素)的总供给量在两个消费者(或生产者)之间的配置状态。埃奇沃斯盒状图揭示了当所有消费的总量或经济活动中使用的投入品总量固定时,如何配置资源及考察生产的效率。假设社会上只有两个消费者和两种产品,两个生产者和两种生产要素,资源(生产要素)总量和价格既定,人们追求的是效用最大化和利润最大化。下面我们先研究交换的最优条件。

一、交换的埃奇沃斯盒状图

1. 一般描述

假定两种产品分别为 X 和 Y,其既定数量为 $\overline{X}$ 和 $\overline{Y}$,两个消费者分别为 A 和 B。在埃奇沃斯盒状图中,盒子的水平长度表示整个经济中第一种产品 X 的数量 $\overline{X}$,盒子的垂直高度表示第二种产品 Y 的数量 $\overline{Y}$。O_A 为第一个消费者 A 的原点,O_B 为第二个消费者 B 的原点。从 O_A 点水平向右测量消费者 A 对第一种商品 X 的消费量 X_A,从 O_A 点垂直向上测量他对第二种商品 Y 的消费量 Y_A;从 O_B 水平向左测量消费者 B 对第一种商品 X 的消费量 X_B,从 O_B 点垂直向下测量他对第二种商品 Y 的消费量 Y_B。

现在考虑盒中的任意一点,如点 a。点 a 对应于消费者 A 的消费量 (X_A, Y_A) 和消费者 B 的消费量 (X_B, Y_B)。则有:

$$X_A + X_B = \overline{X}$$
$$Y_A + Y_B = \overline{Y}$$

换句话说,盒中的任意一点确定了一套数量,表示每个消费者对每种商品的消费,且满足上述分配公式。因此,盒子(包括边界)确定了两种物品在两个消费者之间的所有可能的分配情况。特别是,在盒子的垂直边上的任意一点,表明某个消费者不消费 X,在盒子的水平边上的任意一点,表明某个消费者不消费 Y。

那么在埃奇沃斯盒中的全部可能的产品分配状态之中,哪些是帕累托最优状态呢?

我们在埃奇沃斯盒状图中加入表示消费者偏好的无差异曲线。消费者 A 的无差异曲线以 O_A 为原点向右下方倾斜且向 O_A 点凸出,消费者 B 的无差异曲线以 O_B 为原点向右下方倾斜且向 O_B 点凸出。图中 I_A、II_A 和 III_A 是消费者 A 的三条代表性无差异曲线,I_B、II_B 和 III_B 是消费者 B 的三条代表性无差异曲线。无差异曲线离原点越远,代表的效用水平越高。具体如图8-2所示。

2. 第一个结论

现在我们在埃奇沃斯盒状图中任选一点,表示两种商品在两个消费者之间的一个初始分配。例如,选择一点 a。由于假定效用函数是连续的,故 a 点必然处于消费者 A 的某条无差异曲线上,也处于消费者 B 的某条无差异曲线上,即消费者 A 和消费者 B 分别有一条无差异曲线经过 a 点。如图8-2所示,点 a 是无差异曲线 II_A 和 I_B 的交点。a 点不可能是帕累托最优状态。这是因为,通过改变该初始分配状态,如从 a 点变动到 b 点,则消费者 A 的效用水平从无差异曲线 II_A 提高到 III_A,而消费者 B 的效用水平并未变化,仍停留在无差异

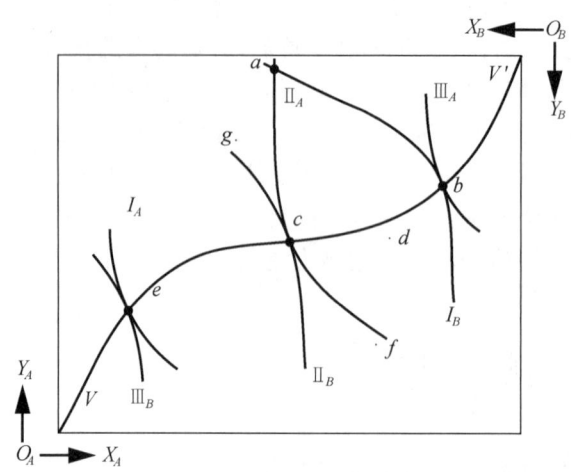

图 8-2 交换的埃奇沃斯盒状图

曲线 I_B 上。由此得到第一个结论:在交换的埃奇沃斯盒状图中的任意一点,如果它处在消费者 A 和 B 的两条无差异曲线的交点上,则它就不是帕累托最优状态,因为在这种情况下,总存在帕累托改进的余地,即总可以改变该状态,使至少有一个人的状况变好且没有人的状况变坏。

3. 第二个结论

如果假定初始的产品分配状态处于两条无差异曲线的切点上,如图 8-2 中点 c 的分配状态,此时不存在任何帕累托改进的余地,即它们均为帕累托最优状态。改变 c 点状态只有如下几种可能:①向右上方移到消费者 A 的较高的无差异曲线上,则 A 的效用水平提高了,但消费者 B 的效用水平却下降了;②向左下方移到消费者 B 的较高的无差异曲线上,则 B 的效用水平提高了,但消费者 A 的效用水平却下降了;③剩下来的唯一一种可能则是消费者 A 和 B 的效用水平都降低。例如,从 c 点移到 g 点或 f 点,都属于此种情况。这几种情况都不属于帕累托改进。

由此可得第二条结论:在交换的埃奇沃斯盒状图中的任意一点,如果它处在消费者 A 和 B 的两条无差异曲线的切点上,则它就是帕累托最优状态,并称之为交换的帕累托最优状态。在这种情况下,不存在帕累托改进的余地,即任何改变都不能使至少一个人的状况变好而没有人的状况变坏。

二、交换的帕累托最优状态

1. 交换契约曲线

无差异曲线的切点不止点 c 一个。点 b 和点 e 以及其他许多未在图 8-2 中画出的点也都是无差异曲线的切点,都代表帕累托最优状态。所有无差异曲线的切点的轨迹构成曲线 VV',该曲线称为交换契约曲线(或效率曲线),它表示两种产品在两个消费者之间所有最优分配(即帕累托最优状态)的集合。

2. 交换的帕累托最优条件

通过之前的分析我们知道,交换的帕累托最优状态是无差异曲线的切点,在该点,两条无差异曲线的斜率相等。我们前面的章节已经说明:无差异曲线的斜率的绝对值又称为两种商品的边际替代率(更准确地说,是商品 X 代替商品 Y 的边际替代率)。因此,交换的帕累托最优状态的条件可以用边际替代率的术语来表示:要使两种商品 X 和 Y 的两个消费者 A 和 B 之间的分配达到帕累托最优状态,则对于这两个消费者来说,这两种商品的边际替代率必须相等。

例如,假设对于消费者 A 和 B 来说,X 代替 Y 的边际替代率分别用 MRS_{XY}^A 和 MRS_{XY}^B 来表示,则交换的帕累托最优状态条件的公式就是:

$$MRS_{XY}^A = MRS_{XY}^B$$

假定在初始的分配中,消费者 A 的边际替代率 MRS_{XY}^A 等于 3,消费者 B 的边际替代率 MRS_{XY}^B 等于 5。这意味着 A 愿意放弃 1 单位的 X 来交换不少于 3 单位的 Y。因此,A 若能用 1 单位 X 交换到 3 单位以上的 Y 就增加了自己的福利;另一方面,B 愿意放弃不多于 5 个单位的 Y 来交换 1 个单位 X。因此,B 若能用 5 单位以下的 Y 交换到 1 单位的 X 就增进了自己的福利。由此可见,消费者 A 用 1 单位 X 交换到 4 个单位的 Y,而消费者 B 用 4 单位 Y 交换到 1 单位 X,则他们两个人的福利都得到了提高。只要两个消费者的边际替代率不相等,上述这种重新分配(使某些消费者好起来而不使其他消费者坏下去)就总是可能的,就总存在有帕累托改进的余地。换句话说,当边际替代率不相等时,产品的分配未达到帕累托最优。

交换的帕累托最优条件还可以推导为:任何两种商品之间的边际替代率,对所有的消费者都相等。当这个条件满足时,就意味着商品在消费者之间实现了最优配置。

第四节 | 生产的帕累托最优

一、生产的埃奇沃斯盒状图

假定一个经济社会只有两个生产者 C 和 D,他们可以选择两种供给既定的要素 L 和 K,其既定数量为 $\overline{L}$ 和 $\overline{K}$,分别生产两种产品 X 和 Y。这里我们可先给出等产量图,然后得到埃奇沃斯盒状图,如图 8-3。左下方是厂商 C 生产 X 产品的等产量线,横轴 L_C 表示厂商 C 投入要素 L 的数量,纵轴 K_C 表示厂商 C 投入要素 K 的数量。I_C、II_C 和 III_C 分别表示厂商 C 利用 L 和 K 生产 X 的不同水平的等产量曲线。右上方是厂商 D 生产 Y 产品的等产量线,横轴 L_D 表示厂商 D 投入要素 L 的数量,纵轴 K_D 表示厂商 D 投入要素 K 的数量。I_D、II_D 和 III_D 分别表示厂商 D 利用 L 和 K 生产 Y 的不同水平的等产量曲线。qq′是厂商生产 X 和 Y 两种产品的等产量曲线的切点的轨迹,称为生产契约线(其含义和交换契约曲线类似)。

二、生产的帕累托最优条件

与前面分析交换的帕累托最优条件一样,我们可以得到生产的帕累托最优条件:
(1) 生产的帕累托最优状态是等产量曲线的切点。在该切点上两条等产量曲线的斜率相等。
(2) 根据前面所讲的知识,等产量曲线的斜率的绝对值又叫两种要素的边际技术替代

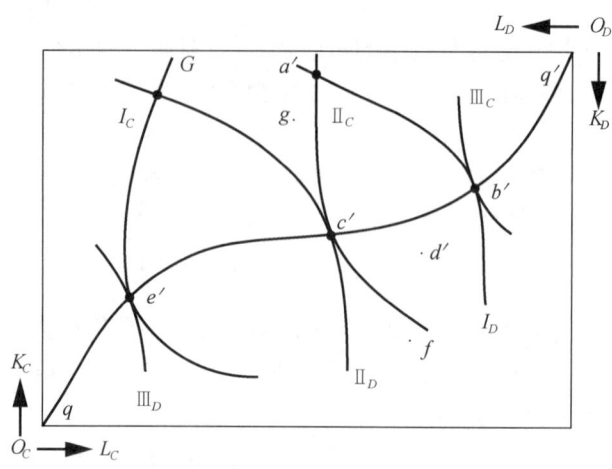

图 8-3 生产的埃奇沃斯盒状图

率(更准确的说,是要素 L 代替要素 K 的边际技术替代率)。因此生产的帕累托最优状态的条件可以用边际技术替代率的术语来表示:要使两种要素 L 和 K 在两个生产者 C 和 D 之间的分配达到帕累托最优状态,则对这两个生产者来说,这两种要素的边际技术替代率必须相等。例如,假设对于生产者 C 和 D 来说,L 代替 K 的边际技术替代率分别用 $MRTS_{LK}^C$ 和 $MRTS_{LK}^D$ 来表示,则生产的帕累托最优状态条件的公式就是:

$$MRTS_{LK}^C = MRTS_{LK}^D$$

举例来说,假定在初始分配中,生产者 C 的边际技术替代率 $MRTS_{LK}^C$ 等于 3,生产者 D 的边际技术替代率 $MRTS_{LK}^D$ 等于 5。这意味着 C 愿意放弃 1 单位的 L 来交换不少于 3 单位的 K。因此 C 若能用 1 单位 L 交换到 3 单位以上的 K,就增进了自己的福利;另一方面,D 愿意放弃不多于 5 单位的 K 来交换 1 单位的 L,若 D 能用 5 单位的 K 交换到 1 单位的 L,就增进了自己的福利。由此可见,如果生产者 C 用 1 单位 L 交换 4 单位的 K,而生产者 D 用 4 单位的 K 交换 1 单位的 L,则他们两个人的福利都得到了提高。只要两个生产者的边际技术替代率不相等,上述这种重新分配(使某些生产者好起来而不使其他生产者坏下去)就总是可能的。

第五节 交换和生产的帕累托最优

就整个经济社会来说,要达到社会福利最大,除了前面所论述的产品分配和要素配置都处于帕累托最优状态,还要考虑社会的效用是不是达到了最大。表示社会效用最大的 A 和 B 二者效用组合的轨迹,叫总效用可能性曲线,它是个人效用可能性曲线的包络线。

一、总效用可能性曲线

1. 对总效用可能性曲线的描述

图 8-2 中的交换契约曲线为 VV',VV' 上任意一点均为帕累托最优状态。因此,给定生产契约曲线上一点,即给定一个生产的帕累托最优状态,现在有一条交换契约曲线,它有无

穷多个交换的帕累托最优状态与之对应。虽然在这无穷多个交换的帕累托最优状态之中,任意一个点都表示交换已经处于最优状态,但并不一定表示在与生产联合起来看时已达到了最优状态。

2. 对总效用可能性曲线的分析

根据生产的一般均衡理论,生产要素的分配应在生产契约线上,或者说由生产契约线而产生的转换线——生产可能性曲线上,即图 8-4 中的 VV' 线上。

假如生产要素的分配确定在生产可能性曲线上的 E_2 点,此时相应的 X 产量为 X_2,Y 产量为 Y_2。对消费者而言,其交换消费品只能在这个既定的产量组合范围内进行,于是 $OY_2E_2X_2$ 构成一个既定产量组合下的埃奇沃斯盒状图。

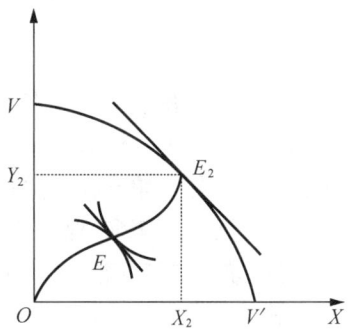

图 8-4 生产-交换的帕累托最优

二、生产和交换的帕累托最优条件

根据交换的一般均衡理论,要使产品 X 和 Y 分别对应的产量 X_2 和 Y_2 在 A 和 B 两个消费者之间分配最优,使社会总满足程度最大,分配必须沿着交换契约线 OE_2 进行。但是交换契约线上有无数个点,能够满足生产和交换的一般均衡的最优分配点如何确定呢?当交换契约线上某一点(比如 E 点)的边际替代率等于这两种产品的边际转换率,即 $MRS_{XY} = MRT_{XY}$ 时,即达到了生产与交换的一般均衡。如果 $MRS_{XY} \neq MRT_{XY}$,生产者将沿着生产可能性曲线来调整生产要素在两种产品生产上的分配,即调整两种产品的产量;消费的埃奇沃斯盒状图随之改变,消费者也将调整产品的分配,直到达到两种产品的边际替代率等于它们的边际转换率,即:

$$MRS_{XY} = MRT_{XY}$$

假设图 8-5 中 E_2 点的边际转换率 $MRT_{XY}=0.5$,表示在资源既定条件下,在产品组合为 X_2Y_2 时,增加 1 单位 X 产品生产只需减少 0.5 单位 Y 产品生产。假设 E 点的边际替代率 $MRS_{XY}=1$,表示在消费总量为 X_2Y_2 时,消费者多消费 1 单位 X 产品可以减少 1 单位 Y 产品消费,而效用水平不变。此时,$MRS_{XY} > MRT_{XY}$,就没有达到生产与交换的一般均衡,因为在这种情况下,生产者改变产品组合,多生产 X 产品少生产 Y 产品,可以使消费者总效用水平提高。例如多生产 2 单位 X 而少生产 1 单位 Y,就可以使消费者多消费 1 单位 X。由此我们得到结论:若 X 对 Y 的边际转换率小于边际替代率,即 $MRS_{XY} > MRT_{XY}$,减少 Y 的产量,增加 X 的产量可以提高消费者的总效用水平;若 X 对 Y 的边际转换率大于边际替代率,即 $MRS_{XY} < MRT_{XY}$,减少 X 的产量,增加 Y 的产量,也可以使社会总效用水平提高;当 $MRS_{XY} = MRT_{XY}$ 时,生产和交换都已没有调整的必要,生产与交换同时达到的均衡。

简单的交换与生产的一般均衡模型表明,在资源总量、技术水平既定的条件下,若掌握了所有消费者的效用函数以及所有生产者的生产函数,社会就有可能通过资源配置的不断调整,对产品分配方案进行不断改进,达到一个最佳的生产计划和最佳的消费计划,使资源的配置效率达到最大,消费者的效用水平也达到最大。

二维码8-3
趣味阅读：
空中的帕累
托改进

实际上，生产与交换的一般均衡的含义是，经济必须生产反映消费者偏好的产品组合。这就是组合效率。

第六节 完全竞争和帕累托最优状态

在前面的章节我们论述了完全竞争经济在一定的假定条件下，存在着一般均衡状态，说明了经济的帕累托最优状态。那么，我们不禁要问：完全竞争经济的一般均衡状态是否实现了帕累托最优呢？针对这个问题，西方经济学的基本结论是：任何竞争均衡都是帕累托最优状态，同时，任意帕累托最优状态也都可由一套竞争价格来实现。

早在两百多年前，亚当·斯密就曾断言，人们在追求私人目的时，会在一只"看不见的手"的指导下，实现增进社会福利的社会目的。每一个人所考虑的不是社会利益，而是他的自身利益。但是，他对自身利益的研究自然会或不如说必然会引导他选定最有利于社会的用途。所以，每一个人受着一只看不见的手的指导，去尽力达到一个并非他本意想达到的目的。当代西方经济学家亚当·斯密的上述思想发展成为一个更加精致的"原理"：给定一些理想条件，单个家户和厂商在完全竞争经济中的最优化行为将导致帕累托最优状态。这就是所谓"看不见的手"的原理。

一、交换的最优条件

在效用论中，我们知道消费者的均衡条件是两种商品的边际替代率等于两种商品的价格之比，即：

$$MRS_{XY} = \frac{P_X}{P_Y}$$

这是单个消费者的均衡条件。在完全竞争条件下，在追逐最大效用的潜在动力下，经济社会的所有消费者都要使自己所消费商品的边际替代率等于其消费品的价格之比。假定经济中只有 A 和 B 两个人，消费 X 和 Y 两种商品，两个消费者处于均衡时一定有：

$$MRS_{XY}^A = MRS_{XY}^B = \frac{P_X}{P_Y}$$

从而我们得到 $MRS_{XY}^A = MRS_{XY}^B$，而这刚好就是交换的最优条件。可见，在完全竞争经济中，产品的均衡价格实现了交换的帕累托最优。

二、生产的最优条件

在完全竞争经济中，为获得最大的利润，所有厂商的生产行为一定会遵循要素的边际替代率等于要素的价格之比这一条件。假定经济社会中只有 C 和 D 两个生产者，利用生产要素 L 和 K，两个生产者处于均衡时一定有：

$$MRTS_{LK}^C = MRTS_{LK}^D = \frac{P_L}{P_K}$$

从而我们得到 $MRTS_{LK}^C = MRST_{LK}^D$，而这刚好就是生产的最优条件。可见，在完全竞争经济中，要素的均衡价格实现了生产的帕累托最优。

三、生产和交换的最优条件

在论述这一条件前,先对边际转换率作一点解释。已知商品 X 对商品 Y 的边际转换率是:

$$MRT_{XY} = \left|\frac{dy}{dx}\right| = \left|\frac{\Delta Y}{\Delta X}\right|$$

它表示多生产 ΔX 单位商品 X 就必须少生产 ΔY 单位商品 Y,或者,少生产 ΔX 单位商品 X 就可以多生产 ΔY 单位商品 Y。因此,可以把 $\frac{\Delta Y}{\Delta X}$ 看成是商品 X 和商品 Y 的边际成本(从机会成本的角度来说)之比,即:

$$MRT_{XY} = \left|\frac{\Delta Y}{\Delta X}\right| = \left|\frac{MC_X}{MC_Y}\right|$$

在完全竞争市场中,我们知道生产者利润最大化的条件是产品的价格等于其边际成本,于是有:

$$P_X = MC_X \qquad P_Y = MC_Y$$

所以有: $\frac{MC_X}{MC_Y} = \frac{P_X}{P_Y}$,即 $MRT_{XY} = \frac{P_X}{P_Y}$。

由消费者效用最大化条件:

$$MRS_{XY} = \frac{P_X}{P_Y}$$

得:

$$MRS_{XY} = MRT_{XY}$$

这也就是交换和生产的最优条件。因此,在完全竞争经济中,商品的均衡价格实现了生产和交换的帕累托最优条件。

第七节 社会福利函数

一、社会福利函数

前面一直讨论的是资源配置中的效率问题,没有涉及社会福利的分配问题:在社会的分配中,当一个人占有了所有的社会资源时是一个典型的帕累托最优,但在其他人看来却不是一个好的分配。本节将利用社会福利函数(social welfare function)来讨论福利的分配问题。

社会福利理论由美国经济学家伯格森(Abram Bergson)于 1938 年在《福利经济学一些方面的重新表述》一文中首先提出,后由美国经济学家保罗·萨缪尔森(Paul Samuelson)加以发展。根据萨缪尔森的观点,社会福利函数是社会所有个人福利函数的总和,描述的是个人福利与社会福利的关系。

1. 概念

社会福利函数表示的是在效用可能性曲线上每一点所代表的社会福利的相对大小,或者更一般地说,表示的是效用可能性区域或整个效用空间中每一点所代表的社会福利的相对大小。社会福利函数是社会所有个人的效用水平的函数。因此,在我们的两人社会中,社会福利函数 W 可以写成:

$$W = W(U_A, U_B)$$

给定上式,由一个效用水平组合 (U_A, U_B) 可以求得一个社会福利水平。如果我们假定社会福利水平为某个固定值,例如令 $W = W_1$,则社会福利函数为:

$$W_1 = W(U_A, U_B)$$

上式表明,当社会福利水平为 W_1 时,两个消费者之间的效用水平 U_A 和 U_B 的关系。该关系的集合表示就是图 8-5 中曲线 W_1。曲线 W_1 称为社会无差异曲线,在该曲线上,不同的点代表着不同的效用组合,但所表示的社会福利却是一样的。故从社会角度来看,这些点均是"无差异的"。同样的,如果令社会福利水平为 W_2 和 W_3,亦可以得到相应的社会无差异曲线。与单位消费者的无差异曲线一样,社会无差异曲线亦是向右下方倾斜且凸向原点,并且较高位的社会无差异曲线代表较高的社会福利水平。

2. 最大社会福利

有了社会福利函数即社会无差异曲线,则结合效用可能性曲线 UU' 即可决定最大的社会福利。最大社会福利显然在效用可能性曲线 UU' 和社会无差异曲线 W_2 的切点 e 上达到。这一点被称为"限制条件下的最大满足点"。这是能导致最大社会福利的生产和交换的唯一点。之所以它被叫作限制条件下的最大满足点,是因为它不容许为任何可能值,即不能任意选择,而要受到既定的生产资源、生产技术条件等的限制。UU' 曲线和社会无差异曲线 W_1 交于 S 和 S' 两点。这些点所代表的社会福利都低于 W_2,因而不是最大

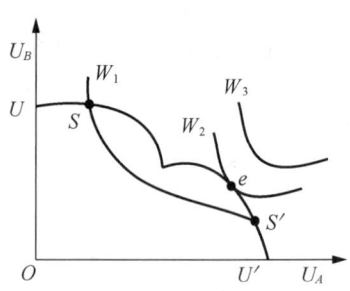

图 8-5　最大社会福利

社会福利;W_3 是比 W_2 更高的社会无差异曲线,因而代表更大的社会福利,但这种更大的社会福利超出了效用可能性曲线,也就是超出了所有条件下所能够达到的最大水平。如图 8-5 所示。

如果确实存在上述所谓社会福利函数,则可以在无穷多的帕累托最优状态中进一步确定哪些是社会福利最大化的状态。如果真做到这一点,则资源配置问题便可以看成是彻底解决了。但是,社会福利函数究竟存不存在呢?换句话说,能不能从不同个人的偏好当中合理地形成所谓的社会偏好呢?可惜的是,阿罗在 1951 年在相当宽松的条件下证明了这是不可能的。这就是有名的"阿罗不可能定理"。

二、阿罗不可能定理

1. 概述

阿罗不可能定理(arrow's impossibility theorem)是由 1972 年诺贝尔经济学奖的获得者之一阿罗首先陈述和证明的。

1951年肯尼斯·约瑟夫·阿罗（Kenneth J. Arrow）在他创作的经济学经典著作《社会选择与个人价值》一书中，采用数学的公理化方法对通行的投票选举方式能否保证产生出合乎大多数人意愿的领导者或者说能否"将每个个体表达的先后次序综合成整个群体的偏好次序"进行了研究。结果，他得出了一个惊人的结论：将每个个体表达的先后次序综合成整个群体的偏好次序在绝大多数情况下是不可能的！更准确的表达则是：当至少有三名候选人和两位选民时，不存在满足阿罗公理的选举规则。或者也可以说是：随着候选人和选民的增加，"程序民主"必将越来越远离"实质民主"。

定理前提为假设有一个非常民主的群体，或者说是一个希望在民主基础上作出自己的所有决策的社会，对它来说，群体中每一个成员的要求都是同等重要的。一般地，对于最应该做的事情，群体的每一个成员都有自己的偏好。为了决策，就要建立一个公正而一致的程序，能把个体的偏好结合起来，达成某种共识。这就要进一步假设群体中的每一个成员都能够按自己的偏好对所需要的各种选择进行排序，对所有这些排序的汇聚就是群体的排序。

2. 内容

阿罗不可能定理的主要内容是在非独裁的情况下，不可能存在适用于所有个人偏好类型的社会福利函数。更具体地说，阿罗认为，任何一个合理的社会福利函数起码应该满足如下要求：

(1) 其定义域不受限制，即它适用于所有可能的个人偏好类型。

(2) 非独裁，即社会偏好不以一个人或者少数人的偏好决定。

(3) 帕累托最优原则，即如果所有人都偏好 A 胜于 B，则社会也偏好 A 胜于 B。

(4) 无关变化的独立性，这一要求可以简单理解为：只要所有人对 A 和 B 的偏好不变（不管其他偏好如何变化，例如对 A 和 C 的偏好发生变化，或对 B 和 C 的偏好发生变化），则社会对 A 和 B 的偏好不变。

阿罗证明：满足上述四个条件且具有传递性偏好次序的社会福利函数不存在。他指出，多数规则（majority rule）的一个根本缺陷就是在实际决策中往往导致循环投票。

阿罗不可能定理源自孔多塞的"投票悖论"，早在十八世纪法国思想家孔多塞就提出了著名的"投票悖论"：假设甲、乙、丙三人，面对 a、b、c 三个备选方案，有如下的偏好排序。

甲(a>b>c)；乙(b>c>a)；丙(c>a>b)

注：甲(a>b>c)代表甲偏好 a 胜于 b，又偏好 b 胜于 c。

(1) 若取"a""b"对决，那么按照偏好次序排列如下：

甲(a>b)；乙(b>a)；丙(a>b)；社会偏好次序为(a>b)。

(2) 若取"b""c"对决，那么按照偏好次序排列如下：

甲(b>c)；乙(b>c)；丙(c>b)；社会偏好次序为(b>c)。

(3) 若取"a""c"对决，那么按照偏好次序排列如下：

甲(a>c)；乙(c>a)；丙(c>a)；社会偏好次序为(c>a)。

于是我们得到三个社会偏好次序——(a>b)、(b>c)、(c>a)，其投票结果显示"社会偏好"有如下事实：社会偏好 a 胜于 b、偏好 b 胜于 c、偏好 c 胜于 a。显而易见，这种所谓的"社会偏好次序"包含有内在的矛盾，即社会偏好 a 胜于 c，而又认为 a 不如 c。所以按照投票的大多数规则，不能得出合理的社会偏好次序。

阿罗不可能定理说明,依靠简单多数的投票原则,要在各种个人偏好中选择出一个共同一致的顺序,是不可能的。这样,一个合理的公共产品决定只能来自一个可以胜任的公共权力机关,要想借助于投票过程来达到协调一致的集体选择结果,一般是不可能的。

本 章 小 结

本章主要学习一般均衡理论和福利经济学的内容,通过讲授要求学习者理解并掌握局部均衡、一般均衡、一般均衡的存在性、交换的帕累托最优、生产的帕累托最优、交换和生产的帕累托最优、社会福利函数和阿罗不可能定理。

本章重要概念

局部均衡　一般均衡　帕累托最优状态　帕累托改进　阿罗不可能定理

二维码 8-4：
练一练

二维码 8-5：
练一练答案

第九章 市场失灵与微观经济政策

- 内容提要
- 重点难点
- 学习目标
- 知识框架
- 思政育人
- 第一节 垄断
- 第二节 外部影响
- 第三节 公共物品
- 第四节 不完全信息
- 本章小结
- 本章重要概念

内容提要

本章主要讲述市场失灵的产生、原因及主要表现,如垄断、外部影响、公共物品及不完全信息。本章主要内容具体包括垄断带来的低效率、寻租及其原因、对垄断的干预;外部影响的分类及对外部影响的干预;公共物品的特征及公共物品的提供方式;信息不完全及不对称的表现;寻租的损失等。

重点难点

本章重点为垄断带来的低效率及对垄断的干预;外部影响的分类及对外部影响的干预;公共物品的特征及公共物品的提供方式;信息不完全及不对称的表现。难点为寻租的损失;对垄断、外部影响的干预。

学习目标

通过本章学习,学生应了解什么是市场失灵,为什么会出现市场失灵。学生应掌握市场失灵的主要表现,如垄断、外部影响、公共物品及信息不完全(不对称)等。学生应明确垄断、寻租、公共物品、外部影响、信息不完全、信息不对称等基本概念,并熟悉、掌握这些市场失灵带来的影响及政府对这些市场失灵的干预措施。

知识框架

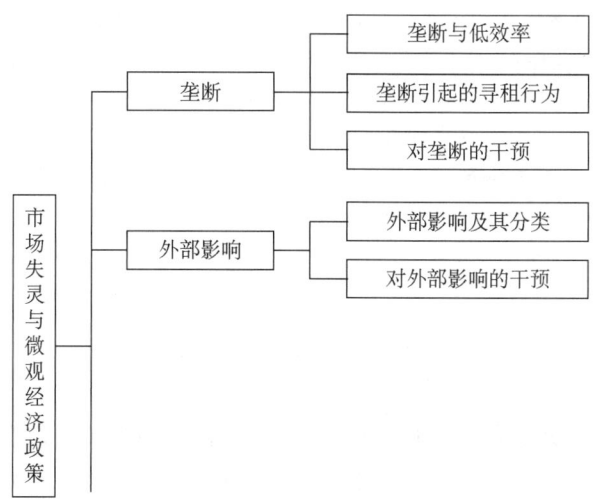

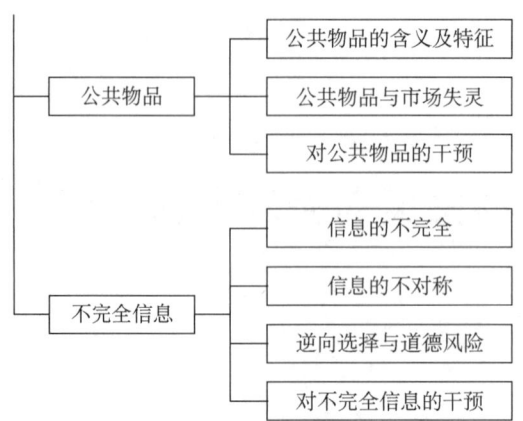

思政育人　　二十大报告再强调"加强反垄断和反不正当竞争"

继 2020 年底中央政治局会议首次提出"反垄断和防止资本无序扩张"后,"加强反垄断和反不正当竞争"再次写入二十大报告。10 月 16 日,习近平代表第十九届中央委员会向党的二十大作报告时指出,"加强反垄断和反不正当竞争,破除地方保护和行政性垄断,依法规范和引导资本健康发展"。

二十大报告再次强调"加强反垄断和反不正当竞争",说明垄断是长期现象,此消彼长,始终与经济发展相伴随,因此加强反垄断执法也是我国的一项长期任务。二十大报告中明确提出"依法规范和引导资本健康发展",贯彻了依法治国的精神,说明中央在强化反垄断的同时,也重视反垄断执法的法治化、规范化。

自 2020 年以来,监管层通过多种方式释放出强化反垄断的明确信号。首先是当年 1 月,《反垄断法》迎来 2008 年以来的首次修订;11 月又发布了《关于平台经济领域的反垄断指南(征求意见稿)》。2020 年 12 月 11 日,中央政治局会议首次提出反垄断和防止资本无序扩张。此后的 12 月 24 日,国家市场监管总局对阿里巴巴实施"二选一"涉嫌垄断行为进行立案调查,次年 4 月 10 日,国家市场监管总局作出行政处罚决定,责令阿里巴巴集团停止滥用市场支配地位行为,并处 182.28 亿元罚款。

与此同时,监管思路也在发生变化。2021 年底召开的中央经济工作会明确,要为资本设置"红绿灯",依法加强对资本的有效监管,防止资本野蛮生长。

二十大报告明确,建设社会主义现代化的方向,首要任务是高质量发展。公平竞争是市场经济的核心,反垄断是完善社会主义市场经济体制、推动高质量发展的内在要求。随着数字经济发展,数字市场结构更加复杂,平台垄断行为复杂多样,反什么?怎么反?都对反垄断执法机构提出了更高要求。为了预防和制止垄断行为,保护市场公平竞争,维护消费者利益和社会公共利益,同时鼓励创新,提高经济运行效率,促进社会主义市场经济健康发展,加强反垄断执法因而是我国的一项长期任务,党中央一直高度重视,坚持反垄断执法工作法治化、精细化、常态化,常抓不懈。

资料来源:陈琳. 二十大报告再强调"加强反垄断和反不正当竞争",透露哪些信号? [EB/OL]. (2022-10-18)[2023-11-10]. https://baijiahao.baidu.com/s?id=1747041600938981455&wfr=spider&for=pc. 有删节.

第一节　垄　　断

经济学家对市场失灵没有统一的定义。一般认为,市场失灵是市场机制无法实现资源有效配置的情况。市场失灵是经济没有达到帕累托最优状态,社会资源无法实现充分有效配置的情形。实际经济生活中,市场失灵主要表现在形成垄断、存在负的外部性、公共产品供给不足、公共资源被浪费、寻租、信息不对称、经济发展不协调等方面的现象。垄断是市场失灵的重要表现形式之一。垄断的产生阻碍了自由竞争,导致社会资源配置的低效率。现实经济生活中,垄断无处不在。经济学把市场分为完全竞争市场和不完全竞争市场,其中的不完全竞争市场存在着一定的垄断性。

一、垄断与低效率

(一) 垄断的有利影响

垄断的存在对社会经济的运行与发展有一定的有利影响,但是其造成的不利影响更为严重。垄断在一定程度上可以提高经济运行效率,并且在垄断的条件下使创新成为可能。

规模经济是垄断形成的重要原因,而垄断能提高资源利用效率正是体现在规模经济上。在规模生产的条件下,只有垄断才能保证某些行业产品和劳务的提供。如果任由不同生产者进行竞争,势必会造成社会资源的极度浪费。这是因为在容量有限的市场上,如果很多生产者进行竞争,意味着每一个生产者的市场份额都会趋于减少,导致规模生产的超高成本无法得到补偿,大量生产者因此而亏损。如果该行业由某一生产者进行垄断经营,那么它可以利用生产设备与生产技术,通过大规模的生产降低成本,提高资源利用效率,同时降低价格使消费者获益。

(二) 垄断的不利影响

垄断的不利影响,通常表现为经济低效率运行,具体表现在以下几方面。

1. 降低市场竞争效率

除了自然垄断外,其他垄断都会降低市场竞争的效率。垄断产生的原因是行业进入壁垒的存在。这限制了其他企业的进入,使得市场竞争的程度降低。在市场经济运行机制下,竞争是提高资源配置效率的重要手段。生产者为了实现利润最大化,必然会通过各种手段满足消费者的需求。而在垄断的条件下,垄断者丧失了降低成本的动力,因此不会致力于生产效率的提高和生产技术的改进。

2. 生产效率受到损害

在完全竞争条件下,每个生产者都面临同一的价格,没有任何的价格控制力量。为了实现利润最大化,生产者只能不断降低成本也即降低生产要素的投入。因此完全竞争市场上的生产者一定会通过采用价格更为低廉的生产要素,提高生产要素组合效率等方法不断降低生产成本。这一方面提高了生产资源的利用效率;另一方面新的生产技术、管理方法等不断得到运用,生产始终在高效率状态下进行。

而垄断生产者拥有一定的市场价格控制力量,它可以运用对市场价格的控制来获得利润甚至超额利润。因此垄断生产者并不一定通过降低生产成本的方法获得利润。相对于降低成本,价格控制更容易实现垄断生产者获取利润的目标。因此垄断生产者没有必要提高生产效率,生产效率受到损害。当垄断涉及全社会各行业时,会造成社会生产效率的损失。

3. 社会产量减少

由于垄断生产者对价格有一定的控制力量,因此,他可以在不同价格的基础上选择能实现利润最大化的产量供应给市场,这不同于完全竞争市场。在完全竞争市场上,由于生产者面对的价格是既定的,它只能从成本的角度考虑如何实现利润最大化。对于完全竞争生产者而言,实现利润最大化的唯一途径就是在平均成本最低点进行生产。因此,完全竞争生产者的产量是既定的。

而对于垄断生产者而言,他追求利润最大化的条件要宽松得多。他既可以提高价格,也可以增加产量来获得更多利润。相对于增加产量,提高价格更为容易。但是价格的提高以产量的减少为基础,因此一般而言,垄断市场的产量低于完全竞争市场的产量,这也造成了社会产量的损失。

4. 消费者利益受到损害

垄断生产者的价格控制对消费者利益造成一定损害。价格控制一方面提高了价格,一方面减少了产量,这都对消费者利益存在不利的影响。价格的提高导致消费者付出更高的支付成本,因此垄断生产者获得的部分利润是消费者的额外支付。在垄断市场上,消费者的利益受损。同时价格的提高使得原来能够消费得起商品或劳务的消费者无法继续消费,更进一步损害了消费者利益。产量的减少也迫使许多消费者不能继续享有消费商品或劳务所带来的满足。

二、垄断引起的寻租行为

(一) 寻租的含义及形成原因

1. 寻租的含义

寻租是指在没有从事生产的情况下,为垄断社会资源或维持垄断地位,从而得到垄断利润(即垄断租金)所从事的一种非生产性寻利活动。由于寻租活动的存在,垄断引起的经济损失要远远超过传统垄断理论中的"纯损"三角形。

2. 寻租的形成原因

寻租现象产生的原因既有主观原因又有客观原因,既有体制内的原因又有体制外的原因。具体包括如下三个方面。

1) 人的自利行为

在市场体制中,个人的行为是理性的,他们首要考虑的是个人效用最大化或利润最大化。人性中的利己因素则驱使人们寻求自我发展,寻求自我实现。这在有规则的市场经济中,通过化公为私的市场机制,能够实现公共利益。但是在公共领域里,却缺乏化私为公的市场机制,而存在许多化公为私的机会。这时,人性的自私性一旦胜过了利他性,他就可以利用公共权力牟取私利,其结果就是腐败。人性中的自私因素加上公共领域的以权谋私机会,腐败将成为必然。

2) 公共领域的漏洞

人有追求自利的一面,"道德人"往往更能克制自己的私欲,而对于"经济人"来说却并不如此。在腐败机会少时腐败活动也会比较少,而在腐败机会较多时腐败活动则相应增多。在现实经济生活中,凡是存在短缺,并且缺乏供给弹性,不能任意扩大再生产的资源都存在使用转让费即租金的问题(如果所有者自用,该稀缺资源就存在自用者机会成本的问题,这时的机会成本事实上就是该稀缺资源的租金)。资源稀缺的原因有些是天然的,有些却是人为的,如政府干预,限制某些产品的价格,人为制造该产品的短缺,这时就会出现黑市。黑市价与行政定价之差就构成了该短缺资源的租金。天然稀缺的资源存在租金,可以促进稀缺资源的最优配置,这是一种好现象。不过,人为短缺的资源存在租金,则会人为地提高经济生活的非生产性成本,导致社会资源的浪费。

3) 社会环境因素

第一,行贿者和受贿官员的腐败行为被揭露和惩罚的外部环境制约过小。根据经济人理性原则,寻租者也会在腐败行为所带来的好处和可能受到的惩罚之间作出权衡。在反腐败力度不足、司法体制腐败、新闻自由度不高的外部环境下,寻租和腐败情况就会比较严重。也就是说,腐败被揭露的程度与司法可预见性、新闻自由度之间呈正相关关系。

第二,腐败之风屡禁不止,一个重要原因就是没有形成强有力的监督和制约机制。监督制约机制的有力程度不在于机构的多少,而在于制度的完善及其合力作用。

(二) 寻租造成的损失分析

传统的经济理论认为,尽管垄断会造成低效率,但这种低效率的经济损失从数量上来说却相对较小。然而,从20世纪60年代后期以来,西方一些经济学家开始认识到传统的垄断理论可能大大低估了垄断的经济损失。在他们看来,传统垄断理论着重分析的是垄断的"结果",而不是获得和维持垄断的"过程",这是该理论的局限性。一旦把分析的重点从垄断的结果转移到获得和维持垄断的过程,就会很容易发现,垄断造成的经济损失要大得多。这是因为,为了获得和维持垄断地位从而享受垄断的好处,厂商常常需要付出一定的代价。例如,向政府官员行贿,或者雇用律师向政府官员游说等。这种为获得和维持垄断地位而付出的代价是一种纯粹的浪费:它不是用于生产,没有创造出任何有益的产出,完全是一种"非生产性的寻利活动"。这种非生产性的寻利活动被概括为"寻租"活动。

寻租活动的经济损失大小可以从两方面分析。一方面,从单个寻租者来看,他愿意花费在寻租活动上的代价不会超过垄断地位可能给他带来的好处,否则就不值得。在很多情况下,由于争夺垄断地位的竞争非常激烈,寻租代价常常要接近甚至等于全部的垄断利润。这意味着即使局限于考虑单个寻租者,其寻租损失也往往大于传统垄断理论中的"纯损"三角形。另一方面,从整个寻租市场来看,问题更为严重。在寻租市场上,寻租者往往不止一个,单个寻租者的寻租代价只是寻租活动经济损失的一部分。整个寻租活动的全部经济损失等于所有单个寻租者寻租活动代价的总和。而且,这个总和还将随着寻租市场竞争程度的不断加强而不断增大。因此,整个寻租活动的经济损失要远远超过传统垄断理论中的"纯损"三角形。

寻租是一种创造垄断的活动,而垄断则会导致低效率和资源的浪费,即垄断虽然给寻租者带来了额外收入,但垄断条件下因为价格升高、产量降低而导致消费者剩余减少。总之,寻租作为一种"直接的非生产性活动",它不仅降低了资源配置效率、影响了收入再分配的公平效应,而且破坏了政治秩序和政治发展。

延伸阅读9-1

深化整治"靠企吃企"

宁夏回族自治区纪委监委在区属国有企业"靠企吃企"专项治理工作推进会上公开通报5起国有企业党员干部违纪违法典型案例;湖北省武汉市洪山区纪委监委组织工程建设领域党员干部观看《国有企业"靠企吃企"典型案件警示录》;中国宝武钢铁集团有限公司纪委以违规经商办企业专项治理为重要抓手,系统整治"靠企吃企"……一段时间以来,各地纪检监察机关认真贯彻落实二十届中央纪委二次全会关于深化整治国有企业领域腐败的部署要求,紧盯"靠企吃企"等问题强化监督执纪,以高质量监督护航国有企业高质量发展。

严查"靠企吃企",是国企反腐的重点。国企领域权力集中、资金密集、资源富集,一些国企"蛀虫"动起了歪脑筋,将企业视为"自留地""唐僧肉",利用掌握的国有资源捞取个人利益。梳理近年查处的相关案例发现,有的国企领导监守自盗,大肆挪用或侵吞、截留国有资金;有的任性用权,违规插手干预市场经济活动,操纵工程项目建设;有的通过亲属子女违规经商办企业进行利益输送;有的浑水摸鱼,把国有资产装进自己的口袋……给国有资产造成巨大损失,必须持续深入整治,不断压缩权力设租寻租空间。

"靠企吃企"易发多发,有多方面的原因,必须坚持问题导向,持续深化整治。要聚焦关键岗位,强化对"一把手"的监督及对重点人员的教育管理监督。"一把手"岗位关键、权力集中、责任重大,如若做不到自身廉、自身正、自身硬,极容易危害班子、带坏队伍,影响企业发展。要聚焦重点岗位,综合运用履责约谈、调研监督、列席民主生活会等方式,及时掌握重点岗位人员的思想、工作、作风、生活状态,督促其严于律己、率先垂范。要聚焦重点环节,把严管严治融入日常、抓在经常,全面梳理国企领域项目审批、招商引资、招标采购等关键环节的廉洁风险点,做实日常监督,做到早发现问题、早制定措施、早堵塞漏洞。

当前,"靠企吃企"的手段日趋复杂隐蔽,花样日益翻新。要聚焦"靠企吃企"问题的新动向新表现,准确把握其阶段性特征和变化趋势,做到精准发现问题、与时俱进治理,深挖彻查"影子公司""影子股东""期权变现"等新型腐败和隐性腐败及隐藏在背后的权钱交易问题,不断铲除国有企业腐败滋生的土壤。

资料来源:张培.画里有话|深化整治靠企吃企[EB/OL].(2023-10-31)[2023-11-16]. https://www.ccdi. gov. cn/pln/202310/t20231031_303965.html.

三、对垄断的干预

(一)管制价格和产量

垄断常常导致资源配置缺乏效率。此外,垄断利润通常也被看成是不公平的,因此有必要对垄断进行政府干预。政府对垄断的干预是多种多样的,政府可以通过管制价格和管制产量来对垄断进行干预。

值得注意的是,在自然垄断市场上,垄断厂商的平均收益小于平均成本,从而出现亏损。因此,在这种情况下,政府必须补贴垄断厂商的亏损。如公用事业领域,政府通常会在管制价格的基础上有相应的补贴。

(二)制定反垄断法或反托拉斯法

政府对垄断的更加强烈的反应是制定反垄断法或反托拉斯法。西方很多国家都不同程度地制定了反托拉斯法,其中最突出的是美国。19世纪末和20世纪初,美国企业界出现了第一次大兼并,结果形成了一大批经济实力雄厚的大企业,这些大企业被叫作"垄断"厂商或"托拉斯"。这里的"垄断"不只局限于指一个企业控制一个行业的全部供给的"纯粹"的情况,也包括几个大企业控制一个行业的大部分供给的情况。按照这一定义,美国的汽车工业、钢铁工业、化学工业等都属于垄断市场。垄断的形成和发展,深刻地影响美国社会各个阶级和阶层的利益。

从1890年到1950年,美国国会通过一系列法案,反对垄断,其中包括谢尔曼法(1890)、克莱顿法(1914)、联邦贸易委员会法(1914)、罗宾逊-帕特曼法(1936)、惠特-李法(1938)和塞勒-凯弗维尔法(1950),它们统称为反托拉斯法。在其他西方国家中也先后出现了类似的法律规定。

美国的这些反托拉斯法规定,限制贸易的协议或共谋、垄断或企图垄断市场、兼并、排他性规定、价格歧视、不正当的竞争或欺诈行为等,都是非法的。例如,谢尔曼法规定,任何以托拉斯或其他形式进行的兼并或共谋,任何限制国际贸易或商业活动的合同,均属非法;任何人垄断或企图垄断,或同其他个人或多人联合或共谋垄断州际或国际的一部分商业和贸易的,均应认为是犯罪,违法者要受到罚款或判刑。

克莱顿法修正和加强了谢尔曼法,禁止不公平竞争,宣布导致削弱竞争或造成垄断的不正当做法为非法。这些不正当的做法包括价格歧视、排他性或限制性契约、公司相互持有股票和董事会成员相互兼任。联邦贸易委员会法规定:建立联邦贸易委员会作为独立的管理机构,授权防止不公平竞争以及商业欺骗行为,包括禁止伪假广告和商标等。罗宾逊-帕特曼法宣布卖主为消除竞争而实行的各种形式的不公平的价格歧视为非法,以保护独立的零售商和批发商。惠特-李法修正和补充了联邦贸易委员会法,宣布损害消费者利益的不公平交易为非法,以保护消费者。塞勒-凯弗维尔法补充了谢尔曼法,宣布任何公司购买竞争者的股票或资产从而实质上减少竞争或企图造成垄断的做法为非法。塞勒-凯弗维尔法禁止一切形式的兼并,包括横向兼并、纵向兼并和混合兼并。这类兼并指大公司之间的兼并和大公司对小公司的兼并,而不包括小公司之间的兼并。

相关思考9-1

滴滴优步合并下的涨价:还能不能"美好出行"?

2016年8月滴滴宣布与优步合并后,引起了市场的广泛讨论。而随后,无论是司机还是乘客,都对两家合并后的约车价格颇有微词。一面是网约车终于等到了合法化身份的好消息,一面是人们对滴滴、优步合并后"垄断"市场的质疑,而地方政府的监管体系也开始"摩拳擦掌、跃跃欲试"。终于不用再打"价格战"的滴滴出行,却受到多方"夹击",风口浪尖之上备受争议。

合并前的3个月内,滴滴先后3次调价,自8月收购优步中国后,涨价动作迅猛。另一方面,滴滴针对乘客优惠补贴也大不如前,现在多为九折以上的优惠券,且发放规模减小。针对司机端,滴滴的奖励力度也明显下降。

不少人认为,滴滴与优步合并之后,占据的市场份额高于90%,必然会导致价格上涨。2016年9月2日,商务部召开例行新闻发布会时提到商务部正在根据有关法律法规对此案进行调查,反垄断局已经两次约谈滴滴出行,要求其说明交易情况、未申报的原因,并按商务部提出的问题清单提交有关文件、资料;与有关部门和企业座谈,了解网约车运营模式和相关市场竞争状况等。

相关律师称,要判断滴滴优步是否属于垄断,要看我们国家《反垄断法》里的几条规定,其中一条是经营者集中(俗称的合并)是否可能或具有存在排除或限制竞争的这种情况;还有一点很重要,他们的合并需要向国务院反垄断的执法部门申报,审核通过后才可以合并。合并本身不违反法律,但如果存在垄断的行为,那么国家就会采取相应的措施。

请思考:你认为滴滴优步合并是垄断行为吗?该如何针对垄断进行监管?

资料来源:蔡瑜.滴滴优步合并下的涨价:还能不能"美好出行"?[2016-09-23]. https://www.sohu.com/a/114942051_476818. 有删改.

第二节 外 部 影 响

一、外部影响及其分类

(一)外部影响的含义

外部影响又称为外部性,指一个经济活动的主体对他所处的经济环境的影响。外部影响会造成私人成本和社会成本之间,或私人收益和社会收益之间的不一致,因此容易造成市场失灵。

到目前为止,我们讨论的"看不见的手"的原理,要依赖于一个隐含的假定:单个消费者或生产者的经济行为对社会上其他人的福利没有影响,即不存在所谓"外部影响"。换句话说,单个经济单位从其经济行为中产生的私人成本和私人利益被看成等于该行为所造成的社会成本和社会利益。但是,在实际经济中,这个假定往往并不能够成立。在很多时候,某个人(生产者或消费者)的一项经济活动会给社会上其他成员带来好处,但他自己却不能由此而得到补偿。此时,这个人从其活动中得到的私人利益就小于该活动所带来的社会利益。这种性质的外部影响被称为所谓"外部经济",即正外部性。

(二)外部影响的分类

经济活动的主体既有生产者也有消费者,根据经济活动的主体不同,外部经济可分为"生产的外部经济"和"消费的外部经济"。另一方面,在很多时候,某个人(生产者或消费者)的一项经济活动会给社会上其他成员带来危害,但他自己却并不为此支付足够抵偿这种危害的成本。此时,这个人为其活动所付出的私人成本就小于该活动所造成的社会成本。这种性质的外部影响被称为"外部不经济"。外部不经济即负外部性,我们也可根据经济活动主体的不同分为"生产的外部不经济"和"消费的外部不经济"。

1. 生产的外部经济

当一个生产者采取的经济行动对他人产生了有利的影响,而自己却不能从中得到报酬时,便产生了生产的外部经济。生产的外部经济的例子很多。例如,一个企业对其所雇用的工人进行培训,而这些工人可能转到其他单位去工作。该企业并不能从其他单位索回培训费用或得到其他形式的补偿。因此,该企业从培训工人中得到的私人利益就小于该活动的社会利益。

2. 消费的外部经济

当一个消费者采取的行动对他人产生了有利的影响,而自己却不能从中得到补偿时,便产生了消费的外部经济。例如,当某个人对自己的房屋和草坪进行保养时,他的邻居也从中得到了不用支付报酬的好处。又如,一个人对自己的孩子进行教育,把他们培养成更值得信赖的公民,这显然也使其邻居甚至整个社会都得到了好处。

3. 生产的外部不经济

当生产者采取的行动使他人付出了代价但又未给他人补偿时,便产生了生产的外部不经济。生产的外部不经济的例子很多。例如,一个企业可能因为排放脏水而污染了河流,或者因为排放烟尘而污染了空气,这种行为使附近的居民甚至整个社会都遭到了损失。又如,因生产的扩大可能造成交通拥挤及对风景的破坏,等等。

4. 消费的外部不经济

当消费者采取的行动使他人付出了代价但又未给他人补偿时,便产生了消费的外部不经济。与生产者造成污染的情况类似,消费者也可能造成污染而损害他人。典型的例子就是吸烟。吸烟者的行为危害了被动吸烟者的身体健康,但并未为此而支付任何东西。此外,还有在公共场所随意丢弃果皮、瓜壳等造成的负面影响。

上述各种外部影响可以说是无所不在、无时不在。尽管就每一个单个生产者或消费者来说,他造成的外部经济或外部不经济对整个社会也许微不足道;但所有这些消费者和生产者加总起来,所造成的外部经济或不经济的总的效果将是巨大的。例如,由于生产扩大而引起的污染问题现在已经严重到危及人类自身生存环境的地步了。

二、对外部影响的干预

针对外部影响所造成的资源配置不当等问题,一般有以下干预措施。

(一) 使用税收和津贴

对造成外部不经济的企业,国家应该征税,其数额应该等于该企业给社会其他成员造成的损失,从而使该企业的私人成本恰好等于社会成本。例如,在生产污染情况下,政府向污染者征税,其税额等于治理污染所需要的费用。反之,对造成外部经济的企业,国家则可以采取津贴的办法,使得企业的私人利益与社会利益相等。无论是何种情况,只要政府采取措施使得私人成本和私人利益与相应的社会成本和社会利益相等,则资源配置便可达到帕累托最优状态。

(二) 使用企业合并的方法

一个企业的生产往往影响另外一个企业,这既可能产生外部经济(正的影响),又可能产生外部不经济(负的影响)。但是如果把这两个企业合并为一个企业,则此时的外部影响就"消失"了,即被"内部化"了。合并后的单个企业为了自己的利益将使自己的生产量确定在其边际成本等于边际收益的水平上。而由于此时不存在外部影响,因此合并企业的成本与收益就等于社会的成本与收益,此时资源配置达到帕累托最优状态。

(三) 使用规定财产权的办法

在许多情况下,外部影响之所以导致资源配置失当,是由于财产权不明确。如果财产权是完全确定的并得到充分保障,则有些外部影响就可能不会发生。例如,某条河流的上游污染者使下游用水者受到损害。如果给予下游用水者使用一定质量水源的财产权,则上游的污染者将因为把下游水质降到特定质量之下而受罚。在这种情况下,上游污染者便会同下游用水者协商,将这种权利从他们那里买过来,然后再让河流受到一定程度的污染。同时,遭到损害的下游用水者也会使用他出售污染权而得到的收入来治理河水。总之,由于污染者为其不好的外部影响支付了代价,故其私人成本与社会成本之间不存在差别。

二维码9-1:全县"关照"同一家文印店,是赤裸裸的权力寻租

延伸阅读9-2

关于神奇的"科斯定理"

科斯定理由诺贝尔经济学奖得主罗纳德·哈里·科斯命名。他于1937年和1960年分别发表了《厂商的性质》和《社会成本问题》两篇论文,这两篇文章中的论点后来被人们命名为著名的"科斯定理",是产权经济学研究的基础,其核心内容是关于交易费用的论断。科斯定理是说如果产权定义明确,那么即使信息存在不对称和外部性,双方也会通过自主的交换来实现最有效率的配置,即帕累托最优的境界。

关于科斯定理,科斯本人并没有一个明确的说法,其他西方经济学家则给出许多不同的表达方式。一种比较官方的说法是:只要财产权是明确的,并且其交易成本为零或者很小,则无论在开始时将财产权赋予谁,市场均衡的最终结果都是有效率的。

1. 谁避免意外所付出的成本最低,谁的责任就最大

内燃火车路过田地的时候,蹦出的火星点燃了堆放在铁轨旁边的亚麻,导致农民的亚麻全部被烧毁,你说,这个案子应该判谁赢谁输?同样的问题还有,新建的小区挡住了老居民区的阳光,应该谁负责任?

通常，我们会认为铁路公司挣的钱多，属于强势群体，所以应该负责任，赔偿农夫的损失——当时的社会也是这么想的，所以判处铁路公司予以赔偿。但罗纳德·科斯不认同，他在当时的经济学界宛若一股清流，顶着所有人的指责和反对，发表论文，并在一场经济学大咖晚宴上舌战群雄，说服了所有其他的经济学家。他认为农夫应该负责任。科斯是第一个把社会成本问题说清楚的人，他提出所有的伤害都是相互的，正如一句希腊格言所说"行使你的权力，但不应伤害到别人的权利。"

回到火车和亚麻这件事，如果铁路公司和亚麻都是你的，你会怎么做，如果让火车改道，成本极大，你肯定把亚麻离铁路远一点放。而新小区和老居民的阳光问题呢？假如这两个小区都是你的，新小区可以帮你挣一亿，你拿出1000万补贴给老居民，还能多赚9000万。这样就引出了科斯定律的第一个原则：谁避免意外所付出的成本最低，谁的责任就最大。这样，整个社会避免意外所付出的总成本就会最小，火车改道的成本很高，农夫挪一挪亚麻的成本很低。新小区推翻重建的成本很高，补贴老居民的成本较低。

2. 谁用得好，东西就归谁

你用kindle等电子阅读器看书时，做的标注和浏览记录，应该归谁所有？数据在你自己手里，也就是供自己查阅使用，但在亚马逊手里，就可以作为电子书的一个永久标注，供下一个购买电子书的人阅读，当我购买一本新书时，我可以花10分钟阅读别人的笔记和标注，以便读者对全书有一个初步理解。所以科斯定律的另一个原则是，谁用得好，东西就归谁。

因此，对付外部影响还有一种办法，即规定财产权的政策，这可以看成是更加一般化的科斯定理的特例。甚至连税收和津贴这种方法也可以看成是科斯定理的一个具体运用。

资料来源：东方合信. 看完恍然大悟，神奇的科斯定律！[EB/OL]. (2018-09-29)[2023-11-13]. https://www.sohu.com/a/257089999_99899514. 有删改。

第三节 公 共 物 品

一、公共物品的含义及特征

(一) 公共物品的含义

公共物品是指供整个社会共同享用的物品。例如，国防、警察、消防、公共教育、公共卫生等。与公共物品相对应的私人物品是指由市场提供给个人享用的物品，如商店里出售的面包、奶粉、衣服、电视机等。公共物品一般由政府提供，市场往往无能为力。值得注意的是，某些公共物品也可以由市场提供，如私人办教育。

(二) 公共物品的特征

区分公共物品还是私人物品，主要看两个特征：排他性还是非排他性；竞争性还是非竞争性。私人物品具有典型的排他性和竞争性，这点不同于公共物品。公共物品具有两个显著特征。

1. 非排他性

非排他性指的是公共物品的消费权或享用权并不是由某个人独有，而是整个社会共同所有，某人对该物品的消费或使用，并不能阻止他人对该物品的使用。

例如，国家提供的国防安全，人人都可享受，而不是我使用了，就排斥了他人使用。一个公民即使拒绝为国防支付，也可以享受国防的好处。同样，我们也很难阻止渔民自由地在公海上捕捞海鱼。"国防"和"海鱼"的区别在于"竞争性"方面。又如海洋中的灯塔或航标，甲船使用了，并不排斥乙船也同时使用。这与私人物品显然不同。私人物品具有"排他性"，只有对商品支付价格的人才能够使用。

2. 非竞争性

非竞争性指的是公共物品不会因为他人的使用降低自己的消费水平。国防除不具有排他性外,也不具有竞争性。例如,新生人口一样享受国防提供的安全服务,但原有人口对国防的"消费"水平不会因此而降低。从某种程度上讲,道路和电视广播等也与国防一样既不具有排他性也不具有竞争性。在达到一定点之前,道路上多一辆汽车不会妨碍原有汽车的行驶;某个人打开电视广播同样不会影响其他人收听。另一方面,"海鱼"则毫无疑问是"竞争性"的:当某个人捕捞到一些海鱼时,其他人所可能捕捞到的海鱼数量就减少了。

对于私人物品而言,具有"竞争性"的特点。如果某人已经使用了某个商品(如一火车座位),则其他人就不能再同时使用该商品。实际上,市场机制只有在具备排他性和竞争性这两个特点的私人物品的场合下才真正起作用,才有效率。

需要注意的是,公共物品可分为纯公共物品和准公共物品。纯公共物品同时具有非排他性和非竞争性,而准公共物品具有非排他性和竞争性。

二维码9-2:视频:公共物品及其特征

二、公共物品与市场失灵

当我们假定每个消费者对公共物品的需求曲线均存在且已知的条件下,可以讨论公共物品的最优数量如何确定。但是,许多西方经济学家认为,这种讨论并没有多大的实际意义。原因是公共物品的需求曲线是虚假的。第一,单个消费者通常并不很清楚自己对公共物品的需求价格,更不用说去准确地陈述他对公共物品的需求与价格的关系;第二,即使单个消费者了解自己对公共物品的偏好程度,他们也不会如实地说出来。为了少支付价格或不支付价格,消费者会低报或隐瞒自己对公共物品的偏好。他们在享用公共物品时都想当"免费乘车者",不支付成本就得到利益。由于单个消费者对公共物品的需求曲线不会自动显示出来,故我们无法将它们加总得到公共物品的市场需求曲线,并进而确定公共物品的最优数量。

尽管我们在实际上难以通过公共物品的供求分析来确定它的最优数量,但却可以有把握地说,市场本身提供的公共物品通常低于最优数量,即市场机制分配给公共物品生产的资源常常会不足。我们知道,在竞争的市场中,如果是私人物品,则市场均衡时的资源配置是最优的。生产者之间的竞争将保证消费者面对的是等同商品的边际成本的价格,消费者则在既定的商品产出量上展开竞争。某个消费者消费一单位商品的机会成本就是在市场价格上卖给其他消费者的同样一单位商品,故没有哪个消费者会得到低于市场价格而买到商品的好处。

但是,如果是公共物品,情况将完全不同。任何一个消费者消费一单位商品的机会成本总为0。这意味着,没有任何消费者要为他所消费的公共物品去与其他任何人竞争。因此,市场不再是竞争的。如果消费者认识到他自己消费的机会成本为0,他就会尽量少支付给生产者以换取消费公共物品的权利。如果所有消费者均这样行事,则消费者们支付的数量就将不足以弥补公共物品的生产成本。结果便是公共物品的产出低于最优数量,甚至是零产出。

延伸阅读9-3

公地悲剧——公共资源的使用问题

一种物品,如果不具有排他性,则每个人出于自己的利益考虑,就会尽可能多地去利用它。据说在这种情况下，如果该物品又具有竞用性的特点，即所谓的"公共资源"，则它可能很快就会被过度地使用，从而造成灾难性的后果。典型的如"公地悲剧"。

假设某个乡村，村里有一块公共土地，村民们在这块公地上放牧奶牛。我们的问题是：在这块公地上放牧的最优奶牛数量是多少？实际放牧的奶牛数量又是多少？下面的分析将表明：如果每一个村民都能够毫无限制地使用公地，则实际的均衡奶牛数量将远远超过它的最优水平。由此引起的后果就是：公地将由于长期的超载放牧而日益衰落。这就是所谓的"公地悲剧"。

可见，如果对公地的使用没有明确的规定，也不存在着乡村的集体决策，则结果就可能不是最优的。如果放任村民们自由地和不受任何限制地在公地上免费放牧，就会上演一场"公地悲剧"，即实际的奶牛放牧量将会大大超过其最优的水平。结果，公地的草场将由于长期不断地超载放牧而不断地被破坏、被损坏，日益凋零和衰落下去。想一想为什么缺乏限制的自由放牧会造成如此的后果呢？这是因为，如果每一个村民都可以无限制地自由使用公地，则他们就会根据自己的（注意，不是乡村集体的）利润最大化考虑而行事。

"公地悲剧"的例子并不能说明对土地的个人所有优于集体所有。因为，在对土地的使用明确规定或在集体决策下，"公地悲剧"不会出现。此外，集体所有还可以避免各种"私地悲剧"。例如，在一片公有的海滩上，每个人都可以享受到海浴和观海的乐趣。但是，如果私人拥有该海滩并圈起了篱笆，大家的乐趣会因之而被剥夺。

资料来源：360百科. 公地悲剧[EB/OL].（2021-05-01）[2023-12-13]. https://upimg.baike.so.com/doc/5512116-5747878.html. 有删改。

三、对公共物品的干预

由于公共物品的存在会导致市场失灵，而公共物品的重要性决定了其必须要有人提供。因此对公共物品的干预主要就是公共物品由谁来提供的问题。

经济学家认为私人物品应由市场提供。通过市场的供求均衡机制及价格调节机制，经济会自动达到资源配置的帕累托最优状态，社会经济也会在有效率的水平上运行。但是在公共物品的供给方面，经济学家存在较大的分歧。有的经济学家认为公共物品所具有的非排他性和非竞争性特征，应当由政府提供。如萨缪尔森认为由市场供给公共物品成本过高，无法实现规模经济等影响经济效率的结果。另外一些经济学家认为，市场供给公共物品同样是有效率的。尤其科斯证明了可以运用市场机制解决外部影响后，公共物品的市场提供观点得到了越来越多的经济学家的支持。

由于经济学界存在公共物品既可以由市场提供又可以由政府提供的不同观点，在现实经济生活中，公共物品的提供存在以下三种基本方式：政府提供、市场提供、混合提供。

1. 政府提供

政府提供公共物品是公共物品提供的重要方式。国防、军队、警察以及面向全体社会成员的公共服务等纯公共物品应当由政府供给。

原因在于：第一，以上提到的纯公共物品是服务于全体国民的。为了维护社会稳定，保证社会有秩序运行，提高国民福利水平，纯公共物品的消费是不可或缺的。而政府作为全体国民利益的代表者应当将此类公共物品无偿提供给全体国民。第二，此类公共物品无法收费，因此没有私人生产者愿意提供，只能由政府进行供给。对上述公共物品进行收费是不可能的。因为很难界定每一个单独消费者从这些产品中得到的好处，因而也就无法对产品进行定价。同时，即使能够形成一个此类公共物品提供者和需求者都能接受的价格，收费的成本也是巨大的。因此此类公共物品最有效的供给方式就是由政府无偿提供。

2. 市场提供

公共物品可以由政府提供，但是如果能够在公共物品提供中引入市场，市场与政府的竞争将会提高公共物品的提供效率，使公共物品的消费者得到更多的福利。对于一些城市供水供电、天然气以及有线电视、网络服务等具有准公共物品性质的产品而言，完全可以由市场提供。

前面我们指出纯公共物品之所以由政府提供的主要原因是无法针对每一个特定的消费者对纯公共物品的消费收取费用，而对于某些准公共物品来说，完全可以针对消费实施收费。例如，自来水公司就可以按照居民的实际用水量收取相应的费用。收费机制的建立是形成生产者利润的基础。如果有利可图，生产者完全可以进行准公共物品的供给。准公共物品大多具有自然垄断性质，因此政府在公共物品市场提供的过程中应当对供给者进行管制。

3. 混合提供

混合提供即政府与市场共同提供，指在公共物品的供给过程中，市场与政府都发挥一定的作用。市场的作用在于形成价格，政府的作用是运用补贴或收费的方式对价格进行调节，从而使公共物品的供给数量保持在社会所能接受的合意水平。公共物品如果仅由市场提供可能出现供给不足的问题。因为博物馆以及科教文卫等公共物品来说，私人受益是小于社会受益的，也就是对生产此类产品的补偿不足。因此公共物品的共同供给机制就是公共物品提供者的收益由两部分构成：一部分是向公共物品消费者收取的费用，这是由市场均衡价格决定的；另一部分则是以政府补贴的形式向公共物品提供者给予相应的补偿。

二维码9-3：
灯塔的故事

综上所述，纯公共物品主要是政府提供，而准公共物品既可以由政府提供，也可以由市场提供，但政府需要进行适当管制。

> **相关思考9-3**
>
> **准公共物品**
>
> 在现实生活中，存在一些介于纯公共物品和私人物品之间、在消费过程中具有不完全非竞争性和非排他性的产品，即准公共物品。准公共物品在消费方面具有较大程度的外部性。它具有两个特性：一是消费中的竞争性，即一个人对某物品的消费可能会减少其他人对该物品的消费（质量和数量）；二是消费中具有排他性，即只有那些按价付款的人才能享受该物品。
>
> 准公共物品在现实中大量存在的，如大多数城市公用设施（如道路、文化设施）、义务教育（公共教育）和医疗保健服务等。有的接近纯公共物品，有的接近私人物品。那么，准公共物品谁来提供更合适？它与纯公共物品的提供主体一样吗？

第四节 不完全信息

市场经济充分有效运行的一个前提条件是信息能够被参与者全部掌握，同时在市场上的买方与卖方之间共享。然而这一假设只是一个理想状态，现实生活中大量存在着信息不完全、不对称现象。不完全、不对称信息降低了资源配置的效率，引起了市场失灵。

一、信息的不完全

信息的不完全是指市场参与者不拥有某种经济环境状态的全部信息。和普通商品一样,信息也是一种很有价值的资源,它能够提高经济主体的效用和利润。例如,消费者如果知道商品的质量,就能够避开那些质次价高的东西;生产者如果了解市场的需求,就能够提供恰到好处的供给。

相比普通商品,信息在"质"和"量"上有其独特的性质。从质的方面看,信息有点类似于我们前面讨论过的"公共物品"。信息显然不具有竞争性,因为信息可以被许多人同时利用。信息在一定程度上也可以说没有排他性:信息的最初所有者当然可以封锁信息,秘而不宣。但是,一旦信息被卖出去之后,他就很难阻止信息的买主再向其他人传播。

从量的方面看,确定信息的价值大小也不像确定普通商品的价格那样简单。人们常采用比较的方法来计算信息的价值,获得新的信息可能会促使经济主体改变自己的决策,而决策的改变又可能导致预期收益的变化。于是可以用预期收益的变化来确定这一新增信息的价值。以下我们通过简单的案例进行说明。

【例9-1】 某鲜鱼零售商考虑为明天的销售而进货。他的鱼池的容量有限,最多只能进货800公斤鲜鱼。鲜鱼的进货价格是每公斤6元,而明天的销售价格则是不确定的。为简单起见,假定明天鲜鱼的销售价格只存在如下两种情况:有50%的可能性行情很好,鲜鱼的销售价格为每公斤8元,此时,每进货和销售一公斤鲜鱼可盈利2元;也有50%的可能性行情不好,鲜鱼的销售价格为每公斤4元,此时,每进货和销售一公斤鲜鱼会亏损2元。

请问:在信息完全和信息不完全的情况下,该零售商如何决定自己的进货计划?相应的预期利润又是多少?

我们来分析该案例。首先是信息完全情况下零售商的预期利润。完全的信息意味着零售商能够事先确切地知道明天的鲜鱼销售价格,从而可以据此作出正确的进货计划:如果确知明天行情好,鲜鱼的销售价格为每公斤8元,则今天就把进货量定在最大,即800公斤,可赚得利润1 600(2×800)元;如果确知明天行情不好,鲜鱼的销售价格为每公斤4元,则今天就把进货量定在最小,即0公斤,可赚得的利润是0元。由于明天的行情好和不好的可能性均为50%,因此在信息完全的条件下,零售商的预期利润为800(50%×1 600+50%×0)元。

其次,是信息不完全情况下零售商的预期利润。当信息不完全时,零售商无法事先确切地知道明天的鲜鱼销售价格。在这种情况下,他如何决定自己的进货计划?其实,此时零售商无论进货多少,预期利润都是0元。例如,我们假定零售商进货 x 公斤鲜鱼。如果明天行情好,鲜鱼的销售价格为每公斤8元,则零售商可盈利 $2x$ 元;如果明天行情不好,鲜鱼的销售价格为每公斤4元,则零售商会亏损 $2x$ 元。于是,在信息不完全的条件下进货 x 公斤鲜鱼的预期利润就为0[50%×(2x)+50%×(−2x)]元。

用零售商在信息完全情况下的预期利润减去信息不完全情况下的预期利润,即可求得对该零售商而言的完全信息的价值为800(800−0)元。

由此可见,信息的作用是减少经济主体的决策风险和失误,从而提高他的预期收益。正是由于这个原因,人们需要信息并乐意出钱、出力去搜寻和购买它。在上面的例子中,鲜鱼零售商愿意花费不超过800元的代价去获得关于明天鲜鱼销售情况的完全信息。

二、信息的不对称

信息的不对称是指市场参与者拥有的信息在数量和质量上存在差异,一些人拥有其他人无法拥有的信息。

进一步分析我们还会发现，不同的经济主体缺乏信息的程度往往还是不一样的。市场经济的一个重要特点是，产品的卖方一般要比产品的买方对产品的质量有更多的了解。例如，出售二手汽车的卖主要比买主更加了解自己汽车的缺陷；出售"风险"的投保人要比保险公司更加了解自己所面临风险的大小；出售劳动的工人要比雇主更加了解自己劳动技能的高低。上述种种情况都是所谓"信息不对称"的具体表现，即有些人比其他人拥有更多的相关信息。

在信息不完全和不对称的情况下，市场机制无法很好地起作用。例如，由于缺乏足够的信息，生产者的生产可能会带有一定的盲目性：有些产品生产过多，而另一些产品又生产过少；消费者的消费选择也可能会出现失误，比如购买了一些有害健康的"坏"商品，而错过了一些有益健康的"好"商品。更坏的情况是，由于缺乏足够的信息，有些重要的市场甚至可能根本就无法产生，或者即使产生，也难以得到充分的发展。

无论是商品市场还是保险市场或劳动力市场，都会因为存在信息不完全或不对称而导致出现市场失灵情况。在信息不对称的条件下，会导致资源配置不当，减弱市场效率，并且还会产生"逆向选择"和"道德风险"。

三、逆向选择与道德风险

1. 逆向选择

逆向选择指在买卖双方信息非对称的情况下，差的商品总是将好的商品驱逐出市场。或者说拥有信息优势的一方，在交易中总是趋向于做出尽可能有利于自己而不利于别人的选择。

逆向选择最典型的表现就是二手车市场、贷款市场、保险市场等。例如，在产品市场上，特别是在二手车市场，假定有若干辆质量不同的二手车要卖。旧车主知道自己要卖的车的质量，质量好的要价高些，质量差的要价低些。但买主不知道每辆旧车的质量情况。在这种情况下，买主只能按好的旧车和差的旧车要价的加权平均价格来购买。由于买主无法掌握旧车的准确信息，导致其在出价时并不区分旧车质量的好坏。因此，质量好的旧车会退出市场，而质量差的旧车则留在市场上。一旦发生这样的情况，质量差的旧车数量会增加，而买主可能会进一步降低出价，从而导致质量稍好的旧车也逐渐退出市场。如此循环下去，旧车市场就会逐渐萎缩。

逆向选择的存在使得市场价格不能真实地反映市场供求关系，导致市场资源配置的低效率。一般在商品市场上卖者关于产品的质量、保险市场上投保人关于自身的情况等等都有可能产生逆向选择问题。

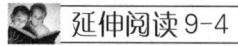
延伸阅读9-4

柠檬市场及其效应

著名经济学家乔治·阿克尔罗夫以一篇关于"柠檬市场"的论文摘取了2001年的诺贝尔经济学奖，并与其他两位经济学家一起奠定了"非对称信息学"的基础。柠檬市场(the market for lemons)又称次品市场，又称阿克洛夫模型，是指信息不对称的市场，即在市场中，产品的卖方对产品的质量拥有比买方更多的信息。在极端情况下，市场会止步萎缩和不存在，这就是信息经济学中的逆向选择。"柠檬"在美国俚语中表示"次品"或"不中用的东西"。柠檬市场效应则是指在信息不对称的情况下，往往好的商品遭受淘汰，而劣等品会逐渐占领市场,从而取代好的商品,导致市场中都是劣等品。

柠檬市场的存在是由于交易一方并不知道商品的真正价值,只能通过市场上的平均价格来判断平均质量,由于难以分清商品好坏,因此消费者也只愿意付出平均价格。由于商品有好有坏,对于平均价格来说,提供好商品的商家自然就要吃亏,提供坏商品的商家便得益。于是好商品便会逐步退出市场。商品的平均质量因此下降,平均价格也会下降,最后就只剩下坏商品。在这个情况下,消费者便会认为市场上的商品都是坏的,就算面对一件价格较高的好商品,消费者都会持怀疑态度,为了避免被骗,消费者最后还是选择坏商品。这就是柠檬市场的表现。

柠檬市场效应还存在于劳动力市场。在信息不对称的情况下,雇主只愿意付最低的工资,因此也就只有那些劳动效率比较低的工人愿意工作了。这实际上是一种没有效率的平衡。如果信息对称的话,雇主知道每个人的工作能力,来提供相应的工资,那每个人都愿意工作,这样生产力才能达到最大化。柠檬市场效应由此也引起了就业歧视问题。此外经济学中的著名定律"劣币驱逐良币"也是柠檬市场的重要应用。

资料来源:百度百科.柠檬市场理论[EB/OL].(2023-12-27)[2023-12-30]. https://baike.baidu.com/item/%E6%9F%A0%E6%AA%AC%E5%B8%82%E5%9C%BA%E7%90%86%E8%AE%BA/4267529?fr=ge_ala.

2. 道德风险

道德风险是指在双方信息不对称的情况下,人们享有自己行为的收益,而将成本转嫁给别人,从而造成他人损失的可能性。道德风险的存在不仅使得处于信息劣势的一方受到损失,而且会破坏原有的市场均衡,导致资源配置的低效率。

在信息不对称的情况下,当代理人为委托人工作而其工作成果同时取决于代理人所作的主观努力和各种客观因素,并且主观原因对委托人来说难以区别时,就会产生代理人隐瞒行动导致的委托人利益损害的"道德风险"。

另外,道德风险发生的一个典型领域是保险市场。保险实际上是一种特殊的商品,它由专门的保险公司提供。这种特殊商品的价格就是保险费用。保险公司的信息也是不完全的。保险公司知道,在购买汽车保险的人当中,有一些人相对来说更加容易出事故。这些人开车时总是漫不经心,有时还喜欢喝一点酒等。保险赔偿主要就是被支付给了这些人。如果保险公司能够事先从投保人中区分出易出事故者,它就可以提高这些"高危"人群的保险价格,用来弥补可能的损失。但可惜的是,这一点很难做到。漫不经心的开车者不会自动向保险公司承认自己的弱点,喜欢酒后开车的人则会千方百计对保险公司隐瞒。保险公司所能做的不过是"亡羊补牢":在续签保险合同时,提高那些已经出过事故的人的保险价格。

问题不局限于此。对保险公司来说,更坏的情况是那些最容易出事故的开车人常常也是购买保险最积极的人。保险公司不知道他们的底细,但他们自己知道自己的底细。他们知道自己出事故的可能性比较大,因而更加需要保险公司的帮助,也愿意接受较高的费用。与此不同,那些一直谨慎驾驶的人,知道自己出事故的可能性较小。这些"好"的投保人购买保险的心情就不如"坏"的投保人那么迫切,也不像后者那么愿意为保险支付高费用。

❓ 相关思考9-3

信息不完全和信息不对称相同吗?

信息不对称和信息不完全有两个根本性的区别,一是信息不对称表现在两个人或多个人之间所掌握信息的差异,即体现的是人与人之间比较所产生的不对称,存在人与人之间信息分配的关系;而信息不完全则可以指任何一个人不能掌握完全信息,体现的是人与特定市场环境的关系,不涉及人与人之间信息分配的关系。二是信息不完全是一个可以创造的绝对变量,也就是说一个特定的市场参与人,不可能知道在任何时候、任何地方发生任何情况,但在不同时点上,该市场参与人可通过各种渠道,了解或掌握不同的初始信息、阶段信息或终止信息。而信息不对称是一个相对的衡量。在既有信息量条件下,不同各类人员对有关信息的了解是有差异的;掌握信息比较充分的人员,往往处于比较有利的地位,而信息贫乏的人员,则处于比较不利的地位。

信息不完全和信息不对称,在经济学的研究意义上也有所不同。研究信息不完全,主要是研究如何通过调节市场机制,解决市场机制失灵;而信息不对称强调政府应在市场体系中发挥强有力的作用,以减少信息不对称对经济产生的危害。

三、对不完全信息的干预

(一) 政府对信息进行调控或管理

信息的不完全和不对称带来了许多问题。市场机制本身可以解决其中的一部分。例如,为了利润的最大化,生产者必须根据消费者偏好进行生产,否则,生产出来的商品就可能卖不出去。生产者显然很难知道每个消费者偏好的具体情况。不过,在市场经济中,这一类信息的不完全并不会影响他们的正确决策——因为他们知道商品的价格。只要知道了商品的价格,就可以由此计算生产该商品的边际收益,从而就能够确定他们的利润最大化产量。

通过市场机制本身来解决信息不完全和不对称问题的另外一个方法是建立"信誉"。所谓信誉,可以看成是消费者对企业行为的一种主观评价。消费者根据自己购买和消费某种产品的亲身体验以及来自其他消费者的"忠告"或别的因素,对生产和销售该产品的企业的诚信程度作出判断,并根据这种判断来决定以后是否会购买该企业的产品。信誉在解决信息不完全和不对称问题上所起的最重要的作用就是"区分市场"。信誉把由于信息不完全和不对称而搞得混乱不堪的市场变得清晰分明。信誉好的商品意味着质量高,信誉差的商品意味着质量低。在"区分市场"的作用下,信誉也使得"高质高价"成为可能:产品质量高的价格就高,反之则低。

但是,市场机制并不能够解决所有的信息不完全和不对称问题。在这种情况下政府就有必要在信息方面进行调控。信息调控的目的主要是保证消费者和生产者能够得到充分和正确的市场信息,即增加市场的"透明度",以便他们能做出正确的选择。例如,就保护消费者方面来说,常见的政府措施包括这样一些规定:发行新股票或新债券的公司必须公布公司的有关情况,产品广告上不得有不合乎实际的夸大之词,某些产品必须有详细的使用说明书,香烟包装上必须标明"吸烟有害健康"的字样等。

(二) 通过制度设计约束行为人的行为

我们可以通过制度设计约束行为人的行为,例如,委托-代理问题中的激励机制设计可以约束行为人自己的行为。由于信息的不完全性,委托人往往不知道代理人要采取什么行动或者即使知道代理人采取某种行动,也不能观察和测度代理人从事这一行动时的努力程度,同时两者之间存在的利益分割关系,通常会使得代理人不完全按照委托人的意图行事,这在经济学上被称为"委托-代理问题"。

二维码9-4:打破"数据壁垒""信息孤岛"破解银企信息不对称难题

一旦企业出现委托-代理问题,不仅使企业所有者的利润受损,也使社会资源配置的效率受损,因为在不发生委托-代理问题的情况下,社会将生产出较高质量的产品。

由委托-代理问题导致的效率损失不可能通过政府的干预解决,而需要通过设计有效的激励措施加以解决。解决委托-代理问题最有效的办法是实施一种最优合约。最优合约是委托人花费最低限度的成本而使得代理人采取有效率的行动实现委托人目标的合约。

本 章 小 结

本章的主要学习内容是市场失灵与微观经济政策。通过本章的学习,我们了解了市场失灵的含义及出现市场失灵的原因,掌握了市场失灵的主要表现:垄断、外部影响、公共物品及信息不完全(不对称)等。我们熟悉了垄断、寻租、公共物品、外部影响、信息不完全、信息不对称等基本概念,并掌握了市场失灵带来的各种影响以及对这些市场失灵采取的干预措施,同时能够运用本章知识来分析社会经济现象。

本章重要概念

市场失灵　垄断　寻租　外部影响　外部经济　外部不经济　公共物品　准公共物品　私人物品　信息完全　信息不完全　信息不对称　道德风险　逆向选择　非排他性　非竞争性

二维码9-5：
练一练

二维码9-6：
练一练答案

第十章　国民收入核算理论

- 内容提要
- 重点难点
- 学习目标
- 知识框架
- 思政育人
- 第一节　国内生产总值
- 第二节　名义 GDP 和实际 GDP
- 第三节　国民收入核算的其他指标
- 第四节　国民收入核算的基本公式
- 本章小结
- 本章重要概念

内容提要

本章主要讲解国内生产总值的概念和核算方法、GDP 指标的重要性、局限性和展望、名义 GDP 和实际 GDP 的核算及异同、国民收入核算的其他指标及相互之间的关系、两部门经济、三部门经济和四部门经济国民收入核算的基本公式及推导等知识。

重点难点

本章重点为国内生产总值的概念和核算方法、国民收入核算的基本公式以及名义 GDP 和实际 GDP 的核算方法。本章的难点为国民收入核算的各指标及其关系以及国民收入核算的基本公式的推导。

学习目标

通过本章的学习,学生应掌握国内生产总值的概念、国民收入核算的收入法和支出法、国民收入核算的基本公式以及名义 GDP 和实际 GDP,了解 GDP 指标的重要性和局限性以及国民收入核算的其他指标及其相互之间的关系。

知识框架

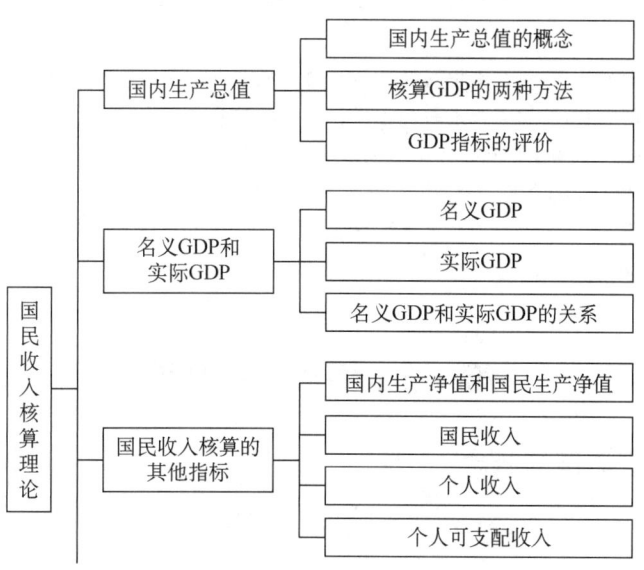

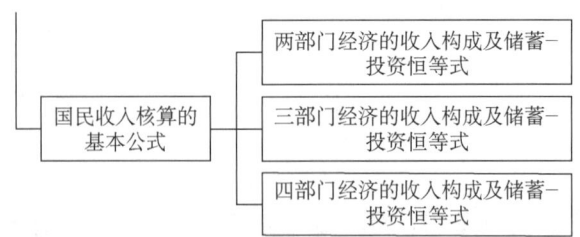

 思政育人　构建"双循环"新发展格局，推动中国经济高质量发展

党的二十大报告中指出："我们提出并贯彻新发展理念，着力推进高质量发展，推动构建新发展格局，实施供给侧结构性改革，制定一系列具有全局性意义的区域重大战略，我国经济实力实现历史性跃升。国内生产总值从五十四万亿元增长到一百一十四万亿元，我国经济总量占世界经济的比重达百分之十八点五，提高七点二个百分点，稳居世界第二位；人均国内生产总值从三万九千八百元增加到八万一千元；居民人均可支配收入从一万六千五百元增加到三万五千一百元。""我们要坚持以推动高质量发展为主题，把实施扩大内需战略同深化供给侧结构性改革有机结合起来，增强国内大循环内生动力和可靠性，提升国际循环质量和水平，加快建设现代化经济体系，着力提高全要素生产率，着力提升产业链供应链韧性和安全水平，着力推进城乡融合和区域协调发展，推动经济实现质的有效提升和量的合理增长，加快构建以国内大循环为主体、国内国际双循环相互促进的新发展格局。"

过去十年，中国经济几乎每年以美国两三倍的增长率向前快速奔跑，我国GDP占美国的比重逐年稳步提升。2010年，中国GDP达到6.09万亿美元，首次超过日本，跃居世界第二，当时美国GDP为15.05万亿美元，中国GDP达到美国的40%多。此后，我国一直稳居全球二大经济体的位置。而到了2021年，中国GDP已提升至17.73万亿美元，美国为23万亿美元，中国经济规模已超过美国的77%。这十年时间，中美GDP差距缩小了3.69万亿美元。世行报告公布的2013年到2021年中国对世界经济增长的平均贡献率为38.6%。这一数字超过G7国家贡献率的总和。另外，2021年中国人均国民总收入（GNI）达11 890美元，较2012年增长1倍。在世界银行公布的人均GNI排名中，中国由2012年的第112位上升到2021年的第68位，提升了44位。

国际货币基金组织（IMF）总裁克里斯塔利娜·格奥尔基耶娃表示，当前中国的经济活动正在恢复，中国经济复苏反弹意味着在2023年中国经济对世界经济的贡献率将达到1/3甚至超过1/3。她谈道，IMF分析表明，中国GDP每增长1%，会拉动亚洲其他国家的经济增长0.3%。中国的复苏现在非常地稳固，而且有非常强劲的动能。

年轻人是经济增长的未来，是未来中国经济增长的最强动力。我们学生要努力学习，用知识武装自己，肩负起时代赋予我们的重担，为国家未来的经济增长和经济发展多做贡献。

资料来源：新浪财经.世行：中国经济十年对世界经济增长贡献率达38.6%，超G7总和[EB/OL].(2022-10-26)[2023-11-04].https://cj.sina.com.cn/articles/view/1704103183/65928d0f02002zsx5.

习近平.二十大报告全文[EB/OL].(2022-10-16)[2023-11-04].https://www.gzstv.com/a/c5fce8a3cad34bf69f6d745bc088a408.

第一节　国内生产总值

一、国内生产总值的概念

国内生产总值（gross domestic product，GDP）是指一个经济社会（一个国家或地区）在一定时期内(一个季度或一年)运用全部生产要素所生产的全部最终产品(物品和劳务)的市场价值。国内生产总值常被公认为是衡量国家经济状况的最佳指标,其概念包含如下几方面意思:

(1) 国内生产总值是用最终产品和服务来计量的,即最终产品和服务在该时期的价值。一般根据产品的实际用途,可以把产品分为中间产品和最终产品。所谓最终产品是指在一定时期内生产的可供人们直接消费或者使用的物品和服务。这部分产品已经到达生产的最后阶段,不能再作为原料或半成品投入其他产品和劳务的生产过程中去,如消费品、资本品等,一般在最终消费品市场上进行销售。中间产品是指为了再加工或者转卖用于供别种产品生产使用的物品和劳务,如原材料、燃料等。在实际生活中,有些产品有多种用途,所以既可能是最终产品,又可能是中间产品,如面粉在家庭使用时是最终产品,在食品厂使用时是中间产品。GDP的核算必须按当期最终产品的价值计算,中间产品的价值不能计入,否则会造成重复计算。如家庭使用的面粉的价值应该计入GDP,但面包厂使用的面粉的价值就不能计入GDP,因为面包厂使用的面粉的价值已经转移到面包的价值中了,当作为最终产品的面包的价值计入GDP时,已经包含了面粉的价值,如果面包厂使用的面粉的价值也计入GDP,则发生了重复计算。同时GDP的核算不但包括物品还包括劳务,如理发师的劳动所得、教师的课时费等就是劳务价值,在GDP核算时都应计算在内。

❓ **相关思考 10-1**

工作服作为一大类产品,属于最终产品还是中间产品呢?同样的一件衣服在生产时作为工作服穿和在日常生活中穿在GDP核算时一样吗?请同学们好好思考一下这个问题。

(2) 国内生产总值是一个市场价值的概念。各种最终产品的市场价值是在市场上达成交换的价值,是通过货币来加以衡量的价格来表现的。一种产品的市场价值就是用这种最终产品的单价乘以其产量获得的。假如某国一年生产10万件上衣,每件上衣售价50美元,则该国一年生产上衣的市场价值为500万美元。而一个国家在一定时期内会生产千千万万种最终产品。因此,国内生产总值就是这千千万万种最终产品的价值之和。

事实上,一件最终产品在整个生产过程中的价值增值,就等于该最终产品的价值。因而,所有最终产品的价值总和即GDP就等于生产这些最终产品的各行各业新创造的价值的总和。举例说明,消费者购买的面包从生产到消费者最终购买共要经过4个阶段:小麦、面粉、面包、销售。最终产品的价值、中间产品的价值及各阶段的价值增值如表10-1所示:

表10-1　　**最终产品的价值和生产各阶段价值增值之和关系表**

阶段	最终产品的价值	中间产品的价值	生产各阶段的增值
小麦	100	0	100
面粉	150	100	50
面包	250	150	100
销售	300	250	50
总计	800	500	300

从上表我们可以看出,最终产品的价值是销售的300,而4个阶段的价值增值之和也是

300,所以计入 GDP 的消费者购买的最终产品面包的价值等于生产面包的各个阶段的价值增值之和。

（3）国内生产总值一般仅指市场活动导致的价值。那些非生产性活动（家务劳动、自给自足性生产）以及地下经济、黑市交易（赌博和毒品的非法交易）等不计入 GDP 中。美国经济学家，美国哥伦比亚大学教授斯蒂格利茨曾经指出，如果一对夫妇留在家中打扫卫生和做饭，这将不会被列入 GDP 的统计之内，假如这对夫妇外出工作，另外雇人做清洁和烹调工作，那么这对夫妇和佣人的经济活动都会被计入 GDP。说得更明白一些，如果一名男士雇佣一名保姆，保姆的工资也将计入 GDP，如果这位男士与保姆结婚，给保姆不发工资了，GDP 就会减少。这就是著名的 GDP 结婚效应。

二维码 10-1
视频：非市场活动不计入 GDP！

（4）GDP 是计算期内所生产而不是销售的最终产品价值。若某企业年生产 100 万美元产品，只卖掉 80 万美元，所剩 20 万美元产品可以看作是企业自己买下的存货投资，同样应计入 GDP。相反，虽然生产 100 万美元的产品，然而却卖掉了 120 万美元的产品，则计入 GDP 的仍是 100 万美元，减少的 20 万美元库存已经在生产时计入 GDP 了。既然 GDP 计算的是生产期新生产的产品的价值，那么作为多次交易的二手车、二手房、古董、古画的交易价值也就不计入 GDP 了，因为它们在生产年份已经计算过了，但二手房、二手车交易过程中经纪人的佣金应该计入 GDP，因为佣金是经纪人在买卖过程中提供的劳务报酬。

❓ **相关思考 10-2**

在日常活动中，我们还有很多活动的交易额无法计入 GDP，如股票交易、土地买卖、慈善活动、国债利息等。为什么这些活动的交易额不能计入 GDP 呢？还有不能计入 GDP 的交易额吗？请同学们认真想一想、找一找。

（5）GDP 是计算期内（如 2023 年）生产的最终产品价值，因而是流量而不是存量。流量是指一定时期内发生的变量，存量是指一定时点上存在的变量。存量是流量的积累，流量则是存量的改变量。GDP 度量的是一定时期内的产出价值量，所以是一个流量指标。

（6）GDP 是一个国家或一个地区范围内生产的最终产品的市场价值，是一个地域概念，强调的是国土原则。

如一个中国人在美国的劳务收入应该计入美国的 GDP，而一个美国人在中国的劳务收入应该计入中国的 GDP。而与之相联系的国民生产总值（GNP）是一个国民概念，是指一国国民在一定时期内运用全部生产要素所生产的最终产品的市场价值。举例说明：一个在日本工作的美国公民所创造的财富计入美国的 GNP，但不计入美国的 GDP，而是计入日本的 GDP。在 1991 年之前，美国均是采用 GNP 作为经济总产出的基本测量指标，后来因为大多数国家都采用 GDP，加之国外净收入数据不足，GDP 相对于 GNP 来说是衡量国内就业潜力的更好指标，易于测量，所以美国才改用 GDP。

GDP 与 GNP 都是反映宏观经济的总量指标，但它们既有联系又有区别。GNP 等于 GDP 加上来自国外的净要素收入，即 GNP 与 GDP 的关系式为：GNP＝GDP＋国外净要素收入。国外净要素收入是指从国外得到的生产要素收入减去支付给国外的要素收入。可见，GNP 与 GDP 之间的区别就在于 GNP 包括国外的净要素收入。生产要素的提供者不一定都是本国居民，有时也有外国居民，本国居民也有向外国的经济活动提供要素的。国内经济活动所创造的收入，作为要素收入，既分配给本国居民，也分配给外国居民，国外的经济活动所创造的收入也分配给本国居民,这两项的差额就是国外净要素收入。以2022年为例,当年我国GDP为1 210 207亿元,GNP为1 197 215亿元,两者差额为12 992亿元。也就是说2022年,外国人来华投资和来华打工新增加的价值之和比中国人在国外投资和服务输出新增的价值之和多12 992亿元。

延伸阅读 10-1

GDP 的诞生

1934年1月4日,美国商务部内外贸易局向国会金融委员会呈递《国民收入报告(1929—1932)》,这一天被视为GDP的生日。到2024年GDP已整整80岁了。80年来,GDP指标不断完善,成绩斐然,跻身于"20世纪人类最伟大的发明"之列,但质疑也始终伴随着这个尽人皆知的统计指标。那么GDP是如何诞生的呢?

1929年,经济危机在美国爆发,导致百业凋敝、民生艰辛,严重冲击经济、政治和社会秩序,政府面临巨大压力。当时,美国尚未建立起官方统计体系,政府仅知道几百万人失业、铁路运输骤减、钢产量下降等零星信息,缺乏刻画经济全貌的关键指标,导致经济决策犹如在黑暗里摸索,异常艰难,经济危机迫使美国开始建立经济总量测度体系。1932年,为帮助美国总统罗斯福应对经济危机,应美国国会的要求,商务部内外贸易局经济分析处同国民经济研究所(NBER)的西蒙·库兹涅茨等经济学家密切合作,开创性地编制了1929—1932年全国国民收入数据,最初的统计指标是"国民收入"(NI),而不是GDP。

第二次世界大战加快了完善经济总量测度的进程。美国加入二战后,国民经济不得不从消费模式转向战时模式。为支持战时经济规划的编制,美国经济学家们在国民收入统计的基础上,迅速估算了国民生产总值(GNP)年度数值。与此相似,在1947年的英国,经济学家斯通撰写了报告《国民收入和相关总量的定义和测度》。美国官方1951年和1958年分别开始估计年度和季度GNP真实值。

在美国,GDP真正诞生于1965年。同年,美国统计部门首次编制分产业的GDP数据,以更好地把握生产结构特征。但是,直到1991年,美国才正式将GNP统计改为GDP统计,以同就业、生产率和工业产出等核心经济指标保持一致。

美英两国的统计实践成为GDP国际统计标准的基石。在美英两国上述实践的基础上,联合国以GDP统计为核心,于1953年、1968年、1993年和2008年分别推出"国民账户体系"(SNA)共4个版本,作为宏观经济统计的全球标准。部分因为上述开创性贡献,库兹涅茨和斯通分别于1971年和1984年获得诺贝尔经济学奖。

自诞生以来,国民收入(NI)、国民生产总值(GNP)和国内生产总值(GDP)统计的内涵、外延和测度方法一直在不断完善,以精准反映不断演进的经济实践。按照SNA—2008版本,GDP是对生产的总测度,等于从事生产的所有常住单位创造的总增加值之和,GNP是GDP加上该国参与国际要素流动而得到的流入净收入(即从国外获得的要素收入扣减本国支付给国外的要素收入),发展中国家的GNP通常小于GDP,发达国家与此相反。

资料来源:刘仕国,吴海英.GDP今年八十岁了 20世纪最伟大的发明之一[EB/OL].(2014-02-17)[2023-11-15].http://finance.people.com.cn/n/2014/0217/c1004-24375686.html.

二、核算 GDP 的两种方法

要弄清GDP的核算方法,我们要先搞清楚宏观经济学中非常重要的三个量:总产出、总支出和总收入。首先看总产出,总产出就是指所有最终产品的市场价值之和,也就是GDP。它等于所有的最终消费者的支出还有企业的存货支出,两者之和就是总支出;它还等于所有与生产相关的人的总收入,如工资、利息、租金等,其次它还包括企业的利润,也就是企业的收入,两者之和就是总收入。因此,总产出等于总支出,总产出等于总收入,即总产出＝总支出＝总收入。

认识了总产出等于总收入,总产出等于总支出,对于弄清如何核算 GDP 有着重大意义。根据 GDP 的含义,我们知道 GDP 的核算可以通过计算所有最终产品的市场价值来进行,然而,事实上我们无法找到明确的标准来区分最终产品,而且即使真能按产品差别来划分最终产品,最终产品的清单也是为数众多的一长串。在这样的情况下,用它们乘以各自的价格并加总,实际上几乎不可能,为此只能采取其他方法来核算。上面说过,最终产品的价值等于整个生产过程中价值增值之和,因此,GDP 可以通过计算各行各业在一定时期生产中的价值增值来求得,这种核算 GDP 的方法称为生产法。从上面分析我们还知道,总产出等于总支出,因此 GDP 也可以通过核算整个社会在一定时期内购买最终产品的支出总和来求得,这种核算 GDP 的方法称为支出法。同时,我们还知道总产出等于总收入,因此,GDP 还可以通过核算整个社会在一定时期内获得的收入来求得,这种核算 GDP 的方法称为收入法。在核算 GDP 的三种方法中,常用的是支出法和收入法,因此,我们就这两种核算方法进行具体的分析。

(一) 支出法

支出法核算 GDP 就是通过核算在一定时期内整个社会购买最终产品的总支出来计量 GDP,这种方法又称最终产品法。在现实生活中,产品和劳务的最后使用,主要是居民消费、企业投资、政府购买和出口。因此,用支出法核算 GDP,就是核算一个国家或地区在一定时期内居民消费、企业投资、政府购买和净出口这几方面支出的总和。

(1) 居民消费(用字母 C 表示),包括购买冰箱、彩电、洗衣机、小汽车等耐用消费品的支出,服装、食品等非耐用消费品的支出以及用于医疗保健、旅游、理发等劳务的支出。但建造和购买住宅的支出不包括在消费支出内,它们属于固定资产投资支出。

延伸阅读 10-2

女性不容小觑,对 GDP 的贡献率高达 60%

女性对消费和经济的巨大促进作用,实在不容小觑。尤其是在知识经济时代,随着资讯科技的革新、教育程度的提升及服务业的兴起,更令女性对经济增长作用进一步提升。据统计,女性对 GDP 贡献已逾 50%。而在多数欧美国家,女性对 GDP 贡献更在 60% 或者以上。可以说,女性对经济的发展,不是顶半边天,而是顶大半边天。

职业女性消费能力普遍比男性高,西方畅销书《女人不容小觑》(Why Women Mean Business)的作者 Avivah Wittenberg-Cox 研究发现,与男性相比,女性作出的购买决策高达 80%,这不仅仅包括日常用品、衣物、电器或化妆品这些消费小项,更包括买房、汽车和投资金融产品等消费大项。例如在日本,该国就有超过 2/3 的购车决定权在女性,日本男人要驾驶什么车辆,都是由太太决定。西方那些深谙"womenomics"("女性经济学")之道的国家和企业,往往也都在打女性的主意,奢侈品商场店、化妆品专卖店开到成行成市。

资料来源:梁海明."女性经济"带动零售消费[EB/OL].(2023-08-26)[2023-11-15]. https://www.thepaper.cn/newsDetail_forward_24382792.

(2) 企业投资(用字母 I 表示),是指增加或更新资本资产(包括厂房、机器设备、住宅及存货)的支出。为什么用于投资的物品也是最终产品?资本设备难道不是像中间物品一样是用来生产别的产品吗?为什么不属于中间产品呢?要知道,资本物品(如厂房设备等)和中间产品(原材料等)是有重大区别的。中间产品在生产别的产品时全部被消耗掉，但资本物品在生产别的产品过程中只是部分地被耗费掉。比如一个工厂使用期限为40年，则每年都耗费部分价值，40年后全部耗费掉。资本物品由于损耗造成的价值减少称为折旧。折旧不仅包括生产中资本物品的物质磨损，还包括资本老化带来的精神磨损。例如，一台设备使用年限虽然未到，但过时了，其价值就要贬损。

投资包括固定资产投资和存货投资两大类。固定资产投资指新造厂房、购买新设备、新住宅的投资。为什么住宅建筑属于投资而不属于消费呢？因为住宅像别的固定资产一样是在长期使用中慢慢地被消耗的。

存货投资是企业掌握的存货的增加或减少。如果年初全国企业存货为2 000亿美元而年末为2 200亿美元，则存货投资为200亿美元。存货投资可能是正值，也可能是负值，因为年末存货价值可能大于也可能小于年初存货。企业存货之所以被视为投资，是因为它能产生收入。从国民经济统计的角度看，生产出来但没有卖出去的产品只能作为企业的存货投资处理，这样从生产角度统计的GDP和从支出角度统计的GDP相一致。

投资有总投资和净投资的区分，计入GDP中的投资是指总投资，总投资是重置投资与净投资之和，重置投资是指用于重置资本设备的投资，其数值等于折旧。举例说明，假定某国家在2016年共投资了800亿美元，但由于厂房、机器设备等资本物品会不断磨损，假定每年消耗即折旧300亿美元，也就是说总投资800亿美元中有300亿美元要用来补偿旧资本消耗，则净增加的投资只有500亿美元。

延伸阅读10-3

2022年度中国对外投资规模保持世界前列 覆盖全球超80%国家和地区

2023年9月28日，商务部、国家统计局和国家外汇管理局联合发布《2022年度中国对外直接投资统计公报》(以下简称《公报》)。《公报》分中国对外直接投资综述、中国对外直接投资流量存量、中国对世界主要经济体的直接投资、对外直接投资者构成、对外直接投资企业构成、附表等六部分，全面反映2022年中国对外直接投资情况。

2022年中国对外直接投资主要呈现以下特点。

1. 对外投资规模保持世界前列

2022年，中国对外直接投资流量1 631.2亿美元，为全球第2位，连续11年列全球前3，连续七年占全球份额超过一成。2022年末，中国对外直接投资存量达2.75万亿美元，连续六年排名全球前3。

2. 境外企业覆盖全球超过80%的国家和地区

2022年末，中国境内投资者共在全球190个国家和地区设立境外企业4.7万家。近60%分布在亚洲，北美洲占13%，欧洲10.2%，拉丁美洲7.9%，非洲7.1%，大洋洲2.6%。其中，在共建"一带一路"国家设立境外企业1.6万家。

3. 投资领域广泛

2022年，中国对外直接投资涵盖了国民经济的18个行业大类，其中流向租赁和商务服务、制造、金融、批发零售、采矿、交通运输等领域的投资均超过百亿美元。

4. 地方企业对外投资持续活跃

2022年中国对外非金融类投资流量中，地方企业860.5亿美元，占61%，较上年提升3.3个百分点。其中，东部占比77.3%。浙江、广东、上海列前3位。

5. 互利共赢助力经济发展

2022年，境外企业向投资所在地纳税750亿美元，增长35.1%。年末境外企业员工总数超410万人，其中雇用外方员工近250万。当年对外投资带动货物进出口2566亿美元。非金融类境外企业实现销售收入3.5万亿美元，增长14.4%。

资料来源：央视新闻客户端.2022年度中国对外投资规模保持世界前列 覆盖全球超80%国家和地区[EB/OL].(2023-09-28)[2023-11-15].https://news.cnr.cn/native/gd/20230928/t20230928_526435725.shtml.

(3) 政府购买(用字母 G 来表示)，是指各级政府购买物品和劳务的支出，它包括政府购买军火、军队和警察的服务、政府机关办公用品与办公设施、举办诸如道路等公共工程、开办学校等方面的支出。政府支付给政府雇员的工资也属于政府购买。政府购买是一种实质性的支出，表现出商品、劳务与货币的双向运动，直接形成社会需求，成为国内生产总值的组成部分。政府购买只是政府支出的一部分，政府支出的另一部分如政府转移支付、公债利息等都不计入GDP。政府转移支付是政府不以取得本年生产出来的商品与劳务作为报偿的支出，包括政府在社会福利、社会保险、失业救济、贫困补助、老年保障、卫生保健、对农业的补贴等方面的支出。政府转移支付是政府通过其职能将收入在不同的社会成员间进行转移和重新分配，将一部分人的收入转移到另一部分人手中，其实质是一种财富的再分配。有政府转移支付发生时，即政府付出这些支出时，并不相应得到什么商品与劳务，政府转移支付是一种货币性支出，整个社会的总收入并没有发生改变。因此，政府转移支付不计入国内生产总值中。

(4) 净出口(用字母 NX 表示)，是指进出口的差额。进口(用字母 M 表示)应从本国总购买中减去，因为进口表示收入流到国外，同时，也不是用于购买本国产品的支出；出口(用字母 X 表示)则应加进本国总购买量之中，因为出口表示收入从外国流入，是用于购买本国产品的支出，因此，只有净出口才应计入总支出。净出口可能是正值，也可能是负值。

把上述四个项目加起来，就是用支出法计算 GDP 的公式：

$$GDP = C + I + G + (X - M) \quad (10-1)$$

在中国的统计实践中，支出法计算的是国内生产总值划分为最终消费、资本形成总额和货物和服务的净出口总额，它反映了本期生产的国内生产总值的使用及构成。最终消费分为居民消费和政府消费。居民消费除了直接以货币形式购买货物和服务的消费外，还包括以其他方式获得的货物和服务的消费支出，即所谓的虚拟消费支出。居民虚拟消费支出包括以下几种类型：单位以实物报酬及实物转移的形式提供给劳动者的货物和服务；金融机构提供的金融媒介服务；保险公司提供的保险服务。

延伸阅读 10-4

20世纪最伟大的发明之一

美国著名的经济学家保罗·萨缪尔森说："GDP 是 20 世纪最伟大的发现之一。"没有 GDP 这个发明，我们就无法进行国与国之间经济实力的比较；贫穷与富裕的比较，没有 GDP 这个总量指标我们无法了解我国的经济增长速度是快还是慢，是需要刺激还是需要控制。因此 GDP 就像一把尺子、一面镜子，它是衡量一国经济发展和生活富裕程度的重要指标。如果你要判断一个人在经济上是否成功，你首先要看他的收入。高收入的人享有较高的生活水平。同样的逻辑也适用于一国的整体经济。当判断经济富裕还是贫穷时，要看人们口袋里有多少钱。这正是国内生产总值(GDP)的作用。

GDP同时衡量两件事:经济中所有人的总收入和用于经济中物品与劳务产量的总支出。GDP既衡量总收入又衡量总支出的秘诀在于这两件事实际上是相同的。对于一个整体经济而言,收入必定等于支出。这是为什么呢?一个经济的收入和支出相同的原因就是一次交易都有两方:买者和卖者。如你雇一个小时工为你做卫生,每小时10元,在这种情况下小时工是劳务的卖者,而你是劳务的买者。小时工赚了10元,而你支出了10元。因此这种交易对经济的收入和支出作出了相同的贡献。无论是用总收入来衡量还是用总支出来衡量,GDP都增加了10元。由此可见,在经济中,每生产1元钱,就会产生1元钱的收入。

资料来源:国家开放大学实验学院.经济学导学案例[EB/OL]. https://open.syxy.ouchn.cn/mod/forum/view.php?id=23701.

(二) 收入法

收入法核算GDP,就是从收入的角度,把生产要素在生产中所得到的各种收入相加来计算GDP,即把劳动所得到的工资、土地所有者得到的地租、资本所得到的利息以及企业家才能得到的利润相加来计算GDP。这种方法又叫要素支付法、要素成本法。在没有政府的简单经济中,企业的增加值即其创造的国内生产总值,就等于要素收入加上折旧,但当政府介入后,政府往往征收间接税,这时的GDP还应包括间接税和企业转移支付。间接税是对产品销售征收的税,它包括货物税、周转税。这种税收名义上是对企业征收,但企业可以把它打入生产成本之中,最终转嫁到消费者身上,故也应视为成本。同样,还有企业转移支付(即企业对非营利组织的社会慈善捐款和消费者呆账),它也不是生产要素创造的收入,但要通过产品价格转移给消费者,故也应看作成本。资本折旧也应计入GDP。因为它虽不是要素收入,但包括在总投资中。还有,非公司企业主收入也应计入GDP中。非公司企业主收入,是指医生、律师、小店铺主、农民等的收入。他们使用自己的资金自我雇佣,其工资、利息、租金很难像公司的账目那样,分成其自己经营应得的工资、自有资金的利息、自有房子的租金等,其工资、利息、利润、租金常混在一起作为非公司企业主收入。

这样,按收入法计算的公式就是:

$$GDP=工资+利息+利润+租金+间接税和企业转移支付+折旧 \qquad (10-2)$$

也可看成是GDP=生产要素的收入+非生产要素的收入。从理论上讲,用收入法计算出的GDP与用支出法计算出的GDP在量上是相等的。

 延伸阅读10-5

中国GDP核算历史

20世纪80年代初,中国开始研究联合国国民经济体系的国内生产总值(GDP)指标。中国于1985年开始建立GDP核算制度。1993年中国正式取消国民收入核算,GDP成为国民经济核算的核心指标。

2003年国家统计局宣布中国将改进GDP核算与数据发布制度,取消容易引起误解的预计数,建立定期修正和调整GDP数据的机制,在发布GDP数据的同时发布相关的重要数据,必要时还将公布核算方法。这是中国提高GDP数据的准确性和透明度,向国际通行办法迈进的重要一步。

2014年国家统计局将积极稳妥地推进国家统一核算地区生产总值,深化固定资产投资统计,加快改进能耗统计进一步完善社会消费品零售统计,同时将精心组织实施第三次全国经济普查认真做好普查登记。尽快制定经济核算图,制定全国统一的核算办法,为2015年正式实施全国统一的核算GDP来打下一个基础。此举将有效消除近10年来各省GDP总和与国家统计局核算的全国GDP存在较大出入的情况。

2015年4月15日,初步核算,一季度国内生产总值140 667亿元,按可比价格计算,同比2014年增长

7.0%。分产业看,第一产业增加值7 770亿元,同比2014年增长3.2%;第二产业增加值60 292亿元,增长6.4%;第三产业增加值72 605亿元,增长7.9%。从环比看,一季度国内生产总值增长1.3%。2015年三季度GDP,在10月19日10点发布,首次采用新核算方式。公布的数据显示,中国三季度GDP同比增幅为6.9%,为2009年1季度以来最低水平。

2016年3月5日,李克强在第十二届全国人民代表大会第四次会议作政府工作报告。报告2015年国内生产总值达到67.7万亿元,增长6.9%,在世界主要经济体中位居前列。

2016年4月15日,初步核算,一季度国内生产总值158 526亿元,按可比价格计算,同比增长6.7%。分产业看,第一产业增加值8 803亿元,同比增长2.9%;第二产业增加值59 510亿元,增长5.8%;第三产业增加值90 214亿元,增长7.6%。以2015年价格计算,2016年一季度GDP增量为9 851亿元,比上年同期多增222亿元。

2017年,GDP现价总量为820 754亿元,比初步核算数减少了6 367亿元;按不变价格计算,比上年增长6.8%,比初步核算数下降0.1个百分点。

2019年11月22日,国家统计局发布了《国家统计局关于修订2018年国内生产总值数据的公告》。修订后主要结果为:2018年国内生产总值为919 281亿元,比初步核算数增加18 972亿元,增幅为2.1%。修订后的第一产业增加值为64 745亿元,比重为7.0%;第二产业增加值为364 835亿元,比重为39.7%;第三产业增加值为489 701亿元,比重为53.3%。

2019年11月29日,国家金融与发展实验室理事长李扬在2019中国金融年度论坛暨金融市场峰会上表示,中国2019年GDP预计增长6.1%,2020年GDP预计增长5.8%。

2020年1月17日,国家统计局发布数据,初步核算,2019年中国国内生产总值990 865亿元,按可比价格计算,比上年增长6.1%,符合6%至6.5%的预期目标。分季度看,一季度同比增长6.4%,二季度增长6.2%,三季度增长6.0%,四季度增长6.0%。

2020年4月17日,国新办就2020年一季度国民经济运行情况举行新闻发布会。国家统计局新闻发言人毛盛勇介绍,初步核算,一季度国内生产总值206 504亿元,按可比价格计算,同比下降6.8%。

2020年5月,在十三届全国人大三次会议开幕会后的首场"部长通道"上,政府工作报告提到经济量化指标,2020年不设GDP增长目标。

2020年12月,国家统计局对2019年GDP数据进行了最终核实,主要结果如下:经最终核实,2019年,GDP现价总量为986 515亿元,比初步核算数减少了4 350亿元;按不变价格计算,比上年增长6.0%,比初步核算数下降0.1个百分点。

2021年12月17日,国家统计局公告,经最终核实,2020年,GDP现价总量为1 013 567亿元,比初步核算数减少了2 419亿元。按不变价格计算,比上年增长2.2%,比初步核算数下降0.1个百分点。

2022年1月,初步核算,全年国内生产总值1 143 670亿元,按不变价格计算,比上年增长8.1%,两年平均增长5.1%。分季度看,一季度同比增长18.3%,二季度增长7.9%,三季度增长4.9%,四季度增长4.0%。分产业看,第一产业增加值83 086亿元,比上年增长7.1%;第二产业增加值450 904亿元,增长8.2%;第三产业增加值609 680亿元,增长8.2%。

2022年1月17日,2021年中国经济年报出炉。2021年,中国人均GDP达到80 976元,按年平均汇率折算,达12 551美元,突破了1.2万美元。2021年广东地区生产总值124 369.67亿元,同比增长8.0%。

2022年4月18日,国家统计局公布,初步核算,2022年一季度国内生产总值270 178亿元,按不变价格计算,同比增长4.8%,比2021年四季度环比增长1.3%。分产业看,第一产业增加值10 954亿元,增长6.0%;第二产业增加值106 187亿元,增长5.8%;第三产业增加值153 037亿元,增长4.0%。

2022年7月15日,国家统计局新闻发言人、国民经济综合统计司司长付凌晖介绍2022年上半年国民经济运行情况。初步核算,上半年国内生产总值562 642亿元,按不变价格计算,同比增长2.5%。分产业看,第一产业增加值29 137亿元,同比增长5.0%;第二产业增加值228 636亿元,增长3.2%;第三产业增加值304 868亿元,增长1.8%。

2022年12月27日,国家统计局发布关于2021年国内生产总值最终核实的公告。经最终核实,2021年,GDP现价总量为1 149 237亿元,比初步核算数增加了5 567亿元;按不变价格计算,比上年增长8.4%,比初步核算数提高0.3个百分点。

2023年2月28日,国家统计局发布《中华人民共和国2022年国民经济和社会发展统计公报》。初步核算,全年国内生产总值1 210 207亿元,比上年增长3.0%。

2023年4月18日国家统计局发布一季度国内生产总值284 997亿元(初步核算),按不变价格计算,同比增长4.5%,比上年四季度环比增长2.2%。分产业看,第一产业增加值11 575亿元,同比增长3.7%;第二产业增加值107 947亿元,增长3.3%;第三产业增加值165 475亿元,增长5.4%。

2023年7月17日国家统计局发布上半年国内生产总值(GDP)593 034亿元(初步核算),按不变价格计算,同比增长5.5%,比一季度加快1.0个百分点。分产业看,第一产业增加值30 416亿元,同比增长3.7%;第二产业增加值230 682亿元,增长4.3%;第三产业增加值331 937亿元,增长6.4%。分季度看,一季度国内生产总值同比增长4.5%,二季度增长6.3%。从环比看,二季度国内生产总值增长0.8%。

资料来源:百度百科. 国内生产总值[EB/OL]. https://baike.baidu.com/item/%E5%9B%BD%E5%86%85%E7%94%9F%E4%BA%A7%E6%80%BB%E5%80%BC/31864?fr=ge_ala.

三、GDP指标的评价

(一) GDP的重要性

GDP作为衡量宏观经济总量的统计指标,为决策者判断经济冷热、决定政策取向并精细调整力度与节奏提供了依据,被诺贝尔经济学奖获得者保罗·萨缪尔森誉为是20世纪最伟大的发明之一,具体体现在:

(1) GDP为人们了解、评判和预测经济运行总趋势提供了关键信息。GDP准确记录了特定地理范围内的绝大部分经济活动,并最大程度地予以综合,成为诊断经济总趋势的关键指标。GDP就像灯塔一样,指引政策制定者判断经济冷热、决定政策取向并精细调整力度与节奏,也帮助企业分析市场机遇和挑战,做出于己有利的商业决策。

(2) GDP引导市场主体理性决策,有利于经济平稳运行。典型例子如美国在1945年之前的92年间,美国经济出现6次严重萧条,其中最严重的是1932年GDP比上年下降13%,平均每次持续约36个月;而在1959年至今的58年间,衰退仅5次,其中GDP降幅最大的是2009年,仅2.8%。

(3) 以市场为核心理念的GDP核算不断完善,对市场良治起到积极作用,促进了全球经济的市场化。截至2012年,除个别国家外,市场体制已一统世界经济,200多个国家和地区向联合国统计司报告GDP数据。

(4) GDP核算为未来加强幸福感测度奠定了良好的基础。经济福利是幸福感最基本的维度,同GDP现有的核算重心"经济生产"的关系密切。因此,幸福感测度将来不论以何种方式推进,都会从现有的GDP核算中获益良多。

20世纪30年代,GDP等经济总量指标诞生之时,正是凯恩斯发表现代宏观经济学奠基之作《就业、利息和货币通论》之际。从此,GDP核算与现代宏观经济学相互促进,共同发展,成为现代宏观经济分析的支柱,而宏观经济学也成为全球人文社会科学领域内经世济用的超级"显学"。

(二) GDP的局限性

GDP的设计初衷注定它非万能指标,其局限性显而易见。GDP自诞生以来,受到广泛质疑,其中有三次高潮,分别发生在20世纪70年代中期、20世纪80年代后期和2008年前后。

20世纪70年代中期,面对"石油危机"的巨大冲击,质疑者认为经济增长正面临资源供给日趋"有限"的约束,从而要求GDP指标应更多地关注人类社会进步而不仅仅是经济成就,并提出经济福利指标(NEW)等替代指标。

20世纪80年代后期,人类经济活动对生态环境的负面影响逐渐显露,加上欧美增长放缓、经济不安全感上升,质疑者再次提出GDP的补充或替代指标,如联合国1990年提出的"人文发展指数"(HDI)。该指数是由GDP、健康与教育成就等非常简洁的信息综合而成,提高了人类对生活质量改善等非经济维度的重视。

2000年以来,人们对部分官方统计数字的信任下降,受此牵连,GDP的可信度也下降了。事实上,国民经济核算专家一再提醒,用户要注意GDP作为社会进步或者福利指标的局限性。GDP本意旨在测度经济活动,尤其是产生货币交易的经济活动。它的局限性主要体现在以下几个方面:

(1) GDP不能反映社会成本。例如,某地赌博和黄色交易盛行,也许GDP水平很高,但并不能说明该地区经济发展能给人们带来幸福,而只能说明社会生活腐朽。

(2) GDP不能反映经济增长方式付出的代价。例如,如果只顾经济总量和速度增长,而不顾环境污染、生态破坏,那么,经济可能增长了,但环境可能受到严重污染,今天GDP上去了,明天可能要为治理污染付出比今天增加的GDP几倍的成本。

(3) GDP不能反映经济增长的效率和效益。例如,如果为了经济增长有高速度而拼命消耗资源,对资源采取低效的、掠夺式的利用。那么,可能一时经济上去了,以后经济持续增长的后劲和潜力却丧失了。

(4) GDP不能反映人们的生活质量。例如,两个生产了同样多GDP的国家,如果一国国民十分健康,人均寿命很长,享有较多闲暇,而另一国国民劳动十分紧张,疲于奔命,人均寿命也短,那么,前一国国民显然比后一国国民幸福得多。

(5) GDP不能反映社会收入和财富分配的状况。例如,即使两国人均GDP水平相同,但一国贫富差距比另一国大得多,显然,前一国的社会总福利要比后一国少得多。

(6) GDP不能充分反映快速变化的经济结构。服务在经济活动中的比重日益增加,但GDP没有很好地解决服务价值测度中的质量与效率难题。

(7) GDP未能充分反映日益重要的产品质量要义。在某些国家,产品质量的重要性甚至超过产品数量的重要性。GDP核算假设同一商品或服务的质量在不同时期是相同的。

(8) GDP未能恰当地利用市场价格。有些市场价格夸大了利润和产出,形成了"泡沫",很容易导致危机。有些市场交易价格可能偏离社会的基本估价,比如复杂的金融产品和电信服务。

延伸阅读10-6

GDP统计中,数字经济贡献不该是"虚拟"

近几年,全球经济形势正处于一个非常微妙的时期。国内生产总值GDP指标重新受到重视,英国脱欧的经济影响需要援引GDP变化,美联储货币政策之争需要参考GDP数据,"安倍经济学"的成效如何也要用 GDP 数据来衡量。

1. GDP 仍是最好的量化统计工具

应该承认，GDP 指标是量化经济活动、分析经济发展状况的重要工具，迄今为止还没有更好的量化统计工具可以完全代替。"去 GDP 化""GDP 怀疑主义"的尝试都没有取得很好的结果。

英国经济学家戴安娜·科伊尔主张捍卫 GDP 作为理解经济的工具的作用时，特意强调"我们要清楚 GDP 的局限性"。作为一个交换价值指标，GDP 所表明的仅仅是投入交换（广义的交换）的产出水平。经济活动如果没有货币化的市场交换过程，GDP 就无法反映和评估其经济作用。比如说，政府提供的公共服务含有大量"免费项目"，就无法用 GDP 进行正确评估。我们无法通过 GDP 来衡量军队增加一辆坦克的经济贡献，因为没人为这辆坦克的使用付费。但是，国防保证和平环境显然是有经济类贡献的。

在数字技术时代之前，这一"盲区"影响有限，政府的公共服务可以视为平均分配给了每一个国民，也可以进行单独的经济核算。而自给性生产和家内自我服务在正常社会分布也较为平均，作为经济数据的"背景噪音干扰"也没有什么问题。但是，数字技术高度发展的今天，大量"数字技术红利"无法进行有效的 GDP 统计，GDP 盲区的问题凸显。

2. 数字经济贡献难被精确量化

数字时代的市场交换过程远比工业时代要复杂，其中涉及大量免费的公共服务。比如说，用户在网上购物、点外卖，平台提供的服务是免费的，平台经济的这部分服务贡献就没反映在 GDP 指标中。买家秀也没有报酬，这一服务也不会产生 GDP 数据，却增加了购物的精准度。公共服务上也是如此。以城市治堵为例，很多城市引入云城市大脑，利用大数据实时调节红绿灯时间，拥堵排名持续下降。这些对 GDP 质量的提升是很有益的，也增加了公众的获得感。从这个意义上看，数字经济指标可以视为一套新的区域发展衡量标准。

问题的实质是，数字技术实现了信息传播的低成本化，因此产生了很多免费的信息服务。可是，这类免费服务却被 GDP 指标的统计排除在外。这很有一点悖论的意味——数字经济建立在数字化的基础上，但是其经济贡献却很难被精确地量化。再者，互联网的高效、开放产生了很多增值服务，GDP 指标也无法真实反映其经济贡献。

3. 虚拟经济与实体经济并非对立关系

由于 GDP 不能如实地反映"数字技术红利"，社会大众容易低估数字技术的经济贡献度。最明显的是，流行一时的"虚拟经济危害实体经济"说，持此论者就是被 GDP 数据所误导，以为数字经济与"实体经济"是此消彼长的对立关系。他们没有意识到数字技术的经济贡献绝非"虚拟"，而是实实在在地为个人、企业、各行各业提供了服务。真实的情况是，中国数字经济蓬勃发展与中国 GDP 高速增长、中国制造业增长、国内消费高速增长同步，彼此之间存在明显的联动效应。问题是，中国的数字经济不容忽视。国家网信办相关报告显示，2018 年我国数字经济规模达到 31.3 万亿元，占 GDP 比重达 34.8%——美国数字经济的比例仅占 10%。这是工业化时代以来，任何国家都未曾面对过的经济格局。

经济管理和决策要转换思路，适应数字时代的经济形势。而经济数据的统计和评价，是一切管理、决策的基础。因此，如何解决 GDP 指标的"数字技术红利"盲区，如何正确地评价"数字技术红利"的经济贡献，将是举足轻重的经济学课题。

资料来源：人民网. GDP 统计中，数字经济贡献不该是"虚拟"[EB/OL].(2019-10-25)[2023-11-16]. http://finance.people.com.cn/n1/2019/1025/c1004-31419722.html.

（三）GDP 的展望

人类社会发展到当前阶段，对幸福感的需求越来越大。但是，普通人幸福感或国民福利同生产之间的差异越来越大。幸福包括如下维度的内容：物质生活水平（财富、收入、消费）、健康、教育、个人活动（含工作）；政治发言权和治理；社会联系和关系；环境；经济和人身安全。可以看到，许多维度在传统的生产测度中被忽视了。人类发展和社会进步测度的重心从"经济生产"转向"世代幸福或可持续的幸福"。GDP在未来统计系统中仍具有重要作用，但需围绕"幸福"理念进一步改善。

目前，一些国家解决经济福利和社会进步测度的办法有以下几种：

（1）将经济福利和社会进步众多指标约化为类似于GDP的单一指标。比如，建立国民幸福总值（GNH）。不丹国王在20世纪70年代宣布，他的目标不是增加GDP，而是GNH。

（2）建立卫星账户和社会统计。这在联合国SNA-2008版本和许多其他国际组织中都有体现。缺点是众多指标比较分散，不利于综合评估和国际比较。

（3）拓展现有国民账户实践。完善相关统计技术的前提下，编制"校正"后的GDP指数。

（4）合成必要的分项指数，建立综合指数。现有很多福利指数属于这一类型。缺点是在确定分项指数的加总权数时具有主观性。例如，绿色GDP概念的引进，绿色GDP是指用以衡量各国扣除自然资产损失后新创造的真实国民财富的总量核算指标。简单地讲，就是从现行统计的GDP中，扣除由于环境污染、自然资源退化、教育低下、人口数量失控、管理不善等因素引起的经济损失成本，从而得出真实的国民财富总量。世界银行1997年开始利用绿色GDP来衡量一国的真实财富，但由于扣除项目的主观性，目前绿色GDP在核算上还存在不少技术难题。

（5）即时解读福利的客观测度结果，而不是建立福利指数。比如2008年美国政府开始研究建立"关键的国家指标体系"，拟在传统GDP统计标准上新增100多个数据点。

延伸阅读 10-7

2023年我国经济增长目标：GDP 增长 5% 左右

新华社北京2023年3月5日电，国务院总理李克强5日在政府工作报告中指出，今年发展主要预期目标是：国内生产总值增长5%左右；城镇新增就业1 200万人左右，城镇调查失业率5.5%左右；居民消费价格涨幅3%左右；居民收入增长与经济增长基本同步；进出口促稳提质，国际收支基本平衡；粮食产量保持在1.3万亿斤以上；单位国内生产总值能耗和主要污染物排放量继续下降，重点控制化石能源消费，生态环境质量稳定改善。

要坚持稳字当头、稳中求进，保持政策连续性针对性，加强各类政策协调配合，形成共促高质量发展合力。积极的财政政策要加力提效。赤字率拟按3%安排。完善税费优惠政策，对现行减税降费、退税缓税等措施，该延续的延续，该优化的优化。做好基层"三保"工作。稳健的货币政策要精准有力。保持广义货币供应量和社会融资规模增速同名义经济增速基本匹配，支持实体经济发展。保持人民币汇率在合理均衡水平上的基本稳定。产业政策要发展和安全并举。促进传统产业改造升级，培育壮大战略性新兴产业，着力补强产业链薄弱环节。科技政策要聚焦自立自强。完善新型举国体制，发挥好政府在关键核心技术攻关中的组织作用，突出企业科技创新主体地位。社会政策要兜牢民生底线。落实落细就业优先政策，把促进青年特别是高校毕业生就业工作摆在更加突出的位置，切实保障好基本民生。

当前我国疫情防控已进入"乙类乙管"常态化防控阶段，要更加科学、精准、高效做好防控工作，围绕保健康、防重症，重点做好老年人、儿童、患基础性疾病群体的疫情防控和医疗救治，推进疫苗迭代升级和新药研制，切实保障群众就医用药需求，守护好人民生命安全和身体健康。

资料来源：中国财经. 2023年发展主要预期目标：GDP 增长 5% 左右[EB/OL]. (2023-03-05)[2023-11-16]. http://finance.china.com.cn/news/special/lianghui2023/20230305/5950780.shtml.

二维码10-2：数字经济的价值，或被GDP低估了

第二节 名义GDP和实际GDP

一、名义GDP

名义GDP又称货币GDP,它是用生产物品和劳务的当年价格计算的全部最终产品的市场价值。名义GDP的变动可以有两种原因:一种是实际产量的变动,另一种是价格的变动。也就是说,名义GDP的变动既反映了实际产量变动的情况,又反映了价格变动的情况。名义GDP是包含价格水平考虑的,如果我们现在的所有价格水平上升一倍,则名义GDP也要上升一倍。所以名义GDP有很大的不确定性,尤其在通货膨胀时期。

二、实际GDP

名义GDP是指按当年价格计算的最终产品的价值。由于相同产品的价格在不同的年份会有所不同,因此,如果用名义GDP就无法对国民收入进行历史的比较。为了使一个国家或地区不同年份的GDP具有可比性,就需要以某一年的价格水平为基准,各年的GDP都按照这一价格水平来计算。这个特定的年份就是基年,基年的价格水平就是所谓的不变价格,按基年的不变价格计算出来的各年最终产品的价值就是实际GDP。实际GDP是指在相同的价格或货币值保持不变的条件下,不同时期所生产的全部产出的实际值。实际GDP(或GNP)是国际上公认的反映一国一定时期(年)国民产品总量的最好的综合指标。用绝对值表述时,一般用名义GDP;反映增长速度时,一般用实际GDP。

三、名义GDP和实际GDP的关系

名义GDP和实际GDP的关系可以表示为:

$$名义GDP = 实际GDP \times GDP折算指数$$

GDP折算指数又称GDP平减指数,该指数反映了从基期到当期一个国家物价水平的变动情况。下面我们对其举例说明:

【例10-1】 设一经济社会最终产品只有三种,产品A、产品B和产品C,其数量和价格信息如表10-2所示:

表10-2 **产品A、产品B和产品C的数量和价格信息表**

产品	2021年		2022年	
	数量(个)	单价(元)	数量(个)	单价(元)
A	25	1.50	30	1.60
B	50	7.50	60	7.80
C	40	6.00	50	6.20

试计算:

(1) 计算2022年的名义GDP。

(2) 以2021年作为基期,则2022年的实际GDP为多少?

(3) 以2021年作为基期,计算2022年的GDP折算指数并说明该指数的含义。

解答:

(1) 2022年的名义$GDP=30\times1.60+60\times7.80+50\times6.20=826$(元)。

(2) 以2021年作为基期,则2022年的实际$GDP=30\times1.50+60\times7.50+50\times6.00=795$(元)。

(3) 以2021年作为基期,则2022年的GDP折算指数$=826\div795\times100\%=103.9\%$。

2022年的GDP折算指数为103.9%,这说明从2021年到2022年该国的价格水平上涨了3.9%,即通货膨胀率为3.9%。

一个国家在正常经济发展的情况下,由于经济增长往往会引起物价上涨,所以名义GDP会大于实际GDP,但在工业化国家中,名义GDP却会滞后于实际GDP见底,主要原因在于名义GDP的回升还有待于企业利润的数字回升。从这一点来看,虽然实际GDP见底,企业的购买力增加,但是随着左右工业化进程国家经济增速最重要的因素通货膨胀的回落,名义GDP反而会出现进一步的回落。

延伸阅读 10-8

2022年我国GDP突破120万亿元,增长3%

新华社北京2023年1月17日电,国家统计局17日发布数据表示,初步核算,2022年全年国内生产总值(GDP)为1 210 207亿元,按不变价格计算,比上年增长3%。国民经济顶住压力持续发展,经济总量再上新台阶。

统计数据显示,按年均汇率计算,120万亿元折合美元约18万亿美元,稳居世界第二位。2022年我国人均GDP达到85 698元,比上年实际增长3%,按年平均汇率折算,达到12 741美元,连续两年保持在1.2万美元以上。

"经济总量和人均水平持续提高,意味着我国的综合国力、社会生产力、国际影响力、人民生活水平进一步提升,意味着我国发展基础更牢、发展质量更优、发展动力更为充沛,意味着我国经济韧性强、潜力大、空间广且长期向好的基本面没有改变。"国家统计局局长康义说。

从经济增速来看,康义表示,现在德国公布了全年经济增速预估数,为1.9%;据国际货币基金组织(IMF)预测,美国、日本2022年GDP增长都不会超过2%,"在这么多超预期因素反复冲击下,我国3%的GDP增速是一个比较快的增长速度"。

2022年全年,我国粮食总产量达到13 731亿斤,连续8年稳定在1.3万亿斤以上;全国工业增加值达到40.2万亿元,制造业增加值达到33.5万亿元,均居世界首位;社会消费品零售总额稳定在44万亿元左右;规模以上高技术制造业增加值比上年增长7.4%,快于全部规模以上工业3.8个百分点;全国居民人均可支配收入实际增长2.9%,与经济增长基本同步……

"总的来看,2022年高效统筹疫情防控和经济社会发展取得积极成效,稳住了宏观经济大盘,经济总量持续扩大,发展质量稳步提高。同时要看到,国际形势依然复杂严峻,国内需求收缩、供给冲击、预期转弱三重压力仍然较大,经济恢复基础仍不牢固。"康义说,下阶段,要坚持稳字当头、稳中求进,推动经济运行整体好转,努力实现质的有效提升和量的合理增长。

资料来源:新浪财经. 2022年我国GDP突破120万亿元,增长3%[EB/OL]. (2023-02-06)[2023-11-16]. https://finance.sina.com.cn/jjxw/2023-02-06/doc-imyetytr3137536.shtml.

二维码10-3:
2022年世界人均GDP:美国排名第七,中国第几?

第三节 国民收入核算的其他指标

在国民收入核算体系中,除上面说过的国内生产总值(GDP)和国民生产总值(GNP)外,还有国内生产净值、国民生产净值、国民收入、个人收入和个人可支配收入这些指标,我们要弄清楚这些指标的概念及其相互之间的关系。具体分析如下。

一、国内生产净值和国民生产净值

国内生产净值(简写为 NDP)是一个国家或地区在一定时期内的国内生产总值(GDP)减去生产过程中消耗掉的资本(折旧)所得出的净增长量。也就是一个国家或地区在一定时期内所生产的最终产品和劳务按市场价格计算的净值。

$$NDP = GDP - 折旧 \tag{10-3}$$

国民生产净值(简写为 NNP)是一个国家一年中的国民生产总值(GNP)减去生产过程中消耗掉的资本(折旧)所得出的净增长量。

$$NNP = GNP - 折旧 \tag{10-4}$$

从逻辑上讲,净值指标(NNP 和 NDP)的概念比总值指标(GNP 和 GDP)更容易反映国民收入和社会财富变动的情况,对于追求经济高增长率的今天而言,净值指标有着更为深远的意义——它促使人们在追求表面经济高增长率的同时,更为深入地思考经济高增长率同时带来的浪费、环境牺牲等长期问题,对政府及各经济单位改进经济政策、企业发展理念有着极其深厚的意义。但由于总值指标同净值指标相比,容易确定统计标准,而且折旧费的计算方法不一,政府的折旧政策也会变动,因此各国还是常用总值指标来衡量经济状况。

二、国民收入

国民收入(简写为 NI)是一个国家在一年内各种生产要素所得到的实际报酬的总和,即工资、利息、租金和利润的总和。从国民生产净值中扣除企业间接税和企业转移支付(加政府补助金)就得到这一狭义的国民收入。企业间接税和企业转移支付是列入产品价格的,但并不代表生产要素创造的价值或者收入,因此计算狭义国民收入时必须扣除。相反,政府给企业的补助金不列入产品的价格,但成为生产要素收入,因此在计算时应当加上。国民收入的计算公式为:

$$NI = NNP - 企业间接税 - 企业的转移支付 + 政府补助金 = 工资 + 租金 + 利息 + 利润 \tag{10-5}$$

国民收入指标可以综合地反映一国的经济实力和社会生产力的发展水平,特别是,一国按人口平均计算的国民收入额,是反映该国经济发展水平和人民生活水平的一项重要的综合指标。国民收入作为综合指标,它可以反映社会再生产及其最终结果;在不同的社会制度下,国民收入反映不同的社会经济关系。例如,资本主义制度下的国民收入所体现的积累与消费的关系,反映的是无产阶级与资产阶级经济利益对抗的关系;社会主义制度下的国民收入所体现的积累与消费的关系,反映的则是劳动人民长远利益与目前利益之间的经济关系。国民收入作为一个国家一定时期内新创造的价值的总和,能够比较准确地反映这个国家新增加的物质财富,因而也是反映宏观经济效益的综合指标。

三、个人收入

个人收入(简写为 PI)是指个人实际得到的收入。国民收入不是个人收入,一方面国民收入中有三个主要项目不会成为个人收入,这就是公司未分配利润、公司所得税和社会保险税。

(1) 公司未分配利润的存在。公司未分配利润是公司为了未来发展的需要而保留在企业手中的本应分配给生产要素所有者的利润。

(2) 公司所得税的存在。公司所得税是因为存在利润而向政府缴纳的税收,缴纳给政府就意味着无法分配给个人。

(3) 各种社会保险税的存在。生产要素所有者的收入必须有一部分以社会保险税的形式上交给有关机构,因此不属于个人收入,进行扣除。

(4) 转移支付的存在。在现实经济中,个人还会得到政府发放的以事业救济金、退休金等形式体现的转移支付。另一方面政府转移支付(包括公债利息)虽然不属于国民收入(生产要素报酬)却会成为个人收入。从国民收入中减去公司未分配利润、公司所得税和社会保险税,加上政府转移支付,就得到个人收入。个人收入的计算公式为:

$$PI = NI - 公司未分配利润 - 企业所得税 - 社会保险税 + 政府给个人的转移支付 \quad (10-6)$$

个人收入反映了该国个人的实际购买力水平,预示了未来消费者对于商品、服务等需求的变化。个人收入指标是预测个人的消费能力,未来消费者的购买动向及评估经济情况好坏的一个有效指标。个人收入提升代表经济情况好转或经济景气,相应的,个人消费支出就有可能增加;相反,个人收入下降是经济放缓、衰退的征兆。

四、个人可支配收入

个人可支配收入(简写为DPI),指缴纳了个人所得税以后留下的可为个人所支配的收入。个人可支配收入分为消费和储蓄两部分。个人可支配收入的计算公式为:

$$DPI = PI - 个人所得税 = 消费(C) + 储蓄(S) \quad (10-7)$$

个人可支配收入被认为是消费开支的最重要的决定性因素。因而,常被用来衡量一国生活水平的变化情况。

上面介绍的 GDP、GNP、NDP、NI、PI、DPI 每个指标虽然都有各自的含义和作用,但都可以反映国民收入,在这个意义上,一国的总收入、总产出和总支出都是相等的。

不考虑 GDP 和 GNP 之间的差异,从 GDP 到 DPI 的关系分析如右图 10-1 所示,其中:

(1) 代表折旧。
(2) 代表间接税、公司转移支付。
(3) 代表公司未分配利润,企业所得税,社会保险税。
(4) 代表政府对企业补贴(转移支付)。
(5) 代表个人所得税。
(6) 代表政府对个人的转移支付。
(7) 代表储蓄。
(8) 代表消费。

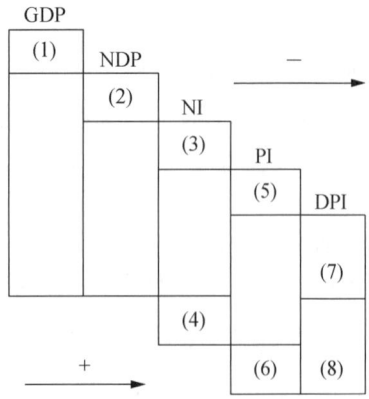

图 10-1 从 GDP 到 DPI 的关系图

【例 10-2】 某国最终消费为 8 000 亿美元,国内私人投资总额为 5 000 亿美元(其中 1 000 亿美元为折旧),政府税收为 3 000 亿美元(其中间接税为 2 000 亿美元,其余为个人所得税),政府支出为 3 000 亿美元(政府购买为 2 500 亿美元,转移支出为 500 亿美元),出口为 2 000 亿美元,进口为 1 500 亿美元;根据以上数据计算该国的 GDP、GNP、NDP、NI、PI 与 DPI。

解答:$GDP = GNP = 8\,000 + 5\,000 + 2\,500 + (2\,000 - 1\,500) = 16\,000$(亿美元)

$NDP = GDP - 1\,000 = 16\,000 - 1\,000 = 15\,000$(亿美元)

$NI = NDP - 2\,000 = 15\,000 - 2\,000 = 13\,000$(亿美元)

$PI = NI + 500 = 13\,000 + 500 = 13\,500$(亿美元)

$DPI = PI - (3\,000 - 2\,000) = 13\,500 - 1\,000 = 12\,500$(亿美元)

国民收入核算中所使用的各种指标从不同方面反映了国民收入总量的变化,其计算方法不同,反映问题的角度和分析评价的要求也不同。因此,在进行国民收入的总量分析时,可以根据不同的分析要求,选择运用不同的总量指标分析说明国民收入在不同情况下的发展变化特征及其变动规律。

延伸阅读 10-9

2022 年全国居民人均可支配收入 36 883 元,比上年增长 5.0%

2023 年 2 月 28 日,国家统计局发布《中华人民共和国 2022 年国民经济和社会发展统计公报》。统计公报显示,全年全国居民人均可支配收入 36 883 元,比上年增长 5.0%,扣除价格因素,实际增长 2.9%。全国居民人均可支配收入中位数 31 370 元,增长 4.7%。按常住地分,城镇居民人均可支配收入 49 283 元,比上年增长 3.9%,扣除价格因素,实际增长 1.9%。城镇居民人均可支配收入中位数 45 123 元,增长 3.7%。农村居民人均可支配收入 20 133 元,比上年增长 6.3%,扣除价格因素,实际增长 4.2%。农村居民人均可支配收入中位数 17 734 元,增长 4.9%。城乡居民人均可支配收入比值为 2.45,比上年缩小 0.05。

按全国居民五等份收入分组,低收入组人均可支配收入 8 601 元,中间偏下收入组人均可支配收入 19 303 元,中间收入组人均可支配收入 30 598 元,中间偏上收入组人均可支配收入 47 397 元,高收入组人均可支配收入 90 116 元。全国农民工人均月收入 4 615 元,比上年增长 4.1%。全年脱贫县农村居民人均可支配收入 15 111 元,比上年增长 7.5%,扣除价格因素,实际增长 5.4%。

资料来源:金融界.2022 年全国居民人均可支配收入 36 883 元,比上年增长 5.0%[EB/OL].(2023-02-28)[2023-11-16]. https://finance.sina.cn/2023-02-28/detail-imyifzpt4759188.d.html.

二维码 10-4: 2022 年人均收入公布!

第四节 | 国民收入核算的基本公式

一、两部门经济的收入构成及储蓄-投资恒等式

两部门经济是一个假设的经济社会,只有家庭和企业两个部门,不存在政府,没有税收、政府支出及进出口贸易。在这种情况下,国民收入的构成情况将是这样:

一方面,从支出角度来看,由于把企业库存的变动作为存货投资,所以国内生产总值等于消费加投资,即 $GDP = Y = C + I$。

另一方面,从收入角度看,由于把利润看作最终产品的售价超过工资、利息和租金的余额,所以,国内生产总值就等于总收入。总收入的一部分用来消费,其余部分都作为储蓄。于是,从供给方面看,国民收入的构成就是:$GDP = Y =$ 工资 + 利息 + 租金 + 利润 = 消费 +

储蓄,即 $Y=C+S$。

根据总产出＝总支出＝总收入,国内生产总值等于国民收入,因此有：

$$GDP = Y = C+I = C+S$$

即 $C+I=C+S$。

得到 $I=S$,这就是两部门经济的投资-储蓄恒等式,即投资＝私人储蓄,也就表示了整个社会的储蓄(私人储蓄)和整个社会的投资的恒等关系。这种恒等关系就是两部门经济中的总供给($C+S$)和总需求($C+I$)的恒等关系。只要遵循这些定义,储蓄和投资就一定相等,而不论经济是处于充分就业状态、通货膨胀状态,还是处于均衡状态。注意：这里所说的 $I=S$ 是对整个经济而言的,至于个人、个别企业乃至国民经济中的某个部门则可能出现投资不等于储蓄的现象。

二、三部门经济的收入构成及储蓄-投资恒等式

在两部门经济的基础上加上政府部门的活动,就构成了三部门(消费者、企业和政府)经济。政府支出主要包括政府购买和转移支付。用 G 表示政府购买,用 T 表示政府税收。三部门经济国民收入的构成情况是这样：

一方面,从支出角度来看,国内生产总值等于消费支出、投资支出和政府购买支出的总和,即 $GDP=Y=C+I+G$。

另一方面,从收入角度看,国内生产总值仍旧是所有生产要素获得的收入总和,即工资、利息、租金和利润的总和。总收入除了用于消费和储蓄,还要先纳税。但是,居民一方面要纳税,一方面又会得到政府的转移支付收入。税金扣除了转移支付后才是政府的净收入,也就是国民收入中归于政府的部分。假定用 T_0 表示全部税金收入,用 T_r 表示政府转移支付,用 T 表示政府净收入,则 $T=T_0-T_r$。这样,从收入方面看,国民收入的构成就是：$GDP=Y=C+S+T$。

根据总产出＝总支出＝总收入,国内生产总值等于国民收入。因此有：

$$GDP = Y = C+I+G = C+S+T$$

即 $C+I+G=C+S+T$。

$$I+G = S+T$$

得到,$I=S+(T-G)$,这里的 $(T-G)$ 可看作政府储蓄,因为 T 是政府净收入,G 是政府购买性支出,二者差额即政府储蓄。该政府储蓄可能是正值,也可能是负值。这就是三部门经济的投资-储蓄恒等式,即投资＝私人储蓄＋政府部门的储蓄,也就表示了整个社会的储蓄(私人储蓄和政府储蓄之和)和整个社会的投资的恒等关系。

三、四部门经济的收入构成及储蓄-投资恒等式

在三部门经济的基础上加上国外部门的活动,就构成了四部门(消费者、企业、政府和国外部门)经济。在四部门经济中,由于有了对外贸易,国民收入的构成要考虑净出口 $NX=X-M$ 的问题。四部门国民收入的构成情况是这样：

一方面,从支出角度来看,国内生产总值等于消费支出、投资支出、政府购买支出和净出

口的总和。

$$GDP = Y = C + I + G + (X - M)$$

另一方面,从收入角度看,国民收入 $Y=C+S+T+K_r$,这里,$C+S+T$ 的意义和三部门经济一样,K_r 则代表本国居民对外国人的转移支付,例如,对外国遭受灾害时的救济性捐款,这种转移支付也来自生产要素的收入。

总产出＝总支出＝总收入,国内生产总值等于国民收入。因此有:

$$GDP = Y = C + I + G + (X - M) = C + S + T + K_r$$
$$C + I + G + (X - M) = C + S + T + K_r$$
$$I + G + (X - M) = S + T + K_r$$

得到,$I = S + (T - G) + (M - X + K_r)$,这里的 $(T-G)$ 仍是政府储蓄,$(M-X+K_r)$ 为外国对本国的储蓄,该储蓄可能是正值,也可能是负值。这就是四部门经济的投资-储蓄恒等式,即投资＝私人储蓄＋政府部门的储蓄＋国外部门对本国的储蓄,也就表示了整个社会的储蓄(私人储蓄、政府储蓄和国外部门储蓄之和)和整个社会的投资的恒等关系。

【例 10-3】 假设国内生产总值是 5 000 万元,个人可支配收入是 4 100 万元,政府预算赤字是 200 万元,消费是 3 800 万元,贸易赤字是 100 万元。

试计算:(1)私人储蓄;(2)投资;(3)政府支出。

解答:

(1) $S = DPI - C = 4\,100 - 3\,800 = 300$(万元)

(2) $I = S + (T - G) + (M - X + Kr) = 300 - 200 + 100 = 200$(万元)

(3) $G = GDP - C - I - NX = 5\,000 - 3\,800 - 200 - (-100) = 1\,100$(万元)

二维码 10-5:
为自然资源定价:"绿色 GDP"核算体系逐渐成形

本章小结

本章的主要学习内容是 GDP 的概念、GDP 和 GNP 的联系和区别、核算 GDP 的两种方法、名义 GDP 和实际 GDP 的计算、GDP 指标的评价、衡量国民收入的其他指标、国民收入核算的恒等关系等知识。

二维码 10-6:
练一练

本章重要概念

GDP　GNP　NDP　NNP　NI　PI　DPI　支出法　收入法　中间产品　最终产品　存量　流量　消费　投资　重置投资　政府购买　转移支付　间接税　直接税　净出口　名义 GDP　实际 GDP　GDP 平减指数　绿色 GDP

二维码 10-7:
练一练答案

第十一章　简单国民收入决定理论

- 内容提要
- 重点难点
- 学习目标
- 知识框架
- 思政育人
- 第一节　均衡产出
- 第二节　消费理论
- 第三节　国民收入的决定
- 第四节　乘数理论
- 本章小结
- 本章重要概念

内容提要

本章主要讲解产品市场国民收入决定理论,介绍均衡产出、消费函数、储蓄函数、国民收入的决定及乘数理论等内容,其中,国民收入决定理论主要涉及两部门和三部门经济,乘数理论主要研究定量税下的各种乘数。

重点难点

本章重点为均衡产出、凯恩斯的消费函数、两部门及三部门经济国民收入决定理论;本章难点为乘数理论的理解及计算,特别是平衡预算乘数的理解及计算。

学习目标

通过本章学习,学生应理解并掌握凯恩斯的消费函数、国民收入的计算及各种乘数的计算,从而掌握简单国民收入决定理论。

知识框架

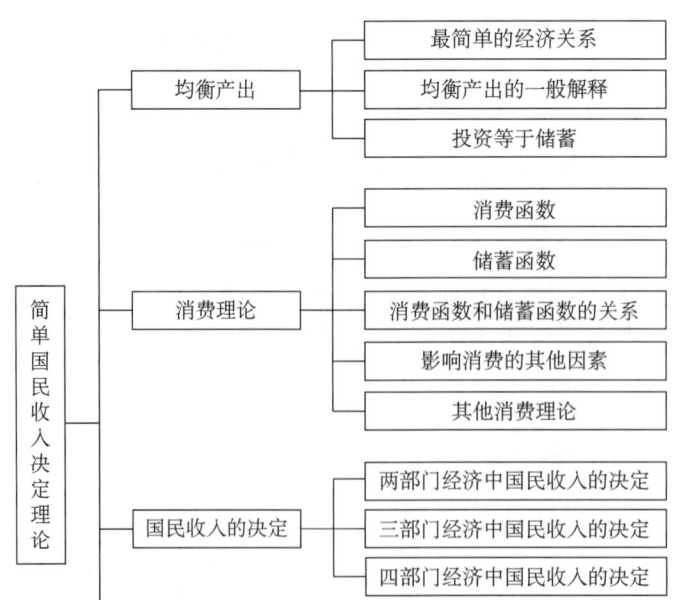

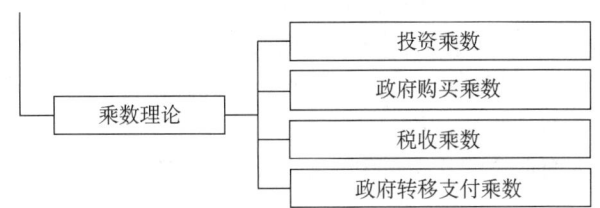

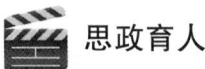 **思政育人**　　　　**多措并举　推动消费持续回升**

"五一"假期期间,机场、火车站人流如织;热门景区人头攒动;多地重现"吃饭要等位、打卡要排队"的热闹场景……在多方面因素共同推动下,消费火热的熟悉景象加速回归。

2023年以来,消费整体呈现恢复向好态势。国家统计局公布的数据显示,一季度社会消费品零售总额同比增长5.8%,最终消费支出对经济增长贡献率达66.6%。同时,也要看到,居民消费意愿有待进一步提升,汽车、家电、住房等大宗消费潜力有待进一步释放,消费持续回升的动力还有待进一步提振。消费是最终需求,也是经济发展的基础性动力,在当前需求仍然不足的形势下,要把恢复和扩大消费摆在优先位置,要多渠道增加城乡居民收入,改善消费环境,促进文化旅游等服务消费,这都是在关键环节发力。着力增加居民收入,打造良好的消费环境,提升居民消费能力和意愿,最大程度上挖掘国内巨大的消费潜力。

国家发展改革委将重点围绕促进消费"可持续性"积极采取举措;商务部将组织开展绿色消费季、国际消费季等主题活动;浙江出台扩大消费25条举措;海南积极推动"旅游+"融合发展丰富消费场景……当前各地各部门正推出政策措施,着力促进消费持续向暖。随着相关举措加力提效,市场活力和居民消费意愿进一步提升,消费有望不断回升,进一步实现经济高质量发展。

资料来源:新华社.形成扩大需求的合力——落实中央政治局会议精神做好当前经济工作系列述评之三[EB/OL].(2023-05-12)[2023-11-17].https://www.gov.cn/yaowen/2023-05/02/content_5753973.htm.

第一节　均衡产出

一、最简单的经济关系

现代西方宏观经济学的奠基人凯恩斯的学说的中心内容就是国民收入决定理论。凯恩斯主义的全部理论涉及四个市场:产品市场、货币市场、劳动市场和国际市场。仅包括产品市场的理论称为简单的国民收入决定理论。

说明一个国家的生产或收入如何决定,要从分析最简单的经济关系开始。为此,我们需要先作如下假设:

(1)假设经济中只存在家户部门和企业部门。经济中不存在政府,也不存在对外贸易,消费行为和储蓄行为都发生在家户部门,生产和投资行为都发生在企业部门。此外,我们还假定企业投资是自发的或外生的,即不随利率和产量而变动,这样简单的经济关系称为二部门经济。

(2)假设不论需求量为多少,经济社会均能以不变的价格提供相应的供给量。也就是说,当社会总需求变动时,只会引起产量和收入的变动,使供求相等,而不会引起价格的变动,这在西方经济学中有时被称为凯恩斯定律。凯恩斯写作《就业、利息和货币通论》时,面对的是1929—1933年的大萧条,工人大批失业,资源大量闲置。在这种情况下,社会总需求增加时,只会使闲置的资源得到利用,生产增加,而不会使资源的价格上升,从而产品成本和价格大体上能保持不变。这条凯恩斯定律适用于短期分析,即分析短期中收入和就业如何决定。因为在短期生产中,价格不易变动,或者说具有黏性,当社会需求变动时,企业首先考虑的是调整产量,而不是改变价格。

此外,还假定折旧和公司未分配利润为零,这样,GDP、NDP、NI、PI就都相等。

二、均衡产出的一般解释

均衡产出是和总需求相一致的产出,也就是经济社会的收入正好等于全体居民和企业想要有的支出。这里的总需求是指整个社会意愿的有效需求,而不是国民经济统计中的现实总需求。

一个社会的产出取决于总需求,企业根据总需求(产品销路)来安排生产。当企业产出>总需求时,企业非计划(非意愿)存货增加,则减少生产;当企业产出<总需求时,企业库存减少,则增加生产;当企业产出=总需求时,企业生产稳定下来,此时的产出叫作均衡产出。

$$y = c + i \tag{11-1}$$

这里的 y、c、i 都是用小写字母表示,分别代表剔除了价格变动的实际产出或收入、实际消费和实际投资,而不是用大写字母表示的名义产出、消费和投资。c 和 i 代表的是居民和企业实际想要有的消费和投资,即意愿消费和意愿投资的数量,而不是国民收入构成公式中实际发生的消费和投资。

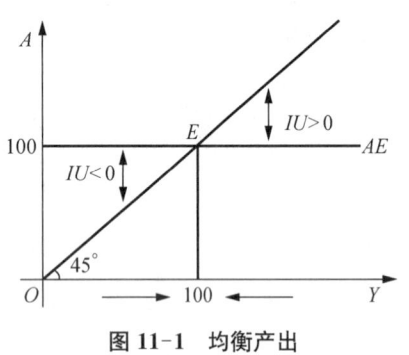

图 11-1 均衡产出

Y 代表收入,A 代表支出,E 点为均衡产出,此时总需求等于总产出,总需求和总产出的差为非计划存货增加量 $IU=Y-AE$。均衡时,非计划的存货变化等于 0;$Y>AE$ 时,存在非计划的库存投资,产商减少生产直到产出与总需求再度均衡为止;$Y<AE$,库存减少,厂商增加生产直至均衡再度恢复为止。所以,均衡产出水平取决于总需求或者总支出水平。如图 11-1 所示。

三、投资等于储蓄

若用 E 代表支出,y 代表收入,则经济均衡的条件是 $E=y$,也可以用 $i=s$ 来表示。

由于计划支出等于计划消费加投资,即 $E=c+i$。而且生产所创造的收入等于计划消费加计划储蓄,即 $y=c+s$(这里的 y、c、s 也都是剔除了价格变动的实际收入、实际消费和实际储蓄)。因此,$E=y$ 也就是 $c+i=c+s$,等式两边消去 c,即可得 $i=s$。

需再次说明,这里的投资等于储蓄,是指经济要达到均衡,计划投资必须等于计划储蓄。而国民收入核算中的 $I=S$,则是指实际发生的投资(包括计划和非计划存货投资在内)始终等于储蓄。前者为均衡的条件,即计划投资不一定等于计划储蓄,只有二者相等时,收入才处于均衡状态;而后者指的是实际投资和实际储蓄,它们是根据定义而得到的实际数字,必然相等。

第二节 消费理论

一、消费函数

消费函数是反映人们的消费支出与决定消费的各种因素之间的依存关系,是消费者行为数量研究的重要组成部分。决定消费水平的因素很多,如收入、财产、利率、收入分布等,其中收入是最根本的因素。因此,消费函数实质上是指消费与收入之间的函数关系。

凯恩斯在《就业、利息和货币通论》(1936)一书中提出消费函数理论,即总消费是总收入的函数。用线性函数可以表示为:

$$C_t = a + bY_t \tag{11-2}$$

用 C 代表总消费,Y 代表总收入,下标 t 代表时期,a、b 代表参数。参数 a 是自发性消费,参数 b 称为边际消费倾向,其值介于 0 与 1 之间。

凯恩斯的这个消费函数仅仅以收入来解释消费,被称为绝对收入假说。

这里的参数 b 是边际消费倾向(MPC),指增加的消费和增加的收入之间的比率,也就是增加的 1 单位的收入中用于增加的消费部分的比率。MPC 是消费曲线的斜率,它的数值通常是大于 0 而小于 1 的正数,这表明,消费是随收入增加而相应增加的,但消费增加的幅度低于收入增加的幅度,即边际消费倾向是随收入的增加而递减的。用公式表示就是:

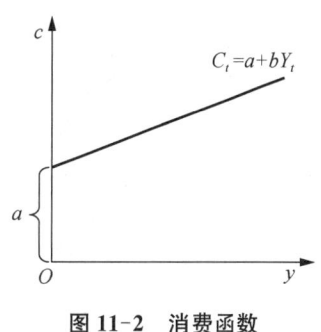

图 11-2 消费函数

$$MPC = \Delta C / \Delta Y \tag{11-3}$$

【例 11-1】 一个社会的收入从 2 万亿元增加到 3 万亿元,消费从 1.5 万亿元增加到 2 万亿元,边际消费倾向 b 就是 0.5。

平均消费倾向(average propensity consume,APC)又称消费倾向,是指任一收入水平上消费支出在可支配收入中的比率,如用公式表示则是:

$$APC = C/Y \tag{11-4}$$

【例 11-2】 一个社会的收入为 2 万亿元,消费支出为 1.5 万亿元,平均消费倾向就是 0.75。

平均消费倾向 APC 和边际消费倾向 MPC 是递减的,即由于收入增加,消费也随之增加,但消费增长的幅度要小于收入增长的幅度(APC 递减),并且越来越小(MPC 递减)。APC 和 MPC 递减是凯恩斯的重要观点,是他解释有效需求不足的三大规律之一。

延伸阅读 11-1

假日经济有多大作用

"五一""十一"、春节长假期间,外出旅游的人增加,商店的顾客也人头攒动。于是,部分人把拉动经济

二维码 11-1:
视频:消费函数

的希望寄托在假日带动消费上,并称之为假日经济。假日经济有一定的刺激作用,但通过对消费函数的学习,我们知道,相比假期,影响消费的决定性因素是收入水平。

消费函数理论有助于我们深化对假日经济的认识。既然消费的决定性因素是收入,那么,如果收入水平不提高,就很难增加消费。或者说,刺激消费的方法是增加收入,而不仅仅是放假。现在我们经济中的消费不足不在于高收入者没时间消费,而在于低收入者没钱去消费。当城市中失业人口和低收入者居高不下时,放假的刺激作用就会减弱。特别应该强调的是,农村人口占我国人口的绝大部分,是我们消费的主力军,改革开放以来,农民解决了温饱问题,这是一个巨大的历史进步,但由于各种原因,各地农民收入增加不均衡,多人强调启动农村消费市场,但总是启而不动,其原因就在于农民收入增长相对较缓慢。所以,我们在承认节假日对经济刺激作用的前提下,一定要明确收入对消费的决定性作用。

资料来源:百度文库.假日经济有多大作用[EB/OL].(2023-02-15)[2023-12-16]. https://wenku.baidu.com/view/a8db06acf51fb7360b4c2e3f5727a5e9856a2724.html.

二、储蓄函数

储蓄与决定储蓄的各种因素之间的依存关系,是现代西方经济学的基本分析工具之一。在研究国民收入决定时,假定储蓄只受收入的影响,故储蓄函数又可定义为储蓄与收入之间的依存关系。一般说来,在其他条件不变的情况下,储蓄随收入的变化同方向变化,即:收入增加,储蓄也增加;收入减少,储蓄也减少。但二者之间并不按同一比例变动。设 s 代表储蓄,y 代表收入,则储蓄函数的公式为:

$$s = s(y)$$

西方经济学家认为,储蓄函数不是单独存在的,而是依存于消费函数。储蓄可定义为收入减消费,即收入中未被消费的部分。所以,储蓄函数又可以由消费函数推导出来:

$$\begin{aligned} s &= y - c \\ s &= y - (a + by) \\ s &= -a + (1-b)y \end{aligned} \quad (11\text{-}5)$$

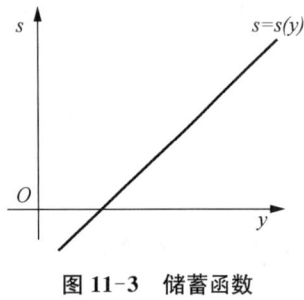

图 11-3 储蓄函数

用 s 代表实际储蓄量,y 代表实际收入量,$1-b$ 代表边际储蓄倾向,其值一般为正数值,但小于1,即 $0<1-b<1$。$-a$ 代表收入为零时的储蓄量。

边际储蓄倾向(marginal propensity save,MPS)指收入增加引起的储蓄增量,即储蓄曲线上某点储蓄增量对收入增量的比率,其公式为:

$$MPS = \Delta s/\Delta y = ds/dy \quad (11\text{-}6)$$

MPS是储蓄曲线上任一点的斜率,斜率不变,APS随收入增加而递增(原因在于储蓄是收入中未被消费的部分,既然消费随收入增加的比率是递减的,则可知储蓄随收入增加的比率递增)。

平均储蓄倾向(average propensity to save,APS)指任意收入水平上储蓄总量在收入总量中所占的比例,它是储蓄曲线上任意一点与原点相连而成射线的斜率,其公式为:

$$APS = s/y \quad (11\text{-}7)$$

三、消费函数和储蓄函数的关系

（一）消费函数和储蓄函数互为补数，两者之和恒等于收入，即 $Y=C+S$

图 11-4 中，收入为 Y_0 时，即消费支出等于收入，储蓄为零。在 A 点左方，消费曲线 c 位于 45°线之上，表明消费大于收入，因此，储蓄曲线 s 位于横轴下方；在 A 点右方，消费曲线 c 位于 45°线之下，因此，储蓄曲线 s 位于横轴上方。

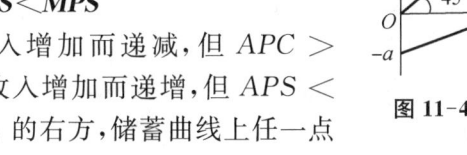

（二）APC＞MPC 且 APS＜MPS

APC 和 MPC 都随收入增加而递减，但 APC＞MPC；APS 和 MPS 都随收入增加而递增，但 APS＜MPS，表现在图 11-4，在 Y_0 的右方，储蓄曲线上任一点与原点连成的射线的斜率总小于储蓄曲线上的点的斜率。

图 11-4　消费函数与储蓄函数

（三）APC＋APS＝1 且 MPC＋MPS＝1

APC 和 APS 之和恒等于 1

$$\because C+S=Y$$
$$c/y+s/y=1$$
$$\therefore APC+APS=1$$

MPC 和 MPS 之和也恒等于 1

$$\because \Delta c+\Delta s=\Delta y$$
$$\Delta c/\Delta y+\Delta s/\Delta y=1$$
$$\therefore MPC+MPS=1$$

根据以上特点，消费函数和储蓄函数两者只要有一个被确定，另一个就会随之被确定，当消费函数已知时，就可求出储蓄函数；当储蓄函数已知时，也可求出消费函数。

四、影响消费的其他因素

（一）利息率

从理论上讲，利息率对消费的影响是不确定的，利息率对消费有相互抵消的负替代效应和正收入效应，如果收入效应占主导，那么利息率对消费的影响为正，反之为负。如果利息率下调，会同时产生这两种效应。替代效应是指利息率下调降低了当期消费的价格，提高了未来消费的价格，这促使人们选择减少储蓄而增加消费。收入效应是指利息率下调使得未来财富收入减少，这将使居民倾向于减少现期消费而增加储蓄。一般来讲，在确定性条件下，替代效应要大于收入效应，利息率下调有助于刺激消费；而在不确定性情况下，利息率下调预示着未来不确定的财富收入减少，此时，收入效应大于替代效应，消费者被迫减少当期消费。

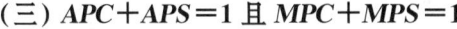

相关思考 11-1

思考一下，当利息率上升时，你会增加消费还是减少消费呢？为什么？

（二）政府支出

政府支出包括政府消费、转移性支出和政府投资三个部分。政府消费和转移性支出对居民消费有直接影响，特别是与公共服务相关的政府消费和转移性支出对居民消费的影响尤为明显。国际经验表明，政府在教育、医疗卫生、社会保障等公共服务方面支出的增加，不仅可以部分替代居民在这方面的消费，间接增加居民收入，而且会减少居民对未来不确定性的担心，进而增加其他消费。政府投资对居民消费的影响，在于如果政府投资的增加具有所谓的支出"乘数效用"，即能够带来就业增加、国民收入上升等良性的结果，从而导致消费的提高。如果政府财政投资的增加导致的价格水平或者实际利率水平的上升的效果更明显的话，有可能反而会拉低消费，即形成所谓的"挤出效应"。

（三）年龄结构

在影响居民消费的众多因素中，人口老龄化近年来受到政府部门、学术界和企业界的关注。生命周期假说强调了人口年龄结构的重要性，如果处于工作年龄的人群占很高的比例，由于工人要为他们退休后存款，那么这个经济将会有高的私人储蓄率；反之，如果这些人到达退休年龄并消费的话，总储蓄率将下降而总消费率将上升。人口老龄化对消费的总效应取决于老龄化正负效应的大小，老龄化正负效应不能确定，因此，老龄化总效应的正负也无法判别。在老龄化初期，老龄化对劳动生产率、储蓄率的影响有限，对居民收入水平提升影响不大，此时老龄化的总效应可能表现出正效应。反之，如果老龄化引起的劳动生产率、储蓄率下降幅度过大，这势必影响整个国家人均国民收入，从而使老龄化的总效应为负值。

（四）通货膨胀

通货膨胀是指社会商品和劳务的一般价格水平或平均价格水平的持续上升的现象。通货膨胀对居民消费的影响可用消费物价指数（CPI）来衡量，它是衡量各个时期居民个人消费的商品和劳务价格变化的指标。通货膨胀是经济生活中的一种常见现象，轻微通货膨胀是正常的，并且有刺激经济发展的积极作用。但是，当通货膨胀率持续走高时，其不利影响也是显而易见的。物价上涨将导致实际工资的下降。通货膨胀使得以固定收入为主的居民，在收入未跟随物价上涨时，实际工资相对下降，从而货币购买力下降，货币财富将缩水，消费水平也随之降低。也就是说，在通货膨胀的大环境下，居民的生活成本会增加，这使得居民在消费上更多地将财产使用在衣食住行中，尽量减少其他消费来保持收支平衡，这并不利于经济发展。

（五）社会保障

由于我国的社会保障体系一直处于不断的变革中，加之近几年来国内消费一直萎靡不振，内需驱动型的经济增长模式的转变为我国经济增长的必然之路，转变的一个重要前提是国民要具有稳定的安全预期，而只有很好的社会保障才能给全体国民带来普遍的安全感。因此社会保障对居民消费会有正向的积极作用。尽管我国呈现城乡二元的社会保障制度和城乡二元的消费结构，但随着经济的发展以及社会保障制度的完善和一体化步伐的加快，总体上社会保障对居民消费的拉动是必然的趋势。

扩大内需的核心就是促进消费，一方面是通过投资实现，另一方面也通过居民用于住房、日常生活等各方面的消费实现。消费增长不但有利于增加就业，也有利于人民生活质量的提高。通过以上对消费影响因素的分析，可知我们要刺激消费、扩大内需必须注意人们的消费习惯和消费行为的影响，经济政策只有引导和激励居民的消费行为才能真正发挥调节经济的作用。

五、其他消费理论

（一）相对收入消费理论

相对收入消费理论是美国经济学家杜森贝利（J. S. Duesenberry）在《收入、储蓄的消费行为理论》中提出的。在指出凯恩斯的错误假设的基础上，杜森贝利提出消费并不取决于现期绝对收入水平，而是取决于相对收入水平，即相对于其他人的收入水平和相对于本人历史上最高的收入水平。

根据相对收入假设，杜森贝利认为，人们的消费会相互影响，有攀比倾向，即"示范效应"，人们的消费不取决于其绝对收入水平，而取决于同别人相比的相对收入水平。同时，消费具有习惯性，消费者的某期消费不仅受当期收入的影响，而且受过去所达到的最高收入和最高消费的影响，消费具有不可逆性，即所谓的"棘轮效应"。

（二）生命周期消费理论

生命周期消费理论是由诺贝尔经济学奖获得者莫迪里安尼在20世纪50年代创立的。该理论认为，人生分为青年、壮年、老年三个阶段，消费者总是要估算一生总收入并考虑在人生过程中如何最佳分配自己的收入，以获得一生中最大的消费满足。

生命周期理论认为，当人们年轻的时候，其收入也是较低的，因此，他们也要举债消费，这一阶段为负储蓄阶段。第二阶段，即工作年龄阶段，在西方国家人们大约在40岁到60岁时收入达到高峰，在这个阶段他们一方面偿还原先消费时借的债务，另一方面为今后退休收入减少时进行储蓄。人生的第三阶段为退休阶段，在这个阶段人们收入减少，开始消费青壮年时的储蓄。根据这种理论，如果社会上年轻人和老人的比例增加，则消费倾向会提高，如果社会上中年人的比例增加，则消费倾向会下降。

生命周期理论的重要贡献在于：它发现家庭的收入变化在一个人的生命周期内是有规律可循的，因此，一个人的储蓄状态取决于他所处的生命周期的具体阶段；同时，它提示了一个国家的国民储蓄与该国国民年龄构成之间的关系。该理论的一个致命的缺陷是假定生命周期结束时，个人拥有的财富为零，这显然与现实社会不符。

生命周期消费理论也分析了其他一些影响消费与储蓄的因素，比如高遗产税率会促使人们减少欲留给后代的遗产从而增加消费，而低的遗产税率则对人们的储蓄产生激励、对消费产生抑制。健全的社会保障体系等会使人们减少储蓄。

（三）永久收入消费理论

永久收入消费理论由弗里德曼（M. Friedman）提出，他认为消费者的消费支出主要不是由他的现期收入决定，而是由他的永久收入决定。所谓永久收入是指消费者可以预计到的长期收入，永久收入大致可以根据观察到的若干年收入的数值的加权平均数计得，距现在的时间越近，权数越大；反之，则越小。根据这种理论，政府想通过增减税收来影响总需求的政策是不能奏效的，因为人们减税而增加的收入，并不会立即用来增加消费。

上述生命周期假说和永久收入假说有联系也有区别。就区别而言，前者偏重对储蓄动机的分析，从而提出以财富作为消费函数变量的重要理由；而永久收入假说则偏重个人如何预测自己未来收入的问题。就联系而言，不管二者强调重点有何差别，它们都体现一个基本思想：单个消费者是前向预期决策者，因而两种假说有如下几个相同点：

二维码11-2:
恢复扩大消费四川出台八个方面22条举措

(1) 消费者的消费不只同现期收入相联系,而是以一生或永久的收入作为消费决策的依据。

(2) 消费者的一次性暂时收入变化引起的消费支出变动甚小,即其边际消费倾向很低,甚至近于零,但永久收入变动的消费倾向很大,甚至近于1。

(3) 当政府想用税收政策影响消费时,如果减税或增税只是临时性的,则消费者并不会受到很大影响,只有永久性税收变动,政策才会有明显效果。

第三节 国民收入的决定

一、两部门经济中国民收入的决定

(一) 使用消费函数决定收入

前面说明了均衡收入指与计划总支出相等的收入。计划支出由消费和投资构成,即 $y=c+i$。消费、投资问题已经在前面分析过了,但在收入决定的简单模型中,总是先假定计划净投资是一个固定的量,不随利率和国民收入水平而变化,即投资 i 是一个常数。根据这一假定,只要把收入恒等式和消费函数结合就可求得均衡收入:

$$y = c + i$$
$$c = a + by$$

解联立方程,就得到均衡收入:

$$y = (a+i)/(1-b) \tag{11-8}$$

可见,如果知道了消费函数和投资量,就可得均衡的国民收入。

【例 11-3】 假定消费函数 $c=1\,000+0.8y$,自发的计划投资始终为600(单位亿美元),则均衡收入:$y=(1\,000+600)/(1-0.8)=8\,000$ 亿美元。

下面再用列表和作图形式说明均衡收入的决定。

表 11-1 显示了消费函数 $c=1\,000+0.8y$ 及自发投资为 600 亿美元时均衡收入决定的情况。

表 11-1　　　　　　　　　均衡收入的决定　　　　　　　　　单位:亿美元

(1)收入	(2)消费	(3)储蓄	(4)投资
3 000	3 400	−400	600
4 000	4 200	−200	600
5 000	5 000	0	600
6 000	5 800	200	600
7 000	6 600	400	600
8 000	7 400	600	600
9 000	8 200	800	600
10 000	9 000	1 000	600

表 11-1 的数据说明,当 $y=8\,000$ 亿美元时,$c=7\,400$ 亿美元,$i=600$ 亿美元,此时,$y=c+i=8\,000$ 亿美元,说明 8 000 亿美元是均衡的收入。如果收入小于 8 000 亿美元,比方说 y 为 6 000 亿美元时,$c=5\,800$ 亿美元,加上投资 600 亿美元,总支出为 6 400 亿美元,超过了总供给 6 000 亿美元,这意味着企业销售出去的产量大于它生产出来的产量。存货出现意外的减少,这时扩大生产是有利可图的。于是,企业会增雇工人,增加产量,使收入向均衡收入靠拢;相反,如果收入大于 8 000 亿美元时,比方说为 10 000 亿美元,说明企业生产出来的产量大于它们的销售量,存货出现意外增加,于是,企业便会减少生产,使收入仍向 8 000 亿美元靠拢,只有收入达到均衡水平时,既没有非计划存货投资,也没有非计划存货负投资(即存货意外地减少),产量正好等于销量,存货保持正常水平,这就是企业愿意保持的产量水平。

均衡收入决定也可用图形表示,下图 11-5 表示如何用消费曲线加投资曲线和 45°线相交决定收入。

图中横轴表示收入,纵轴表示消费加投资,在消费曲线 c 上加投资曲线得到消费投资曲线 $c+i$,这条曲线就是总支出曲线。由于投资被假定为始终等于 600 美元的自发投资,因此,消费曲线加投资曲线所形成的总支出曲线与消费曲线相平行,其间垂直距离即 600 亿美元投资,总支出线和 45°线相交于 E 点,E 点决定的收入水平是均衡收入 8 000 亿美

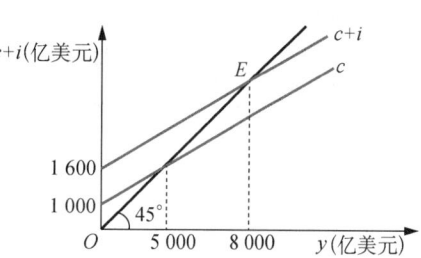

图 11-5 消费加投资曲线和 45°线相交决定收入

元,这时,家庭部门想要有的消费支出与企业部门想要有的投资支出的总和,正好等于收入即产出,如果经济离开这个均衡点,企业部门销售额就会大于或小于它们的产出,从而被迫进行存货负投资或存货投资,即出现意外的存货减少或增加,这就会引起生产的扩大或收缩,直到回到均衡点为止。

(二) 使用储蓄函数决定收入

上面说明使用总支出等于总收入(总供给)的方法决定均衡收入,下面再用计划投资等于计划储蓄的方法求得均衡收入:

$$i=y-c=s$$
$$s=-a+(1-b)y$$

求解联立方程,同样可得均衡收入:

$$y=(a+i)/(1-b)$$

用计划投资等于计划储蓄的方法决定收入,也可用图表示。如图 11-6 所示。

图 11-6 中横轴表示收入,纵轴表示储蓄和投资,s 代表储蓄曲线,i 代表投资曲线,由于投资是不随收入而变化的自发投资,因而,投资曲线与横轴平行,其间距离始终等于 600 亿美元,投资曲线与储蓄曲线相交于 E 点,E 点对应的收入为均衡收入。若实际产量小于均衡收入水平,表明投资大于储蓄,社会生产供不应求,企业存货意外地减少,企业就会扩大生产,

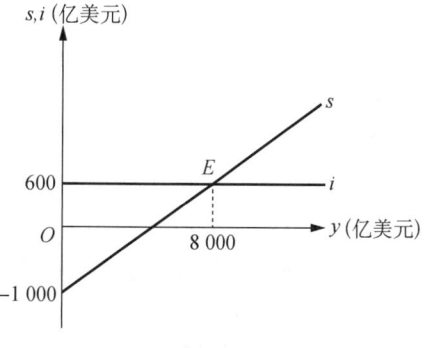

图 11-6 储蓄曲线和投资曲线相交决定收入

使收入水平向右移动,直到达到均衡收入为止。相反,若实际生产大于均衡收入,表明投资小于储蓄,社会上生产供过于求,企业存货意外地增加,企业就会减少生产,使收入水平向左移动,直到达到均衡收入为止。只有在均衡收入水平上,企业生产才会稳定下来。

以上两种方法,其实是从同一关系中引申出来的,因为储蓄函数本来就是从消费函数中派生出来的。因此,无论使用消费函数,还是使用储蓄函数,求得的均衡收入都一样。

二、三部门经济中国民收入的决定

三部门经济包括居民、企业、政府部门,政府在经济中的作用主要通过政府支出与税收来实现。政府支出包括对产品与劳务的购买即政府购买和转移支付,政府通过税收与支出与居民和厂商发生联系。

从总支出角度看,总支出=居民支出+企业支出+政府支出。税收、政府支出(包括政府购买和转移支付)都是财政政策工具。假定政府税收不随国民收入的变化而变动,是定量税,则有:

$$yd = y - t + tr$$
$$c = a + b(y - t + tr)$$

故有:
$$y = c + i + g$$
$$= a + b(y - t + tr) + i + g$$
$$y = (a - bt + btr + i + g)/(1 - b) \tag{11-9}$$

【例 11-4】 假设消费函数 $c = 1\,600 + 0.75yd$,yd 表示可支配收入,定量税 $t = 800$,投资 $i = 1\,000$,政府购买性支出 $g = 2\,000$(单位均为亿美元),求均衡的国民收入是多少?

总收入包括消费、储蓄和税收,这里的税收是指总税收减去政府转移支付以后所得的净纳税额,即:

$$y = c + s + t$$

其中,s 表示储蓄,t 表示净税收。因此,加入政府部门后的均衡收入应是计划的消费、投资和政府购买之总和,是同计划的消费、储蓄和净税收总和相等的收入,即:

$$c + i + g = c + s + t$$

消去上式等号两边的 c,得:

$$i + g = s + t$$

上式就是三部门经济中宏观均衡的条件。其经济含义是:投资和政府支出的总和等于储蓄和税收的总和,只有当 $i + g = s + t$ 时,才达到均衡的国民收入。

三、四部门经济中国民收入的决定

当今世界各国的经济都是不同程度的开放经济,即与外国有贸易往来或其他经济往来的经济。在开放经济中,经济活动还应考虑到国外经济部门对国内经济的需求和供给。西方经济学家把这种包括国外经济部门的活动称为"四部门经济"。由于国外经济部门对国内产品和劳务的供给表现为进口,对国内产品和劳务的需求表现为出口,因此,从总支出的角度看,总支出=消费支出+投资支出+政府支出+(出口-进口),即:

$$y = c + i + g + (x - m)$$
$$= a + b(y - t + tr) + i + g + (x - m) \quad (11\text{-}10)$$
$$y = (a - bt + btr + i + g + x - m)/(1 - b)$$

其中，m 表示进口，x 表示出口，$(x-m)$ 表示净出口。

从总收入角度看，国民收入＝消费＋储蓄＋税收＋本国居民对外国的转移支付(kr)，即：

$$y = c + s + t + kr$$

由收入等于支出，可得：

$$c + s + t + kr = c + i + g + (x - m)$$

等式两边消掉c，得：

$$i = s + (t - g) + (m - x + kr)$$

即投资＝私人储蓄＋政府储蓄＋国外储蓄。

第四节　乘数理论

一、投资乘数

乘数的概念最初由瑞典经济学家威克塞尔(K. Wicksell)和俄国经济学家图干巴拉诺夫斯基(Tugan-Baranowski)分别提出，1931 年凯恩斯的学生英国经济学家卡恩(Kaln)在《国内投资与失业关系》一文中用乘数的概念来解释投资增加与就业增加之间的关系，并计算了乘数效应的极限值，使之成为一种有用的分析工具。按照卡恩的就业乘数，当净投资增加时，总就业增量将是初始就业增量的一个倍数。

凯恩斯接受了卡恩的乘数概论，提出了投资乘数，即投资支出的变动所引起的总需求进而国民收入的倍数。乘数建立在消费倾向这一主观心理因素的基础上，凯恩斯认为:乘数是公众心理倾向的函数。凯恩斯的乘数理论是关于投资变化和国民收入变化关系的理论，当投资增加时，收入将增加，且增量将是投资增量的k倍$(k > 1)$，k 就是投资乘数。

下面是投资乘数理论运行机制的一个例子，如某企业增加投资 100 万元购买机器设备，则：

第一期，初始新增投资 100 万元买一机器，投资代表对生产要素的需求，参与生产机器的要素所有者的收入增加 100 万元，Δi 直接导致国民收入增加 $\Delta Y_1 = 100$ 万元。

第二期，生产机器的要素所有者增加的收入中将有 80 万用于增加对服装的需求，因为 $MPC = 0.8$，由此带动生产服装的人们的收入增加 80 万元，$\Delta Y_2 = 80$ 万元。

第三期，生产服装的人们增加的收入将带动对自行车的需求和生产，生产服装的人们增加的收入中有 $64(80 \times 0.8)$ 万元用于自行车的消费，自行车生产者收入增加 64 万元，$\Delta Y_3 = 64$ 万元。

这个过程不断持续下去，国民收入的增加值为：

$$\Delta Y = \Delta Y_1 + \Delta Y_2 + \Delta Y_3 + \Delta Y_4 + \cdots\cdots + \Delta Y_n$$
$$= 100 + 100 \times 0.8 + 100 \times 0.8^2 + 100 \times 0.8^3 + \cdots + 100 \times 0.8^{n-1}$$
$$= 100 \times (1 + 0.8 + 0.8^2 + 0.8^3 + \cdots\cdots + 0.8^{n-1})$$
$$= 100 \times 1/(1 - 0.8)$$
$$= 500$$

这笔新增投资 $i = 100$ 万元本身引起的收入增量之和为 500 万元,故投资乘数为:

$$k = \Delta Y / \Delta i = 1/(1 - b) \tag{11-11}$$

投资乘数能够发挥作用必须具备一定的条件:首先,经济中存在没有充分利用的资源。包括劳动力以及存货等;其次,要假定投资和储蓄相互独立,否则,乘数作用将减弱。因为增加投资所引起的对货币资金需求的增加会使利率上升,而利率上升会鼓励储蓄,削弱消费,从而部分地抵消由于投资增加引起收入增加进而使消费增加的趋势;最后,是货币供给量增加要能适应支出增加的需要。如果货币供给受到限制,投资和消费增加时所增加的货币需求就得不到货币供给相应的支持,会导致利率上升,抑制消费和投资。

投资乘数是一把双刃剑。一方面,投资本身就是一种消费行为,因为投资实际上是购买生产要素,这部分资金流入生产要素所有者手中,例如原材料生产者、厂房出租者、劳动者、企业家的手中。由于边际消费倾向的存在,生产要素所有者的收入提高必然导致对产品的消费增加,这导致投资者收入增加,继续加大投资,国民收入在这种循环中加速扩张。另一方面,由于国内生产总值达到一定水平后社会需求与资源的限制无法再增加,这时就会由于加速原理的作用使投资减少,投资的减少又会由于乘数的作用使国内生产总值加倍减少,这两者的共同作用又使经济进入衰退,衰退持续一定时期后由于固定资产更新,即大规模的机器设备更新又使投资增加,国内生产总值再增加,从而经济进入另一次繁荣。正是由于乘数与加速原理的共同作用,经济中就形成了由繁荣到衰退,又由衰退到繁荣的周期性运动。

延伸阅读 11-2

破窗经济

一个人不小心打破了商店的一块玻璃逃跑了。店主无奈只好花 1 000 元买一块玻璃换上。玻璃店老板得到这 1 000 元收入。假设他支出其中的 80%,即 800 元用于买衣服,衣服店老板得到 800 元收入。再假设衣服店老板用这笔收入余下的 80%,即 640 元用于买食物,食品店老板得到 640 元收入。他又把这 640 元中的 80% 用于支出……如此一直下去,你会发现,最初是商店老板支出 1 000 元,但经过不同行业老板的收入与支出行为之后,总收入增加了 5 000 元。

资料来源:搜狐财经. 不可思议的另一面[EB/OL]. (2021-03-01)[2023-12-27]. https://www.sohu.com/a/453337876_659862.

二、政府购买乘数

政府购买乘数是指国民收入变动对引起这种变动的政府购买支出变动的比率。如果以 Δg 表示政府购买变动,以 Δy 表示国民收入变动,以 k_g 表示政府购买乘数,则政府购买乘数就可以表示为以下形式:

$$kg = \Delta y/\Delta g$$
$$y = c + i + g$$
$$ = a + b(y-t) + i + g$$
$$y = (a - bt + i + g)/(1-b) \tag{11-12}$$
$$\because \Delta y = y_1 - y_0$$
$$ = (a - bt + i + g_1 - a + bt - i - g_0)/(1-b)$$
$$ = \Delta g/(1-b)$$
$$\therefore kg = \Delta y/\Delta g = 1/(1-b)$$

式(11-12)中的 b 代表边际消费倾向,我们可以发现政府购买乘数和投资乘数是相等的。由此可见,kg 为正值时,它等于 $(1-b)$ 的倒数。

政府购买乘数与投资乘数在数值上相等,但二者在以下几方面有区别。

1. 主体比较

投资乘数是投资主体通过投资变化引起经济运行参数的变动,进而产生引致性需求变化并推动经济发展的;而政府购买乘数则是通过政府购买行为的改变推动经济运行进而使国民收入增加或减少。投资可以由政府直接行为形成,也可由民间自发形成;而政府购买是政府购买行为变动,主要是政府预算总额发生变化所致。这样,政府购买支出乘数与政府的关系更为密切。

2. 过程比较

投资乘数发生的过程比较复杂,即使是政府投资行为,也会因为投资需要进行论证、准备等环节,而产生过大的时滞,因而,投资乘数有时表现得启动缓慢。而政府购买支出乘数的动因是政府消费增加,它直接将自发性需求转化为国民收入的增加,因此,其启动的时间短、过程简单。

3. 目的比较

投资乘数推动经济往往不是出于一个目的,通过投资获得资本增长和资本结构的调整,进而为经济增长创造条件,为提高资源配置效率创造条件,一般地说来自供给方面的原因更多。而政府购买增加的目的相对简单,影响也相对单一。政府购买增加的目的主要来自经常性预算所提出的要求,也可能来自对经济启动或限制的要求,当然,这并不排除其他目的,如军事、政治目的,或迫于经济形势而增加政府职员的工薪,但其经济影响却只有一个,这就是自发性需求和经济运行的变化。

4. 限制比较

投资乘数的自发性需求数额受到限制的程度较低。民间投资大小取决于投资者对经济运行的判断和投资利益的大小,以及投资成本的高低,只要投资者愿意,投资就可以进行下去。政府投资因存在着回报,也可以选择多种渠道,以实现利益最大化,除非宏观经济运行与政府投资的目标相冲突,否则,政府愿意继续投资。而政府购买支出乘数的自发性需求是纯粹支出的推动,不仅不能产生回报,还要受到当期财政收入的影响,如果选择过度的赤字财政政策必然会导致经济的不稳定,因而会受到限制。

政府购买既是一种经济调控的工具,也是一种经济运行或政府行为对经济运行影响的一种现象。无论政府是有意识还是无意识地增加或减少了政府开支,都会产生政府购买乘数效应。这就意味着政府支出改变的时机必须与经济运行的态势结合起来考虑。为了使经济增长,政府可以在经济萧条时期采取增加政府购买措施,以使经济回升;为限制经济增长,可在经济繁荣时期采取减少政府购买措施,以抑制经济过快增长。政府购买的数额除要考虑政府购买本身的目的需要,也应考虑供给和资源的承受力。政府购买数额过大,使供给不能满足需要,则可能产生经济运行状态倒置;即使供给可以承受,也可能由于资源限制而使乘数过程中断,达不到政府购买增加的目的,这是政府支出改变需要考虑的因素。比如我国目前正在面临着一项重大的政府开支,这就是社会保障体系的建立。根据前述原则,这项政府开支的时机,做何种选择,以何种方式出台都是一个重大政策问题。

相关思考 11-2

思考一下,为什么政府购买乘数等于投资乘数?二者发挥作用的机制有何相似之处?

三、税收乘数

税收乘数是指因政府增加(或减少)税收而引起国民收入减少(或增加)的倍数,我们用 Kt 来表示税收乘数。税收是对纳税人收入的一种扣除,税收高低会影响消费、投资并进而影响国民收入。税收变动与国民收入呈反方向变化,即税收减少,国民收入增加;税收增加,国民收入减少。因此,税收乘数是负值。

$$Kt = \Delta y/\Delta t$$
$$y = c + i + g$$
$$= a + b(y-t) + i + g$$
$$y = (a - bt + i + g)/(1-b) \tag{11-13}$$
$$\because \Delta y = y_1 - y_0$$
$$= (a - bt_1 + i + g - a + bt_2 - i - g)/(1-b)$$
$$= -b\Delta t/(1-b)$$
$$\therefore Kt = \Delta y/\Delta t = -b/(1-b)$$

税收乘数的大小由边际消费倾向 b 决定。从税收乘数公式看,边际消费倾向越大,则税收乘数的绝对值越大,它对国民收入的倍数影响也越大。

【例 11-5】 假设政府增税 100 亿元,若边际消费倾向为 0.8,则税收乘数为 $Kt = -0.8 \times (1/1-0.8) = -4$,意味着国民收入将减少 400(4×100)亿元;若边际消费倾向为 0.6,则税收乘 $Kt = -0.6 \times (1/1-0.6) = -1.5$,意味着国民收入将减少 150(1.5×100)亿元。

假如政府变增税为减税而其他条件不变,则国民收入将会增加,国民收入增长量与减税时国民收入减少量相同。

与政府购买乘数相比较,税收乘数也有一些特点:

第一,从主体上看,税收乘数与政府购买支出乘数主体都是政府行为,前者以政府收入减少为动因,通过将利益转让于民来增加消费需求,从而启动经济增长;后者则以政府支出增加为动因,使政府消费需求直接作用于再生产过程,并产生推动经济增长的作用。它们是完全相反性质的两种政府行为。政府税收减免推动经济以政府支出节约为前提;政府购买增加或者以税收增加为条件,或者以增加政府开支赤字为代价。

第二,从作用时间上看,税收乘数作用具有长期性:一旦减税,则由初次减税所形成的自发性需求、引致性需求及引致性需求减税再作为自发性需求等一系列作用便始终保存在经济运行之中,使自发性需求不断出现。政府购买乘数与投资乘数均是一次性启动,所产生的新的需求只是引致性需求,不再会是自发性需求,除非再有新的政府购买。

第三,从影响因素上看,政府购买乘数是一个不变的量,它们没有一个内生的变化因素使乘数发生变化,如果从政府购买可以改变边际消费倾向或税率的角度看,这个过程也是长期的、间接的。而税收乘数则是以税率为中心因素,随税率变化而改变的量;如果以不考虑税率变化的税收乘数为计算依据,税收乘数与减税后的税率无关,那么税收乘数也是一个不变量。

二维码11-3:用税收乘数效应激发消费市场活力

四、政府转移支付乘数

政府转移支付乘数是指收入变动与引起这种变动的政府转移支付变动的比率。政府转移支付增加,增加了人们可支配收入,因而消费会增加,总支出和国民收入增加,因而政府转移支付乘数为正值,我们用 Ktr 表示政府转移支付乘数。

$$Ktr = \Delta y/\Delta tr$$
$$y = c + i + g$$
$$= a + b(y - t + tr) + i + g$$
$$y = (a - bt + btr + i + g)/(1 - b) \qquad (11\text{-}14)$$
$$\because \Delta y = y_1 - y_0$$
$$= (a - bt + btr_1 + i + g - a + bt - btr_0 - i - g)/(1 - b)$$
$$= b\Delta tr/(1 - b)$$
$$\therefore Ktr = \Delta y/\Delta tr = b/(1 - b)$$

【例 11-6】 当边际消费倾向等于 0.8 时,如果其他条件不变,则政府转移支付乘数为 4 倍 $[0.8/(1-0.8)]$。这时如果政府增加 100 亿元的转移支付,国民收入就会增加 400 亿元;反之,如果政府减少 100 亿元的转移支付,国民收入也会相应地减少 400 亿元。

综上,政府转移支付乘数与税收乘数都是边际消费倾向与边际储蓄倾向的比率,所不同的是,政府转移支付乘数是正值,而税收乘数是负值。这是因为,政府转移支付作为政府支出的组成部分,是具有注入效应的变量,而税收是具有漏出效应的变量。

? 相关思考 11-3

思考一下,政府购买乘数与转移支付乘数哪一个更大?为什么?

本 章 小 结

本章主要学习内容是简单国民收入决定理论。主要包括均衡产出、凯恩斯的消费函数、两部门及三部门经济国民收入的决定及定量税条件下的各种乘数。

二维码11-4:练一练

本章重要概念

均衡产出　凯恩斯定律　消费函数　储蓄函数　相对收入消费理论　生命周期消费理论　永久收入消费理论　投资乘数　政府购买乘数　税收乘数　政府转移支付乘数

二维码11-5:练一练答案

第十二章　产品市场和货币市场的一般均衡

- 内容提要
- 重点难点
- 学习目标
- 知识框架
- 思政育人
- 第一节　IS 曲线
- 第二节　LM 曲线
- 第三节　IS-LM 分析
- 本章小结
- 本章重要概念

内容提要

本章主要讲解产品市场和货币市场的一般均衡,包括投资的决定、IS 曲线的含义及推导、IS 曲线的斜率及移动、均衡利率的决定、LM 曲线的含义及推导、LM 曲线的斜率移动及 IS-LM 分析等,并运用 IS-LM 模型解释财政政策及货币政策,进而分析整个国民经济。

重点难点

本章重点为投资的决定、IS 曲线、LM 曲线、IS-LM 模型对现实经济的解释,以及均衡利率的决定;本章难点为 IS 曲线的推导、IS 曲线的计算、IS 曲线的斜率、LM 曲线的推导、LM 曲线斜率的计算、货币需求函数等。

学习目标

通过本章学习,学生应掌握投资函数的理解计算、均衡利率的决定、货币需求函数、IS 曲线的计算图形、LM 曲线的计算图形,了解 IS-LM 模型的推导及运用斜率解释政策效果,能够运用 IS-LM 模型解决经济问题。

知识框架

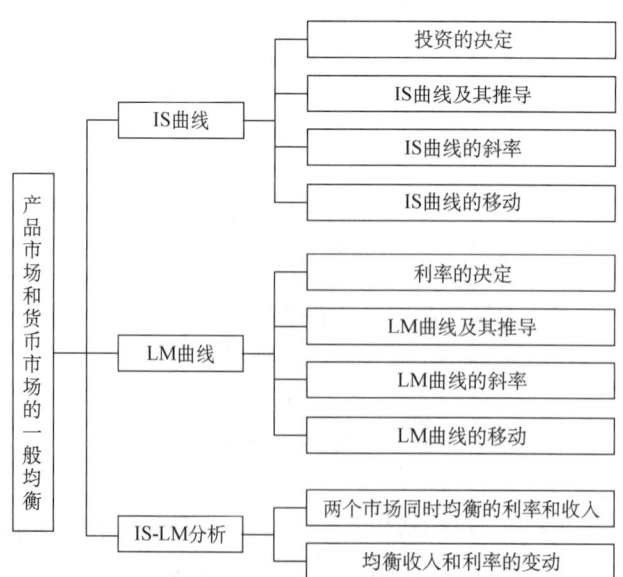

思政育人　　　持续提振经营主体信心　推动经济高质量发展

2023年4月28日,习近平总书记主持召开中共中央政治局会议,分析研究当前经济形势和经济工作。会议指出,要坚持"两个毫不动摇",破除影响各类所有制企业公平竞争、共同发展的法律法规障碍和隐性壁垒,持续提振经营主体信心,帮助企业恢复元气。推动经济持续好转、实现高质量发展,离不开充满活力、充满韧性的亿万经营主体。这次会议释放积极信号、提出务实举措,将极大增强广大经营主体发展信心,积极主动作为,在推动高质量发展中展现蓬勃活力。

今年以来,各地各部门切实落实"两个毫不动摇",从优化营商环境、缓解招聘用工难题、解决融资难融资贵等方面发力,为经营主体发展提供支持。一季度,全国国有及国有控股企业运行持续向好,同期,全国新设民营企业203.9万户,同比增长10.7%。截至3月底,民营企业在企业总量中的占比达到92.3%,是推动高质量发展不可或缺的重要力量。

当前我国经济运行好转主要是恢复性的,内生动力还不强,需求仍然不足,经济转型升级面临新的阻力,推动高质量发展仍需要克服不少困难挑战。近期,相关部门密集释放支持企业发展的政策信号,加大政策力度,提振企业信心,形成高质量发展合力。国家发展改革委通过建立健全民间投资参与重大项目建设机制,鼓励更多民间资本参与国家重大工程和补短板项目建设。工业和信息化部提出,加大以龙头企业为主力军、专精特新中小企业为生力军的"链式"数字化转型力度,形成上下游、大中小深度融合的数字化协同发展生态。市场监管部门持续优化营商环境,进一步降低经营主体制度性交易成本,为企业生产经营提供更多便利。保护和促进公平竞争,营造普惠公平的市场环境,持续激发企业内生动力和创新活力。金融支持实体经济的力度明显增强。一季度,工业中长期贷款增速提升,普惠金融领域贷款季度增量创新高。央行继续发挥结构性货币政策的精准导向作用,引导金融机构加大对普惠金融、科技创新等领域的金融服务。打造优质营商环境,提升投资主体信心,推动经济高质量发展。

资料来源:新华社.持续提振经营主体信心——落实中央政治局会议精神做好当前经济工作系列述评之四[EB/OL].(2023-05-23)[2023-11-17].https://www.gov.cn/yaowen/2023-05/03/content_5754035.htm.

第一节　IS 曲 线

一、投资的决定

宏观经济学中的投资是指资本支出,购买资产用于生产,例如土地、厂房、设备等有形资产,还有商标、专利这些无形资产。而普通人说的投资,可能只是购买股票、债券等以取得财产性收入。经济学上的投资能形成实际支出,创造需求和财富;而我们普通人的投资,在经济学家眼中只是各种资产之间的转换(例如现金、存款换成股票),而不创造财富,即不计入GDP,在这个过程中,只有中介或经纪收取的服务费才计入GDP。

(一) 投资函数

一个企业进行投资决策时,首先要衡量的就是新投资的预期收益率与借入资金所必须付出的价格即利率之间的差,若差大于零,则投资是值得的。因此在投资的预期收益率既定时,企业是否进行投资,就取决于利率的高低,这里的利率是指实际利率。实际利率大致上等于名义利率减通货膨胀率。

【例12-1】　假定某年名义利率为8%,通货膨胀率为3%,则实际利率等于5%。

实际利率上升时,投资需求量就会减少;实际利率下降时,投资需求量就会增加,总之,

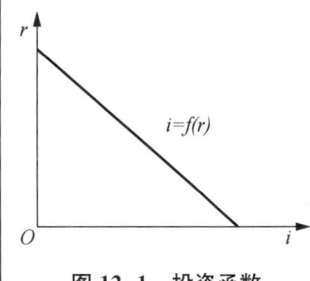

图 12-1 投资函数

投资是实际利率的减函数。这是因为,企业用于投资的资金多半是借来的,利息是投资的成本。即使投资的资金是自有的,投资者也会把利息看成是投资的机会成本。投资与利率之间的这种反方向变动的关系称为投资函数,即:

$$i = e - dr \tag{12-1}$$

其中,i 代表投资数量,r 代表利率,e 代表自发投资,不随利率的变动而变动,d 代表投资对利率的敏感度。

如其投资函数 $i=1\,250-250r$(亿美元),1 250 表示即使当利率 r 为零时也有的投资量,250 是系数,表示利率每上升或下降一个百分点,投资会减少或增加 250 亿美元。

(二)影响投资的其他因素

1. 预期收益与投资

上述实际利率水平会影响投资需求,其实是从投资使用的资金成本角度探讨投资需求。影响投资需求的另一个重要方面是预期收益,即一个投资项目在未来各个时期估计可得到的收益。影响这种预期收益的因素也是多方面的,这里我们将说明以下三方面的因素。

1) 对投资项目的产出的需求预期

企业决定对某项目是否投资及投资多少时,首先会考虑市场对该项目的产品在未来的需求情况,这种需求状况,不但会决定产品能否销售出去,还会影响产品价格的走势。如果企业认为投资项目产品的市场需求在未来会增加,就会增加投资,假设一定的产出量会要求有一定的资本设备量来提供,则预期市场需求增加多少,就会相应要求增加多少投资,产出增量与投资之间的关系可称加速数,说明产出变动和投资之间关系的理论称为加速原理。

2) 产品成本

投资的预期收益在很大程度上也取决于产品的生产成本,尤其是劳动者的工资成本。因为工资成本是产品成本中最重要的构成部分,在其他条件不变时工资成本上升会降低企业利润,减少投资预期收益,尤其是对那些劳动密集型产品的投资项目而言,工资成本上升显然会降低投资需求。然而,对于那些可以用机器设备代替劳动力的投资项目,工资上升又意味着多用设备比多用劳动力更有利可图,因而实际工资的上升又等于是投资的预期收益增加从而会增加投资需求。可见,工资成本的变动对投资需求的影响具有不确定性。但就多数情况来说,随着劳动成本的上升,企业会越来越多地考虑采用新的机器设备,从而使投资需求增加,新古典经济学认为投资需求会随工资的上升而上升的原因就在这里。

3) 投资税抵免

影响投资预期收益的还有政府的税收政策,因为税收直接影响收益。在一些国家,政府为鼓励企业投资,会采用一种投资税抵免的政策,即政府规定投资的厂商可从它们的所得税单中扣除其投资总值的一定百分比。例如,假定某企业在某一年投资 1 亿元,若规定投资抵免率是 10%,则该企业就可少缴所得税 1 000 万元,这 1 000 万元等于是政府为企业支付的投资项目的成本。如果该企业在这一年的所得税不足 1 000 万元,只有 600 万元,则剩余 400 万元还可到来年甚至第 3 年再抵扣,这种投资抵免政策对投资的影响,在很大程度上取决于这种政策是临时的,还是长期的。如果是临时性采取的,则此政策的效果也是临时的,过了政策期限,投资需求可能反而下降。比方说,政府为刺激经济,如果宣布在某一年实行投资抵免,则该年的投资可能大幅度增加,甚至本来准备来年投资的项目也可能提前到该年进行投资,但来年投资需求会明显下降,或政策实行的前一年,企业会把一些项目推迟到有政策鼓励时进行投资。

2. 风险与投资

投资需求还与企业对投资的风险考虑密切相关。这是因为,投资是现在的事,收益是未来的事,未来的结果究竟如何,总有不确定性。人们对未来的结局会有一个预测,企业正是根据这种预测进行投资决策的。然而,即使是最精明的企业家,也不可能完全准确无误地预测到将来的结果。因此,投资总有风险,并且高的投资收益往往伴随着高的投资风险,如果收益不足以补偿风险可能带来的损失,企业就不愿意投资。这里所谓的风险,包括未来的市场走势,产品价格变化,生产成本的变动,实际利率的变化,政府宏观经济政策变化等,都具有不确定性。一般说来,整个经济趋于繁荣时,企业对未来会看好,会认为投资风险较小;而经济呈下降趋势时,企业对未来的看法会悲观,会感觉投资风险较大。因而凯恩斯认为,投资需求与投资者的乐观和悲观情绪大有关系,实际上,这说明投资需求会随人们承担风险的意愿和能力变化而变动。

3. 托宾的"q"说

除了以上所述投资需求理论,美国经济学家詹姆斯·托宾(J. Tobin)还提出了股票价格会影响企业投资的理论。按他的说法,企业的市场价值与其重置成本之比,可作为衡量是否进行新投资的标准,他把此比率称为"q"。企业的市场价值就是这个企业的股票的市场价格总额,它等于每股的价格乘总股数之积。企业的重置成本指建造这个企业所需要的成本。因此,

$$q = 企业的股票市场价值 / 新建造企业的成本$$

如果企业的市场价值小于新建造成本时,$q<1$,说明买旧的企业比建设新企业便宜,就不会有投资;相反,$q>1$时,说明建造新企业比买旧企业要便宜,会有新投资。就是说,当q较高时,投资需求会较大。托宾这种"q"说,实际上是说,股票价格上升时,投资会增加。一些西方经济学家认为,股票价格与投资之间并不存在这种因果关系,而是因为厂商有较好的投资前景才引起该股票价格的上升。

延伸阅读 12-1

促进民间投资,更多举措落地

民间投资是民营经济发展的重要环节。为进一步促进民间投资,一系列政策举措密集落地:国家发展改革委、财政部推出新机制鼓励民营企业参与政府和社会资本合作项目,国家发展改革委明确强化重点民间投资项目要素保障,重庆出台"27条"、广东广州提出"21条"加力支持民间投资发展。有关部门负责人表示,接下来,将尽快推动相关措施落到实处、见到实效,扎实做好民间资本推介项目工作,不断激发民间投资活力,持续扩大有效投资。

2023年以来,民间投资增长面临一定压力。"上半年,民间投资增速和占整体投资比重都有所下降。"国家发展改革委固定资产投资司司长罗国三说,针对相关问题,国家发展改革委会同有关方面积极出台举措,今年7月从聚焦重点领域、健全保障机制等方面提出了17项具体措施,努力营造良好环境,促进民间投资回稳向好。各地加快跟进,支持民间投资发展,浙江8月份出台促进民营经济高质量发展32条措施,明确该省"4+1"专项基金投向民间投资项目比重不低于70%;北京9月初向民间资本公开推介57个重点项

目;江苏9月下旬发布首批430个鼓励民间资本参与的重大项目,总投资3235亿元。

随着相关举措落地见效,近来民间投资降幅连续两个月收窄。"1—10月份,民间投资同比下降0.5%,降幅比前三季度和1—8月份分别收窄0.1个和0.2个百分点。"国家统计局投资司首席统计师罗毅飞说,其中,民间项目投资(扣除房地产开发投资)增长9.1%。分行业看,科学研究和技术服务业,电力、热力、燃气及水生产和供应业,住宿和餐饮业民间投资增长较快,分别增长17.9%、17.4%和10.2%;基础设施民间投资增长14.2%,增速高于全部基础设施投资8.3个百分点;制造业民间投资增长9.1%,增速连续4个月回升。

资料来源:人民日报海外版.促进民间投资,更多举措落地[EB/OL].(2023-12-04)[2022-12-05].
https://www.gov.cn/yaowen/liebiao/202312/content_6918316.htm.

二、IS曲线及其推导

产品市场的均衡,是指产品市场上总供给与总需求相等。两部门经济中,总需求函数为 $y=c+i$,总供给函数为 $y=c+s$,达到均衡状态时,$c+i=c+s$,即 $i=s$,这里 $i=e-dr$,$s=-a+(1-b)y$,即:

$$y=(a+e-dr)/(1-b) \tag{12-2}$$

由式(12-2)得出,均衡的国民收入与利率之间存在着反方向变化的关系。现在举个例子来说明这一点,假设投资函数为 $i=1\,250-250r$,消费函数为 $c=500+0.5y$。即储蓄函数为 $s=y-c=-500+0.5y$,这样:

代入式(12-2),得 $y=3\,500-500r$。

如图12-2,以纵轴代表利率,以横轴代表收入,则可得到一条反映利率和收入的相互关系的曲线。这条曲线上任何一点都代表一定的利率和收入的组合,在这些组合下,投资和储蓄都是相等的即 $i=s$,产品市场是均衡的,因此这条曲线称为IS曲线。

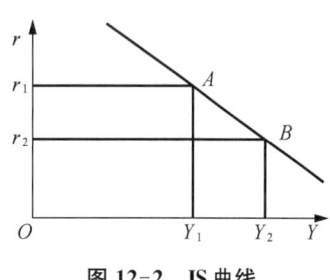

图12-2 IS曲线

三、IS曲线的斜率

如果知道了一个经济体系的消费函数和投资函数,就可以求得IS曲线。而由式(12-2)可知,IS曲线的斜率为 $-(1-b)/d$,其大小取决于 d 和 b。

第一,在 d 不变的情况下,b 的大小影响IS曲线的斜率。若 b 较大,则 $1-b$ 较小,则IS曲线斜率的绝对值 $(1-b)/d$ 较小,因此IS曲线平缓;反之,IS曲线斜率的绝对值较大,IS曲线陡峭。它的经济学意义为:若 b 较大,则投资乘数较大,从而 y 增加的幅度大;反之,若 b 较小,则投资乘数较小,从而 y 增加的幅度小。

第二,在 b 不变的情况下,d 的大小影响IS曲线的斜率。若 d 较大,IS曲线斜率的绝对值较小,则IS曲线平缓;反之,若 d 较小,IS曲线斜率的绝对值较大,则IS曲线陡峭。其经济学意义为:若 d 较大,投资对利率的变动比较敏感,y 的变动幅度很大;反之,d 较小,投资对利率的变动不太敏感,y 的变动幅度较小。

四、IS曲线的移动

(一)投资需求变动

导致投资需求发生变动有很多原因,如投资边际效率提高,或出现了技术革新,或企业家对经济前景预期乐观等,在同样的利率水平上投资需求增加了,会导致投资需求曲线向右上方移动,于是,IS 曲线就会向右上方移动,其向右的移动量等于投资的移动量乘以乘数。如图 12-3 所示。

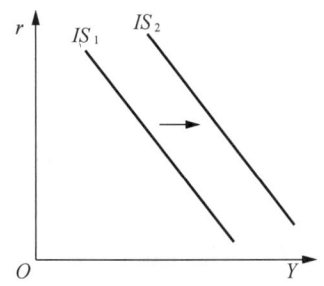

图 12-3 投资增加使 IS 曲线移动

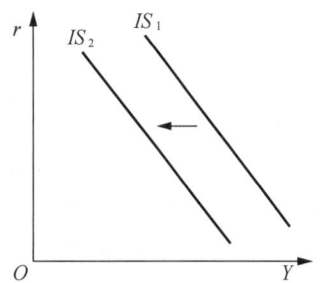

图 12-4 储蓄增加使 IS 曲线移动

(二) 储蓄变动

假定人们的储蓄意愿增加了,储蓄曲线就要向左移动,如果投资需求不变,则同样的投资水平现在要求有的均衡收入水平就要下降,因为现在人们只要有较低的收入就可以提供原有的储蓄,因此 IS 曲线就会向左移动,其移动量等于储蓄增量乘以乘数。如图 12-4 所示。

(三) 政府购买性支出变动

增加政府购买性支出,在自发支出量变动的作用中等于增加投资支出,因此,会使 IS 曲线向右平行移动。IS 曲线移动的幅度取决于两个因素:政府支出增量和支出乘数大小。减少政府支出,会使 IS 曲线左移,IS 曲线移动时要体现乘数的作用。如图 12-5 所示。

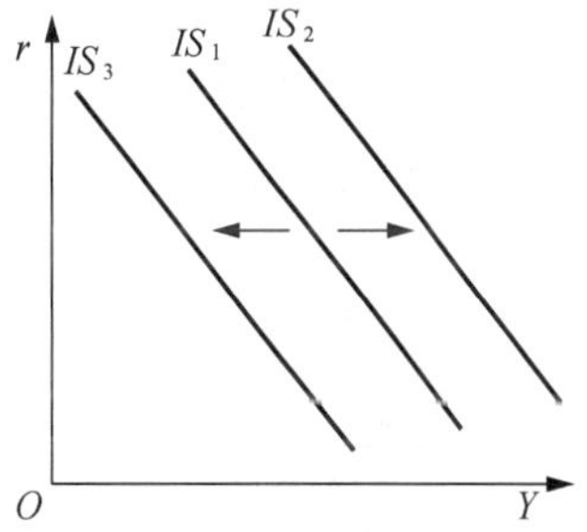

(四) 税收变动

政府增加一笔税收,则会使 IS 曲线向左移动,这是因为,一笔税收的增加,使企业的负担增加,则会使投资相应减少,这笔增税会减少投资需求,会使 IS 曲线向左移动;同样,一笔税收的

图 12-5 政府购买变动使 IS 曲线移动

增加,使居民个人的负担增加,则会使他们可支配收入减少,从而使他们消费支出相应减少,也会使 IS 曲线向左移动。相反,如果政府减税,则会使 IS 曲线右移,IS 曲线的移动幅度为 $\Delta T \cdot kt$,移动时要体现乘数的作用。

增加政府支出和减税,都属于增加总需求的膨胀性财政政策,而减少政府支出和增税,都属于降低总需求的紧缩性财政政策。因此,政府实行膨胀性财政政策,就表现为 IS 曲线向右上方移动;政府实行紧缩性财政政策,就表现为 IS 曲线向左下方移动。实际上西方经济学家提出 IS 曲线的重要目的之一就是分析财政政策如何影响国民收入变动。

> **相关思考 12-1**
>
> 思考一下,当政府购买和税收同时以相等的数额变动时,IS 曲线应如何移动?为什么?

第二节 LM 曲 线

一、利率的决定

(一) 货币需求(L)

1. 货币需求的含义

货币需求,又称"流动性偏好",是指由于货币具有使用上的灵活性,人们宁肯以牺牲利息收入而储存不生息的货币来保持财富的心理倾向。这一概念首先由凯恩斯提出,众所周知,人们的财富如果不以货币形式持有,而以其他形式持有,会给他们带来收益。例如,财富以债券形式持有,会有债息收入,财富以股票形式持有,会有股息及红利收入,财富以房产形式持有,会有租金收入等。那么,为什么人们愿意持有不生利息或其他形式收入的货币呢?凯恩斯认为,就是因为货币具有这种使用上的灵活性,随时可满足以下三类不同的动机。

2. 货币需求动机

1) 交易动机

交易动机是指人们为了应付日常交易而在手边持有货币的动机,由此产生的对货币的需求称为货币的交易需求。按凯恩斯的说法,出于交易动机的货币需求量主要取决于收入,收入越高,交易数量越大。交易数量越大,所交换的商品和劳务的价格越高,从而为应付日常开支所需的货币量就越大。从整个经济系统来看,交易量由国民收入量所决定,并且随国民收入的增加而增加。

2) 谨慎动机

谨慎动机又称为预防性动机,指为预防意外支出而持有一部分货币的动机。如个人或企业为应对事故、失业、疾病等意外事件需要事先持有一定数量货币,因此,如果说货币的交易需求产生于收入和支出同步性的缺乏,则货币的预防性需要产生于未来收入和支出的不确定性。西方经济学家认为,个人对货币的预防需求量主要取决于他对意外事件的看法,但从全社会来看,这一货币需求量大体上也和收入成正比,是收入的函数。

因此,如果用 L_1 表示交易动机和谨慎动机所产生的全部实际货币需求量,用 y 表示实际收入,则这种货币需求量和收入的关系可表示为:

$$L_1 = ky$$

k 代表交易及谨慎动机所需货币量同实际收入的比例关系,y 代表具有不变购买力的实际收入。

【例 12-2】 若实际收入 y 为 1 000 万美元,交易和谨慎需要的货币量占实际收入的 20%,则 L_1 为 200(1 000×0.2)万美元。

3) 投机动机

投机动机指人们为了抓住购买有价证券的有利机会而持有一部分货币的动机。假定人们一时不用的财富只能用货币形式或债券形式来保存,债券能带来收益,而闲置货币则没有收益,那么人们为什么不全部购买债券而要在二者间作选择呢?原来是因为人们想利用利率水平或有价证券价格水平的变化进行投机。在实际生活中,债券价格高低与利率的高低成反比。

【例 12-3】 假定一张债券一年可获利息 10 美元,利率若为 10%,这张债券的市价就为 100 美元,若市场利率为 5%,这张债券的市价就为 200 美元,因为 200 美元在利率为 5% 时若存放到银行也可得利息 10 美元。

可见,债券价格一般随利率变化而变化。由于债券市场价格是经常波动的,凡预计债券价格将上涨(即预期利率将下降)的人,就会用货币买进债券以备日后以更高价格卖出;反之,凡预计债券价格将下跌的人,就会卖出债券保存货币以备日后债券价格下跌时再买进。这种预计债券价格将下跌(即利率上升)而需要把货币保留在手中的情况,就是对货币的投机性需求。可见,有价证券价格的未来不确定性是货币投机需求的必要前提,这一需求与利率呈反方向变化。利率越高,即有价证券价格越低,人们若认为这一价格已降低到正常水平以下,预计价格很快会回升,就会抓住机会及时买进有价证券,于是,人们手中出于投机动机而持有的货币量就会减少。相反,利率越低,即有价证券价格越高,人们若认为这一价格已涨到正常水平以上,预计价格就要回跌,他们就会抓住时机卖出有价证券。这样,人们手中出于投机动机而持有的货币量就会增加。总之,对货币的投机性需求取决于利率,如果用 L_2 表示货币的投机需求,用 r 表示利率,则这一货币需求量和利率的关系可表示为:

$$L_2 = L_2(r) = -hr$$

h 表示货币需求对利率变动的敏感程度,负号表示货币投机需求与利率变动有负向关系。

3. 货币需求函数

货币的总需求是人们对货币的交易需求、预防需求和投机需求的总和。货币的交易需求和预防需求取决于收入,而货币的投机需求取决于利率,因此,货币的总需求函数可描述为:

$$L = L_1 + L_2 = ky - hr \tag{12-3}$$

4. 流动偏好陷阱

对利率的预期是人们调节货币和债券配置比例的重要依据,利率越高,货币需求量越小。当利率极高时,这一需求量等于零,因为人们认为这时利率不大可能再上升,或者说有价证券价格不大可能再下降,因而将所持有的货币全部换成有价证券。反之,当利率极低,比方说 2%,人们会认为这时利率不大可能再下降,或者说有价证券市场价格不大可能再上升而只会跌落,因而会将所持有的有价证券全部换成货币。人们有了货币也决不肯再去买有价证券,以免在证券价格下跌时遭受损失,人们不管有多少货币都愿意持在手中,这种情况称为"凯恩斯陷阱"或"流动偏好陷阱"。

(二) 货币供给(M)

货币供给有狭义的货币供给和广义的货币供给之分。狭义的货币供给是指硬币、纸币和银行活期存款的总和(一般用 M_1 表示)。活期存款可随时提取,并可以当作货币在市面上流通,因而是狭义货币的一个组成部分。在狭义的货币供给上加上定期存款,便是广义的货币供给(一般用 M_2 表示)。在广义的货币供给上再加上个人和企业所持有的政府债券等流动资产或"货币近似物",便是意义更广泛的货币供给(一般用 M_3 表示),下面所讲的货币

二维码 12-1:
视频:货币
需求动机

供给指 M_1。

货币供给分为名义货币供给和实际货币供给。名义货币供给量是不管货币购买力如何仅计算其票面值的货币量。但经济学讨论的是实际货币供给量,因此需要将名义货币供给量折算成实际货币供给量。名义货币供给量(M)、实际货币供给量(m)和价格水平 P 之间存在如下关系:

$$m = M/P \tag{12-4}$$

货币供给是一个存量概念,它是一个国家在某一时点上所保持的不属于政府和银行所有的硬币、纸币和银行存款的总和。西方经济学家认为,货币供给量是由国家用货币政策来调节的,因而是一个外生变量,其大小与利率高低无关,因此货币供给曲线是一条垂直于横轴的直线。

(三) 均衡利率的决定

如图 12-6 中的 m 直线,这条货币供给曲线和货币需求曲线 L 相交的点 E 决定了利率的均衡水平 r_0,它表示只有当货币供给等于货币需求时,货币市场才达到均衡状态。如果市场利率低于均衡利率 r_0,则说明货币需求超过供给,这时人们感到手中持有的货币太少,就会卖出有价证券,证券价格就要下降,亦即利率要上升,对货币需求的减少,一直要持续到货币供求相等时为止。相反,当市场利率高于均衡利率 r_0 时,说明货币供给超过货币需求,这时人们感到手中持有的货币太多,就会把多余的货币买进有价证券。于是,证券价格要上升,亦即利率要下降,这种情况也一直要持续到货币供求相等时为止。只有当货币供求相等时,利率才不再变动。

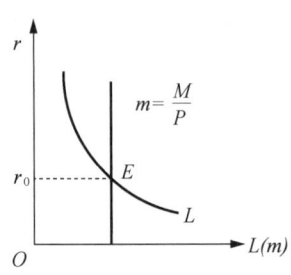

图 12-6 均衡利率的决定

二、LM 曲线及其推导

利率是由货币市场上的供给和需求的均衡决定的,而货币的供给量是由代表政府的中央银行控制的,因而假定它是一个外生变量。在货币供给量既定的情况下,货币市场的均衡只能通过调节对货币的需求来实现。

假定 m 代表实际货币供给量,则货币市场的均衡就是:

$$m = ky - hr \tag{12-5}$$

当 m 给定时,$m = ky - hr$ 可表示为满足货币市场的均衡条件下的收入和利率 r 的关系,用于描述这一关系的图形就被称为 LM 曲线。通过 $m = ky - hr$,我们很容易地可以求出其代数表达式,如:

$$y = hr/k + m/k$$
$$或 r = ky/h - m/h$$

图 12-7 中这条向右上方倾斜的曲线即 LM 曲线,LM 曲线上任一点都代表一定利率和收入的组合,在这样的组合下,货币需求和供给都是相等的,即货币市场是均衡的。

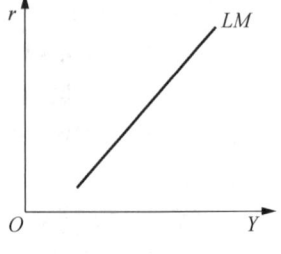

图 12-7 LM 曲线

三、LM 曲线的斜率

(一) LM 曲线的斜率及影响因素

从 LM 曲线的推导公式可以看出,LM 曲线的斜率为 k/h,故其斜率的影响因素取决于以下两个因素。

1. 货币交易需求对收入的敏感程度 k

当投机需求函数一定时,如果货币的交易需求对收入的变动很敏感,即 k 值越大,则利率变动一定幅度,收入只需变动较小幅度,就可以保持货币市场均衡,从而 LM 曲线较陡,其斜率也较大。反之,LM 曲线较平缓,其斜率也较小。

2. 货币投机需求对利率的敏感程度 h

当货币交易需求函数一定时,如果投机需求对利率的变化越敏感,即 h 值越大,则利率变动一定幅度,L_2 变动的幅度就越大,从而 LM 曲线越平缓,其斜率也越小。反之,投机需求曲线越陡峭,其斜率也越大。

(二) LM 曲线的特点

一般认为,货币交易需求函数比较稳定,因而 LM 曲线斜率主要受到 h 变动的影响。当利率变得很低时,由于人们预期利率难以进一步下降,人们对与投机动机相联系的债券的需求减弱,在给定利率水平下人们对货币的需求上升,即货币需求对利率的反应 h 无穷大,LM 曲线斜率很小甚至无穷小,接近一条水平线。反之,当利率变得很高时,人们预期利率必然下降,与投机动机相联系的货币需求很低,即便利率有所降低,货币需求也不会上升。此时,货币需求对利率反应很不敏感,h 值趋向于无穷小,LM 曲线接近一条垂直线。针对这些特例,我们把 LM 曲线分为三个区域,如图 12-8 所示。

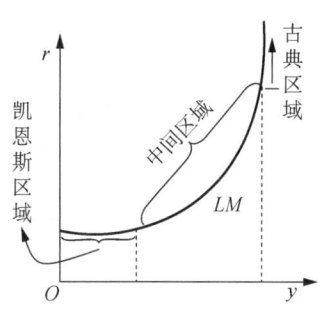

图 12-8 LM 曲线的三个区域

LM 曲线分为三个区域:垂直区(古典区域)、倾斜区(中间区域)、水平区(凯恩斯区域)。垂直区中,当 r 较高时,除了完成交易必须持有的部分货币外,人们不会为投机需求而持有货币。因此不管利率上升到多高,货币的投机需求都是零。

这时,如果实行扩张性财政政策,使 IS 曲线向右上方移动,只会提高利率而不会使收入增加。如果实行扩张性的货币政策,则不但会降低利率,还会提高收入水平,这基本符合"古典学派"以及货币主义者的观点,因而这一区域被称为"古典区域"。

当利率降得很低时,货币的投机需求将是无限的(即人们不愿意持有债券),这时中央银行发行的货币都会被人们保存在手边。这就是所谓的"凯恩斯陷阱"或"流动偏好陷阱",这一区域即凯恩斯区域。20 世纪 30 年代的经济大萧条,信贷活动和生产活动都不旺盛,就是这样一种状态。

古典区域和凯恩斯区域之间的这段 LM 曲线是中间区域,LM 曲线的斜率在古典区域为无穷大,在凯恩斯区域为零,在中间区域为正值。

四、LM 曲线的移动

LM 曲线的移动来自实际货币供给量 m 的变动。实际货币供给量 m 是由名义货币供

给量 M 和价格水平 P 决定的,即 $m=M/P$。因而,造成 LM 曲线移动的因素只能是名义货币供给量的变动和价格水平的变动。

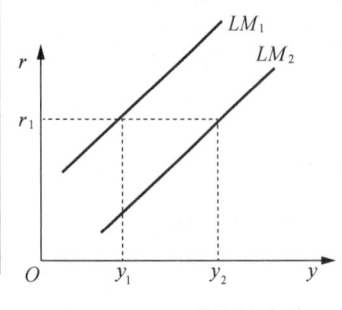

图 12-9 LM 曲线的移动

(一) 名义货币供给量的变动

在价格水平不变时,M 增加,LM 曲线向右下方移动,反之,LM 曲线向左上方移动,如图 12-9 所示。实际上,央行实行变动货币供应量的货币政策,在 IS-LM 模型中就表现为 LM 曲线的移动。这种变化的经济学意义是:货币供给增加,使利率下降,从而消费和投资增加,国民收入增加。

(二) 价格水平的变动

价格水平 P 上升,实际货币供给量 m 就变小,LM 曲线就向左上方移动;反之,LM 曲线向右下方移动,利率下降,收入增加。实际上,从 IS-LM 模型推到总需求曲线,价格水平和收入水平的变动关系即总需求曲线一般向右下方倾斜的原因也是如此。

第三节 IS-LM 分析

一、两个市场同时均衡的利率和收入

凯恩斯在《就业、利息和货币通论》中说明了总收入取决于与总供给相等的总有效需求,而有效需求取决于消费支出和投资支出,由于消费倾向在短期是稳定的,因而有效需求主要取决于引致投资。投资量又取决于资本边际效率和利率的比较。若资本边际效率一定,则投资量取决于利率,利率取决于货币数量和流动性偏好即货币需求。货币需求由货币的交易需求(包括预防需求)和投机需求构成。货币交易需求取决于收入水平,而投机需求取决于利率水平。可见,在商品市场上,要决定收入,必须先决定利率,否则投资水平无法确定;而利率是在货币市场上决定的,在货币市场上,如果不先确定一个特定的收入水平,利率又无法确定,而收入水平又是在商品市场上决定的,因此利率的决定又依赖于商品市场。这样,凯恩斯的理论就陷入了循环推论:利率通过投资影响收入,而收入通过货币需求又影响利率。或者反过来说,收入依赖于利率,而利率又依赖于收入。凯恩斯的后继者发现了这一循环推论的错误,并把产品市场和货币市场结合起来,建立了一个产品市场和货币市场的一般均衡模型,即 IS-LM 模型,以解决循环推论的问题。如图 12-10 所示。

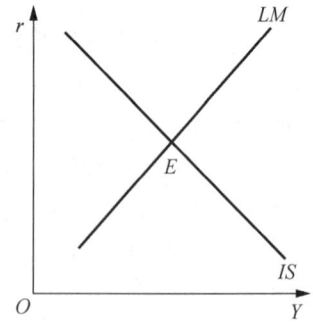

图 12-10 IS-LM 模型

从前面的分析中已经知道,在 IS 曲线上,有一系列利率与相应收入的组合可使产品市场均衡;在 LM 曲线上,又有一系列利率和相应收入的组合可使货币市场均衡。但能够使产品市场和货币市场同时达到均衡的利率和收入组合却只有一个。这一均衡的利率和收入可以在 IS 曲线和 LM 曲线的交点上求得,其数值可通过求解 IS 和 LM 的联立方程得到。

延伸阅读 12-2

约翰·理查德·希克斯

约翰·理查德·希克斯是英国当代经济学家,1972 年度诺贝尔经济学奖获得者。1904 年 4 月 8 日出生于英格兰沃里克市。1922 年起就读于牛津大学巴里奥尔学院,1926 年获该校硕士学位;1932 年获博士学位。1926—1935 年执教于伦敦经济学院;1935—1938 年任剑桥冈维尔与凯厄斯学院研究员;1938—1946 年任曼彻斯特大学教授;1946—1952 年任牛津大学纳菲德学院研究员;1952—1965 年担任牛津大学德拉蒙德学院政治经济学教授;1965 年起任牛津大学万灵学院研究员,直至 1971 年退休为止。希克斯在 1942 年当选为英国科学院院士;1948 年当选为瑞典皇家科学院院士;1952 年当选为意大利科学院院士;1958 年当选为美国科学院院士。1960—1962 年担任英国皇家经济学会会长;1964 年晋升为爵士。他由于在一般均衡论和福利经济学方面的开创性研究而与阿罗(K. J. Arrow)分享 1972 年度诺贝尔经济学奖。

希克斯对经济学的贡献主要在于,他在序数效用论和无差异曲线基础上建立了一般均衡理论,并尝试建立动态一般均衡理论。他提出了衡量福利改进的"卡尔多(Kaldor)-希克斯补偿检验标准"。他发明了 IS-LM 模型,用以阐明凯恩斯(J. M. Keynes)学说的确切内涵,使凯恩斯学说被更多的人理解。

资料来源:百度文库.约翰·希克斯.(2022-04-09)[2023-12-18]. https://wenku.baidu.com/view/b11167d1adf8941ea76e58fafab069dc5022476e.html.

二、均衡收入和利率的变动

IS 和 LM 曲线的交点上同时实现了产品市场和货币市场的均衡。然而,这一均衡不一定是充分就业的均衡。当均衡收入低于充分就业收入,仅靠市场的自发调节,无法实现充分的就业均衡,这就需要依靠国家用财政政策或货币政策进行调节。

(一) IS 曲线移动对产品市场和货币市场均衡的影响

造成 IS 曲线移动的主要原因有政府收支的增减变化、储蓄的变化以及投资量的变化等。其中,当政府运用财政政策来达到充分就业时,就体现为 IS 曲线的移动。政府通过变动支出和税收这样的财政政策来调节国民收入,如果政府增加支出,或降低税收,或同时采用这两种政策,IS 曲线就会向右上方移动,反之,IS 曲线向左下方移动。

当储蓄增加(消费相应地减少)时,IS 曲线左移。反之,IS 曲线右移。

在这些要素中,投资的变动是最重要的。在其他条件不变的前提下,如果投资增加,IS 曲线将向右移动,则利率与国民收入的均衡组合增大;如果投资减少,IS 曲线将左移,则利率与国民收入的均衡组合减少。

当 LM 曲线不变而 IS 曲线向右上方移动时,收入提高,利率也上升。这是因为,IS 曲线右移是由于投资、消费或政府支出增加,即总支出增加,总支出增加使生产和收入增加,收入增加了,对货币交易需求增加。由于货币供给不变(假定 LM 曲线不变),因此,人们只能出售有价证券来获取从事交易增加所需货币,这就会使证券价格下降,即利率上升。同样可以说明,LM 曲线不变而 IS 曲线向左下方移动时,收入和利率都会下降。

(二) LM 曲线移动对产品市场和货币市场均衡的影响

造成 LM 曲线移动的主要原因是货币供给即货币政策的变化。货币政策是货币当局(中央银行)用变动货币供应量的方法来改变利率和收入。当货币供给量增加时,意味着有较多的货币供给量可以满足对货币的需求,从而使国民收入增加,LM 曲线因而向右下方移

二维码 12-3:积极的财政政策加力提效,稳经济保民生

动;反之,货币供给减少,LM 曲线向左上方移动。在 IS 曲线固定不变的条件下,若 LM 曲线向右下方移动,则均衡的利率下降,均衡的国民收入增加;若 LM 曲线向左上方移动,则均衡的利率上升,均衡的国民收入减少。

当 IS 曲线不变而 LM 曲线向右下方移动时,均衡收入提高,均衡利率下降。这是因为,LM 曲线右移,或者是因为货币供给不变而货币需求下降,或者是因为货币需求不变而货币供给增加。在 IS 曲线不变,即产品供求情况没有变化的情况下,LM 曲线右移都意味着货币市场上供过于求,这必然导致利率下降。利率下降刺激消费和投资,从而使收入增加。相反,当 LM 曲线向左上方移动时,则会使均衡利率上升,均衡收入下降。

(三) IS 曲线和 LM 曲线移动对产品市场和货币市场均衡的影响

政府也可以同时改变税收(t)、政府支出(g)和货币供给量(M)来同时改变 IS 和 LM 的位置,使二者相交于新的均衡点上,以实现充分就业。

IS 曲线和 LM 曲线移动时,不仅收入会变动,利率也会变动。如果 IS 曲线和 LM 曲线同时移动,收入和利率的变动情况则由 IS 曲线和 LM 曲线如何同时移动而定。如果 IS 曲线向右上方移动,LM 曲线同时向右下方移动,则可能出现收入增加而利率不变的情况。这就是所谓的扩张性的财政政策和货币政策相结合可能出现的情况。

本 章 小 结

本章的主要学习内容是产品市场和货币市场的一般均衡。通过本章学习,我们了解了影响投资的因素;掌握了投资函数、IS 曲线、LM 曲线、货币需求、货币供给、均衡利率的决定及 IS-LM 模型等知识点,并能够结合模型分析现实经济状态。

本章重要概念

投资函数　托宾的"q"说　IS 曲线　LM 曲线　交易动机　谨慎动机　投机动机　流动偏好陷阱

二维码 12-4:
练一练

二维码 12-5:
练一练答案

第十三章　总需求-总供给模型

> 内容提要
> 重点难点
> 学习目标
> 知识框架
> 思政育人
> 第一节　总需求曲线
> 第二节　总供给曲线
> 第三节　总需求-总供给模型
> 本章小结
> 本章重要概念

内容提要

本章主要讲解总需求曲线、总供给曲线和总需求-总供给模型。总需求曲线一节涉及总需求曲线的含义、总需求曲线的推导以及总需求曲线的移动；总供给曲线一节涉及宏观生产函数、劳动市场和总供给曲线的类型；总需求-总供给模型一节包括总需求-总供给模型的一般解释及总需求-总供给模型对现实的解释。

重点难点

本章重点为总需求曲线、总供给曲线的推导和移动、劳动力市场平衡、总需求-总供给模型；难点为总需求曲线、总供给曲线的移动、总需求-总供给模型。

学习目标

通过本章的学习，学习者应掌握总需求曲线和总供给曲线；理解总需求-总供给模型（AD-AS模型）在解决实际经济问题中的应用。

知识框架

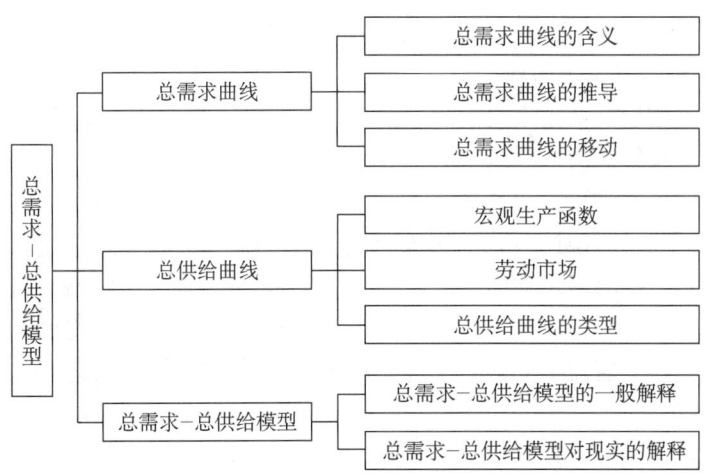

> **思政育人** 贯彻新发展理念,推进高质量发展
>
> 我们提出并贯彻新发展理念,着力推进高质量发展,推动构建新发展格局,实施供给侧结构性改革,制定一系列具有全局性意义的区域重大战略,我国经济实力实现历史性跃升。国内生产总值从五十四万亿元增长到一百一十四万亿元,我国经济总量占世界经济的比重达百分之十八点五,提高七点二个百分点,稳居世界第二位;人均国内生产总值从三万九千八百元增加到八万一千元。谷物总产量稳居世界首位,十四亿多人的粮食安全、能源安全得到有效保障。城镇化率提高十一点六个百分点,达到百分之六十四点七。制造业规模、外汇储备稳居世界第一。建成世界最大的高速铁路网、高速公路网,机场港口、水利、能源、信息等基础设施建设取得重大成就。我们加快推进科技自立自强,全社会研发经费支出从一万亿元增加到二万八千亿元,居世界第二位,研发人员总量居世界首位。基础研究和原始创新不断加强,一些关键核心技术实现突破,战略性新兴产业发展壮大,载人航天、探月探火、深海深地探测、超级计算机、卫星导航、量子信息、核电技术、新能源技术、大飞机制造、生物医药等取得重大成果,进入创新型国家行列。
>
> 资料来源:新华社.习近平:高举中国特色社会主义伟大旗帜 为全面建设社会主义现代化国家而团结奋斗——在中国共产党第二十次全国代表大会上的报告[EB/OL].(2022-10-25)[2023-11-21].https://www.gov.cn/xinwen/2022-10/25/content_5721685.htm.

第一节 总需求曲线

一、总需求曲线的含义

1. 总需求的含义

二维码13-1:
视频:总需求曲线的含义

总需求是指经济社会各部门对产品和劳务的需求总量。通常用产品市场和货币市场同时均衡时的国民收入 y 来表示。在开放经济中,把经济社会各部门进行分类,分别是家庭、企业、政府和国外部门,因此开放经济中的总需求可以被分解为:家庭的消费需求、企业的投资需求、政府需求和国外需求。用公式表示为:

$$y = c + i + g + nx$$

其中的消费、投资和外需(净出口)就是我们常说的拉动经济增长的"三驾马车"。

2. 总需求函数和总需求曲线

总需求函数是指用均衡收入表示的总需求与价格水平之间的关系,记作 $y = f(p)$。总需求函数的几何表示即总需求曲线。

那么总需求和价格水平之间是什么关系?我们需要考察在其他条件不变的情况下,价格水平的上升(或下降)对国民收入的影响,即价格变动的效应。总需求包括家庭的消费需求、企业的投资需求、政府需求和国外需求,因此要考察价格水平对消费需求、投资需求和国外需求的影响,政府需求只是政府用来熨平经济波动的一个手段,与物价水平关系不大,因此不考虑物价水平对政府需求的影响。价格水平和总需求的关系概括如下。

1. 实际余额效应

实际余额效应又称为财务效应。在其他条件不变的情况下,价格水平下降时,货币余额(现金和存款)的购买力提高了,因而使消费者感到更富有,这刺激了消费需求;相反,价格水平上升导致以真实购买力表示的财务"缩水",人们变得相对"贫穷",使消费支出减少。

2. 税收效应

当价格水平上升时，人们的名义收入也要提高，从而使人们进入更高一级的纳税档次，纳税增加，个人以不变价格表示的实际可支配收入减少，即购买力下降，因此实际消费数量减少。

3. 利率效应

在其他条件不变的情况下，价格水平上升，使得实际货币供给（M/P）下降，因此在实际货币需求不变的情况下，利率上升，导致投资支出及对利率敏感的消费支出减少，总需求减少；相反，当价格水平下降时，总需求增加。

4. 汇率效应

固定汇率制下，当一国价格水平上升时，在国外物价水平不发生变化的条件下，本国商品相对外国来说变得更加昂贵了。因此该国出口减少，进口增加，净出口减少；相反，当本国物价下降时，净出口增加。若在浮动汇率制度下，当本国价格水平上升时，由于利率提高导致外国资本流入，对本币需求增加，从而使本币升值，本币升值使进口增加，因此净出口减少；相反，当本国价格水平下降时，净出口增加。总之，无论是固定汇率制度还是浮动汇率制度，价格水平和净出口都呈反向变动的关系。

将以上几点结合起来，可以说国内物价总水平上升，必然使国内总支出水平下降。反之，国内物价总水平下降，必然使国内总支出水平上升。总支出水平的变动，会使均衡产出水平发生相应变动。这就形成了向右下方倾斜的总需求曲线。例如：在图 13-1(a) 中，物价总水平为 P_0 时，相应的总支出曲线为 AE_1，均衡产出水平为 Y_1。将不同的物价水平 P_0，P_1 和相应的均衡产出水平 Y_0，Y_1 的组合点 (a,b) 联结起来，就构成图 13-1(b) 中的总需求曲线 AD。

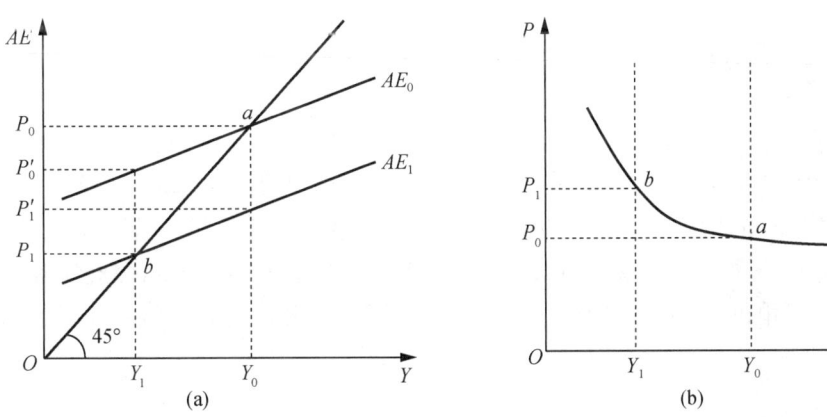

图 13-1 总支出和总需求曲线

图 13-1 上有两张图。图 13-1(a) 是总支出曲线。总支出曲线表示在每一物价总水平上与一定名义收入相对应的总支出。例如，AE_0 这条总支出曲线表示，当物价水平为 P_0 时，若收入为 Y_0，总支出（它等于消费加投资再加政府支出，即 $AE=C+I+G$）为 E_0；当收入为 Y_1 时，总支出为 E_0'。同样，AE_1 这条总支出曲线表示，当物价水平为 P_1 时，若收入为 Y_0，总支出为 E_1'；当收入为 Y_1 时，总支出为 E_1。图 13-1(b) 是总需求曲线。总需求曲线表示每个价格水平上的均衡总支出。均衡总支出是指与总收入相等的支出，它一定在 45°线上。例

如,价格为 P_0 时,均衡总支出(也就是产量或收入)是 Y_0;价格为 P_1 时,均衡总支出为 Y_1。从图上可见,物价总水平越高,总需求量或者说均衡总支出水平越低,因此,总需求曲线和微观经济学中的需求曲线一样,也是向下倾斜的。

二、总需求曲线的推导

价格水平的变化对总需求的影响表明,总需求涉及产品市场也涉及货币市场,因此,可以用 IS-LM 模型推导总需求函数和总需求曲线。

1. 代数方法

为了简便起见,以两部门经济为例。

IS 曲线的方程为:$s(y)=i(r)$

LM 曲线的方程为:$\dfrac{M}{P}=L_1(y)+L_2(r)$

将这两个方程联立,消去变量 r,得到关于 y 和 P 的方程,即总需求函数。

【例 13-1】 已知储蓄函数 $s(y)=-100+0.2y$,投资函数 $i(r)=80-5r$,货币需求函数 $L=0.2y-4r$,货币供给函数 $m=\dfrac{200}{P}$,求总需求函数。

由上述条件整理得到 IS 曲线的方程为:$y=900-25r$

LM 曲线的方程为:$y=\dfrac{1\,000}{P}+20r$

IS 方程和 LM 方程联立,消去 r,得到:

$$y=400+\dfrac{5\,000}{9P}$$

上式就是总需求函数,表明总需求和价格水平呈反向变化的关系。

2. 图形推导

总需求曲线也可以从图形中推出。图 13-2(a)是 IS-LM 模型,图 13-2(b)为 AD 曲线。在图 13-2(a)中,价格水平为 P_0 时 IS 和 LM_0 相交于均衡点 E_0,此时,利率为 r_0,国民收入为 y_0。在图 13-2(b)中标出此时的价格和收入水平组合点 $D_0(P_0, y_0)$。当价格水平从 P_0 上升到 P_1 时,增加了对名义的货币需求,但由于名义货币供给未变,因此实际货币供给 (M/P) 或者说货币供给的实际价值减少了,因而 LM 曲线向左上方移动,即从 LM_0 移到

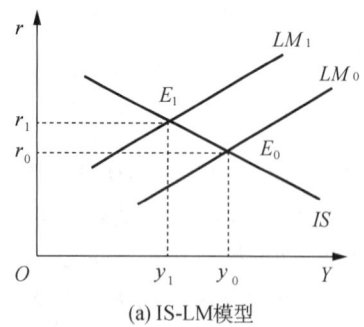
(a) IS-LM 模型

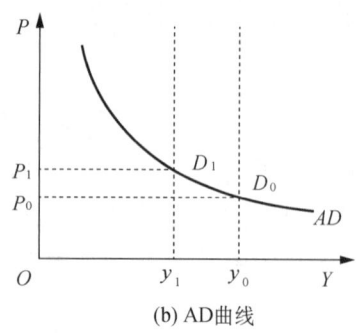
(b) AD 曲线

图 13-2 从 IS-LM 模型到总需求曲线

LM_1。LM_1 与 IS 相交于新的均衡点 E_1,此时,利率为 r_1,国民收入为 y_1。在图 13-2(b)中标出此时的价格和收入水平组合点 $D_1(P_1,y_1)$。同理,还可以找到无数个价格和国民收入的组合点,把这些点连起来即总需求曲线。

应当指出,在 IS-LM 模型中,价格变动不影响产品市场均衡,即不影响 IS 曲线,只影响货币市场的均衡。

三、总需求曲线的移动

总需求是由消费、投资、政府支出和净出口构成的,因此,任何计划总支出的增加都会使总需求曲线移动。一般来讲,在价格以外的其他因素发生变化情况下,总需求曲线都将发生移动:总需求增加,总需求曲线将向右移动;总需求减少,总需求曲线将向左移动。下面将分别探讨 IS 曲线和 LM 曲线变动对总需求曲线的影响。如果物价水平不变,其他因素的变化使 IS 曲线移动,或 LM 曲线移动,或两条同时移动,那么将导致总需求曲线的移动。

1. IS 曲线移动对 AD 曲线的影响

在图 13-3(a)中,IS_0 曲线和 LM 曲线对应于一定的货币数量和价格水平 P_0,均衡点为 E_0,与(b)图中 AD_0 曲线的 E_0 点对应。假定政府增加支出,将 IS_0 使右移至 IS_1。在原来的价格水平下,新的均衡点为 E_1,此时,利率升高,收入增加。在(b)图中可以找到对应的 E_1,E_1 是新的总需求曲线 AD_1 上的一点。AD_1 曲线反映了增加政府支出对经济的影响。可见,在一个既定的价格水平下,政府支出增加也就意味着总需求的增加。

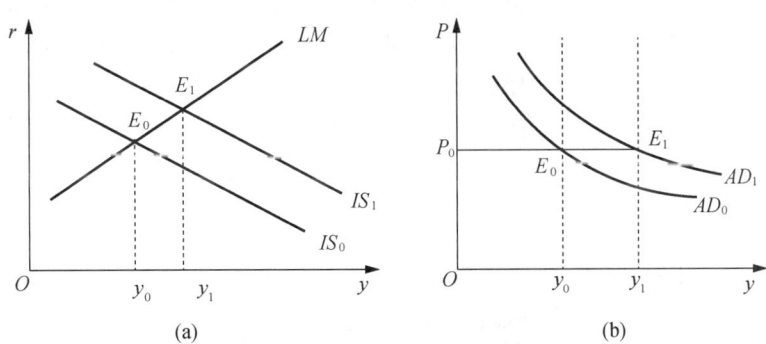

图 13-3　IS 曲线移动对 AD 曲线的影响

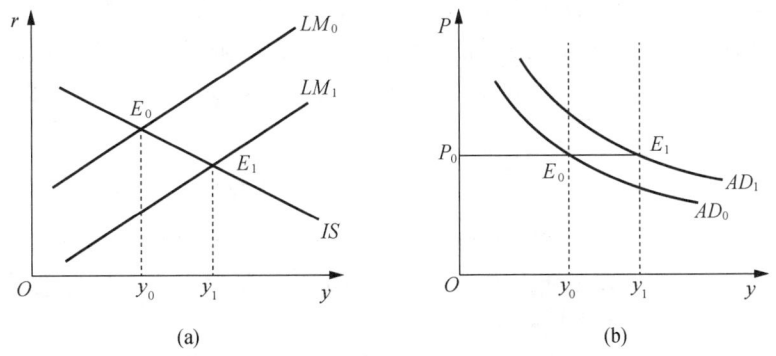

图 13-4　LM 曲线移动对 AD 曲线的影响

2. LM 曲线移动对 AD 曲线的影响

如图 13-4 所示,假定 IS 曲线不变,物价水平不变,货币供给增加使 LM 曲线由 LM_0 右移至 LM_1,则均衡的国民收入从 y_0 增加到 y_1,总需求曲线从 AD_0 右移至 AD_1。

以上讨论了扩张的财政政策或货币政策使总需求曲线向右移的情况。与此相反,在既定的价格水平下,无论是紧缩性的财政政策还是紧缩性的货币政策,都将使总需求曲线 AD 向左移动。

总需求曲线只给出了价格水平和以收入水平来表示的总需求水平之间的关系,并不能决定价格水平和均衡的总需求水平。如果要说明整个经济价格水平和总产出水平是如何决定的,则需要引入另一个分析工具,即总供给曲线。

第二节 总供给曲线

一、宏观生产函数

在西方经济学中,生产函数是指投入和产出之间的数量关系。生产函数有微观和宏观的区别,我们在前面的章节已经论述过微观生产函数,宏观生产函数又称总量生产函数,是指整个国民经济的生产函数,它表示总投入和总产出之间的关系。

总供给曲线是经济社会在每一价格水平上提供的商品和劳务的总量。总供给函数表示总产出量与一般价格水平之间的关系。总供给曲线(aggregate supply curve)是表示产出量和价格水平的各种不同组合的曲线。总供给曲线是根据生产函数、劳动需求函数和劳动供给函数以及货币工资曲线推导而得到的。

假定一个经济社会在一定的技术水平下使用总量意义下的劳动和资本两种要素进行生产,则宏观生产函数可表示为:

$$Y = F(N, K)$$

式中,Y 为总产出;N 为整个社会的就业水平或就业量;K 为整个社会的资本存量;为了避免复杂,技术水平没有被明确地表示出来。该式表明,经济社会的产出主要取决于整个社会的就业量、资本存量和技术水平。

由于经济社会的总供给是该社会的总生产量,而生产量是由生产函数决定的,在短期内,在一定的技术水平和资本存量条件下,资本数量是固定不变的,因此,总产量水平主要取决于劳动力的总就业量。总产量是总就业量的函数,随总就业量的变化而变化:总就业量增加,总产量也增加,反之则一同减少。该社会短期生产函数可以写为:

$$Y = F(N, \overline{K})$$

式中 Y 代表总产量,N 代表投入生产的劳动总就业量,$\overline{K}$ 代表短期内不能改变的资本数量。总生产函数即宏观生产函数用图 13-5 表示。

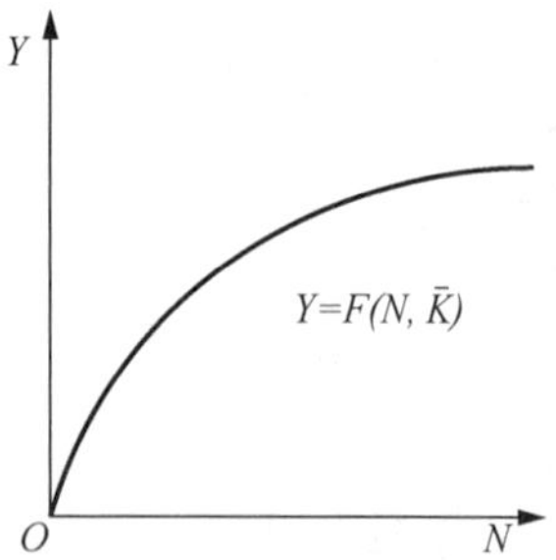

在图 13-5 中,曲线 $Y = F(N, \overline{K})$ 的形状表示,随着就业量 N 的增大,产量也增加,但增加的比率递减,原因是劳动的边际生

图 13-5 宏观生产函数

产力是递减的。

劳动力的总就业量取决于劳动需求和劳动供给的均衡。

二、劳动市场

1. 劳动需求函数

劳动的需求取决于劳动的边际产品 MP_L，它是劳动的边际产品的函数。在微观经济学的生产要素价格的决定原理中，厂商对劳动的需求取决于劳动的边际产品价值或边际收益产品。由于劳动边际产品价值随劳动投入增加而递减，因此厂商对劳动的需求曲线也是向右下方倾斜的。同理，作为厂商的劳动需求曲线总和的劳动总需求曲线也是向右下方倾斜的。在完全竞争的市场上，在短期内，厂商为了获得最大利润，就会使用更多劳动，在那里，实际工资等于劳动的边际产品，可用公式表示为：

$$W/P = MP_L$$

式中 W 为货币工资率（指单位劳动时间的工资，如每小时的货币工资），P 为价格水平，W/P 为实际工资率，MP_L 为劳动边际产品。由于 MP_L 随劳动数量的增加而递减，因此，只有实际工资率 W/P 下降时，企业才肯多用劳动量。这就是说，劳动需求量是实际工资率的减函数：实际工资率低，则劳动的需求量大，反之则劳动的需求量小。因而劳动需求函数可以写为：

$$N_d = N_d(W/P)$$

2. 劳动供给函数

劳动的供给也取决于实际工资率水平，是实际工资率的增函数：实际工资率低，劳动的供给量小，反之则劳动的供给量大。之所以劳动供给是实际工资率的增函数，是因为实际工资率越高，劳动者不工作所放弃的实际收入就越多，即不工作（闲暇）的成本就越高，因而人们越愿意用多劳动来代替多休闲。劳动供给函数可以写为：

$$N_s = N_s(W/P)$$

劳动供给函数所表示的劳动与实际工资水平之间的关系呈同方向变动关系，实际工资低时，劳动的供给量小；实际工资高时，劳动的供给量大。

3. 劳动市场均衡

把劳动的需求函数和劳动的供给函数结合起来就可以确定均衡的实际工资率水平和劳动就业水平，即如果工资 W 和价格 P 两者都是可以调整的，那么实际工资率 W/P 也是可以调整的。劳动市场的均衡就由劳动的需求函数和劳动的供给函数的联合解来确定：

$$N_d(W/P) = N_s(W/P)$$

图 13-6 表示，劳动需求曲线和劳动供给曲线的交点决定了均衡的实际工资率水平和均衡的就业量。在图 13-6 中，均衡的实际工资率水平为 W_0/P_0，均衡的就业量为 N_0。

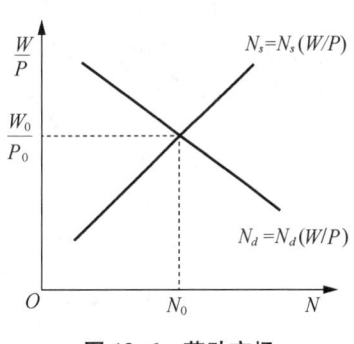

图 13-6 劳动市场

❓ 相关思考 13-1

宏观经济学争论之一：总供给曲线的形状

总需求的变动对产出和就业有影响吗？如果有，影响会持续多长时间？这些问题引出现代宏观经济学的主要争论之一：总供给曲线的形状。

凯恩斯学派的经济学家在资源相对过剩的背景下认为短期总供给曲线相对平坦。这意味着总需求对产量有着重大且持久的影响。古典理论则从劳动市场始终能自我调节达到均衡的假设得出垂直的总供给曲线，垂直的总供给曲线意味着凯恩斯的需求管理政策对产出和就业是无效的，此时总需求的变化对产出数量就没有影响。

那么总供给曲线到底是什么形状？

三、总供给曲线的类型

已知总生产函数、劳动需求和供给曲线，就可以求取总供给曲线。由于西方经济学家各自依据的假定条件不同，因而他们对总供给曲线的形状存在不同的看法。

下面介绍几种最主要的总供给曲线，即古典总供给曲线、凯恩斯总供给曲线和常规总供给曲线。

1. 古典总供给曲线

古典总供给曲线又称为长期的总供给曲线，其几何形状为一条位于充分就业的产量水平的垂直线。它表明，在长期，实际产出量主要由潜在产出决定，因而不受价格水平的影响，或者说，当价格水平发生变动，实际工资相应调整后，产出量不会相应变化。

古典总供给曲线建立的前提条件是：货币工资具有完全的伸缩性，货币工资随劳动供求关系的变动而变化。当劳动市场存在超额劳动供给时，货币工资率就会降低。反之，劳动市场存在超额劳动需求时，货币工资率就会提高。

由于货币工资率会随着市场物价总水平的波动而波动，因为劳动市场的均衡供求量始终保持充分就业水平不变，国民收入也不会随物价水平的波动而波动，总供给曲线就成为一条垂直的充分就业产量曲线。

图 13-7 描述了古典总供给曲线。这条古典总供给曲线又称为长期总供给曲线，是因为在短期内，工人会把伴随价格上升的名义工资的提高误以为是实际工资的增加，因而会有更多的就业和更大的产量。但是在长期，工人会按实际工资而不会按名义工资来供给劳动，工人们消除了"货币幻觉"，劳动供给可被假定为实际工资的函数。此外，也只有在长期，名义工资才会因劳动供求关系变动而立即变动。这一点接下来还要进一步论述。

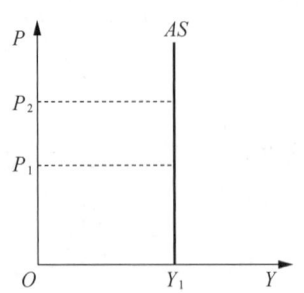

图 13-7 古典的总供给模型

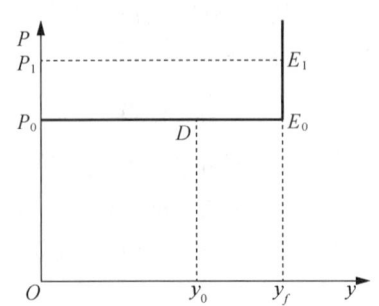

图 13-8 凯恩斯总供给曲线

2. 凯恩斯总供给曲线

凯恩斯最重要的著作《就业、利息和货币通论》（以下简称《通论》）出版于 1936 年；那时，整个西方世界都处于严重的大萧条时期，经济社会存在着大量的失业人口和生产能力，《通论》基本上是针对这种状态而撰写的。此外，该书还提出了货币工资具有"刚性"的假设，即假设由于种种原因，货币工资不会轻易变动。关于工资的"刚性"，后面的章节还要进一步加以说明。

处于上述状态，在"刚性"货币工资的假设条件下，当时的事实也表明，当产量增加时，价格和货币工资均不会发生变化。因此，凯恩斯的总供给曲线被认为是一条水平线，如图 13-8 中的 P_0E_0 所示。

图中的 y_f 代表充分就业的产量或国民收入。P_0E_0 为水平线的意思是：在产量小于 y_f 的条件下，由于货币工资 W 和价格水平 P 都不会变动，所以在既有的价格 P_0，经济社会能提供任何数量的 y_0，即在达到充分就业以前，经济社会能按照既定的价格提供任何数量的产量或国民收入，如 y_0。此外，该图也表明，在达到充分就业 y_f 之后，社会已经没有多余的生产能力，不可能生产出更多的产品。因此，增加的需求不但不会增加产量 y，反而会引起价格的上升，如图中 E_0 点以上的垂直线所示。例如，在 E_1 点，产量仍旧是 P_0，但是，价格已经上升到 P_1。

和古典总供给曲线相对应，凯恩斯总供给曲线之所以具有水平的形状，也有以下两个原因：第一，货币工资 W 和价格均具有刚性，也就是说，二者完全不能进行调整。第二，《通论》所研究的是短期的情况，即使不使用刚性工资的假设，由于时间很短，W 和 P 也没有足够的时间来进行调整。在目前西方经济学的文献中，这两个理由也均被使用。由于这两个理由都过分夸大了《通论》的确切含义，所以西方学者一致认为水平的凯恩斯总供给曲线代表短期总供给曲线的另一极端情况。

凯恩斯总供给曲线的政策含义是：只要国民收入或产量处在小于充分就业的水平，国家就可以使用增加需求的政策来使经济达到充分就业状态，如图 13-9 所示。

在该图中，代表总需求曲线的 AD_1 与凯恩斯总供给曲线 P_0E_0 相交于 E_1 点。在 E_1 点，价格水平为 P_0，产量 y_1 于小于充分就业的萧条状态。为了改善这一状态，国家可以通过增加需求的政策来使总需求曲线 AD_1 向右移动到 AD_0 的位置。这样，P_0E_0 与 AD_0 相交于 E_0 点。该点表明，此时的价格水平仍然为 P_0，但国民收入已经达到充分就业的数量 y_f。

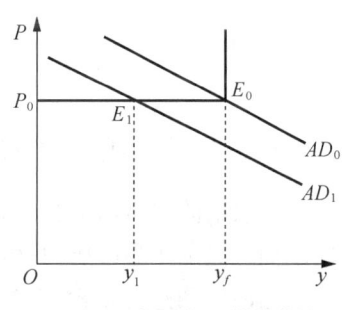

图 13-9 凯恩斯总供给曲线的政策含义

3. 常规总供给曲线

垂直的古典总供给曲线和水平的凯恩斯总供给曲线分别代表两种极端状态。前者来自货币工资 W 和价格水平 P 能够立即进行调整的假设；后者则来自货币工资 W 和价格水平 P 完全不能进行调整的假设。因为，在《通论》所针对的严重萧条的特殊情况下，W 和 P 均保持不变，意味着二者完全不能自行调节。

西方学者认为，在常规的情况下，短期总供给曲线位于两个极端之间，如图 13-10 的 CC 线所示。

向上延伸的 CC 线表示，价格水平越高，经济中的企业提供的总产出就越多，从微观经济学的角度看,在短期,当经济中的工资和其他资源的价格相对固定,或不太易变时,随着企业产品价格的提高,企业增加产量通常能够盈利。因此,更高的价格水平将导致更高的总产量。这意味着,在短期,总供给曲线是向右上方延伸的。

如此看来,促使短期总供给曲线向右上方延伸的一个重要因素是投入要素价格的黏性。那么为什么有一些投入要素的价格(例如工资)在短期不具有伸缩性呢?一个主要原因是持续一段时间的长期合同。以劳动这一要素的价格,即工资为例,工会化行业的劳动合同通常都是三年一签,因此在合同期,至少部分工资是固定的。同样,企业生产所需的原材料和其他投入的价格也有可能因某些合同而被固定。

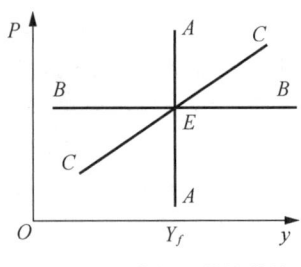

图 13-10 常规总供给曲线（线性的）

图 13-10 中所显示的 AA、BB 和 CC 三条直线顺次代表古典、凯恩斯和常规总供给曲线。CC 线越是接近于 BB 线,W 和 P 被假设的调节速度越慢;一直到 CC 线和 BB 线相重合的凯恩斯极端,二者则完全不能调节。另一方面,CC 线越是接近 AA 线,W 和 P 被假设的调节速度越快,一直到 CC 线和 AA 线相重合的古典极端。可以看到,CC 线的斜率代表着被假设的调节速度,斜率由 0 到 ∞,表示从凯恩斯极端的 W 和 P 的完全不能进行调节到古典极端的能立即进行调节。

图 13-10 中的常规总供给曲线 CC 线具有线性的形式,由于这种形式易于说明和理解,所以它经常被用于教学中。然而,西方经济学者认为,能代表实际情况的常规总供给曲线却是非线性的,如图 13-11 所示。

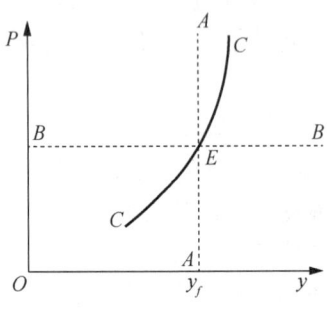

图 13-11 常规总供给曲线

第三节 | 总需求-总供给模型

一、总需求-总供给模型的一般解释

总供给曲线表示了劳动力市场均衡或非均衡时的价格水平与国民收入之间的关系。总需求曲线表示产品市场和货币市场同时达到均衡时的价格水平与国民收入之间的关系。把总供给曲线和总需求曲线放在一个以纵轴为价格水平、横轴为国民收入的坐标平面上,就得到总需求-总供给模型。利用总需求-总供给模型可以研究产出和价格水平的决定,分析不同宏观经济政策对产出和价格水平的影响。

图 13-12 显示了向右上方倾斜的总供给曲线 AS 和向右下方倾斜的总需求曲线 AD。假设价格水平为 P_2,这时总供给大于总需求,于是产生价格水平向下的压力。一方面,价格水平下降使实际工资提高,从而使劳动需求减少、就业减少、总供给减少;另一方面,价格水平下降使实际货币供给量增加,从而使利息率下降、投资支出增加、总需求进一步增加。

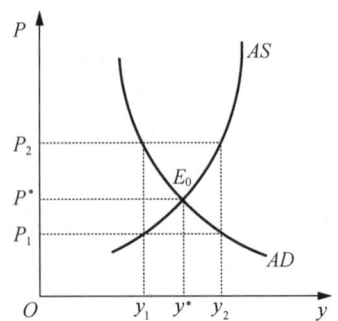

图 13-12 总供给-总需求模型

因此价格下降缓解了总供给大于总需求的矛盾。

假设价格水平为 P_1，这时总需求大于总供给，这将导致价格水平上升。价格水平上升使实际货币供给量减少，从而使利息率上升、投资支出减少、总需求进一步减少；另一方面，价格水平上升使劳动需求增加、就业增加、总供给增加。因此价格水平上升缓解了总需求大于总供给的矛盾。

假设价格水平为 P^*，这时总需求等于总供给，实现市场的均衡。均衡价格为 P^*，均衡国民收入为 y^*。

由此可见总需求曲线和总供给曲线的交点决定了均衡的价格水平和均衡的产出水平（国民收入水平）。

二、总需求-总供给模型对现实的解释

在得到总供给和总需求曲线之后，运用这两条曲线，总需求-总供给模型便可以对现实的经济情况加以解释。

经济情况是千变万化的，因此不能对它们一一加以解释，为了论述方便，我们把它们归为三类再做进一步解释，即：宏观经济的短期目标、总需求曲线移动的后果和总供给曲线移动的后果。

1. 宏观经济的短期目标

在短期，宏观经济想要达到的目标是充分就业和物价稳定，即：不存在非自愿失业，同时，物价既不上升、也不下降，如图 13-13 所示。

该图表明当总需求曲线 AD 和总供给曲线 AS 相交于 E_0 点时，产量 y 处于充分就业的水平 y_f，价格为 P_0，而此时的 P 既不会上升、也不会下降。因此，E_0 点表示宏观经济管理的短期目标，即充分就业和价格稳定。

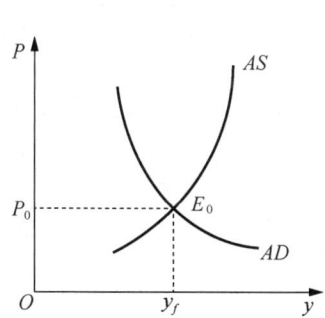

图 13-13　宏观经济的短期目标

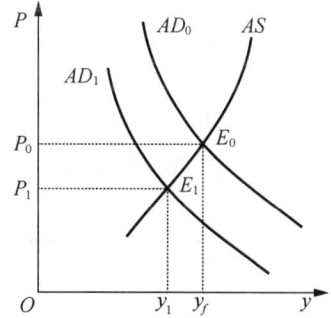

图 13-14　总需求曲线移动的后果

然而，只有在偶然的情况下，AD 和 AS 才可能相交于 E_0 点，经济中的许多因素都会移动 AD 和 AS 的位置，使二者的交点脱离 E_0。

2. 总需求曲线移动的后果

总需求曲线移动的后果可以用图 13-14 加以说明。

该图表明，在某一时期，AD_0 和 AS 相交于代表充分就业的 E_0 点。E_0 点的产量为 y_f，价格水平为 P_0。这时，由于总需求减少，AD_0 向左移动到 AD_1 的位置，这样，AD_1 和 AS 相交于 E_1 点。这表明，经济社会处于萧条状态，其产量和价格分别为 y_1 和 P_1，二者均低于充

二维码13-2：讨论：自然灾害的影响

二维码13-3：讨论解析

分就业的数值。然而，AS的形状表明，二者下降的比例并不相同。在小于充分就业的水平时，越是偏离充分就业，经济中的过剩生产能力就越来越多，价格下降的空间就越来越小，这说明：价格下降的比例要小于产量下降的比例。为了简化图形，我们没有作出总需求曲线从 AD_0 向右移的情况。但是，读者可以自行推想，这一情况代表经济处于过热的状态。这时的生产能力比较紧缺，产量增加的可能性越来越小，而价格上升的压力越来越大，也就是说在 E_0 的右方，总需求曲线向右方移动的距离越大，价格上升的比例越高于产量上升的比例。

3. 总供给曲线移动的后果

总供给曲线移动的后果可以由图 13-15 来表示。在该图中，AD 和 AS_0 相交于充分就业的 E_0 点。这时的产量和价格水平顺次为 y_f 和 P_0。此时，如果由于某种原因，如大面积的粮食歉收或石油供给的紧缺，原料价格猛涨等，总供给曲线由 AS_0 向左移动到 AS_1，如 AD 与 AS_1 相交于 E_1 点，那么，E_1 点可以表示滞胀状态，其产量和价格水平顺次为 y_1 和 P_1，即表示失业和通货膨胀的并存。进一步说，总供给曲线向左偏离 AS_0 的程度越大，失业和通货膨胀也都会越为严重。但是失业的下降比例和价格上涨的比例这二者之间的相对关系却并不明确。读者可以设想总供给曲线向右移动的后果。当生产技术的突然提高使总供给曲线由 AS_0 向右移动时，产量增加，而价格水平则会下降。然而，必须注意：在短期内，生产技术虽然有可能突然提高，但是，要想很快得到它的成果却是很困难的。因此，总供给曲线从 AS_0 在短期向右方移动是非常少见的，甚至只是一种理论上的想象而已。如图 13-15 所示。

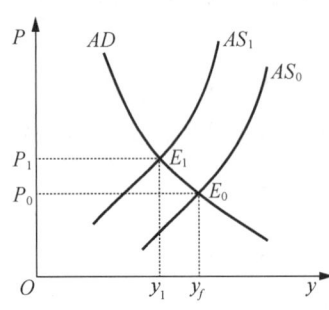

图 13-15 总供给曲线移动的后果

本 章 小 结

本章主要学习总需求-总供给模型，通过讲授要求学习者掌握总需求曲线的含义、总需求曲线的图形、总需求曲线的移动、宏观生产函数、劳动市场、总供给曲线的类型、总需求-总供给模型和总需求-总供给模型对现实的解释；学习者需结合现实着重掌握利用总需求-总供给模型来解释现实的经济现象。

本 章 重 要 概 念

总需求　总供给　宏观生产函数　劳动市场均衡　古典总供给曲线　凯恩斯总供给曲线　常规总供给曲线

二维码13-4：练一练

二维码13-5：练一练答案

第十四章 失业与通货膨胀

- ➢ 内容提要
- ➢ 重点难点
- ➢ 学习目标
- ➢ 知识框架
- ➢ 思政育人
- ➢ 第一节 失业
- ➢ 第二节 通货膨胀
- ➢ 第三节 菲利普斯曲线
- ➢ 本章小结
- ➢ 本章重要概念

内容提要

本章主要讲述失业的含义及类型、充分就业及自然失业率、失业的影响及奥肯定律；通货膨胀的含义、衡量指标；通货膨胀的分类、产生原因及影响；菲利普斯曲线的提出及其政策含义等。

重点难点

本章重点为失业的类型、充分就业及自然失业率；通货膨胀的衡量指标、成因及经济效应；菲利普斯曲线的含义。难点为奥肯定律、附加预期的菲利普斯曲线及短期菲利普斯曲线。

学习目标

通过本章学习，学生应了解什么是失业及失业率，现实中都有哪些失业现象，什么是充分就业及自然失业率；学生能够掌握失业的类型及影响，通货膨胀的衡量指标及形成原因、产生的经济效应，并熟悉菲利普斯曲线所反映的关系及其政策含义等。

知识框架

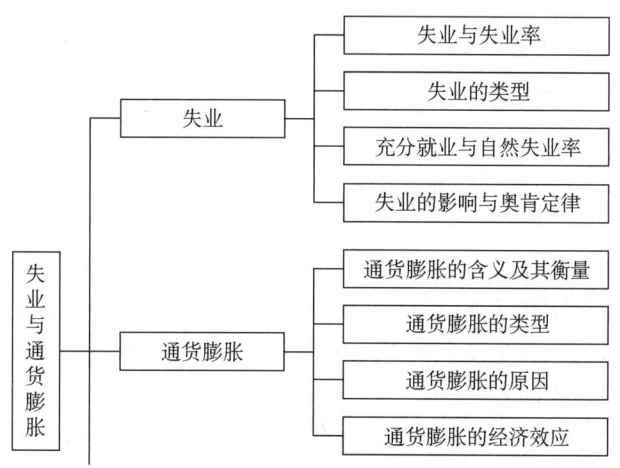

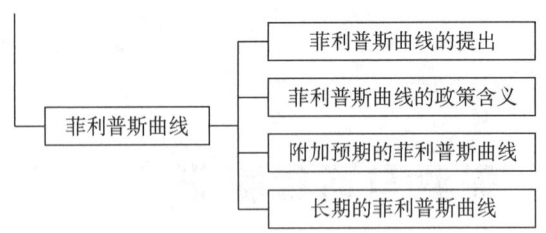

 思政育人　　以高质量充分就业助力中国式现代化

就业是最基本的民生。党的二十大报告提出"促进高质量充分就业"的目标要求,这是党中央牢牢把握我国发展的阶段性特征对就业工作作出的重大战略部署。在二十届中央财经委员会第一次会议上,习近平总书记围绕以人口高质量发展支撑中国式现代化,深入分析我国人口发展的新形势,提出人口高质量发展的基本思路和重大原则,明确了人口高质量发展的重点任务。我们要深入学习领会习近平总书记关于就业工作的重要论述精神,切实把高质量充分就业作为人口高质量发展的重要基础,为助力高质量发展、推进中国式现代化贡献力量。

一、深刻认识促进高质量充分就业在推进中国式现代化进程中的重大意义

人口发展是关系中华民族伟大复兴的大事。习近平总书记强调,现代化的本质是人的现代化。我们要从强国建设、民族复兴的战略高度,充分认识促进高质量充分就业事关人口规模巨大的现代化的成色,事关推动实现全体人民共同富裕,切实增强做好新时代新征程就业工作的高度自觉。高质量发展是全面建设社会主义现代化国家的首要任务,是党执政兴国的第一要务,也是解决我国一切问题的基础和关键。

一是促进高质量充分就业,是推动经济高质量发展的内在要求。二是促进高质量充分就业,是适应我国人口高质量发展的必然选择。三是促进高质量充分就业,是增进民生福祉、提高人民生活品质的根本举措。四是促进高质量充分就业,是人民群众通过勤劳致富实现自身发展的基本途径。

二、积极构建促进高质量充分就业的工作体系

一是以强化就业优先为导向。二是以促进供需匹配为关键。三是以夯实基层服务为基础。四是以推进数据赋能为支撑。五是以加强风险防控为底线。

三、扎实做好促进高质量充分就业的各项工作

一是推动经济发展扩大就业容量。二是完善保障机制激发创业活力。三是健全支持体系稳住重点群体。四是加强教育培训提升就业能力。五是健全服务体系促进有效对接。六是落实劳动法律强化权益保障。七是畅通流动渠道营造公平环境。

资料来源:王晓萍.以高质量充分就业助力中国式现代化[EB/OL].(2023-06-01)[2023-11-26]. http://www.qstheory.cn/dukan/qs/2023-06/01/c_1129655603.htm.有删改。

第一节　失　业

20世纪60年代以前,欧美等一些国家物价稳定,但在60年代到80年代初期,世界各主要资本主义国家的通货膨胀率和失业率连续急剧上升,甚至高达两位数。经济增长停滞、失业与通货膨胀并发成为经济学家最为棘手的问题之一。同时,失业与通货膨胀理论也是当代宏观经济学的重要组成部分。

在现代经济学中,失业的本意是泛指资本、土地、劳动力等各种生产要素没有被很好地使用,但资本、土地等资源对社会经济的不利影响远不如劳动力大量失业所带来的不利影

响。这里的失业问题主要是指劳动力的失业。劳动力是最重要的资源,失业意味着劳动力处于没有工作的"闲置状态",并且会带来多层面的其他经济和社会问题。

一、失业与失业率

(一) 失业的含义

失业是各国经济中面临的普遍问题。失业(unemployment)是指有劳动能力、愿意接受现行工资水平但仍然找不到工作的现象。简单说失业就是有劳动能力的人想找工作却找不到工作的社会现象。

需要注意的是,如果仅从字面上理解失业,无非是失去职位或工作,但这个直观解释不够准确。例如,女性自愿辞职回家当家庭主妇,她虽然离开了工作岗位,但并不构成失业,而是脱离了劳动队伍。另外,对于刚刚走出大学校门的毕业生,如果未能很快找到工作,即便没有失去工作也属于失业者。

(二) 失业率

1. 相关概念:失业人口、劳动人口

从整个经济来看,我们通常把一定年龄阶段的具有劳动能力的人口称作劳动人口(即劳动力),其中一部分处于工作状态的,称为就业者(就业人口),一部分处于寻找工作而尚未找到工作的称为失业者(失业人口)。

2. 失业率的含义

劳动力是所有的就业者和失业者的总和,失业率不是失业人口与总人口的比例。它是劳动力中没有工作而又在积极寻找工作的人所占的比例,即失业人口占劳动人口的比例。

二、失业的类型

失业有很多种类。根据劳动者主观愿意就业与否,分为自愿失业与非自愿失业。

所谓自愿失业是指工人所要求的实际工资超过其边际生产率,或者说不愿意接受现行的工资条件和收入水平而未被雇用而造成的失业。这种失业在西方不被看作真正的失业。凯恩斯提出与此相对的失业是非自愿失业,这种失业是由于劳动人口主观不愿意就业而造成的,是指具有劳动能力并愿意按现行工资率就业,但由于有效需求不足而找不到工作造成的失业,所以被称为非自愿失业。非自愿失业无法通过经济手段和政策来消除,因此不是经济学所研究的范围。

宏观经济学通常将失业分为三种类型:即摩擦性失业、结构性失业及周期性失业。

(一) 摩擦性失业

摩擦性失业指生产过程中难以避免的、由于转换职业等原因而造成的短期、局部的失业。这种失业是过渡性和短期性的。它通常起源于劳动的供给方,因此被看作是一种求职性失业。像人们换工作便属于这类。在这里,工作机会和寻找工作的人实现匹配在经济中并不总是顺利地发生,结果一些人便得不到工作。摩擦性失业被认为任何时候都存在,但对任何个人或家庭来说,它是过渡性的。因此,摩擦性失业不被认为是严重的经济问题。

(二) 结构性失业

结构性失业是指劳动力的供给和需求不匹配所造成的失业,其特点是既有劳动力失业,也有职位空缺,失业者或者没有合适的技能,或者居住地点不当,因此无法填补现有的职位空缺。结构性失业是长期的,而且通常起源于劳动力的需求方。结构性失业是由经济变化导致的,这些经济变化引起特定市场和区域中的特定类型劳动力的需求相对低于其供给。

在特定市场中,劳动力的需求相对较低可能有以下原因:一是技术变化。尽管技术变化被认为能减少成本,扩大整个经济的生产能力,但它可能也会对某些特定市场(或产业)带来破坏性的影响。二是消费者偏好的变化。消费者产品偏好的改变在某些地区扩大了生产,增加了就业,但在其他地区减少了生产和就业。三是劳动力的不流动性。这种不流动性延长了由于技术变化或消费者偏好改变而造成的失业时间。工作机会的减少本应引起失业者流动,但不流动性却没有使这种情况发生。

(三) 周期性失业

周期性失业是指经济周期中的衰退或萧条时,因社会总需求下降而造成的失业。这种失业通常是由整个经济的支出和产出下降造成。当经济中的总需求的减少降低了总产出时,会引起整个经济体系的普遍失业。

> **相关思考 14-1**
>
> **失业率如何测量?失业率衡量失业是否有局限性?**
>
> 失业可以被分成不同的类型,但更重要的是衡量非自愿失业的程度。这就需要看失业率。失业率虽然是经过复杂的统计计算出来的,但仍有其局限性。
>
> 第一,凡是被支付了报酬的工人都被统计在就业者中,而不能明确区分工人是全日制工作还是打短工。例如,一个每周工作 15 小时的工人和每周工作 40 小时的工人在计算失业率时是没有办法区分的。这样,在统计中忽略了实际工作时间少于劳动者意愿提供的劳动时间,低估了实际的失业率。第二,在这种估计计算当中还存在劳动者未能充分利用其技能的问题。例如,一个高级专家,由于经济原因从事与其技能无关的劳动,这样也可能低估失业率。第三,劳动者可能由于许多主客观因素而虚报、谎报就业状况谋取好处,骗取失业救济金等,这都可能导致计算得不准确。

三、充分就业与自然失业率

(一) 充分就业

充分就业几乎在任何时期都是非常重要的宏观经济目标。怎样才算充分就业?显然,充分就业并非百分之百就业。因为即使有足够的职位空缺,失业率也不会等于零,也仍然会存在摩擦性失业和结构性失业。在一个日新月异的经济中,永远会存在职业流动或行业的结构性兴衰,所以总有少部分人处于失业状态。

有关充分就业的定义,西方经济学家曾提出几种观点。凯恩斯认为,如果"非自愿失业"已经消除,失业仅限于摩擦性失业和自愿性失业,即实现了充分就业。另外一些经济学家认为,如果空缺的职位总额,恰好等于寻找工作人员的总额,就是实现了充分就业。还有些经济学家认为,如果再要提高就业率,必须以通货膨胀为代价的话,那么就已实现了充分就业。但需要注意充分就业不是失业率为零的状态,现实中总会存在失业现象。

(二) 自然失业率

自然失业率是指在没有货币因素干扰的情况下,让劳动市场和商品市场的自发供求力量起作用时,总需求和总供给处于均衡状态下的失业率。这是经济社会在正常情况下的失业率,它是劳动力市场供求均衡时的失业率,既不会出现通货紧缩,又不会出现通货膨胀。简单说自然失业率为充分就业条件下的失业率,也是经济处于潜在产出水平时的失业率。

自然失业率的概念由货币主义的代表人物弗里德曼提出。货币主义学派提出自然失业率的概念,在于反对凯恩斯"非自愿失业"的提法。他们认为,在排除了垄断的劳动市场上,工资是有弹性的,劳动力是有流动性的,供求信息较易获得,因而所有有劳动技能并愿意就业的人迟早会获得工作。摩擦性或结构性的失业是不能以提高通货膨胀率为代价而消除的。

四、失业的影响与奥肯定律

失业问题之所以重要,是因为失业对个人、家庭乃至整个社会都会产生重大影响,带来重大损失。因此,几乎所有宏观经济政策的制定都要考虑对失业率的影响。

(一) 失业的影响

失业会产生诸多影响,一般可以将其分成两种:社会影响和经济影响。

1. 社会影响

失业的社会影响一般难以估计和衡量。失业不但使失业者及其家属的收入和消费水平下降,给人们的心理造成巨大的创伤,甚至还会影响社会安定团结。失业者长期找不到工作,没有收入,就会悲观失望,家庭关系将因此而受到损害。另外,高失业率往往伴随吸毒、高离婚率、高犯罪率,引发各种社会骚乱,导致社会不稳定。西方有关的心理学研究表明,解雇造成的创伤不亚于亲友的去世或学业上的失败。此外,家庭之外的人际关系也会受到失业的严重影响。一个失业者在就业的人员当中失去了自尊和影响力,面临着被同事拒绝的可能性,并且可能要失去自尊和自信。最终,失业者在情感上受到严重打击。

2. 经济影响

失业的经济影响可以用机会成本来理解。从经济方面来看,失业造成人力资源浪费,导致产量损失。劳动力是重要的生产要素,失业导致劳动力闲置,而劳动力资源具有即时性,本期可利用的劳动力不能转移到下期使用,即本期可利用的劳动力闲置就是这部分资源的永久性浪费。另外,劳动力的闲置还会导致大量生产设备及其他经济资源的闲置,产量降低、国民收入减少。

当失业率上升时,经济中本可由失业工人生产出来的产品和劳务就损失了。从产出核算的角度看,失业者的收入总损失等于生产的损失。因此,丧失的产量是计量周期性失业损失的主要尺度,因为它表明经济处于非充分就业状态。

(二) 奥肯定律

20 世纪 60 年代,美国经济学家阿瑟·奥肯根据美国的数据,提出了经济周期中失业变动与产出变动的经验关系,被称为"奥肯定律"。

奥肯定律指实际失业率每高于自然失业率 1 个百分点,实际 GDP 将低于潜在 GDP 2 个百分点。西方学者认为,奥肯定律揭示了产品市场与劳动市场之间极为重要的关系,它描述了实际失业率和 GDP 变动的联系。根据这个定律,可以通过失业率的变动推测或估计 GDP

的变动,也可以通过 GDP 的变动预测失业率的变动。例如,实际失业率为 8%,高于 6% 的自然失业率 2 个百分点,则实际 GDP 比潜在 GDP 低 4% 左右。

奥肯定律可以用公式表示为:

$$\frac{y-y_f}{y_f} = -\alpha(u-u^*) \tag{14-1}$$

其中,y 为实际产出,y_f 为潜在产出,u 为实际失业率,u^* 为自然失业率,α 为大于零的参数。

 相关思考 14-2

失业的治理

失业带来了巨大的经济影响和社会影响,因此降低失业率、实现充分就业成为政府宏观经济调控的重要目标。政府通过多种对策来解决失业问题。一般来说,治理摩擦性失业,要用完善劳动力市场、沟通市场信息、促进人员流动的办法来解决。治理结构性失业,要用增加人力资本投资、加强职工培训的方法来解决;治理周期性失业,需要政府用财政政策和货币政策的办法来解决。大家可以思考有哪些具体的失业治理措施,它们实施的效果如何?

第二节 通货膨胀

一、通货膨胀的含义及其衡量

(一) 通货膨胀的含义

通货膨胀是指物价总水平在一定时期内持续普遍上涨的经济现象,或者是说货币价值在一定时期内持续下降的过程。可见,通货膨胀不是指某种商品或劳务的价格上升,而是指物价总水平的上升。物价总水平是指所有商品和劳务交易价格总额的加权平均数,这个加权平均数就是价格指数。需要注意的是,发生通货膨胀时经常表现为物价上涨及货币购买力下降,但并非所有的物价上涨都是通货膨胀。

(二) 通货膨胀的衡量

由于通货膨胀通常表现为物价总水平上涨,因此衡量通货膨胀的指标通常是价格指数。价格指数一般包含居民消费价格指数、生产者价格指数、GDP 平减指数、批发物价指数等。

1. 居民消费价格指数

居民消费价格指数(consumer price index,CPI),主要反映一定时期居民消费者生活消费品和劳务价格变化情况的指标。它是根据居民消费的食品、衣物、居住、交通等消费品和劳务价格加权平均计算出的结果。计算公式为:

$$CPI = \frac{一组固定商品按当期价格计算的价值}{一组固定商品按基期价格计算的价值} \times 100 \tag{14-2}$$

【例 14-1】 假定经济中只有 A、B、C 三种商品进行交易,这些产品价格变动见下表 14-1:

表 14-1　　　　　　　　　某三种商品的价格及数量情况

品种	数量(件)	基期价格(元)	当期价格(元)	价格变化百分比
A	200	1	2	100%
B	100	3	4	33%
C	300	2	4	100%

若要计算价格指数的话,则需要先计算出该组商品基期价格总额和当期价格总额。具体计算过程如下:

$$基期价格总额=1\times200+3\times100+2\times300=1\ 100(元)$$
$$当期价格总额=2\times200+4\times100+4\times300=2\ 000(元)$$

则当期和基期的 CPI:

$$基期价格指数=1\ 100/1\ 100\times100=100$$
$$当期价格指数=2\ 000/1\ 100\times100=181.81$$

由于在实际中,一般不直接、也不可能计算通货膨胀,而是通过价格指数的增长率来间接表示。居民消费价格指数通常可以灵敏地反映居民日常生活成本的变化,所以是衡量通货膨胀的常见的、最重要的指标,老百姓非常关心。对于普通人来说,可以简单通过 CPI 数据来判断社会是否处于通货膨胀状态。

居民消费价格指数用来衡量通货膨胀的优点在于,它的变动能比较准确地反映出通货膨胀对居民生活所带来的影响程度,在这点上,有其他指标无法比拟的优势。但是,该指标也有其局限性。例如,只选择消费品来衡量,而消费品只是社会最终产品的一部分,CPI 不足以反映整个物价的变动情况,因此具有片面性;另外,CPI 也无法分析出商品或劳务价格的上涨中,有多少成分是由于生产者提高质量、改进品质所致,有多少是真正的价格上涨。

二维码 14-1:
CPI 作用及计算

延伸阅读 14-2

全国 CPI 是如何编制的

全国 CPI 由国家统计局编制发布,各省、自治区、直辖市 CPI 由国家统计局认定反馈,各调查总队公开。

(一)确定调查目录

编制居民消费价格指数,首先确定将要调查的商品和服务项目。与国际上做法一样,我国统计部门抽选一组居民经常消费的、对居民生活影响较大的、有代表性的、固定数量的商品和服务,这一组固定数量的商品和服务统称为"商品篮子"。目前,CPI 价格调查食品烟酒、衣着、居住、生活用品及服务、交通和通信、教育文化和娱乐、医疗保健、其他用品和服务共 8 个大类,262 个基本分类的商品与服务价格。基本分类是将一些功能、性质、结构相同或相近的产品集合起来,也是指数计算和权数设置的最小分类。

(二)调查的范围

CPI 价格调查在全国 31 个省(区、市)中抽取 500 个市县开展,在这些市县采用抽样调查方法抽选确定价格调查网点。目前,全国有 8.8 万余家价格调查网点,包括商场(店)、超市、农贸市场、服务网点和互联网电商等。由于人口和市场建设等方面的差距,500 个调查市县各自抽选的价格调查网点在数量上有差别,大中城市要明显多一些,小城市和县相对少些。

(三) 调查的商品

统计人员在每个价格调查网点,选择确定要调查的商品,即"代表规格品"。"代表规格品"是每个基本分类下设的,用来反映某个基本分类价格变化的具有特定产地、规格、等级、牌号、花色等特征的一组商品。选取代表规格品遵循一定的原则。

(四) 价格调查方法

统计人员通过手持数据采集器,采用定人、定点、定时的方法直接调查。在保证价格准确的前提下,经国家统计局审定,各地可利用被调查单位的电子数据进行辅助采价,也可从互联网采集特定商品和服务价格。为准确反映当月的价格变动情况,对于与居民生活密切相关、价格变动比较频繁的商品,每5天调查一次价格;一般性商品(服务)每月调查2次价格;部分服务项目每月调查3次价格;由国家或地方统一定价的商品(服务)或价格相对稳定的商品(服务),每月调查一次价格。

(五) 关于权数的设置

在实际生活中,居民家庭在一些商品上消费支出较多,而在另一些商品上的支出相对较少,因此,在计算价格指数时,引入"权数",权数显示出"篮子"中每一类商品或服务在居民消费总支出中所占的比重,一般用百分比来表示。通过权数能够计算某类商品的价格变动对上一级指数变动的影响程度。

在编制全国CPI时,权重资料主要根据国家统计局开展的全国城乡居民家庭消费支出资料计算,并辅以其他部门的行政资料、部分典型调查和专项调查资料加以补充。

(六) 价格指数对比基期

从2000年开始,CPI计算由每月变动对比基期改为固定对比基期,居民消费价格首轮对比基期定为2000年,即以2000年平均价格为基期价格。考虑到消费市场的发展变化、居民消费的升级换代,为更准确反映居民消费结构的新变化和物价的实际变动,规定每5年进行一次基期轮换。CPI基期轮换包括调查商品"篮子"、调查网点、代表规格品和权重等的调整。从2016年开始到2020年的五年,使用2015年作为对比基期,调查商品和权数以2015年城乡居民消费支出结构来确定。

资料来源:刘建伟,韩淑颐.居民消费价格指数(CPI)是如何编制的[EB/OL].(2023-01-01)[2023-11-26].https://www.stats.gov.cn/zs/tjws/tjzb/202301/t20230101_1903757.html,有删改.

2. 生产者价格指数

生产者价格指数(producer price index,PPI)是衡量工业企业产品出厂价格变动趋势和变动程度的指数,是反映某一时期生产领域价格变动情况的重要经济指标,也是制定有关经济政策和国民经济核算的重要依据。PPI能够反映生产者获得原材料的价格波动情况,推算预期CPI,从而估计通胀风险。通常作为观察通货膨胀水平的重要指标。

3. GDP平减指数

GDP平减指数又称GDP折算指数,它能综合反映物价水平变动情况。它等于以当年价格计算的本期GDP与以基期不变价格计算的本期GDP之比。该指数的计算基础比CPI更广泛,涉及全部商品和服务,除消费外,还包括生产资料和资本、进出口商品和劳务等。理论上说,这一指数能够更加准确地反映一般物价水平的走向,是对价格水平最宏观的测量。但是由于国内生产总值平减指数的编制耗时耗力,通常只能一年编制一次。因此在时效上,该指数很难满足经济决策的需要。

4. 通货膨胀率

有了价格指数,可以用通货膨胀率来更准确地衡量通货膨胀的程度。通货膨胀率被定义为从一个时期到另一个时期价格水平变动的百分比。用公式表示为:

$$\pi_t = \frac{P_t - P_{t-1}}{P_{t-1}} \times 100\% \tag{14-3}$$

式中，π_t 为 t 时期的通货膨胀率，P_t 和 P_{t-1} 分别为 t 时期和 $t-1$ 时期的价格水平。

若用消费价格指数 CPI 来衡量价格水平，则通货膨胀率就是不同时期的消费价格指数变动的百分比。例如，【例 14-1】中的消费价格指数，从基期的 100 增加到当期的 181.81，那么这一时期的通货膨胀率就为 $\pi = \frac{181.81 - 100}{100} \times 100\% = 81.81\%$。

二维码 14-2：国家统计局解读 2023 年 10 月份 CPI 和 PPI 数据

二、通货膨胀的类型

西方经济学家把错综复杂的通货膨胀按照不同的标准划分成不同的类型。常见的、比较有意义的有以下三种分类。

（一）按照通货膨胀的原因分类

1. 需求拉上型通货膨胀

需求拉上型通货膨胀是因社会总需求过度增长，超过了社会总供给的增长幅度，导致商品和劳务供给不足、物价持续上涨的通货膨胀类型，具有自发性、诱发性、支持性等特点。

2. 成本推进型通货膨胀

成本推进型通货膨胀是指在没有超额需求的情况下由于供给成本的提高所引起的一般价格水平持续和显著的上涨，又称供给型通货膨胀。

3. 结构型通货膨胀

结构型通货膨胀是指在总需求并不过多的情况下，对某些部门的产品需求过多造成部分产品的价格上涨现象。

4. 输入型通货膨胀

输入型通货膨胀是指由于国外商品或生产要素价格的上涨，引起国内物价的持续上涨现象。

5. 财政赤字型通货膨胀

财政赤字型通货膨胀本质上属于需求拉动型通货膨胀，但它的侧重点是强调因财政出现巨额赤字而滥发货币，从而引起通货膨胀。

6. 信用扩张型通货膨胀

信用扩张型通货膨胀是指由于信用扩张，形成信用过度创造而引起通货膨胀。

（二）按照通货膨胀的剧烈程度分类

1. 爬行的通货膨胀

爬行的通货膨胀是一种使通货膨胀率基本保持在 2%～3%，物价指数以缓慢的趋势上升，并且始终比较稳定不会导致通货膨胀预期的通货膨胀。爬行的通货膨胀被看作实现充分就业的一个必要条件，这也是国外所称"通货膨胀有益无害"的状态。

2. 温和的通货膨胀

温和的通货膨胀是指物价上涨率保持在 3% 以上，但尚未达到 10% 的通货膨胀。

3. 奔腾的通货膨胀

奔腾的通货膨胀是指通货膨胀率达到两位数以上的通胀状态，这是一种不稳定的、迅速恶化的、加速的通货膨胀。所以在这种通货膨胀发生时，人们对货币的信心产生动摇，经济社会产生动荡,是一种较危险的通货膨胀。

4. 恶性的通货膨胀

恶性的通货膨胀又称为极度的通货膨胀。这种通货膨胀一旦发生,通货膨胀率非常高(一般达到三位数以上),而且完全失去控制。其结果是社会物价持续飞速上涨,货币大幅度贬值,人们对货币彻底失去信心,这时整个社会金融体系处于一片混乱之中。正常的社会经济关系遭到破坏,最后容易导致社会崩溃,政府垮台,这种通货膨胀在经济发展史上是很少见的,通常发生于战争或社会大动乱之后。如1923年的德国,当时第一次世界大战刚结束,德国的物价在一个月内上涨了2 500%,一个马克的价值下降到仅相当于战前价值的一万亿分之一;中国从1937年6月到1949年5月,伪法币发行量增加了1 445亿倍,同期物价指数上涨了36 807亿倍。

(三) 按照人们的预料程度分类

1. 未预期到的通货膨胀

未预期到的通货膨胀是指价格上升速度超出人们的预料,或者人们根本没有想到价格会上涨。例如,国际市场原料价格的突然上涨所引起的国内价格水平的上升,或者在长期价格不变的情况下突然出现的价格上涨。

2. 预期到的通货膨胀

当每年的通货膨胀率大体相同时,通货膨胀对社会经济的正常运行几乎没有什么影响。因为这时工资、利率、地租等生产要素的价格的变动将与产品价格的变动保持同步,各类产品的相对价格及产品价格与要素价格的比率都不会发生太大的变化。

例如,当某一国家的物价水平年复一年地按5%的速度上升时,人们便会预计到,物价水平将以同一比例继续上升。既然物价按5%的比例增长成为意料之中的事,则该国居民在日常生活中进行经济核算时会把物价上升的比率考虑在内。例如,考虑通货膨胀率时,则劳动者要求的工资、银行贷款时要求的利率都会以相同的速度上涨。预料之中的通货膨胀具有自我维持的特点,有点像物理学上的运动中物体的惯性。因此,预期到的通货膨胀有时又称为惯性的通货膨胀。

三、通货膨胀的原因

关于通货膨胀的原因,西方经济学家给出了不同的解释,可分为三个方面:一是货币数量论的解释,该理论强调货币在通货膨胀过程中的重要性,认为货币供给量过多是引起通货膨胀的根本原因。二是用总需求与总供给来解释,包括从需求的角度和供给的角度,从而形成了需求拉动通货膨胀和成本推动通货膨胀。三是从经济结构因素变动的角度来说明通货膨胀的原因,从而形成了结构型通货膨胀。

综合不同学者的观点,通货膨胀的具体原因主要概括如下。

(一) 货币发行过多

发生通货膨胀的直接原因主要是货币供应过多,过多的货币供应量与既定的商品和劳务量相对应,必然导致货币贬值、物价上涨,出现通货膨胀。政府通常为了弥补财政赤字,刺激经济增长或平衡汇率等原因增发货币,而一旦货币发行过多,就会出现通货膨胀现象。

(二) 需求增加过旺

需求拉动型通货膨胀是指总需求超过总供给所引起的一般价格水平持续显著上涨的现

象。这种通胀被称为"过多的货币追求过少的商品"。而总需求包括消费需求、投资需求、政府购买支出以及国外需求等方面。

（三）成本上升推动

这里的成本主要分为工资上涨、利润推动及原材料成本上升等。这些成本的上升会使总成本提高，从而使总供给减少，形成通货膨胀。

（四）结构不平衡

结构型通货膨胀是指在没有需求拉动和成本推动的情况下，只是由于经济结构因素的变动而引起的一般价格水平持续和显著的上涨。

（五）惯性和预期

在实际中，一旦形成通货膨胀，便会持续一段时期，这种现象被称为通货膨胀惯性。对通货膨胀惯性的一种解释是人们会对通货膨胀作出相应的预期。预期是人们对未来作出一种估计，人们往往会根据过去的通货膨胀的经验和对未来经济形势的判断，作出对未来通货膨胀走势的判断和估计，从而形成对通胀的预期。预期对人们的经济行为有重要的影响，人们对通货膨胀的预期会导致通货膨胀具有惯性。

除了上述引发通货膨胀的因素外，实际上还有很多其他因素也会引起通胀，如财政赤字的出现、信用膨胀产生、国外输入等。

四、通货膨胀的经济效应

通货膨胀的经济效应是指通货膨胀对经济增长的影响，具体可以从以下方面进行分析。

（一）通货膨胀的再分配效应

（1）通货膨胀不利于靠固定收入维持生活的人。通货膨胀将降低固定收入阶层的实际收入水平。对于固定收入阶层来说，其收入是固定的货币数额，落后于上升的物价水平。其实际收入因通货膨胀而减少，而且由于他们的货币收入没有变化，因而他们的生活水平必然相应降低。

固定收入阶层最典型的就是工薪阶层、领救济金或退休金的人，以及依靠福利和其他转移支付维持生活的人。他们在相当长时间内所获得的收入是不变的。特别是那些只有少量救济金的老人，遇到这种经济灾难，更是苦不堪言，他们是通货膨胀的牺牲品。

相反，那些靠变动收入维持生活的人，则会从通货膨胀中获益。例如，那些从事经营获得利润的企业就能从通货膨胀中获利。如果产品价格比资源价格上升得快的话，则企业的收益将比它的成本增长得快。

（2）通货膨胀不利于储蓄者。随着价格水平上涨，存款的实际价值或购买力就会降低。而那些保险金、养老金及其他固定价值的证券财产等，它们本来是用于风险防范和养老的，在通货膨胀时，实际价值也会下降。

（3）通货膨胀靠牺牲债权人的利益而使债务人获利。只要通货膨胀率大于名义利率，实际利率就为负值。假如甲向乙借款1万元，一年后归还，而这段时间内价格水平上升了一倍，那么一年后甲归还给乙的1万元仅相当于借时的一半。这里假定借贷双方没有预期到通货膨胀的影响。借贷双方一旦预期到通货膨胀的影响，则上述的再分配就会改变。

二维码14-3：视频：通货膨胀影响收入分配

(二) 通货膨胀的产出效应

通货膨胀的产出效应主要指通货膨胀对整个经济产量与就业水平的影响。短期内，能否刺激经济增长取决于经济系统中是否存在一定量的可以利用的闲置资源。长期来说，经济系统的生产能力通常是不断提高的，当生产能力得到扩大时，总需求也会相应地扩张，带动实际产出水平的提高和通货膨胀率的提高。

前文我们假定国民经济的实际产出固定在充分就业的水平，而实际上，国民经济的产出水平是随着价格水平的变化而变化的。主要可能出现三种情况：

（1）随着通货膨胀出现，产出增加，收入增加。其实这就是需求拉上型通货膨胀的刺激，促进了产出水平的提高。许多经济学家长期以来坚持这样的看法，即认为温和的或爬行的需求拉上型通货膨胀对产出和就业将有刺激扩大的效应。假设总需求增加，产出和价格水平随之增加，造成一定程度的需求拉上型通货膨胀。在这种条件下，企业的利润增加。利润的增加就会刺激企业扩大生产，从而产生减少失业、增加国民产出的效果。这种情况意味着通货膨胀的再分配后果会被更多的就业、产出而获得的收益所抵消。

（2）成本推进型通货膨胀会使收入或产量减少，从而引起失业。这实际说的是通货膨胀引起的产出和就业的下降。假定在原总需求水平下，经济实现了充分就业和物价稳定。如果发生成本推进型通货膨胀，则原来总需求能购买的实际产品的数量将会减少。那就是说，当成本推进的压力抬高物价水平时，一个已知的总需求只能在市场上支持一个较小的实际产出。所以，实际产出会下降，失业会上升。20 世纪 70 年代的情况就证实了这一点。1973 年末，石油输出国组织把石油价格翻了两番，成本推进通货膨胀使 1973 至 1975 年的物价水平迅速上升，与此同时，美国失业率从 1973 年的不到 5％ 上升到 1975 年的 8.5％。

（3）超级通货膨胀会导致经济崩溃。随着价格持续上升，居民和企业会产生通货膨胀预期，即估计物价会再度升高。这样，人们就不会让自己的储蓄和现行的收入贬值，而宁愿在价格上升前把它花掉从而产生过度的消费购买。这样，储蓄和投资都会减少，经济增长率下降。

第一，随着通货膨胀而来的生活费用的上升，劳动者会要求提高工资，不但会要求增加工资以抵消过去价格水平的上升，而且要求补偿下次工资谈判前可以预料到的通货膨胀带来的损失。于是企业增加生产和扩大就业的积极性就会逐渐丧失。

第二，企业在通货膨胀率上升时会力求增加存货，以便在稍后按高价出售以增加利润，这种通货膨胀预期除了会鼓励企业增加存货外，还可能鼓励企业增加新设备。然而，企业这些行为到无法筹措到必需的资金时就会停止，银行会在适当时机拒绝继续为企业扩大信贷，银行利率也会上升，企业会越来越难贷到款。企业被迫减少存货，生产收缩。

第三，当出现恶性通货膨胀时，情况会变得更糟。当人们完全丧失对货币的信心时，货币就再不能执行它作为交换手段和储藏手段的职能。这时，任何一个有理智的人将不愿再花精力去从事财富的生产和正当的经营，而会把更多的精力用在如何尽快把钱花出去，或进行种种投机活动。等价交换的正常买卖，经济合同的签订和履行，经营单位的经济核算，以及银行的结算和信贷活动等，都无法再实现。市场经济机制也无法再正常运行，甚至可能出现大规模的经济混乱。

第三节 菲利普斯曲线

如前所述,失业与通货膨胀是短期宏观经济运行中的两个主要问题。如果经济决策者的目标是低通货膨胀和低失业,则他们会发现低通货膨胀和低失业目标是冲突的。当决策者想通过刺激政策增加产出时,虽然失业率降低了但是通胀率却可能提高。相反,决策者若采取紧缩政策控制通胀等经济过热问题时,失业可能就增加了。因此,有必要从理论上探讨失业和通货膨胀之间的关系,而两者的关系,主要是由菲利普斯曲线来说明的。

一、菲利普斯曲线的提出

1958 年,在英国任教的新西兰籍经济学家威廉·菲利普斯根据 1861—1957 年英国的失业率和货币工资变动率的经验统计资料,提出了一条用以表示失业率和货币工资变动率之间交替关系的曲线,即菲利普斯曲线。这条曲线表明:当失业率较低时,货币工资增长率较高;当失业率较高时,货币工资增长率较低,甚至是负数。

根据成本推动的通货膨胀理论,货币工资可以表示通货膨胀率。因此,这条曲线就可以表示失业率与通货膨胀率之间的交替关系。即失业率高表明经济处于萧条阶段,这时工资与物价水平都较低,通货膨胀率也就低;反之失业率低,表明经济处于繁荣阶段,这时工资与物价水平都较高,通货膨胀率也就高。失业率和通货膨胀率之间存在着反方向变动的关系。用公式可表示为:

$$\pi = -\varepsilon(u - u^*) \tag{14-4}$$

式(14-4)中,π 为通货膨胀率,u 为实际失业率,u^* 为自然失业率,参数 ε 为衡量价格对于失业率的反应程度。

菲利普斯曲线如图 14-1 所示:

图中,横轴 U 值代表失业率,纵轴 π 代表通货膨胀率,向右下方倾斜的曲线即菲利普斯曲线。这条曲线表明,当失业率高时通货膨胀率就低,当失业率低时通货膨胀率就高。

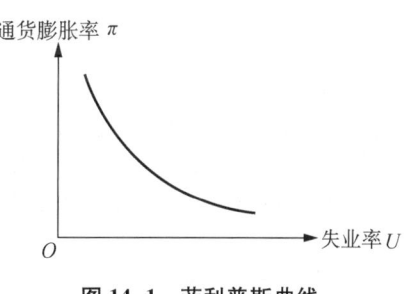

图 14-1 菲利普斯曲线

菲利普斯曲线提出了如下几个重要的观点:

第一,通货膨胀是由工资成本推动所引起的,这就是成本推动型通货膨胀理论。正是根据这一理论,把货币工资增长率同通货膨胀率联系了起来。

第二,失业率和通货膨胀存在着交替的关系,它们是可能并存的,这是对凯恩斯观点的否定。

第三,当失业率为自然失业率时,通货膨胀率为 0。因此可以把自然失业率定义为通货膨胀率为 0 时的失业率。

第四,由于失业率和通货膨胀率之间存在着交替关系,因此可以运用扩张性的宏观经济政策,用较高的通货膨胀率来换取较低的失业率,也可以运用紧缩性的宏观经济政策,以较高的失业率来换取较低的通货膨胀率。这就为宏观经济政策的选择提供了理论依据。

二、菲利普斯曲线的政策含义

菲利普斯曲线被修正后,迅速成为西方宏观经济政策分析的基石。它表明,政策制定者可以选择不同的失业率和通货膨胀率的组合。菲利普斯曲线为实施政府干预、进行总需求管理提供了一份可选择的"菜单"。

只要他们能够容忍高通货膨胀,他们就可以拥有低的失业率,或者他们可以通过高失业来维持低通货膨胀率。换言之,在失业和通货膨胀之间存在着一种"替换关系",即用一定的通货膨胀率来换取一定的失业率的减少;或者,要降低通货膨胀率并稳定物价,就要以较高的失业率为代价。例如,假定政府认为失业率或通货膨胀率超过4%,社会就无法接受了,那么这4%的失业率或通货膨胀率就成为一定时期社会所能承受的最大极限。

菲利普斯曲线与标准的凯恩斯理论是有差异和出入的。标准的凯恩斯理论认为,失业和通货膨胀是不会并存的,在未达到充分就业时增加总需求并不会引起通货膨胀,只有在充分就业后再增加总需求才会引起通货膨胀。而菲利普斯曲线却表明失业和通货膨胀可以并存,两者为负相关关系,可以此消彼长,只有高失业率和高通货膨胀率才不会并存。

延伸阅读 14-3

威廉·菲利普斯

威廉·菲利普斯1914年生于新西兰威廉·菲利普斯的一个农民家庭。15岁那年,他就因为生活所迫到澳大利亚的一个金矿里做工,晚上收工后,他在昏暗的灯光下自学电机工程。1937年他到了英国,在伦敦电力局找了一份工作,还参加了英国电机工程师协会。二战爆发后他投笔从戎,在太平洋战场上作战,还在日本的战俘营里待过一段艰难岁月。一直到战争结束后,32岁的菲利普斯脱下军装,到伦敦经济学院学习社会学,这时他才在课堂上接触到经济学,并深深为之吸引。其实,真正触发菲利普斯的灵感的,不如说是经济学里把国民收入视为循环流量和把经济系统视为水压机的想法(在萨缪尔森那本《经济学》里就有这样的内容)。菲利普斯据此设计了一种解释凯恩斯经济学的教学模型,他在有机玻璃的管子里装进彩色的水流,运用动力学的原理,使这些彩色的水流来流去,模拟国民收入流程。他自产自销,造了许多这样的模型卖给研究机构和大学。这个精巧的设计还帮助他谋到了一个在伦敦经济学院教书的职务。

后来,菲利普斯对稳定政策和经济动态系统的关系产生了浓厚的兴趣。1954年他在《经济学杂志》上发表了一篇《封闭经济中的稳定政策》,其中讨论的就是反应滞后对宏观稳定政策的影响。菲利普斯有着那种工程师特有的根深蒂固的经验主义倾向,他总觉得在做理论思辨之前要先搞计量分析,于是,他开始着手做这方面的研究。结果在1958年,菲利普斯在《经济学》杂志上发表了那篇著名的《1861—1957年英国失业率和货币工资变化率之间的关系》,后来所说的菲利普斯曲线就是在这篇文章中首次提出来的。菲利普斯利用近100年间的英国工资的统计资料,讨论了工资变动率和失业率之间的关系。菲利普斯发现:一、名义工资的变动率是失业率的递减函数;二、即使当名义工资的增长率处在最低的正常水平,失业率仍然为正(菲利普斯的统计大约为2%~3%)。

菲利普斯写作此文的最初动机可能是为了回击别人对他的博士论文的批评。当研究结果出来之后,他并没有进一步寻找理论上的解释。最早给菲利普斯曲线以理论解释的是他的同事理查德.利普西。利普西认为,失业率与劳动力市场上过度需求的程度呈负相关的关系(对劳动力的需求越多,就业机会越多,失业率越低),劳动力市场上过度需求的程度又和名义工资上升率呈正相关的关系,所以,可以推出失业率和名义工资上升率也呈负相关的关系。利普西严格地从微观的劳动力市场的角度解释菲利普斯曲线,从这一点来说,也许他在宣传菲利普斯曲线的众多学者中是最较真的。

但真正使菲利普斯曲线一夜之间扬名的,还要算萨缪尔森和索洛1960年在《美国经济评论》上发表的那篇《关于反通货膨胀政策的分析》。事实上,"菲利普斯曲线"是萨缪尔森和索洛在这次讨论中给起的名称。这两位经济学家用美国的数据换掉英国的数据,并用物价上涨率代替名义工资增长率,得出了短期内通货膨胀率和失业率之间的替换关系。有了菲利普斯曲线,新古典综合派就可以方便地开出宏观经济政策的药方:要想降低失业率,不妨提高通货膨胀率,为了治理通货膨胀,难免在失业上作出牺牲(但实际上,凯恩斯式的需求政策往往是把充分就业目标置于降低通货膨胀率目标之前)。有了这两位大师的推重,菲利普斯曲线从此就被绣上了新古典综合派的旗帜,写进了新古典综合派的宪章。

资料来源:百度百科.威廉·菲利普斯[EB/OL].(2023-05-23)[2023-11-28]. https://baike.baidu.com/item/%E5%A8%81%E5%BB%89%C2%B7%E8%8F%B2%E5%88%A9%E6%99%AE%E6%96%AF/3741587?fr=ge_ala.

三、附加预期的菲利普斯曲线

1968年货币主义的代表人物,美国经济学家弗里德曼指出了菲利普斯曲线分析的一个严重缺陷,即它忽略了影响工资变动的一个重要因素:工人对通货膨胀的预期。弗里德曼指出某企业和工人关注的不是名义工资,而是实际工资。当劳资双方谈判新工资协议时,他们都会对新协议期的通货膨胀进行预期,并根据预期的通货膨胀相应地调整名义工资水平。根据这种说法,人们预期通货膨胀率越高,名义工资增加越快。由此,弗里德曼等人提出了短期菲利普斯曲线的概念。这里所说的"短期",是指从预期到需要根据通货膨胀做出调整的时间间隔。

短期菲利普斯曲线是指预期通货膨胀率保持不变时,表示通货膨胀率与失业率之间关系的曲线。需要注意的是,附加预期的菲利普斯曲线有一个重要性质,这就是当实际通货膨胀等于预期通货膨胀时,失业处于自然失业率水平。这意味着,附加预期的菲利普斯曲线在预期通货膨胀水平上与自然失业率相交。

应该指出,附加预期的菲利普斯曲线表明,在预期的通货膨胀率低于实际的通货膨胀率的短期中,失业率与通货膨胀率之间仍存在替换关系。由此,向右下方倾斜的短期菲利普斯曲线的政策含义就是,在短期中引起通货膨胀率上升的扩张性财政与货币政策可以起到减少失业的作用。换句话说,调节总需求的宏观经济政策在短期是有效的。

四、长期的菲利普斯曲线

按照一些西方学者的说法,在长期中工人将根据实际发生的情况不断调整自己的预期,工人预期的通货膨胀率与实际的通货膨胀率迟早会一致。这时工人会要求改变名义工资,以使实际工资不变,从而较高的通货膨胀就不会起到减少失业的作用。

长期菲利普斯曲线的政策含义是,从长期看,政府运用扩张性政策不但不能降低失业率,还会使通货膨胀率不断上升。

本 章 小 结

本章主要学习的内容是失业与通货膨胀。通过本章学习,我们熟悉了失业的含义及类型,掌握了充分就业、自然失业率、失业的影响及奥肯定律;了解了通货膨胀的含义、衡量指标、分类,掌握了通货膨胀的产生原因及影响,菲利普斯曲线及其政策含义等。

本章重要概念

失业　失业率　自愿失业　非自愿失业　摩擦性失业　结构性失业　周期性失业　充分就业　自然失业率　奥肯定律　通货膨胀　居民消费价格指数　生产者价格指数　GDP平减指数　通货膨胀率　再分配效应　菲利普斯曲线　附加预期的菲利普斯曲线　长期的菲利普斯曲线

二维码14-4:
练一练

二维码14-5:
练一练答案

第十五章　宏观经济政策

➢ 内容提要
➢ 重点难点
➢ 学习目标
➢ 知识框架
➢ 思政育人
➢ 第一节　宏观经济政策目标
➢ 第二节　财政政策及其效果
➢ 第三节　货币政策及其效果
➢ 第四节　两种政策的混合使用
➢ 本章小结
➢ 本章重要概念

内容提要

本章主要讲解宏观经济政策的四大目标；财政政策的含义、工具和分类；自动稳定器、斟酌使用的财政政策及财政政策的效果；货币政策的含义、工具、分类及货币政策的效果；财政政策和货币政策的混合使用。

重点难点

本章重点是宏观经济政策的四大目标，财政政策的含义、工具、分类，自动稳定器、斟酌使用的财政政策，货币政策的含义、工具、分类，财政政策和货币政策的混合使用。难点是财政政策和货币政策的效果分析。

学习目标

通过本章的学习，学生应掌握宏观经济政策的四大目标，财政政策的含义、工具和分类，自动稳定器、斟酌使用的财政政策及财政政策的效果，货币政策的含义、工具和分类及货币政策的效果，财政政策和货币政策的混合使用。同时学生应了解财政政策和货币政策的局限性，以及我国近年来采用的财政政策和货币政策措施。

知识框架

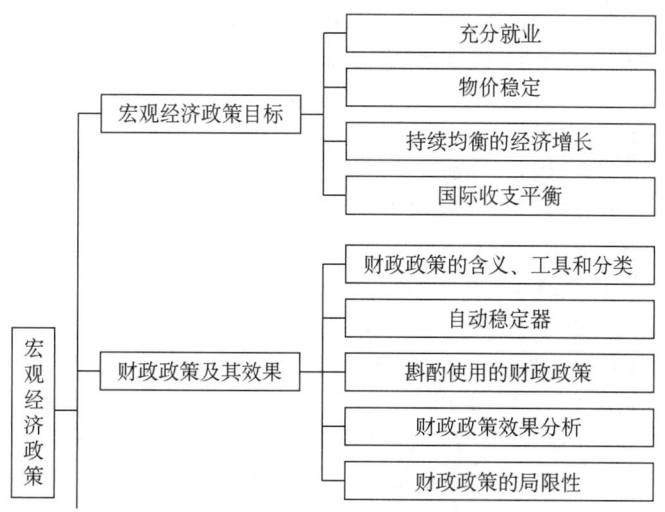

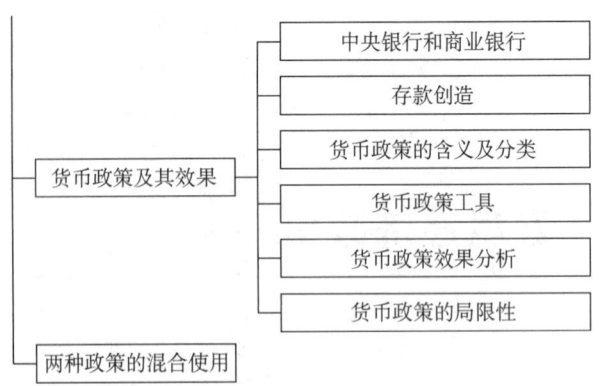

 思政育人　　2023年中国宏观经济形势与政策

党的二十大报告中指出："构建高水平社会主义市场经济体制，加强财政政策和货币政策协调配合，着力扩大内需，增强消费对经济发展的基础性作用和投资对优化供给结构的关键作用。"

2023年，中国经济有望从底部逐渐复苏，但复苏的过程仍面临一系列挑战，有待政策应对。

其一，居民消费将逐渐改善。当前消费增速放缓与新型冠状病毒感染的反复和持续关系密切，新型冠状病毒感染对经济的冲击一方面导致居民收入增速明显放缓，另一方面促使消费者信心的大幅下滑，两者都压制了居民消费意愿，造成居民部门集体推迟耐用品消费。随着防疫政策的转向，消费环境受到的政策限制将逐步改善；而经济活动的恢复也将逐步推动居民收入的回升与消费信心的回暖，预计居民消费在2023年将呈现逐渐恢复的态势。

其二，制造业投资缓慢爬升。当前大宗商品价格仍处于高位，原材料成本居高不下；而PPI同比增速则已由正转负，工业品出厂价格趋于下降；这意味着上中游工业企业利润空间将受到挤压。此外，支撑制造业下游最主要的外部需求也将在2023年趋于弱势，出口增速的下行在一定程度上拖累制造业投资的增长。因此，预计2023年制造业投资将会缓慢爬升，呈现前低后高格局。

其三，房地产投资难以显著反弹。2022年11月以来，中央和地方纷纷出台了地产保交楼纾困政策，同时，监管陆续出台了包括信贷支持、债券融资、股权融资在内的地产"三支箭"政策组合以支持地产民企融资。但是，由于开发商和购房者预期已经发生趋势性改变，本轮政策放松可能很难取得立竿见影的效果。从房企拿地、新开工等数据推测，2023年房地产开发投资仍将录得负增长。尽管缓慢，但本轮政策放松将推动房地产行业从当前的困境中逐步边际改善。

其四，金融风险仍在酝酿。随着中国经济增速持续低于潜在增速，各类金融风险仍在继续酝酿，2023年仍需警惕金融风险的显性化。例如，房地产行业持续低迷及房企信用违约事件频发，可能蔓延至金融领域的风险；又如，近年来地方政府在收入受疫情影响而锐减的同时，财政支出居高不下，导致财政收支失衡、政府债务压力增大的风险。

其五，经济增长效率下降。从更长期的视角来看，中国经济增长效率的下降可能更令人担忧，这包括全要素生产率的下滑、劳动生产率的下滑、增量资本产出比的下滑等。而导致增长效率下滑的一个重要原因，是各类民营企业目前举步维艰。当前，中央已明确提出要坚持"两个毫不动摇"，为民营企业发展营造良好的法治环境和营商环境；而如何从政策上切实推动民营经济和民营企业发展壮大，是提升我国中长期经济增长效率需要解决的重要问题。

总体来看，2023年中国经济增速将会呈现前低后高、逐渐爬升态势。在2023年上半年，受到疫情防控政策优化面临一段时间的过渡期，以及宏观放松政策需要一段时间方能生效的影响，经济复苏将较为缓慢。而到2023年下半年，中国经济的上升态势将会变得更加明显。从宏观政策的角度，财政政策与货币政策都需要继续放松，但货币政策进一步放松的效果相对有限，财政政策应当对经济增长发挥更大的推动作用，且除了总量放松之外,更重要的是想方设法提高财政政策的执行效率。

资料来源:经济形势报告网.2023年中国宏观经济形势与政策展[EB/OL].(2023-01-12)[2023-11-14].http://www.china-cer.com.cn/guwen/2023011222932.html.

第一节 宏观经济政策目标

宏观经济政策(macroeconomic policy),是指国家或政府有意识有计划地运用一定的政策工具,调节控制宏观经济的运行,以达到一定的政策目标。宏观经济政策包括财政政策、货币政策、收入分配政策和对外经济政策等。宏观经济政策的理论基础是凯恩斯主义的总需求决定国民收入的理论,即IS-LM模型,该模型是分析财政政策和货币政策效应的工具。从西方国家战后的实践来看,国家宏观调控的政策目标,一般包括充分就业、物价稳定、持续均衡的经济增长和国际收支平衡四大目标。

一、充分就业

充分就业是指包含劳动在内的一切生产要素都以愿意接受的价格参与生产活动的状态。西方经济学家通常以失业率高低作为衡量充分就业与否的尺度。失业率是指失业人数占劳动力的比率。那么为什么会有失业呢?按照凯恩斯的解释,失业一般分为三类:摩擦性失业、自愿失业和非自愿失业。

(一) 摩擦性失业

摩擦性失业是指生产过程中由于难以避免的摩擦造成的短期、局部性失业,如劳动力流动性不足、工种转换的困难等所引致的失业。

摩擦性失业是由国家经济制度的动态结构造成的。在这种经济现象中,由于产业结构等方面的不断变化,原有的工作不断消失,新的工作不断产生,而工人在交换工作时需要时间,因而就产生了相应的临时性失业,即摩擦性失业。它的规模取决于失业工人在寻找新工作的过程中所遇到的结构上的困难。这种结构上的困难,主要是指缺乏就业机会的信息,缺乏就业的知识,以及缺乏迅速移动必须具备的先决条件。摩擦性失业也和工人自由寻找新工作和随意变换工作有关。在自由经济中,摩擦性失业是一种经常性的失业,并非周期性的。减少摩擦性失业的办法,主要是增加劳动力的流动性和多提供有关就业机会的情报。

(二) 自愿失业

自愿失业是由英国资产阶级庸俗经济学家阿瑟·塞西尔·庇古提出的经济概念,是指工人不愿意接受现行工资水平而形成的失业。

造成自愿失业的原因主要有下列几种:

(1) 立法方面的原因。

(2) 社会风俗习惯。

(3) 有关工资福利进行的集体谈判不能达成协议。

(4) 工人的个性执拗。

(5) 为失业者支付的失业救济金过高,有的甚至比他们在职时获得的纳税后收入还要多,致使一些人宁愿失业,靠救济金生活。

(6) 人们过分挑选工作种类和工作条件。

(7) 准备升学以便将来得到更优越的工作。

(8) 贪图闲暇与安逸等。

延伸阅读 15-1

自愿失业

什么叫自愿失业呢？不是社会上没有工作岗位，而是觉得工资太低了、工作太辛苦，自愿在家里不工作。

一个朋友说，她的孩子大学毕业后在家里不工作，还说："我的目标是几年之内把整个世界都转一圈，然后再学点英语，准备出国读书。"我的朋友说："我养你这么大容易吗？怎么你就不找个工作呢？"她儿子说："你赚钱多没人花，这不太好吧？还是我帮你花吧。"这不是个别现象，就有这样一大批年轻人，他们不是找不到工作，而是主动放弃了就业的机会，赋闲在家，不仅衣食住行全靠父母，而且花销不菲。社会上称之为"啃老族"，也叫"傍老族"。他们的年龄大都在二三十岁之间。

据调查，目前"啃老族"的构成主要有六类人群：

第一类，高校毕业生，他们对就业过于挑剔，认为这也不行，那也不行，挑来挑去没有工作。

第二类，以工作太累太紧张、不适应为由，自动离岗离职的人，他们觉得在家里待着舒服。

第三类，"创业幻想型"的年轻人，他们有强烈的创业愿望，但缺乏真才实学而又不甘心当个打工者。

第四类，频频跳槽者，跳来跳去，最后"跳"回家里无事可做，靠父母养活。

第五类，单位下岗的年轻人。

第六类，文化低、技能差、怕苦怕累的人，索性躺在家中"啃"父母。

就业压力和父母宠爱交织在一起，催生出一个独特的现象——"啃老"。我听到很多大学毕业生说："我大学读了这个专业，就是找不到对口的单位！"甚至有人说，"我递出一百份简历都没有一个回信的，我很失望。"可很多企业负责人也跟我反映说："现在的大学生，吃苦精神差，忠诚度也差，跳槽是经常的事。一两年换一个工作。"

一个企业家告诉我，他的公司在北京亚运村，企业是国内这个领域数一数二的，工作环境非常不错，待遇也不错。一个刚毕业的大学生应聘上岗，通过了面试，最后企业决定要她，说她各方面都符合要求。第二天等她上班的时候，她没来，还打了一个电话给他说："老板，你这儿的工作合适，工资也不低，就是上班的路有点儿远，一天在路上耽误时间太久，所以我决定不干了。"老板听了觉得太惊讶了，他对我说："现在新毕业的大学生真不能招，有一点儿困难，他们就立刻不干，所以我们只能找那些经过市场摔打磨炼过的人。"

所以，虽然大学毕业生大有人在，但企业用人却面临紧张情形，那些忠诚、能干、肯吃苦的人不多。

资料来源：豆丁网.自愿性失业[EB/OL].(2011-07-21)[2023-11-15].https://www.docin.com/p-235138258.html.

（三）非自愿失业

非自愿失业又称"需求不足的失业"，指工人愿意接受现行工资水平与工作条件，但仍找不到工作而形成的失业，是1936年由英国经济学家凯恩斯在其著作《就业、利息和货币通论》中提出的概念。凯恩斯认为，如果工资品的价格较货币工资稍微上涨，劳动者愿意在当时的货币工资下提供劳动供给，而在同一时间的总劳动需求都大于已有的就业量，那么就有非自愿失业的存在。

非自愿失业的根本原因是有效需求不足。只要存在着有效需要不足，工人即使愿意接受降低工资率，仍然不会有雇主雇佣他们。换言之，假定产品没有销路，哪怕工资率再低，并且工人愿意按低工资被雇佣，厂商也不会增雇工人。因此，要消除非自愿性失业，关键在于提高有效需求。

综上所述,按照凯恩斯对于失业的理解,充分就业包含两种含义:一是指除了摩擦失业和自愿失业之外,所有愿意接受各种现行工资的人都能找到工作的一种经济状态,即消除了非自愿失业就是充分就业。二是指包括劳动在内的各种生产要素,都按其愿意接受的价格,全部用于生产的一种经济状态,即所有资源都得到充分利用。失业意味着稀缺资源的浪费或闲置,从而使经济总产出下降,社会总福利受损。因此,失业的成本是巨大的,降低失业率,实现充分就业就常常成为西方宏观经济政策的首要目标。

二、物价稳定

物价稳定是指价格总水平的稳定,就是要抑制住通货膨胀、避免通货紧缩、维持币值的稳定,因此又常把这一目标称为"稳定币值"。物价稳定一般用价格指数来衡量。价格稳定不是指每种商品价格的固定不变,也不是指价格总水平的固定不变,而是指价格指数的相对稳定。价格指数又分为消费物价指数(CPI)、生产物价指数(PPI)和国民生产总值折算指数(GNP deflator)三种。物价稳定并不是通货膨胀率为零,而是允许保持一个低而稳定的通货膨胀率,所谓低,就是通货膨胀率在1%~3%之间,所谓稳定,就是指在相当时期内能使通货膨胀率维持在大致相等的水平上。这种通货膨胀率能为社会所接受,对经济也不会产生不利的影响。"稳定物价"的当务之急,在于是否能持续地、稳健地推进相关行业的体制改革。国家应当从宏观上把握,从价格形成机制入手,优化市场竞争主体,杜绝和防范部门垄断利益要挟市场价格,逐步形成竞争性的市场价格。

三、持续均衡的经济增长

经济增长通常是指在一个较长的时间跨度上,一个国家人均产出(或人均收入)水平的持续增加。它包括以下两个要求:一是维持一个高经济增长率,二是培育一个经济持续增长的能力。经济增长率的高低体现了一个国家或地区在一定时期内经济总量增长速度的快慢,也是衡量一个国家或地区总体经济实力增长速度的标志,通常用一定时期的实际GDP平均年增长率来衡量。

经济增长和失业常常是相互关联的,美国经济学家阿瑟·奥肯描述了失业率和GDP之间的这一关系。奥肯(A. M. Okun)是美国的著名经济学家,曾任约翰逊总统时期的经济顾问委员会主席。他为了使总统、国会和公众相信,如果把失业率从7%降到4%,会使全国经济受益匪浅,便根据统计资料估算由于降低失业率而带来的实际GDP的增加数额,结果产生了著名的奥肯定律。这个定律是宏观经济学中最可靠的经验定律之一,用来近似地描述失业率和实际GDP之间的交替关系。其内容是:GDP每增长2%,失业率下降1个百分点。因此,如何维持较高的经济增长率以降低失业率,从而实现充分就业,是西方国家宏观经济政策追求的目标之一。

四、国际收支平衡

国际收支平衡是指一国的国际收入与支出大体相当,没有大的顺差和逆差。国际收支平衡对现代开放型经济国家是至关重要的。西方经济学家认为,一国的国际收支状况不仅反映了这个国家的对外经济交往情况,还反映出该国经济的稳定程度。当一国国际收支处于失衡状态时,就必然会对国内经济形成冲击,从而影响该国国内就业水平、价格水平及经济增长。

以上四大目标相互之间既存在互补关系,也有交替关系。互补关系是指一个目标的实现对另一个目标的实现有促进作用。如为了实现充分就业,就要维护必要的经济增长。交替关系是指一个目标的实现对另一个的实现有排斥作用。如物价稳定与充分就业之间就存在两难选择。为了实现充分就业,必须刺激总需求,扩大就业量,这一般要实施扩张性的财政和货币政策,由此就会引起物价水平的上升。而为了抑制通货膨胀,就必须紧缩财政和货币,由此又会引起失业率的上升。又如经济增长与物价稳定之间也存在着相互排斥的关系。因为在经济增长过程中,通货膨胀已难以避免。再如国内均衡与国际均衡之间存在着交替关系。这里的国内均衡是指充分就业和物价稳定,而国际均衡是指国际收支平衡。为了实现国内均衡,就可能降低本国产品在国际市场上的竞争力,从而不利于国际收支平衡。为了实现国际收支平衡,又可能不利于实现充分就业和稳定物价的目标。由此,在制定经济政策时,必须对经济政策目标进行价值判断,权衡轻重缓急和利弊得失,确定目标的实现顺序和目标指数高低,同时使各个目标能有最佳的匹配组合,使所选择和确定的目标体系成为一个和谐的有机的整体。

❓ 相关思考 15-1

二维码 15-1:
宏观政策
有力支持
实体经济

上述学习的宏观经济政策四大目标是经济政策的最终目标。最终目标属于长期目标、全局性目标,其实宏观经济政策目标除了最终目标外,还包括一些局部性目标和短期目标,这些目标都有什么呢?

第二节 财政政策及其效果

财政政策是国家干预经济的主要政策之一,是国家整个经济政策的组成部分,同其他经济政策有着密切的联系。财政政策的制定和执行,需要金融政策、产业政策、收入分配政策等其他经济政策的协调配合。下面我们具体分析财政政策的相关问题。

一、财政政策的含义

财政政策是指政府变动税收和支出以便影响总需求进而影响就业和国民收入的政策。变动税收是指改变税率和税率结构。例如,经济萧条时,政府采用减税措施,给个人和企业多留些可支配收入,以刺激消费需求从而增加生产和就业。改变所得税结构,使高收入者增加些赋税负担,使低收入者减少些赋税负担,同样可以起到刺激社会总需求的作用。变动政府支出指改变政府对商品与劳务的购买支出以及转移支付。例如,在经济萧条时,政府扩大对商品和劳务的购买支出,多搞些公共建设,就可以扩大私人企业销路,还可以增加消费,刺激总需求。当然,在经济高涨,通货膨胀上升太高时,政府也可以采用增税、减少政府支出等紧缩性财政措施以控制物价上涨。

二、财政政策的工具

财政政策工具又称财政政策手段,是指国家为实现一定财政政策目标而采取的各种财政手段和措施,财政政策工具有收入政策工具和支出政策工具。收入政策工具主要是税收。支出政策工具分为购买性支出政策和转移性支出政策,其中,购买性支出政策又有公共工程支出政策和消费性支出政策之别。

(一) 税收

税收是国家凭借政治权力参与社会产品分配的重要形式,是实行财政政策的有力手段之一,具有无偿性、强制性、固定性、权威性等特点。税收促进财政目标实现的方式即灵活运用各种税制要素。一是要适当设置税种和税目,形成合理的税收体系,从而确定税收调节的范围和层次,使各种税种相互配合。二是要确定税率,明确税收调节的数量界限,这是税收作为政策手段发挥导向作用的核心。三是要规定必要的税收减免和加成。

因此,税收可以通过调整税率和增减税种来调节产业结构,实现资源的优化配置,可以通过累进的个人所得税、财产税等来调节个人收入和财富,实现公平分配。

(二) 财政支出

财政支出是政府为满足公共需要的一般性支出(或称经常项目支出)。它包括购买性和转移性支出,这两类支出对国民经济的影响有不同之处。

购买性支出又称政府购买,是指政府对商品和劳务的购买。如购买军需品、机关公用品、政府雇佣报酬、公共项目工程支出等。政府购买是一种实质性支出,有着商品和劳务的实际交易,因而直接形成社会需求和购买力,是国民收入的一个组成部分。因此,政府购买是决定国民收入大小的主要因素之一,其规模直接关系社会总需求的增减,对整个社会总支出水平具有十分重要的调节作用。在总支出水平过低时,政府可以提高购买支出水平,增加社会整体需求水平,以此来对付衰退;当总支出水平过高时,政府可以减少购买支出,降低社会总需求,以此来抑制通货膨胀。因此,政府购买是财政政策的有力手段。

转移性支出又称转移支付,是指政府在社会福利保险、贫困救济和补助等方面的支出。政府在转移支付时并无相应的商品和劳务交换发生,因而是一种不以取得本年生产的产品和劳务作为报偿的支出。因此,转移支付不能算作国民收入的组成部分,转移支付仅仅是通过政府将收入在不同的社会成员之间进行转移和重新分配,全社会的总收入并没有变动。但转移支付依然是政府进行宏观调控和管理,特别是调节社会总供求平衡的重要工具。例如,社会保障支出和财政补贴在现代社会里发挥着"安全阀"和"润滑剂"的作用,在经济萧条失业增加时,政府增加社会保障支出和财政补贴,增加社会购买力,有助于恢复供求平衡;反之,则相应减少这两种支出,以免需求过旺。

(三) 国债

国债是国家按照信用有偿的原则筹集财政资金的一种形式,也是实现宏观调控和财政政策的一个重要手段。国债对经济的调节作用主要体现在三种效应上:

一是排挤效应。即通过国债的发行,使民间部门的投资或消费资金减少,从而起到调节消费和投资的作用。

二是货币效应。这是指国债发行所引起的货币供求变动。它一方面可能使"潜在货币"变为现实流通货币,另一方面可能将存于民间的货币转移到政府或由中央银行购买国债而增加货币的投放。

三是利率效应。这是指通过国债利率水平的调整以及对资本市场的供求变化来影响市场利率水平,从而对经济产生扩张或紧缩效应。

在现代信用条件下,国债的市场操作是沟通财政政策与货币政策的主要载体,也是它们的耦合点。因此,国债作为财政政策工具实施时,除与其他财政政策手段协调外,还特别要与货币政策相协调。

延伸阅读 15-2

宏观政策工具

宏观经济政策工具是用来达到政策目标的手段。在宏观经济政策工具中,常用的有需求管理、供给管理、国际经济政策。

1. 需求管理

需求管理是指通过调节总需求来达到一定政策目标的宏观经济政策工具。它包括财政政策和货币政策。需求管理政策是以凯恩斯的总需求分析理论为基础制定的,是凯恩斯主义所重视的政策工具。

需求管理是要通过对总需求的调节,实现总需求等于总供给,达到既无失业又无通货膨胀的目标。它的基本政策有实现充分就业政策和保证物价稳定政策两个方面。在有效需求不足的情况下,也就是总需求小于总供给时,政府应采取扩张性的政策措施,刺激总需求增长,克服经济萧条,实现充分就业。在有效需求过度增长的情况下,也就是总需求大于总供给时,政府应采取紧缩性的政策措施,抑制总需求,以克服因需求过度扩张而造成的通货膨胀。

2. 供给管理

供给学派理论的核心是把注意力从需求转向供给。供给管理是通过对总供给的调节,来达到一定的政策目标。在短期内影响供给的主要因素是生产成本,特别是生产成本中的工资成本。在长期内影响供给的主要因素是生产能力,即经济潜力的增长。供给管理政策具体包括控制工资与物价的收入政策、指数化政策、人力政策和经济增长政策。

(1) 收入政策。收入政策是指通过限制工资收入增长率从而限制物价上涨率的政策,因此,也叫工资和物价管理政策。之所以对收入进行管理,是因为通货膨胀有时是由成本(工资)推进所造成的(参见成本推进型通胀)。收入政策的目的就是制止通货膨胀。它有以下三种形式:一是工资与物价指导线。根据劳动生产率和其他因素的变动,规定工资和物价上涨的限度,其中主要是规定工资增长率。企业和工会都要根据这一指导线来确定工资增长率,企业也必须据此确定产品的价格变动幅度,如果违反,则以税收形式以示惩戒。二是工资物价的冻结。即政府采用法律和行政手段禁止在一定时期内提高工资与物价,这些措施一般是在特殊时期采用,在严重通货膨胀时也被采用。三是税收刺激政策。即以税收来控制增长。

(2) 指数化政策。指数化政策是指定期地根据通货膨胀率来调整各种收入的名义价值,以使其实际价值保持不变。主要有如下表现形式:一是工资指数化。二是税收指数化。即根据物价指数自动调整个人收入调节税等。

(3) 人力政策。人力政策又称就业政策,是一种旨在改善劳动市场结构,以减少失业的政策。主要有:一是人力资本投资。由政府或有关机构向劳动者投资,以提高劳动者的文化技术水平与身体素质,适应劳动力市场的需要。二是完善劳动市场。政府应该不断完善和增加各类就业介绍机构,为劳动的供求双方提供迅速、准确而完全的信息,使劳动者找到满意的工作,企业也能得到其所需的员工。三是协助工人进行流动。劳动者在地区、行业和部门之间的流动,有利于劳动的合理配置与劳动者人尽其才,也能减少由于劳动力的地区结构和劳动力的流动困难等原因而造成的失业。对工人流动的协助包括提供充分的信息、必要的物质帮助与鼓励。

(4) 经济增长政策。主要有以下几种表现形式:一是增加劳动力的数量和质量。增加劳动力数量的方法包括提高人口出生率、鼓励移民入境;提高劳动力质量的方法有增加人力资本投资。二是资本积累。资本的积累主要来源于储蓄,可以通过减少税收,提高利率等途径来鼓励人们储蓄。三是技术进步。技术进步在现代经济增长中起着越来越重要的作用。因此,促进技术进步成为各国经济政策的重点。四是计划性和平衡增长。现代经济中各部门之间协调的增长是经济本身所要求的,国家的计划与协调要通过间接的方式来实现。

3. 国际经济政策

国际经济政策是对国际经济关系的调节。现实中每一个国家的经济都是开放的,各国经济之间存在着日益密切的往来与相互影响。一国的宏观经济政策目标中有国际经济关系的内容(即国际收支平衡),其他目标的实现不仅有赖于国内经济政策,而且也有赖于国际经济政策。因此,在宏观经济政策中也应该包括国际经济政策。

资料来源:360百科.宏观经济政策[EB/OL].(2021-07-21)[2023-11-15]. https://baike.so.com/doc/1152555-1219248.html.

三、财政政策的分类

根据财政政策调节国民经济总量和结构中的不同功能来划分,可以将财政政策划分为扩张性财政政策、紧缩性财政政策和中性财政政策。

(一)扩张性财政政策

扩张性财政政策又称积极的财政政策,是指通过财政收支活动来增加和刺激社会的总需求的政策,通过减税、增加财政支出等手段扩大社会需求,进而提高社会总需求水平,缩小社会总需求和社会总供给之间的差距,最终实现社会总供需的平衡。当经济面临衰退时,一般采用这种政策。扩张性财政政策在模型上体现为IS曲线向右移动。

(二)紧缩性财政政策

紧缩性财政政策又称消极的财政政策,是指通过财政收支活动来减少和抑制总需求;当经济面临增长过快,预计会出现过热时,一般采用这种政策。紧缩性财政政策在模型上体现为IS曲线向左移动。

(三)中性财政政策

中性财政政策又称稳健的财政政策,是指财政的分配活动对社会总需求的影响保持中性,既不产生扩张效应,也不产生紧缩效应,以保证经济的持续稳定发展。当经济稳定增长时,一般采用这种政策。

延伸阅读 15-3

2023年,积极的财政政策如何加力提效?

中央经济工作会议指出"坚持稳字当头、稳中求进,继续实施积极的财政政策和稳健的货币政策",并作出"积极的财政政策要加力提效""加大宏观政策调控力度""在有效支持高质量发展中保障财政可持续和地方政府债务风险可控"等多项部署。

当前我国经济恢复的基础尚不牢固,需求收缩、供给冲击、预期转弱三重压力仍然较大,外部环境动荡不安。应对这些风险挑战,要求我们加大财政宏观调控力度,优化政策工具组合,在有效支持高质量发展中,保障财政可持续和地方政府债务风险可控。

加力,就是要适度加大财政政策扩张力度。一是在财政支出强度上加力。统筹财政收入、财政赤字、贴息等政策工具,适度扩大财政支出规模。二是在专项债投资拉动上加力。合理安排地方政府专项债券规模,适当扩大投向领域和用作资本金范围,持续形成投资拉动力。三是在推动财力下沉上加力。持续增加中央对地方转移支付,向困难地区和欠发达地区倾斜,兜牢兜实基层"三保"底线。

提效,就是要提升政策效能。一方面,完善税费优惠政策,增强精准性和针对性,着力助企纾困。另一方面,优化财政支出结构,更好发挥财政资金"四两拨千斤"的作用,有效带动扩大全社会投资,促进消费。同时,加强与货币、产业、科技、社会政策的协调配合。近年来,我们实施了一系列减税降费政策,有效改善了市场主体预期。特别是2022年实施大规模增值税留抵退税,全年新增减税降费和退税缓税缓费超过4万亿元,帮助企业渡过难关。

2023年,财政部门将围绕市场主体需求精准施策,助力企业减负增能。一是助企纾困。根据实际情况,对现行减税降费、退税缓税措施,该延续的延续,该优化的优化,并持续整治违规涉企收费。二是激发活力。在财政补助、税费优惠、政府采购等方面,对各类市场主体一视同仁、平等对待,优化企业发展环境。三是支持就业。统筹运用财政政策工具,多渠道支持稳岗扩岗,帮助高校毕业生、农民工、脱贫人口等重点群体就业创业。

2023年,财政收支矛盾依然突出,但我们不会在民生支出上退步,将保持适当支出强度,持续增进民生福祉,努力让人民群众有更多的获得感、幸福感、安全感,形成政策合力,推动经济运行整体好转。

资料来源:新浪财经.2023年,积极的财政政策如何加力提效?财政部部长刘昆发声[EB/OL].(2023-01-04)[2023-11-15]. https://finance.sina.com.cn/wm/2023-01-04/doc-imxyxtxc5956070.shtml.

四、自动稳定器

自动稳定器又称内在稳定器,是指经济系统本身存在的一种减少各种干扰对国民收入冲击的机制,能够在经济繁荣时期自动抑制膨胀,在经济衰退时期自动减轻萧条,无须政府采取任何行动。其主要通过下述三项制度发挥作用。

(一) 税收的自动变化

在经济扩张和繁荣阶段,随着生产扩大,就业增加,国民收入和居民收入增加,在税率不变的情况下,政府税收会相应增加,特别是实行累进税制的情况下。税收增加意味着居民可支配收入会少增加一些,消费和总需求会少增加一些,因而具有遏制总需求扩张和经济过热的作用。当经济处于衰退和萧条阶段时,国民收入下降,税收相应减少,人们的可支配收入会少下降一些,从而消费和总需求会少下降一些,因而可以抑制衰退。可见,在税率既定(给定)不变的条件下,税收随经济周期自动地同方向变化,起着抑制经济过热或缓解经济紧缩的作用。

(二) 政府转移支付的自动变化

政府转移支付(包括失业救济金和各种福利支出)有助于稳定可支配收入,进而稳定消费需求。在经济繁荣阶段,失业率下降,失业人数减少,失业救济金和其他福利的支出会随之自动下降,从而抑制可支配收入和消费需求增长;反之,在经济萧条阶段,失业率上升,失业人数增加,失业救济金和其他福利的支出会随之自动上升,从而抵消可支配收入和消费需求的下降。

(三) 农产品价格维持制度

农产品价格维持制度实际上是以政府财政补贴这一政府转移支付形式,保证农民和农场主的可支配收入不低于一定水平。在经济繁荣阶段,对农产品的需求增加,农产品价格上升,政府根据农产品价格维持方案,抛售库存的农产品,吸收货币,平抑农产品价格,以减少农民和农场主的可支配收入;而在经济萧条阶段,对农产品的需求减少,农产品价格下降,政府根据农产品价格维持方案,增加政府采购农产品的数量,向农民和农场主支付货币或价格补贴,增加他们的可支配收入。

自动稳定器是财政制度对经济波动的第一道防线,它们的作用越健全,经济运行越不需要政府干预。但在现实经济生活中,这类"自动稳定器"只能缓和经济衰退或抑制通货膨胀的程度,而不能从根本上扭转经济衰退与通货膨胀的趋势,不能从根本上解决经济活动中存在的问题。因而政府根据经济运行的实际情况进行适当干预,仍是必不可少的。

? 相关思考 15-2

上面介绍了政府财政政策的三大自动稳定器,自动稳定器作为经济自发的调控机制确实可以自动调控经济的运行,而政府购买作为政府最主要的支出,可以发挥自动稳定器的作用吗?

五、斟酌使用的财政政策

斟酌使用的财政政策又称权衡性财政政策。西方经济学者认为,为确保经济稳定,政府要审时度势,根据对经济形势的判断,逆经济风向行事,主动采取措施稳定总需求水平,主动采取一些财政措施,变动支出水平或税收以调节总需求水平,使之接近物价稳定的充分就业水平。在经济萧条时,政府要采取扩张性的财政政策,降低税率、增加政府转移支付、扩大政府支出,目的是刺激总需求,以降低失业率;在经济过热时,采取紧缩性财政政策,提高税率、减少政府转移支付、降低政府支出,以抑制总需求的增加,进而遏制通胀。

根据斟酌使用的财政政策,政府在财政方面的积极财政政策主要是为实现无通货膨胀的充分就业水平,为实现这一目标,预算可以盈余,也可以为赤字,而不能以预算平衡为目的。这样的财政称为功能财政。功能财政思想是凯恩斯主义的财政思想。其基本观点包括:

(1) 财政预算应从其对经济的功能上来着眼,政府财政的基本功能是稳定经济。当国民收入低于充分就业的收入水平时,政府有义务实行扩张的财政政策,增加支出或减少税收,以实现充分就业;反之,当国民收入高于充分就业的收入水平时,政府有责任减少支出或增加税收,以抑制通货膨胀。

(2) 政府预算的首要目的是提供没有通货膨胀的充分就业,即经济平衡,预算平衡则是次要目的。虽然功能财政思想实质上就是斟酌使用的财政思想对经济的调控,逆经济风向而行,会在经济衰退和萧条期导致或扩大政府财政的赤字,经济高涨期导致或扩大政府财政的盈余,从而难以维持财政预算的平衡,但功能财政思想就认为,政府为了实现充分就业和消除通货膨胀,需要赤字就赤字,需要盈余就盈余,而不应为实现财政收支平衡妨碍财政政策的正确制定和实行。

(3) 政府预算盈余或赤字的问题本身与严重的通货膨胀或持续的经济衰退相比是不重要的。政府作为宏观经济中那只"看得见的手",其主要职能就是调控宏观经济,解决经济中出现的大的经济波动,维持经济的平稳运行。

功能财政思想的提出,是对原有的平衡预算思想的否定,这一思想与机械地追求政府收支平衡相比,是一大进步。然而这种政策的实施也存在一定的困难,由于经济波动难以预测,经济形势难以估计,且决策需要时间,效果滞后,因此,这种预算难以充分奏效。例如,为消除通货膨胀而采取紧缩政策,即增加税收或减少政府支出,但由于政策滞后,也许经济已转入衰退,但仍在实行紧缩政策,结果使衰退更加严重。

六、财政政策效果分析

从 IS-LM 模型看,财政政策效果的大小体现在政府收支变动(包括变动税率、政府购买和转移支付等)使 IS 曲线移动,进而对国民收入产生的变动影响上。从 IS 和 LM 图形看,

二维码 15-2:
视频:平衡预算思想

这种影响的大小,随 IS 曲线和 LM 曲线的斜率不同而有所区别。

下面我们首先用 IS-LM 模型来分析政府实行一项扩张性财政政策的效果。见图 15-1,开始时 IS 曲线和 LM 曲线相交于 E_0 点,决定均衡的国民收入为 y_0,均衡利率为 r_0。当政府实行扩张的财政政策,政府购买增加,即自发总需求增加时,IS 曲线向右平移到 IS_1,与 LM 相交于 E_1 点,决定均衡的国民收入为 y_1,均衡利率为 r_1。其中 (y_1-y_0) 代表了实际均衡收入的变动,从而代表了财政政策效果的大小。在政府实行扩张性财政政策引起国民收入增加的过程中,由于货币供给量没变(LM 曲线没有变动),而货币需求随着国民收入的增加而增加,因此引起利率上升。利率上升减少了私人的投资与消费,即一部分政府支出的增加实际上只是对私人支出的替代,并没有起到增加国民收入的作用,这就是经济学上著名的"挤出效应"。具体来说,"挤出效应"是指政府开支增加所引起的私人支出减少的现象。从图 15-1 还可以看出,如果利率不变,仍为 r_0。那么,国民收入应为 y_2。(y_2-y_1) 就是由于挤出效应减少的国民收入增加量。

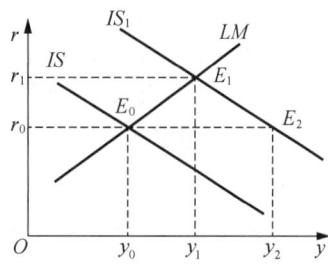

图 15-1 财政政策的效果分析图

在没有实现充分就业的情况下,财政政策效果的大小即"挤出效应"的大小主要取决于 IS 曲线和 LM 曲线的陡峭程度。IS 曲线和 LM 曲线的陡峭程度不同,即斜率大小不同,财政政策的效果大小也不同。下面我们通过两组 IS-LM 模型进行分析。

(一)财政政策效果因 IS 曲线的斜率不同而异

在图 15-2(a) 和 15-2(b) 中,假定 LM 曲线完全相同,并且起初的均衡收入 y_0 和利率 r_0 也完全相同,政府实行一项扩张性财政政策,现在假定是增加一笔支出 ΔG,则会使 IS 曲线右移到 IS_1,右移的距离是 E_0E_2,E_0E_2 为政府支出乘数和政府支出增加额的乘积,即 $E_0E_2=K_g\Delta G$。在图形上就是指收入应从 y_0 增加至 y_2,$y_0y_2=K_g\Delta G$。但实际上收入不可能增加到 y_2,因为 IS 曲线向右上移动时,货币供给没有变化(即 LM 曲线不动)。均衡利率上升了,利率的上升抑制了私人投资,也就是产生了"挤出效应"。由于存在政府支出"挤出"私人投资的问题,因此新的均衡点只能处于 E_1,收入不可能从 y_0 增加至 y_2,而只能增加到 y_1,而 y_0y_1 表示财政效果的大小,从图 15-2 可见,图 15-2(a) 中的 y_0y_1 小于 15-2(b) 中

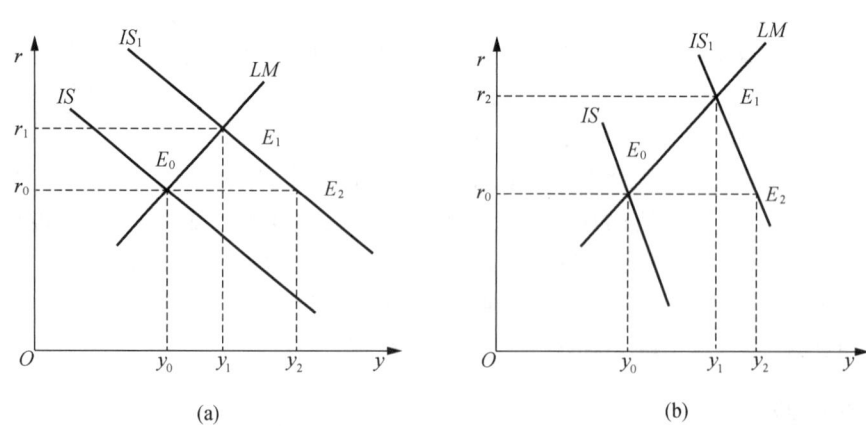

(a)　　　　　　　　　　　　　　(b)

图 15-2 财政政策效果因 IS 斜率而异

的 y_0y_1,也就是说图 15-2(a)表示的政策效果小于 15-2(b),原因在于图 15-2(a)中 IS 曲线比较平缓,而图 15-2(b)中 IS 曲线较陡峭。IS 曲线越平坦,实行扩张性财政政策时被挤出的私人投资就越多,从而使得国民收入增加较少。

(二) 财政政策效果因 LM 曲线的斜率不同而异

在图 15-3(a)和 15-3(b)中,假定 IS 曲线完全相同,并且起初的均衡收入 y_0 和利率 r_0 也完全相同,政府实行一项扩张性财政政策,现在假定是增加一笔支出 ΔG,则会使 IS 曲线右移到 IS_1,新的均衡点处于 E_1,均衡收入从 y_0 增加至 y_1,y_0y_1 表示财政政策效果的大小,从图 15-3 可见,图 15-3(a)中的 y_0y_1 小于 15-3(b)中的 y_0y_1,也就是说图 15-3(a)表示的财政政策效果小于 15-3(b)表示的财政政策效果,原因在于图 15-3(a)中 LM 曲线比较陡峭,而图 15-3(b)中 LM 曲线较平缓。政府同样增加一笔支出,在 LM 曲线斜率较大、即曲线较陡峭时,引起的国民收入变化较小,也即财政政策效果较小;而 LM 曲线较平坦时,引起的国民收入变化较大,即财政政策效果较大。其原因是:当 LM 曲线斜率较大时,表示货币需求的利率敏感性较小,这意味着一定的货币需求增加将使利率上升较多,从而对私人部门投资产生较大的"挤出效应",结果使财政政策效果较小。

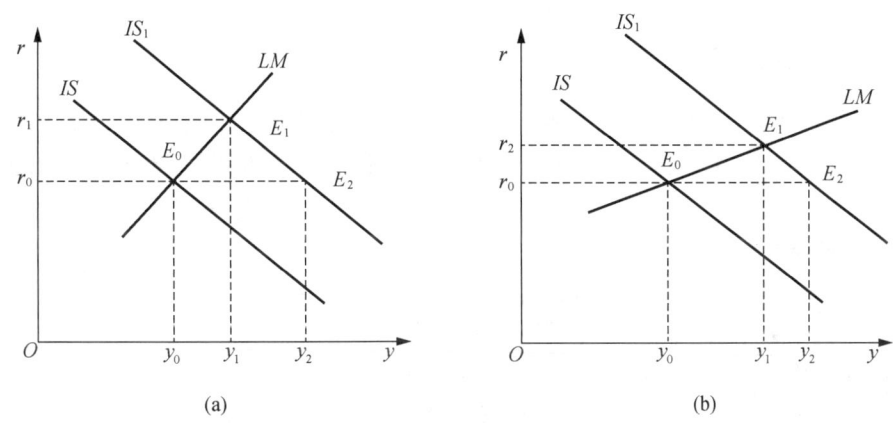

图 15-3 财政政策效果因 LM 斜率而异

(三) 结论

(1) 在 LM 曲线斜率不变时,IS 曲线越陡峭,则 IS 曲线移动时收入变化就越大,即财政政策效果越大;反之,IS 曲线越平缓,则 IS 曲线移动时收入变化就越小,即财政政策效果越小。

(2) 在 IS 曲线斜率不变时,LM 曲线越平缓,则 IS 曲线移动时收入变化就越大,即财政政策效果越大;反之,LM 曲线越陡峭,则 IS 曲线移动时收入变化就越小,即财政政策效果越小。

七、财政政策的局限性

财政政策的实际效果取决于许多复杂的因素,在现实生活中,财政政策的实践还会遇到多种困难。财政政策的局限性主要体现在以下几个方面。

(1) 财政政策存在"挤出效应",影响政策效果。

(2) 财政政策存在"时滞"。第一,财政政策的形成过程需要较长的时间。因为财政政策的变动一般是一个完整的法律过程,在财政政策最终形成并付诸实践时,经济形势可能已经发生意想不到的变化。财政政策的形成"时滞"就会影响其所要达到的目标。第二,财政政策发挥作用也有"时滞"。有些财政政策对总需求有即时的作用。如政府购买的变动对增加总需求有直接而迅速的作用,减税对增加个人可支配收入有即时的作用,但对消费支出的影响则要一定时间后才会产生。

(3) 有些财政政策的实施会遇到阻力。如增税一般会遭到公众的普遍反对;减少政府购买可能会引起大垄断资本的反对;削减政府转移支付则会遭到一般平民的反对。

(4) 公众的行为可能会偏离财政政策的目标(动态不一致)。如政府采取增支减税政策扩大总需求时,人们并不一定会把增加的收入用于增加支出,也可能将其转化为储蓄。

(5) 在竞争性部门中,政府投资效率不如民间投资,影响社会总投资效率,长期使用财政政策会抑制民间投资积极性。

(6) 非经济因素的影响。财政政策的实施,还要受到政治因素的影响(如选举)。

第三节 货币政策及其效果

一、中央银行和商业银行

要了解货币政策,必须先具备一些银行方面的知识,因为货币政策要通过银行制度来实现。在银行制度方面,中央银行是核心,商业银行是主体,下面简单介绍这两大金融机构的基本知识。

(一) 中央银行

中央银行是一国的最高金融机构,它统筹管理全国的金融活动,实施货币政策以影响经济。一般认为,中央银行主要具有如下三个职能:

(1) 发行的银行。中央银行代表国家发行法定的货币。

(2) 银行的银行。中央银行为商业银行提供贷款,充当最后贷款人的角色;集中保管商业银行的存款准备金;还为各商业银行集中办理全国的结算业务。

(3) 国家的银行。作为国家的银行,其主要作用体现在:①代理国库;②提供政府所需资金;③代表政府与外国发生金融业务关系;④监督、管理全国金融市场活动;⑤制定和执行货币政策等。

(二) 商业银行

商业银行是以盈利为目的的金融企业。其主要业务是负债业务、资产业务和中间业务。负债业务主要是吸收存款,包括活期存款、定期存款和储蓄存款。资产业务主要包括发放贷款和投资两大类业务。放款业务是为企业提供短期贷款,包括票据贴现、抵押贷款等。投资业务是购买有价证券以取得利息收入。中间业务是指代客户办理支付事项和其他委托事项,从中收取手续费的业务。

二、存款创造

了解了中央银行和商业银行以后,我们再来说明货币是由谁供给以及怎样供给的。这里所说的货币是指狭义的货币(M_1),是通货(Cu)和活期存款(D)之和。货币供给量中的大部分是活期存款,并且通过活期存款的派生机制来创造货币。下面我们就来看看商业银行的活期存款派生机制,即商业银行是如何进行存款创造的。

(一) 存款创造的基本原理

1. 原始存款和派生存款

原始存款一般是指商业银行接受客户现金存入和中央银行对商业银行的再贷款而形成的存款。这是商业银行从事资产业务的基础。

派生存款是相对原始存款而言,指由商业银行发放贷款、办理贴现或投资等业务活动而衍生出来的存款。派生存款产生的过程就是商业银行不断吸收存款、发放贷款、形成新的存款……不断地在各银行客户之间转移,最终使银行体系的存款总量增加的过程。因此,商业银行创造派生存款的实质,是以非现金方式为社会提供货币供给量。

2. 两个前提条件

商业银行能否创造派生存款是有条件的。目前各国商业银行采用的部分准备金制度和非现金结算制度构成商业银行创造信用的基础,也是商业银行存款创造的前提条件。

1) 部分准备金制度

商业银行在经营过程中,各国都会以法律的形式规定存款类金融机构吸收的存款必须要按照一定的比例上交给中央银行,形成一定的准备金,这就是存款准备金制度。商业银行按照法律规定必须上交的最低数额的准备金,即法定准备金。商业银行根据自身情况,也可以多交准备金,超过法定准备金的部分,称为超额准备金。

法定准备金(R_d)是活期存款(D)与法定准备金率(r_d)的乘积,用公式表示为:

$$R_d = D \cdot r_d \tag{15-1}$$

超额准备金(E)则是银行实有准备金与法定准备金之差,也是超额准备金率(e)与活期存款(D)之积。用公式表示为:

$$E = R - D \cdot r_d \tag{15-2}$$
$$E = D \cdot e$$

法定准备金率的高低,直接影响商业银行创造存款货币的能力的高低。

2) 非现金结算制度

非现金结算制度即银行的转账结算制度。在该制度下,由于各个商业银行在中央银行均开有存款账户,客户在取得银行贷款后,一般并不立即提取现金而是转入其在银行的活期存款账户。这时,银行一方面增加了贷款,另一方面又增加了活期存款。这种通过银行转账方式发放贷款而创造的存款,就是上面提到的派生存款。

(二) 存款创造的过程

如前所述,商业银行将吸收的原始存款留出法定准备金后,就可将其余的超额准备金用于贷款,客户取得贷款后,不提取现金,而是全部转入企业的另一银行存款账户。接受这笔新存款的银行,除保留一部分法定准备金外,又将其余部分用于放款。这样,又会出现另一笔存款。如此不断延续下去,即可创造出大量存款。

为了便于说明存款创造的过程,我们通过实例说明。我们先做以下假设:①每家银行只保留法定准备金,其余部分全部贷出,超额准备金为零;②银行客户收入的款项全部存入银行,而不提取现金;③银行只有活期存款而不增加定期存款;④法定准备金率为 20%。

现在假定在整个银行体系中,第一家银行接受客户 A 企业存入现金 10 000 元,那么这 10 000 元在整个商业银行体系不断地贷款、存款后,最终变成多少呢?

假设 A 企业将 10 000 元存入第一家银行,则该银行增加原始存款 10 000 元,按 20% 的比例上交 2 000 元法定准备金后,剩下的 8 000 元全部贷给 B 企业,B 企业将 8 000 元用于支付所欠 C 企业的货款;C 企业又将这 8 000 元存入第二家银行,则该银行存款额增加 8 000 元。该银行留存 1 600 元的法定准备金后,将余下的 6 400 元贷给了 D 企业,D 企业用这 6 400 元来偿还了 E 企业的货款;E 企业又将这 6 400 元存入了第三家银行,该银行又继续可以贷款……如此循环下去,最后整个银行体系的存款创造结果如表 15-1 所示。

表 15-1　　　　　存款派生过程（法定准备金率 r_d＝20%）　　　　　单位:元

银行名称	存款增加额	法定准备金	贷款增加额
第一家银行	10 000	2 000	8 000
第二家银行	8 000	1 600	6 400
第三家银行	6 400	1 280	5 120
第四家银行	5 120	1 024	4 096
第五家银行	4 096	819.20	3 276.80
……	……	……	……
合计	50 000	10 000	40 000

从表 15-1 可见,商业银行接受客户现金存入 10 000 元,经过银行体系运用后,最终活期存款总额变成 50 000 元。活期存款总额超过原始存款的数额,就是派生的存款总额。

需要指出的是,不仅客户存入现金会导致银行创造出多倍于原始存款的派生存款,中央银行对商业银行的再贷款以及其他任何中央银行的资产业务活动,也都可以为商业银行提供存款货币创造的源头。而客户手中的现金,也正是来自于中央银行,中央银行是货币供给量的源头。

(三) 存款创造的结果

从上面的实例中我们可以看到,商业银行似乎"凭空"创造出来很多的货币。那么商业银行到底可以创造多少存款货币呢?上例中的存款总额 50 000 元是如何出来的呢?

在上例中,每一列数字中每一行数字都是前一数字的 80%（假设法定准备金率为 20% 时）,这样一个数列就构成了一个等比级数,其总和为:

$$\Delta D = \Delta R [1+(1-r_d)+(1-r_d)^2+(1-r_d)^3+\cdots\cdots+(1-r_d)^n] \\ = \Delta R \cdot \frac{1}{r_d} \tag{15-3}$$

式(15-3)中,ΔD 表示经过派生后最终的存款总额;ΔR 表示原始存款(接受客户现金存入或央行对商业银行的再贷款);r_d 表示法定存款准备金率。

上例中,法定准备金率为 20%,存款总额为 $50\,000\left(10\,000\times\dfrac{1}{20\%}\right)$ 元。那么,银行体系能够创造出多少倍的派生存款呢?这就是存款乘数问题。

存款乘数是指商业银行能创造存款货币的最大扩张倍数,又称为派生倍数。即:派生后的存款总额与原始存款之比。通常用 K 表示存款乘数,计算公式为:

$$K = \frac{\Delta D}{\Delta R} = \frac{1}{r_d} \tag{15-4}$$

由上式可知,存款乘数是法定存款准备金率的倒数。法定存款准备金率越高,存款扩张的倍数越小;法定准备金率越低,扩张的倍数越大。

需要说明的是,如果客户从银行提取现金,则会引起原始存款的减少,在银行体系无超额准备金的情况下,必然会出现多倍紧缩的过程。其紧缩过程与扩张过程相似,只不过方向相反而已,这里不再赘述。

(四) 存款创造乘数的修正

上述的存款和货币创造的过程,是在前面的三个假设条件下进行的。但在实际经济活动中,存款乘数还会受到其他因素的制约,如银行持有的超额准备金、现金漏损等。考虑这些因素的话,存款乘数需要被修正。

1. 存在超额准备金

现实中,商业银行除了交法定准备金外,为了应付随时的支付需要,银行往往还会保留部分超额准备金。那么,银行的超额准备金如何影响派生存款乘数呢?我们可以把它们看作法定准备金那样发挥作用。假定一家银行得到 10 000 元的存款,如果法定准备金比率是 20%,银行持有 5% 的超额准备金,则该银行保留 25% 作为该存款的准备金,而贷出 7 500 元,下一家银行收到 7 500 元的存款。显然相比上例,减少了可贷款的数量。所以存在超额准备金时,存款乘数不是 $1/r_d$,而是:

$$K = \frac{1}{r_d + e} \tag{15-5}$$

式(15-5)中,e 为超额准备金率,是银行自愿保留的超额准备金在存款总额中的比例。

2. 存在现金漏损

前面假设客户将收入的款项全部存入银行系统,而没有任何现金流出。但事实上,多数客户总会或多或少进行提现。假定银行要按照 20% 上交法定准备金,并且保留 5% 的超额准备金,同时客户提现 1 500 元。此时,银行能够贷出的只能是 6 000 元,然后这 6 000 元变成下一家银行的存款,但是已经比举例中提到的少了很多。此时存款乘数变为:

$$K = \frac{1}{r_d + e + c} \tag{15-6}$$

式(15-6)中,c 为现金漏损率或提现率,即社会公众或企业持有的通货在存款总额中的比例。

3. 活期存款转为定期存款

前面我们假设银行只有活期存款(用 D 表示)而没有定期存款(用 T 表示),客户存入的全部是活期存款。但在现实中,银行还有定期存款,并且在存款创造过程中,有些存款将会变成定期存款。而且很多国家对活期存款和定期存款分别规定了不同的准备金率。因此,商业银行还要按照定期存款准备金率(用 r_t 表示)来上交准备金。而这些准备金是不能进入存款创造过程的。

另外,活期存款与定期存款之间也会保持一定的比例关系。令 $t=T/D$,则存款乘数变为:

$$K = \frac{1}{r_d + e + c + r_t \cdot t} \tag{15-7}$$

式(15-7)中,t 为定期存款占活期存款的比例,r_t 为定期存款准备金率,其他同前。

根据以上分析,存款乘数不仅受到法定准备金率 r_d 的影响,还受到 e、c、r_t、t 等各种因素的影响。而银行的存款创造能力,不仅取决于存款乘数,还受到贷款需求量、原始存款的制约。

【例 15-1】 如果原始存款 30 万元,派生存款 90 万元,则存款乘数 K 是多少?如果 r_d 为 15%,e 为 3%,c 为 5%,原始存款还是 30 万元,此时银行的派生存款是多少?

解答:
$$K = (30+90)/30 = 4$$
$$K = 1/(15\% + 3\% + 5\%) = 4.35$$
存款总额 $= 30 \times 4.35 = 130.5$(万元)
派生存款 $= 130.5 - 30 = 100.5$(万元)

相关思考 15-3

商业银行的存款创造能力与哪些行为主体有关?

商业银行的存款创造过程实际上并非取决于银行自身,最终创造的派生存款总额也跟很多因素有关,同时受很多主体行为的制约。想一想,银行的存款创造能力与哪些主体行为有关?我们居民个人会不会也对银行的货币创造产生影响呢?

三、货币政策的含义及分类

货币政策是指中央银行通过调节货币供给量来调节利率进而影响投资和总需求,从而达到一定经济目的的政策。货币政策和财政政策不同,财政政策直接影响总需求的规模,这种直接作用是没有任何中间变量的;而货币政策则是通过利率的变动来对总需求发生影响,因而是间接地发挥作用。

货币政策一般可以划分为扩张性货币政策和紧缩性货币政策。

(一)扩张性货币政策

扩张性货币政策是通过货币供给量增加来带动总需求增长的货币政策。货币供给增加时,利率会降低,消费和投资会增加,从而总需求增加。因此,经济萧条时多采用扩张性货币政策。扩张性货币政策在模型上体现为 LM 曲线向右移动。

(二)紧缩性货币政策

紧缩性货币政策是通过货币供给量减少来使总需求下降的货币政策。货币供给减少时,利率会提高,消费和投资会减少,从而总需求减少。因此,经济出现严重的通货膨胀时多采用紧缩性货币政策。紧缩性货币政策在模型上体现为 LM 曲线向左移动。

延伸阅读 15-4

我国的货币政策

2023 年,我国坚持稳字当头、稳中求进,稳健的货币政策,精准有力,推动经济运行整体好转。

(1) 保持货币信贷合理增长。综合运用降准、再贷款再贴现、中期借贷便利、公开市场操作等多种方式投放流动性,保持流动性合理充裕,引导金融机构稳固信贷支持实体经济的力度,增强贷款总量增长的稳定性和可持续性。

(2) 推动实体经济融资成本稳中有降。发挥政策利率引导作用,6月、8月公开市场逆回购操作和中期借贷便利中标利率分别合计下行20个和25个基点,持续释放贷款市场报价利率(LPR)改革效能,推动企业融资和居民信贷成本稳中有降。发挥好存款利率市场化调整机制重要作用。继续落实首套房贷利率政策动态调整机制。

(3) 持续发挥结构性政策工具作用。在用好现有结构性政策工具的基础上,增加支农支小再贷款、再贴现额度,延续实施普惠小微贷款支持工具等多项阶段性工具,延长房地产"金融16条"有关政策适用期限,并推动房企纾困专项再贷款和租赁住房贷款支持计划落地生效。

(4) 兼顾内外均衡。深化汇率市场化改革,坚持市场在人民币汇率形成中起决定性作用,发挥汇率调节宏观经济和国际收支自动稳定器功能。

(5) 强化风险防范化解。坚持市场化法治化原则处置风险,构建分级分段的银行风险监测、预警和硬约束早期纠正工作框架,牢牢守住不发生系统性金融风险的底线。

资料来源:中华人民共和国中央人民政府.2023年第二季度中国货币政策执行报告[EB/OL].(2023-08-18)[2023-11-16]. https://www.gov.cn/lianbo/bumen/202308/content_6898823.htm.

四、货币政策工具

货币政策工具是中央银行为达到货币政策目标而采取的手段。货币政策工具分为一般性货币政策工具和选择性货币政策工具。一般性货币政策工具是指中央银行能够经常使用的且能对货币供给总量或信用总量进行调节的工具。主要包括再贴现政策、存款准备金政策、公开市场业务,俗称"三大法宝"。选择性货币政策工具包括贷款规模控制、特种存款、对金融企业窗口指导等。一般性货币政策工具多属于间接调控工具,选择性货币政策工具多属于直接调控工具。这里我们主要介绍一般性货币政策工具。

(一) 再贴现政策

再贴现政策是中央银行通过提高或降低再贴现率来影响商业银行的信贷规模和市场利率,从而调节市场货币供给量,以实现货币政策目标的一种手段。

一般来说,再贴现政策包括两方面:一是制定和调整再贴现率,二是规定何种票据具有向中央银行申请再贴现的资格。实施再贴现政策的关键是正确制定和调整再贴现率。中央银行通过调整再贴现率可以影响或干预商业银行的准备金及市场银根松紧。当中央银行提高再贴现率,使之高于市场利率时,商业银行向中央银行借款或贴现的资金成本上升,这就必然减少商业银行向中央银行借款或贴现,从而收缩对客户的贷款。反之,则会扩大信贷规模。

再贴现政策能够影响商业银行筹资成本,从而限制商业银行的信用扩张,以达到调整银根松紧的目的。而且再贴现率的变动,一定程度上反映了中央银行的政策意向,具有告示效应。另外,再贴现政策的实施可以按国家产业政策的要求,有选择地对不同种类的票据进行融资,促进结构调整。

尽管再贴现政策有上述作用,但其也存在以下几项局限性:一是再贴现业务的主动权在商业银行,而不在中央银行,这就限制了中央银行的主动性;二是再贴现率的调节作用有限。繁荣时期提高再贴现率未必能够抑制商业银行的再贴现需求,因为商业银行的盈利更高;萧条时期降低再贴现率也未必能刺激商业银行的借款需求,因为此时商业银行的盈利水平更低。三是再贴现率不能经常调整,频繁变动的再贴现率容易引起市场利率的经常波动,会使商业银行或企业无所适从。

(二) 公开市场业务

公开市场业务是指中央银行在金融市场上公开买卖有价证券,以改变商业银行等存款货币机构的准备金,进而影响货币供应量和利率,并最终实现货币政策目标的政策行为。此业务的操作方法:当中央银行判断社会上资金过多时,卖出证券,相应地收回一部分资金;相反,则央行买入证券,直接增加金融机构可用资金的数量。

公开市场操作具有如下优点:第一,中央银行能及时运用公开市场操作,买卖任意规模的有价证券,从而精确地控制银行体系的准备金和基础货币,使之达到合理的水平。虽然其发生作用的途径同再贴现率政策和准备金政策基本相同,但它的效果比这两种政策更为准确,并且不受银行体系反应程度的影响。第二,主动性强。在公开市场操作中,中央银行始终处于积极主动的地位,完全可以按自己的意愿来实施货币政策。按照经济学家弗里德曼之意,中央银行实施公开市场操作是"主动出击",而非"被动等待"。第三,告示效应强,影响范围广。中央银行可在金融市场上公开买卖证券,其操作的方向和力度代表了货币政策的取向,给商业银行和公众以明确的信号,可以影响他们的预期和经济行为;同时,中央银行的买卖行为还会影响证券市场的供求和价格,进而对整个社会投资和产业发展产生影响。

公开市场业务必须具备以下三个条件,才能充分有效地发挥作用:①中央银行必须具有强大的、足以干预和控制整个金融市场的金融实力;②要有一个发达、完善和全国性的金融市场,证券种类齐全且达到一定规模;③必须有其他政策工具的配合。例如假设没有存款准备金制度,就不能通过改变商业银行的超额准备来影响货币供应量。公开市场业务最大的不足是缺乏这三个条件的国家不能有效地运用这个政策手段;此外,它的收效缓慢,因为国债买卖对货币供给及利率的影响需要一定时间才能缓慢地传导到其他金融市场,影响经济运行。

(三) 存款准备金政策

存款准备金政策是指中央银行通过规定或调整商业银行交存中央银行的存款准备金率,控制商业银行的信用创造能力,间接地调节社会货币供应量的活动。

以法律形式规定商业银行向中央银行交存一定比例的存款准备金,始于1913年美国《联邦储备法》,当时硬性规定法定准备金率,没有伸缩性。后来20世纪30年代的经济大危机,让美国中央银行及金融监管当局意识到,利用存款准备金这一强力的经济手段,可以抑制盲目的经济扩张和信用膨胀。于是,1935年美国立法授权联邦储备银行可以根据经济、金融的实际情况随时调整存款准备金率。此后,西方国家效仿美国,纷纷以法律形式规定存款准备金率,并授权央行根据实际需要,可以随时调整存款准备金率。

存款准备金政策的作用机制如下:中央银行可以调整存款准备金率来影响货币乘数或存款乘数,控制商业银行的货币创造,从而调节货币供给量。当经济扩张,发生通货膨胀,中央银行可以提高法定准备金率,商业银行可提供放款及创造信用的能力下降。因为准备金率提高,货币乘数就随之变小,从而降低了整个商业银行体系创造信用、扩大信用规模的能力,其结果是社会的银根偏紧,货币供应量减少,利息率提高,投资及社会支出都相应缩减,反之亦然。

延伸阅读 15-5

央行宣布降准原因为何？影响几何？

央行决定自 2023 年 9 月 15 日下调金融机构存款准备金率 0.25 个百分点（不含已执行 5% 存款准备金率的金融机构）。本次下调后，金融机构加权平均存款准备金率约为 7.4%。本次为央行年内第二次降准，且两次均为全面降准。今年 3 月 17 日，央行发布消息称，为推动经济实现质的有效提升和量的合理增长，打好宏观政策组合拳，提高服务实体经济水平，保持银行体系流动性合理充裕，决定于 2023 年 3 月 27 日降低金融机构存款准备金率 0.25 个百分点。

有专家对此表示，此次降准处于经济回升接力的关键时刻。央行连出降息、优化房地产金融政策等大招后，年内二度降准，笃定不移地推动经济持续恢复、回升向好。近期宏观政策组合拳果断连续出手，财税、房地产、货币政策接连发力，市场预期明显好转，但经济回升弹性仍有待增强，二度降准将继续接力体现政策支持效应。

另一位市场分析人士则指出，央行此次降准的具体时机把握精准，9 月中旬流动性面临地方债发行、税期高峰、监管考核等因素影响明显加大。地方债发行已在提速，继 8 月发行 1.2 万亿元后，9 月还将发行超过 1 万亿元，金融机构认购缴款抽离大量流动性。每月 15 日前后也通常是缴税高峰，流动性压力会阶段性增大。"9 月还是季末月份，流动性指标等监管考核也会使金融机构流动性需求上升。多因素叠加后，市场短期资金供求变动加大，央行在统筹权衡好中长期流动性供给的同时，选择流动性需求最为亟需的时点，及时出招，呵护市场。"

本次降准将对市场产生何种影响，有专家表示："降准有望进一步巩固实体经济回升向好态势。央行 9 月再度降准，释放中长期流动性超过 5 000 亿元，'真金白银'注入实惠，有效激励金融机构增加对实体的资金投入，宏观指标将呈现更多积极变化，经济稳步回升的可持续性进一步提升。"

市场分析人士称："当前信贷需求呈回稳态势，央行此次降准，可提前做好年内布局，为金融机构提供中长期资金支持，继续有效满足金融机构加大对亟需领域资金投放的流动性需求，在稳住货币信贷总量的同时，稳住实体需求，更好促进经济金融良性循环。""降准后银行体系流动性总量仍保持基本稳定，没有大水漫灌。今年两次降息、两次降准的政策效果还将脉冲式持续释放，央行精准有力实施好稳健货币政策的信心、决心和能力进一步得到体现。"

央行在公告中指出，精准有力实施好稳健货币政策，保持流动性合理充裕，保持信贷合理增长，保持货币供应量和社会融资规模增速同名义经济增速基本匹配，更好地支持重点领域和薄弱环节，兼顾内外平衡，保持汇率基本稳定，稳固支持实体经济持续恢复向好，推动经济实现质的有效提升和量的合理增长。

资料来源：每日经济新闻.年内第二次！央行宣布降准 0.25 个百分点，原因为何？影响几何？专家解读来了[EB/OL].（2023-09-14）[2023-11-16]. https://baijiahao.baidu.com/s?id=1777012466289112115&wfr=spider&for=pc.

与其他货币政策工具相比，存款准备金政策具有如下优点：①主动性强。中央银行具有完全的自主权，它是三大货币政策工具中最容易实施的手段；②见效快。存款准备率的变动对货币供应量的作用迅速，一旦确定，各商业银行及其他金融机构都必须立即执行；③影响广。所有存款类金融机构的信贷规模都会受到它的影响，从而对社会投资、消费产生影响，最终影响经济运行。

存款准备金政策的不足之处有以下几点：一是作用过于巨大。存款准备金政策通常被认为是最猛烈的工具。这既是它的优点，也正是它的局限性。因为，每次存款准备金率稍作调整，即使变动 0.5%，都会对金融和信贷状况产生显著影响，因此它是最强有力的工具。但同时由于其调整对整个经济和社会心理预期的影响都太大，因而法定准备金率不宜随时调整,不宜作为中央银行日常调控货币供给的工具。二是其政策效果在很大程度上受商业银行超额存款准备的影响。在商业银行有大量超额准备的情况下,中央银行提高法定存款准备金率,商业银行会将超额准备的一部分充作法定准备,而不收缩信贷规模,这就难以实现中央银行减少货币供给的目的。

 延伸阅读 15-6

我国的货币政策工具

《中华人民共和国中国人民银行法》对中国人民银行可以运用的货币政策工具以及经理国库、代理财政发行公债、提供清算服务规定支付结算规则等业务作出了规定。

第二十三条 中国人民银行为执行货币政策,可以运用下列货币政策工具:

一、要求银行业金融机构按照规定的比例交存存款准备金

为保证商业银行及其他金融机构能够应付客户提取存款的需要,防止商业银行及其他金融机构盲目扩大信用,损害客户利益,各国的中央银行法都授权中央银行通过存款准备金政策对资金市场进行调控。

中央银行集中商业银行及其他存款机构的一部分存款作为存款准备金,不但是为了调节信贷及货币供应规模,满足流动性和清偿能力的需要,同时是中央银行的一种负债业务。存款准备金可分为两种,一种是法定存款准备金,另一种是超额或自由准备金。一些国家的中央银行法还规定,当经济形势发生特殊变化或遇到紧急情况时,中央银行有权实施紧急准备金制度。紧急存款准备金在幅度和存款类别上可不受限制。

二、确定中央银行基准利率

中央银行基准利率包括:

(一)存款利率:商业银行及其他金融机构在中国人民银行的准备金存款、备付金存款,保险公司活期存款、财产保险总准备金、未到期责任准备金、邮政储蓄转存款,以及对农村信用社开办的特种存款、短期融资券利率等;

(二)贷款利率:中国人民银行对商业银行年度性贷款、季节性(三个月、六个月)贷款、日拆性贷款、铺底资金、再贴现、逾期贷款惩罚性利率等;

(三)人民银行内部联行利率。

三、为在中国人民银行开立账户的银行业金融机构办理再贴现

中央银行作为银行的银行,必要时必须对商业银行发放贷款,以解决资金周转的困难,保持银行体系的稳定,同时是对货币供应量的调节。这也体现了中央银行作为"最后贷款人"的职能。中央银行的最后放款又往往与再贴现结合在一起,再贴现其实也是一种普遍的放款方式。商业银行及其他金融机构遇到资金周转困难时,就将已经贴现的有效票据交给中央银行要求给予再贴现,以此取得资金的融通。再贴现从形式上是一种票据买卖,但实际上是一种特殊的放款,商业银行和其他金融机构提前取得了票据上的金额,中央银行以垫款的形式提供了资金。

四、向商业银行提供贷款

中央银行向商业银行提供的贷款,也叫最后贷款,中央银行由此获得"最后贷款人"的称谓。中央银行对商业银行的贷款,具有严格的限制,一般只能用于解决临时的资金周转困难,弥补头寸的临时短缺或者保持商业银行的最后清偿能力,而不能用于证券投资和发放长期贷款。商业银行向中央银行申请贷款时,必须报送资金营运或者财务情况报告,说明贷款理由;中央银行根据货币政策的要求、货币流通状况及申请商业银行的实际情况,最后作出是否贷款,以及贷款数额、贷款期限以及贷款利率的决定。

向商业银行提供贷款,作为中央银行的一种货币政策工具,对于中央银行市场货币供应量和信用规模,实现货币政策目标具有重要作用。中央银行对商业银行提供贷款,意味着中央银行注入市场的基础货币增加;反之,中央银行收回对商业银行的贷款,就意味着基础货币的减少。

五、在公开市场上买卖国债、其他政府债券和金融债券及外汇

公开市场业务是指中央银行在金融市场(证券市场)上公开买卖有价证券(主要指国库券、政府债券、金融债券)和银行承兑票据等,从而起到扩张或收缩信用规模,调节货币供应量作用的一种业务活动。公开市场业务能够直接改变商业银行在中央银行的超额储备,影响商业银行创造信用的能力,进而影响信用规模和流通中的货币量,是一个灵活、直接、有效的调节工具。

公开市场业务的操作一般有两种形式:一种是直接买卖或叫一次性买卖,另一种是附有回购协议的买卖。当中央银行认为需要增加或者压缩商业银行的超额储备时,就会一次性直接购买或者出售某种证券,一般由证券商出面,按最高价出售,按低价购进,一直到购足或者售足为止。当需要临时调节商业银行的准备金或者流动性时,就采取附有回购协议的形式进行买卖。在购买时定下协议,卖者必须在指定的日期按固定价格购回所卖的证券;而当出售时,中央银行在指定的时间,按商定的价格购回那些原出售的证券,这种形式也被称为逆回购方式。

除上述五种货币政策工具外,中国人民银行为执行货币政策,还可以运用经国务院确定的其他货币政策工具。

资料来源:中国人大网. 中华人民共和国中国人民银行法释义[EB/OL]. (2004-10-26)[2023-11-16]. http://www.npc.gov.cn/zgrdw/npc/flsyywd/jingji/2004/10/26/content_337722.htm.

五、货币政策效果分析

货币政策的效果是指变动货币供给量的政策对总需求的影响。从 IS-LM 模型看,货币政策效果的大小是中央银行变动货币供给量使 LM 曲线移动,从而对国民收入变动的影响。这种影响的大小,随 IS 曲线和 LM 的斜率不同而有所区别。

下面我们先用 IS-LM 模型来分析央行实行一项扩张性货币政策的效果。见图 15-4,开始时 IS 曲线和 LM 曲线相交于 E_0 点,决定均衡的国民收入为 y_0,均衡利率为 r_0。当政府实行扩张的货币政策,LM 曲线向右平移到 LM_1,与 IS 相交于 E_1 点,决定均衡的国民收入为 y_1,均衡利率为 r_1。其中 (y_1-y_0) 代表了实际均衡收入的变动,从而代表了货币政策效果的大小。

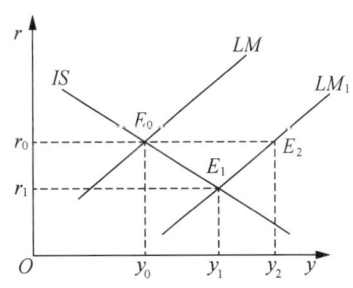

图 15-4 货币政策的效果分析图

在没有实现充分就业的情况下,货币政策效果的大小主要取决于 IS 曲线和 LM 曲线的陡峭程度。IS 曲线和 LM 曲线的陡峭程度不同,即斜率大小不同,货币政策的效果大小也不同。下面我们通过两组 IS-LM 模型进行分析。

(一)货币政策的效果因 IS 曲线斜率不同而异

在图 15-5(a) 和 15-5(b) 中,假定 LM 曲线完全相同,并且起初的均衡收入 y_0 和利率 r_0 也完全相同,央行实行一项扩张性货币政策,现在假定增加货币供给量 ΔM,则会使 LM 曲线右移到 LM_1,新的均衡点处于 E_1,收入从 y_0 增加至 y_1,而 $y_0 y_1$ 表示货币效果的大小,从图 15-5 可见,图 15-5(a) 中的 $y_0 y_1$ 大于 15-5(b) 中的 $y_0 y_1$,也就是说图 15-5(a) 表示的政策效果大于 15-5(b),原因在于图 15-5(a) 中 IS 曲线比较平缓,而图 15-5(b) 中 IS 曲线较陡峭。IS 曲线越平坦,实行扩张性货币政策时,利率下降,由于投资对利率的敏感系数大,投资和国民收入增加较多;反之,IS 曲线越陡峭,投资对利率的敏感程度较差,利率下降时,投资和国民收入增加较少。

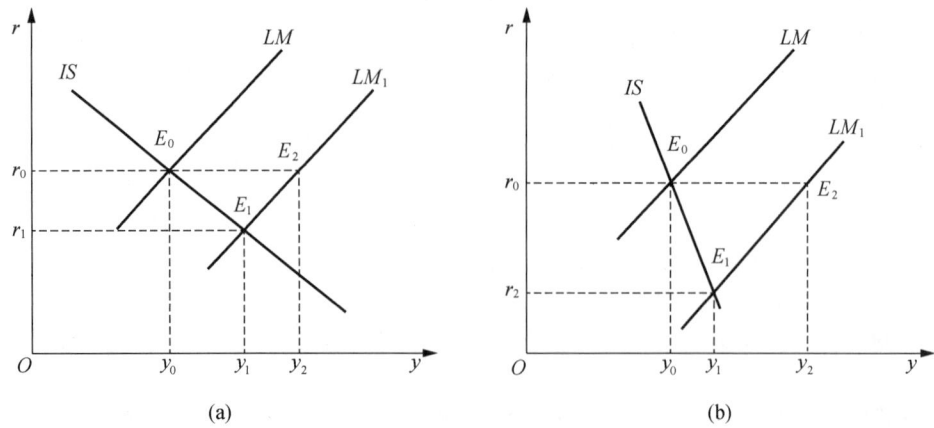

图 15-5 货币政策效果因 IS 斜率而异

（二）货币政策效果因 LM 曲线斜率不同而异

在图 15-6(a) 和 15-6(b) 中，假定 IS 曲线完全相同，并且起初的均衡收入 y_0 和利率 r_0 也完全相同，央行实行一项扩张性货币政策，现在假定增加货币供给量 ΔM，则会使 LM 曲线右移到 LM_1，新的均衡点处于 E_1，均衡收入从 y_0 增加至 y_1，$y_0 y_1$ 表示货币效果的大小，从图 15-6 可见，图 15-6(a) 中的 $y_0 y_1$ 大于 15-6(b) 中的 $y_0 y_1$，也就是说图 15-6(a) 表示的政策效果大于 15-6(b)，原因在于图 15-6(a) 中 LM 曲线比较陡峭，而图 15-6(b) 中 LM 曲线较平缓。

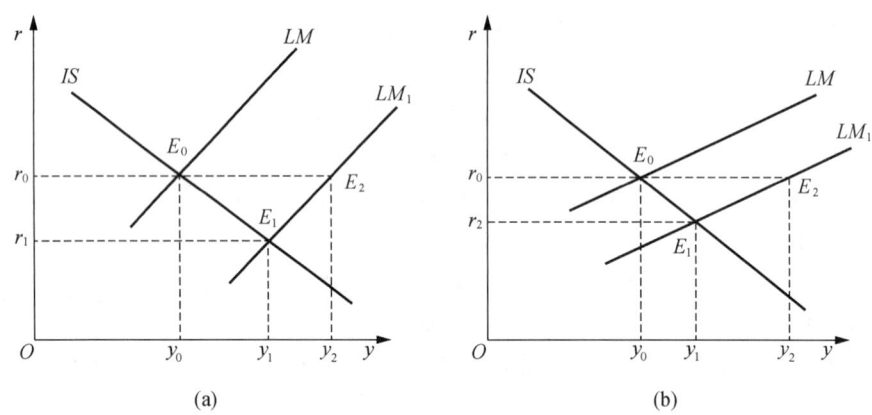

图 15-6 货币政策效果因 LM 斜率而异

（三）结论

(1) 在 LM 曲线斜率不变时，IS 曲线越平缓，则 LM 曲线移动时收入变化就越大，即货币政策效果越大；反之，IS 曲线越陡峭，则 LM 曲线移动时收入变化就越小，即货币政策效果越小。

(2) 在 IS 曲线斜率不变时，LM 曲线越陡峭，则 LM 曲线移动时收入变化就越大，即货币政策效果越大；反之，LM 曲线越平缓，则 LM 曲线移动时收入变化就越小，即货币政策效果越小。

六、货币政策的局限性

国家实行货币政策,常常是为了稳定经济,减少经济波动,但在实践中也存在一些局限性:

(1) 从货币市场均衡的情况看,增加或减少货币供给要影响利率的话,必须以货币流通速度不变为前提。如果这一前提并不存在,货币供给变动对经济的影响就要打折扣。在经济繁荣时期,中央银行为抑制通货膨胀需要紧缩货币供给,或者说放慢货币供给的增长率,然而,通常那时公众的支出会增加,而且物价上升快时,公众不愿把货币持在手上,而希望尽快花费出去,从而货币流通速度会加快,这无异在流通领域增加了货币供给量。这时候,即使中央银行减少货币供给,也无法使通货膨胀率降下来。反之,当经济衰退时期,货币流通速度下降,这时中央银行增加货币供给对经济的影响也就可能被货币流通速度下降所抵消。货币流通速度加快,意味着货币需求增加,流通速度放慢,意味着货币需求减少,如果货币供给增加量和货币需求增加量相等,LM 曲线就不会移动,因而利率和收入也不会变动。

(2) 在通货膨胀时期实行紧缩的货币政策可能效果比较显著,但在经济衰退时期,实行扩张的货币政策效果就不明显。那时候,厂商对经济前景普遍悲观,即使中央银行松动银根,降低利率,投资者也不肯增加贷款从事投资活动,银行为安全起见,也不肯轻易贷款。特别是由于存在着流动性陷阱,不论银根如何松动,利息率都不会降低。这样,货币政策作为反衰退的政策,其效果就相当微弱。即使从反通货膨胀看,货币政策的作用也主要表现于反对需求拉上型通货膨胀,而对成本推进型通货膨胀,货币政策效果就很小。因为物价的上升若是由工资上涨超过劳动生产率上升幅度引起,或由垄断厂商为获取高额利润引起,则中央银行想通过控制货币供给来抑制通货膨胀就比较困难了。

(3) 货币政策作用的外部时滞也影响政策效果。中央银行变动货币供给量,要通过影响利率,再影响投资,然后再影响就业和国民收入,因而,货币政策作用要经过相当长的一段时间才会充分得到发挥。尤其是当市场利率变动以后,投资规模并不会很快发生相应变动。利率下降以后,厂商扩大生产规模,需要一个过程,利率上升以后,厂商缩小生产规模,更不是一件容易的事。总之,货币政策即使在开始采用时不用花很长时间,但执行后到产生效果却要有一个相当长的过程,在此过程中,经济情况有可能发生和人们原先预料的相反变化。比方说,经济衰退时中央银行扩大货币供给,但未到这一政策效果完全发挥出来经济就已复苏,物价已开始较快地上升,则原来扩张性货币政策不能反衰退,却为加剧通货膨胀起了火上浇油的作用。货币政策在实践中存在的问题不止这些,但仅从这些方面看,货币政策作为平抑经济波动的手段,作用也是有限的。

延伸阅读 15-7

2023 年继续实施积极的财政政策和稳健的货币政策

中央经济工作会议明确,2023 年继续实施积极的财政政策和稳健的货币政策。

积极的财政政策要加力提效,体现了稳中求进的工作总基调,兼顾了需要与可能、当前与长远、发展与安全。当前我国经济恢复的基础尚不牢固,需求收缩、供给冲击、预期转弱三重压力仍然较大,外部环境动荡不安。应对这些风险挑战,要求我们加大财政宏观调控力度,优化政策工具组合,在有效支持高质量发展中,保障财政可持续和地方政府债务风险可控。

二维码15-3：美国新经济时代,其财政政策和货币政策呈现什么发展特点?

稳健的货币政策要精准、有力。要保持流动性合理充裕,保持广义货币供应量和社会融资规模增速同名义经济增速基本匹配,引导金融机构加大对小微企业、科技创新、绿色发展等领域支持力度。"精准"主要体现在"加大对小微企业、科技创新、绿色发展"等领域的支持,对应的是结构性工具以及PSL(抵押补充贷款)等。而"有力"则意味着央行将通过适时适度降准降息等方式,"保持广义货币供应量和社会融资规模增速同名义经济增速基本匹配",并适度提升杠杆率。2023年美联储将加息见顶,中美无风险利差将会收窄,同时输入型通胀压力不大,物价总体温和,货币政策宽松的掣肘将大为减弱。

资料来源：中国经营报.2023年宏观政策有望更加注重协调配合[EB/OL].(2022-12-31)[2023-11-16].https://k.sina.cn/article_1650111241_625ab309020015re5.html.

网易.2023年继续实施积极的财政政策和稳健的货币政策[EB/OL].(2023-01-04)[2023-11-16].https://www.163.com/dy/article/HQ866JQ00538594C.html.

第四节 两种政策的混合使用

由于财政政策和货币政策会对国民收入和利率产生不同影响,对总需求结构产生不同影响,因此,在调节总需求时,常常需要把两种政策组合起来使用。财政政策和货币政策的组合方式不同,产生的政策效果也不同。一般来说,财政政策和货币政策的组合形式有以下四种。

一、"双松"的政策组合

"双松"的政策组合是指政府在采取扩张性财政政策的同时央行使用扩张性的货币政策,如图15-7所示。

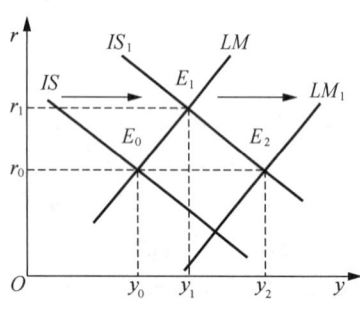

图15-7 "双松"的政策组合

在图15-7中,IS曲线和LM曲线相交于E_0点,形成均衡收入y_0,均衡利率r_0。现政府实行扩张性财政政策,则IS曲线右移到IS_1,与LM曲线相交于E_1点,对应的均衡收入上升为y_1,均衡利率水平上升为r_1。如果央行配合采用扩张性的货币政策,则LM曲线向右移到LM_1曲线,与IS_1曲线交于E_2点,此时,均衡收入上升为y_2,均衡利率仍为r_0。这说明,"双松"的政策组合可以在刺激总需求的同时,维持利率水平基本不变。但如果扩张性财政政策和扩张性货币政策的政策力度不一样,即IS曲线和LM曲线右移的距离不同,则两政策配合使用后的均衡利率的变动是不确定的,可以高于或低于均衡利率r_0。

"双松"政策组合能引起总需求增加,从而使经济复苏、高涨。当经济严重萧条时,可采用这种组合,一方面用扩张性的财政政策增加总需求,另一方面用扩张性的货币政策降低利率,减少"挤出效应",从而更为有效地刺激经济。

二、"双紧"的政策组合

"双紧"的政策组合是指政府在采取紧缩性财政政策的同时央行使用紧缩性的货币政策,如图15-8所示。

在图 15-8 中，IS 曲线和 LM 曲线相交于 E_0 点，形成均衡收入 y_0，均衡利率 r_0。现政府实行紧缩性财政政策，则 IS 曲线左移到 IS_1，与 LM 相交于 E_1 点，对应的均衡收入下降为 y_1，均衡利率水平下降为 r_1。如果央行配合采用紧缩性的货币政策，则 LM 曲线向左移到 LM_1，与 IS_1 交于 E_2 点，此时，均衡收入下降为 y_2，均衡利率仍为 r_0。这说明，"双紧"的政策组合可以在抑制总需求的同时，维持利率水平基本不变。但如果紧缩性财政政策和紧缩性货币政策的政策力度不一样，即 IS 曲线和 LM 曲线左移的距离不

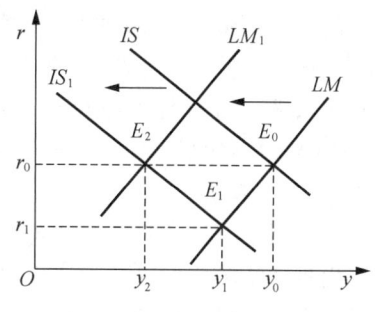

图 15-8 "双紧"的政策组合

同，则两政策配合使用后的均衡利率的变动也是不确定的，可以高于或低于均衡利率 r_0。

"双紧"政策组合能引起总需求减少，国民收入水平下降。当经济严重通货膨胀时，可以一方面用紧缩性的财政政策压缩总需求，另一方面用紧缩性的货币政策提高利率，抑制通货膨胀，从而更为有效地起到抑制经济的目的。

三、"一松一紧"的政策组合

"一松一紧"的政策组合是指政府在采取扩张性财政政策的同时央行使用紧缩性的货币政策，如图 15-9 所示。

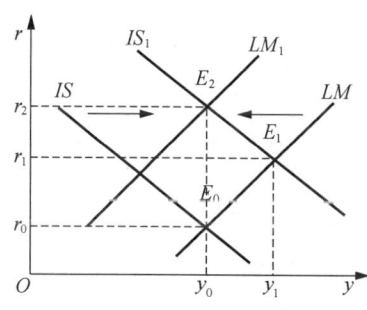

图 15-9 "一松一紧"的政策组合

在图 15-9 中，IS 曲线和 LM 曲线相交于 E_0 点，形成均衡收入 y_0，均衡利率 r_0。现政府实行扩张性财政政策，则 IS 曲线右移到 IS_1，与 LM 相交于 E_1 点，对应的均衡收入上升为 y_1，均衡利率水平提高为 r_1。如果央行配合采用紧缩性的货币政策，则 LM 曲线向左移到 LM_1，与 IS_1 交于 E_2 点，此时，均衡利率提高为 r_2，均衡收入仍可维持在 y_0。这说明，"一松一紧"的政策组合可以在维持总需求不变的同时，提高利率水平。但如果扩张性财政政策和紧缩性货币政策的政策力度不一样，即 IS 曲线右移和 LM 曲线左移的距离不同，则两政策配合使用后的均衡收入的变动也是不确定的，可以大于或小于均衡收入 y_0。

"一松一紧"政策组合会导致利率的上升，产生"挤出效应"。当经济萧条但又不太严重时可采取这种组合，一方面用扩张性的财政政策刺激总需求，另一方面用紧缩性的货币政策控制通货膨胀，从而帮助政府在刺激总需求的同时，避免经济过热。

四、"一紧一松"的政策组合

"一紧一松"的政策组合是指政府在采取紧缩性财政政策的同时央行使用扩张性的货币政策，如图 15-10 所示。

在图 15-10 中，IS 曲线和 LM 曲线相交于 E_0 点，形成均衡收入 y_0，均衡利率 r_0。现政府实行紧缩性财政政策，则 IS 曲线左移到 IS_1，与 LM 相交于 E_1 点，对应的均衡收入下降为 y_1，均衡利率水平降低为 r_1。如果央行配合采用扩张

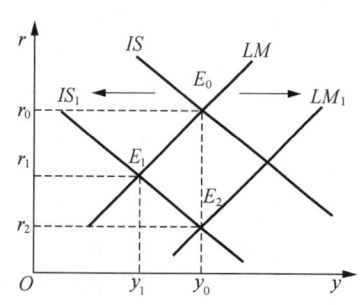

图 15-10 "一紧一松"的政策组合

性的货币政策,则 LM 曲线向右移到 LM_1,与 IS_1 交于 E_2 点,此时,均衡利率下降为 r_2,均衡收入仍可维持在 y_0。这说明,"一紧一松"的政策组合可以在维持总需求不变的同时,降低利率水平。但如果紧缩性财政政策和扩张性货币政策的政策力度不一样,即 IS 曲线左移和 LM 曲线右移的距离不同,则两政策配合使用后的均衡收入的变动也是不确定的,可以大于或小于均衡收入 y_0。

"一紧一松"的政策组合会导致利率下降,投资增加,从而能抑制总需求过度减少。当经济出现通货膨胀但又不太严重时可采取这种组合,一方面用紧缩性的财政政策压缩总需求,另一方面用扩张性的货币政策降低利率,刺激投资,遏制经济的衰退。这样既能降低通货膨胀水平,维持物价稳定的目标,也有利于政府减少支出,同时还不至于使收入水平过度降低。

如何搭配使用财政政策和货币政策,不仅取决于经济因素,而且取决于政治、社会、文化等因素。因为财政政策和货币政策作用的结果,会使国内生产总值的组成比例发生变化,从而对不同阶层和不同集团的利益产生不同的影响。例如,政府在经济过热时,实行紧缩性的财政政策,提高税率,这对中产阶级以上的那部分人来说,他们收入中的较多部分上缴国家财政,国家利用税收进行公共投资,如用来改善公共交通,这时,不论穷人还是富人都可共同享受这些公共物品,即在一定的经济社会中,国民收入的分配会发生变化。因此,在做出混合使用财政政策的决策时,必须统筹兼顾,充分考虑各方面的利益。

不同的财政政策和货币政策的搭配对产出和利率的影响如表 15-2 所示。

表 15-2　　　　　　两种政策不同搭配的适用情况及对产出和利率的影响

政策选择	适用情况	产出(y)	利率(r)
扩张性财政政策和扩张性货币政策	严重经济萧条	增加	不确定
紧缩性财政政策和紧缩性货币政策	严重通货膨胀	减少	不确定
扩张性财政政策和紧缩性货币政策	经济萧条但不严重	不确定	上升
紧缩性财政政策和扩张性货币政策	经济通胀但不严重	不确定	下降

延伸阅读 15-8

中国经济"减速增质"进程中,政策如何搭配?

当前,中国经济资源环境约束广泛显现,资本边际回报率步入下行轨道,潜在增速仍趋势性放缓。在此情形下,长周期经济增长依靠"增质"驱动势在必行,而政策搭配亦需注意平衡好转型期客观要求和长期高质量发展方向。

未来的中国经济政策取向将呈现以下特征:货币政策变中求稳,短期托底经济增长,为增质提升奠定物质基础,长期适应于自然利率下滑的趋势,而不再过度刺激;财政政策张弛有度,短期发挥调结构的作用,积极推动"宽信用"发力,长期对应于经济、社会、人口等变化,保持可持续性。

1. 货币政策保障经济"减速而不失速",长期匹配自然利率变化趋势。

2018 年下半年以来,内部改革阵痛和外部贸易摩擦滞后冲击加速显现,强化了中国经济"减速"压力。在"增速"承压换挡期,"增质"稳步改善的必要前提是经济减速而不失速,以降低风险、减少阻力,保障经济转型的物质基础。尤其是在由高杠杆驱动转向全要素生产率提升拉动的过程中,"经济运行稳中有变",客观上要求实际利率相对较低的货币环境,一方面降低企业的融资成本和债务负担,另一方面提升投资意愿,增加有效需求,保证动力转换过程中的宏观经济和金融市场稳定。

而长期来看,伴随经济从高速增长转向高质量发展,中国对增速放缓的容忍度渐次提高,而更注重经济结构的优化和增长质量的提升。因此货币政策与实体经济的关系也将从"货币驱动经济"转向"货币匹配经济",即宏观经济的内生动能由供给侧的潜在产出和均衡利率所主导,而并非由货币松紧决定。在此情形下,合理的货币供给宏观逻辑为政策利率趋近于名义自然利率(自然利率+通胀率),实现稳健中性、不松不紧。此外,稳步推进利率并轨、加快政策调控框架转型、理顺政策传导机制、增强服务实体经济能力也将成为新时代货币政策提质增效的应有之义。

2. 财政政策充当逆周期调节主力军,长期通过收支优化加强可持续性。

近半年来,中国宏观经济短期承压,而"稳增长"政策组合中"宽货币"向"宽信用"的传导也遭遇了资金期限和流向的结构性瓶颈。在此情形下,财政政策成为了逆周期调节的核心抓手:一方面,基建投资的提速将创造稳健可靠的融资需求,进而撬动私人部门的信贷投放;另一方面,积极财政带来的"稳预期"效应,也舒缓了金融机构的避险情绪。

随着"宽财政"与"宽信用"在提升投资效率和削弱"挤出效应"方面的良性联动,"减速增质"得以向纵深发展。长期来看,在经济高速增长阶段,中国各地方之间的"GDP锦标赛"、地方政府"事多钱少"的困境、预算软约束下借贷成本的系统性偏低,导致广义公共部门倾向于过度加杠杆,并倒逼金融机构被动提供流动性。这不仅削弱了货币政策的调节功能,亦助长了地方财政的无序扩张。

2017年至今,通过树立正确政绩观、规范地方政府举债融资行为、严控地方债务规模等举措,地方政府的加杠杆冲动得到有效约束,结构性去杠杆取得初步成效。展望未来,优化投资主体、改善投资结构、提升投资质量将成为经济转型成功的重要标志,这客观上要求广义公共部门加快采用市场化融资方式、提高资产/负债管理水平。在新的发展模式下,各级政府也需要适应经济、社会、人口结构变化,增强财政收支的长期可持续性。

资料来源:界面新闻. 中国经济"减速增质"进程中,政策如何搭配?[EB/OL]. (2019-2-28)[2023-11-16]. https://baijiahao.baidu.com/s?id=1626673668446072584&wfr=spider&for=pc.

二维码15-4:重磅!财政部、央行解读2023年财政、货币政策

本章小结

本章的主要学习内容是经济政策的四大目标;财政政策的含义、工具和分类;自动稳定器;斟酌使用的财政政策;功能财政的思想;财政政策的效果及局限性;货币政策的含义、分类和工具、效果及局限性;财政政策和货币政策的混合使用等知识。通过本章的学习,学习者了解了商业银行和中央银行两大金融机构以及商业银行的存款创造功能,为货币政策的学习奠定了基础。

二维码15-5:练一练

本章重要概念

充分就业　摩擦性失业　自愿失业　非自愿失业　奥肯定律　财政政策　自动稳定器　斟酌使用的财政政策　挤出效应　货币政策　存款创造　再贴现政策　公开市场业务　存款准备金政策

二维码15-6:练一练答案

第十六章　经济增长与经济周期理论

- ➤ 内容提要
- ➤ 重点难点
- ➤ 学习目标
- ➤ 知识框架
- ➤ 思政育人
- ➤ 第一节　经济增长理论
- ➤ 第二节　经济周期理论
- ➤ 本章小结
- ➤ 本章重要概念

内容提要

本章主要讲述经济增长的含义及特征、经济增长的源泉、经济增长带来的影响（益处和代价）、主要的经济增长理论；经济周期的含义及其特点、经济周期的分类以及乘数-加速数模型等主要经济周期理论。

重点难点

本章重点为经济增长的含义、经济增长的源泉、经济周期的含义及各阶段表现。难点为经济增长理论、乘数-加速数模型。

学习目标

通过本章学习，学生应了解并掌握经济增长的含义及其与经济发展的区别；经济增长的源泉是什么，经济增长带来哪些影响；了解经济周期的特征，主要的经济增长理论及经济周期理论。

知识框架

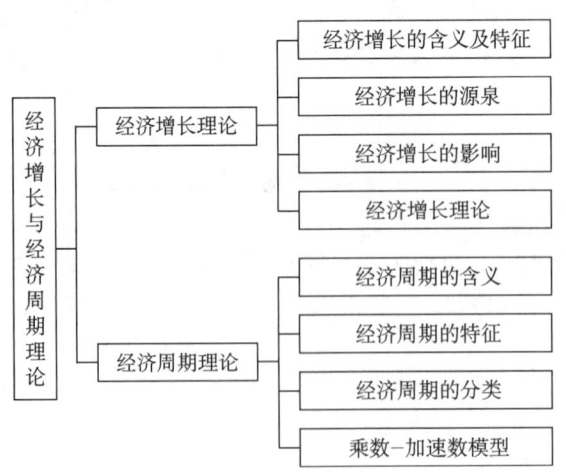

思政育人　　　　国民经济恢复向好态势明显

今年以来,国际政治经济环境复杂多变,国内经济恢复面临不少困难挑战。面对复杂局面,在以习近平同志为核心的党中央坚强领导下,在全国上下共同努力下,我国经济持续恢复向好,高质量发展扎实推进,社会大局保持稳定。特别是三季度以来,随着宏观调控组合政策发力显效,主要经济指标企稳回升态势明显,经济运行中的积极因素在积累、亮点在增多、预期在好转,进一步彰显了我国经济发展的韧性、潜力和活力,也为实现全年发展目标打下了坚实基础。

一、经济增长持续恢复,服务业和消费支撑作用凸显

今年以来,国民经济顶住压力持续恢复,但受多种因素影响,季度间经济增速有波动,一、二、三季度国内生产总值(GDP)同比分别增长4.5%、6.3%、4.9%。在这种情况下,要准确研判经济运行态势,必须深入剖析波动背后的原因,从同比、环比、两年平均增速等多个角度客观分析经济恢复状况。总的来看,在服务业和消费加快恢复的带动下,经济增长总体回升,供需两端均呈现不少积极变化。

从运行态势看,三季度经济企稳回升势头明显。前三季度,GDP达91.3万亿元,同比增长5.2%。从生产供给看,服务业是经济恢复的"主引擎"。三季度,服务业增加值同比增长5.2%,拉动经济增长2.8个百分点,对经济增长贡献率达56.7%。从市场需求看,消费是经济稳定增长的"压舱石"。三季度,最终消费支出拉动经济增长4.6个百分点,对经济增长贡献率达94.8%,比二季度提高10.3个百分点。

二、尽管面临总量和结构性压力,但就业形势总体改善

今年就业总量压力较大,2023届高校毕业生数量再创历史新高,青年就业难和制造业招工难并存,普工难招、技术人员短缺。在这种情况下,中共中央政治局会议明确提出把稳就业提高到战略高度通盘考虑,各地区各部门坚决扛起稳就业责任,千方百计稳定和扩大就业。从前三季度情况看,随着经济持续恢复向好,劳动力市场趋于活跃,就业形势总体改善,城镇调查失业率稳中有降。前三季度,全国城镇调查失业率平均值为5.3%,比上年同期下降0.3个百分点。

三、居民消费价格低位企稳,后期有望逐步回升

今年上半年,我国居民消费价格指数(CPI)连续走低,引发社会各界高度关注。CPI温和上涨,核心CPI总体稳定。前三季度,CPI同比上涨0.4%,比上半年回落0.3个百分点。核心CPI同比上涨0.7%,涨幅与上半年持平,月度之间波动较小,8、9月份核心CPI均上涨0.8%,特别是服务价格回升较多,反映了消费需求在逐步改善。CPI同比低位企稳,环比连续三个月上涨。上半年CPI同比呈现逐步回落态势,7月份同比下降0.3%,8月份在消费需求回升、上年对比基数走低等因素作用下,CPI同比转为上涨0.1%,9月份同比持平,低位有所企稳。如果从环比看,CPI企稳的态势更为明显。随着消费需求加快恢复,7、8、9月份CPI环比分别上涨0.2%、0.3%、0.2%,连续三个月上涨。

四、外贸韧劲继续彰显,我国在全球市场份额基本稳定

今年以来,世界经济复苏乏力,高通胀、高利率、高债务冲击下外需明显收缩,不同经济体之间发展分化加剧,贸易保护主义泛滥,全球经济碎片化内顾化趋势日益明显。面对困难局面,我国依托强大的产业链供应链生产优势和超大规模市场优势,坚定不移扩大高水平对外开放,加力促进外贸稳规模优结构,外贸运行总体向好,贸易大国地位依然稳固。前三季度,货物进出口总额达30.8万亿元,同比微降0.2%,规模仍处在历史同期高位。

五、积极因素累积蓄力,经济持续恢复向好有支撑

正确认识和把握经济发展形势,既要注意捕捉短期经济走势的边际变化,又要注重研判中长期经济发展的潜力基础,在长短结合中读懂经济发展的"形"与"势"。

资料来源:中共国家统计局党组.国民经济恢复向好态势明显[EB/OL].(2023-11-01)[2023-11-30].http://www.qstheory.cn/dukan/qs/2023-11/01/c_1129947063.htm.有删改.

第一节 经济增长理论

经济增长及经济周期理论也是现代经济学的重要理论。它涉及的主要问题有:什么是经济增长,经济增长的源泉是什么;经济周期的含义、特征及原因等。一般认为,经济增长由供给能力在长期中变动决定,经济周期由总需求在短期中变动决定。

一、经济增长的含义及特征

(一) 经济增长的含义及其衡量

1. 经济增长的含义

对于经济增长的含义,学者们有不同的见解。经济增长通常指一个国家或地区实际产量的增加。在这个定义的基础上,有学者进一步提出,经济增长不仅表现为产品总量的增加,还应该表现为实际人均产量的增加。后一种观点把一国或地区的人口因素考虑在内,而不仅仅局限于量的增长。

另外,经济增长的程度通常可以用增长率来描述。若用 Y_t 表示 t 时期的总产量,Y_{t-1} 表示 $t-1$ 时期的总产量,则总产量意义下的经济增长率可表示为:

$$G_t = \frac{Y_t - Y_{t-1}}{Y_{t-1}} \tag{16-1}$$

式(16-1)中,G_t 为总产量意义下的经济增长率。

2. 经济增长的衡量

经济学家一般采用国内生产总值(GDP)作为衡量商品和劳务生产总量的标准。然而,国内生产总值增长率不能完全等同于经济增长率。

首先,国内生产总值增长含有的物价上涨因素必须剔除。前文说过,国内生产总值有名义和实际之分。真实衡量经济增长的只能是实际国内生产总值的变动。如某年国内生产总值增长20%,但一般物价水平也上升20%,则实际国内生产总值并没有增加。

其次,应考虑人口变动因素。假如某一国家某一时期 GDP 增长3%,人口增长也是3%,则按人口平均计算的 GDP 根本没有增加。如人口增长超过 GDP 增长率,人均 GDP 就要下降,人们的实际生活水平就要下降。

再次,有些经济学家认为,衡量经济增长,不应以实际的 GDP 为标准,而应以国家的生产能力即潜在的 GDP 为标准,方可抽去总需求变动因素。

最后,一些经济学家认为,不管是用实际的 GDP 还是潜在的 GDP 来作为衡量经济的标准,都有缺陷。若经济增长局限在物质产出上,会忽视人类其他方面福利的增进,如工作时间缩短、产品质量改进、医疗进步等都难以反映出来;又如,不经过交易市场的许多活动无法统计到经济增长中去;还有,对增长给社会带来的环境污染、资源枯竭等难以计算进去。

总之,经济增长的衡量标准问题还有待进一步研究。

(二) 经济增长的特征

参照西方发达资本主义国家长期以来的经济运行情况,以库兹涅茨为代表的经济学家们总结出经济增长的六个基本特征:

(1) 按人口计算的产量的高增长率和人口的高增长率。这里出现三个指标,分别是产量增长率、人口增长率、人均产量增长率。经济增长的一个显著特点就是这三个指标都比较高,这一点已经为西方发达国家长期以来的运行情况所证明。

(2) 生产率本身增长迅速。无论是劳动生产率还是包括其他生产要素的生产率都是高的。一定量的投入换来了更多的产出应归功于技术进步,是技术进步使得生产率大幅提高。

(3) 经济结构的变革速度快。在国民收入增加的同时,经济结构也相应地发生了迅速变化,经济结构的变化包括以农业为主变为以非农业为主,消费结构、生产部门平均规模、进出口比例及规模变化等。

(4) 随着经济增长,社会结构与意识形态发生了明显的改变。例如,各国在经济增长过程中都出现了明显的城市化现象,教育与宗教的分离等。

(5) 经济增长在世界范围内迅速扩大。经济上发达的国家借助不断增强的技术力量,特别是在运输和通信发展日新月异的大环境下,向世界其他地方延伸。同时,发达国家也将比较先进的生产技术和经济增长机会带给相对落后国家和地区,这就使经济增长成为世界性的概念。

(6) 世界经济增长的情况是不平衡的。各个国家的经济增长情况有极大差别,在少数发达国家快速、持续增长的同时,大多数国家的生产力水平低下,致使世界上大多数人口的生活水平远远低于现代生产技术能够提供的最低水平,而且世界上贫富差距还在继续拉大。

> **相关思考 16-1**
>
> **经济增长与经济发展相同吗?**
>
> 经济增长与经济发展是两个既有联系又有区别的概念。经济增长一般指一国或地区产品产量的增加或人均产量(国民收入)的增加,而经济发展的含义要更广泛一些。不仅指人均收入增加,还包括适应这种增长的社会制度和意识形态的变化。经济增长理论大都专门研究发达国家经济增长问题,而经济发展理论研究一个国家如何由不发达状态过渡到发达状态。

二、经济增长的源泉

为了对经济增长进行研究,我们首先有必要思考经济增长的源泉都有哪些,即经济增长离不开哪些必要因素。一般来说,经济增长的源泉有以下几个。

(一) 劳动力数量的增加与质量的提高

劳动是经济增长的源泉之一,这一点在古典经济学的劳动价值理论中已经有很好的论述。在劳动力的质量不发生变化的情况下,随着劳动投入的增加,该国的经济总量也会随之增加。劳动力数量的增加包括劳动者数量的上升和劳动时间的延长。当经济发展到一定程度,劳动者质量的重要性便显现出来,成为经济增长的重要源泉。随着人们对教育投资的加大,劳动者的各方面素质都有了提高,工人变得更有知识和技能,工作效率也就提高了,最后自然就带动了经济的增长。

(二) 资本投入的增加

一个国家若要实现经济增长,必须要有一定量的资本的积累。在其他条件一定的情况下,要提高人均产出,就必须增加人均拥有的资本品的数量,这就需要资本的投入。另外,需要注意的是如果其他因素不变,随着物质资本的增加,会出现边际收益递减的现象,使资本带来的产量逐渐减少。严格来说,资本包括有形的物质资本和无形的人力资本。由于人力资本主要指劳动力的技术水平、健康状况等,这与上述的劳动力质量的内涵重复,所以在此研究资本的投入变化时,暂且不考虑人力资本,只注重有形的物质资本。

(三)技术的进步

除了生产要素投入量的增加,技术的进步使相同的要素投入量带来更大的产出,生产效率提高。因此它也是推动经济增长的重要因素。技术进步体现在产品的更高质量、更好的生产方法和更好的组织生产方式上。当今经济不同于以往,其中一个主要方面就是技术创新成为经济中的重要因素。在创新过程中,知识转化为生产力,在生产过程中得到应用,发挥了巨大的作用。许多企业为了在市场竞争中保持优势,通常都将利润的很大一部分用于研发。大量的技术创新在提高供给的同时,也创造出了大量的需求,推动了经济的快速发展。

(四)资源配置效率

资源的重新配置,即将资源从生产效率低的部门转移到生产效率高的部门。其中,劳动资源的配置占主要地位。例如,劳动力经常发生从低收入岗位向高收入岗位的转移,或者从农村向城市的转移。在转移过程中一般会同时发生劳动生产率的提高和收入的增加。我国改革开放以来,大力进行结构调整、发展制造业和第三产业,经济得到了快速发展。

二维码16-1:中国对世界经济增长贡献率全球居首

上述四个方面是相互联系的。比如,新技术的应用,需要物化在资本品上,技术创新也需要投资才能产生,同时技术创新只有进入传统部门,提高了劳动生产率,传统部门才能释放出资源和劳动力,转移到效率更高的部门。可见,经济增长的这几个源泉实际上是相互联系、不可分割的。

三、经济增长的影响

(一)经济增长的益处

经济增长会给一个国家或地区甚至整个世界带来各种影响。具体来说有以下几个方面:

(1)经济增长可以提高人民的平均生活水平。一个国家或地区的人民的生活质量与国民产出水平有很大的关系,要提高人民的生活水平,就要提高人均的国民产出水平,即依靠经济增长。

(2)经济增长可以使收入的再分配更容易执行。当一个国家或地区经济增长的时候,并不是所有的人都可以得到平均的利益。即便在发达国家,也有许多处于社会底层的社会成员生活在贫困之中,他们的生活水平不能随着经济的增长而提高。这就需要国家管理部门进行收入的再分配,如果经济没有增长,那就势必要减少一部分人的收入来实行重新分配,这必然会遇到很大阻力;而在经济增长中,可以将国民产出增量的一部分进行再分配,这不会导致一部分收入的降低,所以会比较容易执行。

(3)经济增长可以促进消费结构和生活方式的改变。个体家庭的消费模式是随着收入水平的变化而进行调整的。相同的道理,一个社会的总体消费模式也会随着平均收入的提高而向更高层次的模式演变。在经济增长的过程中,随着人们平均收入的提高,基本生活需要得到满足,消费需求向更舒适、更丰富多彩转变,不仅注重物质享受,更注重精神享受。

(4)经济增长可以增加一国的综合实力,提高其在国际上的声望和地位。当今世界,一个国家的实力,一个民族的地位,主要取决于其经济发展的水平。只有经济实力比较雄厚,才有资格在国际政治经济事务中有较大的发言权。对于经济落后的国家,只有通过加快发展经济,才能提高其地位;而对于经济相对发达的国家,也必须保持一定的增长速度,才能维持其在国际上的地位。

延伸阅读 16-1

大数据成推动经济高质量发展新动能

备受关注的《中共中央 国务院关于构建更加完善的要素市场化配置体制机制的意见》(以下简称《意见》)于 2020 年 4 月正式发布。在这份《意见》中,首次将数据与土地、劳动力、资本、技术等传统要素相并列,指出了五个要素领域的改革方向,明确了完善要素市场化配置的具体措施。

多位专家学者、企业高管均表示,这次要素市场改革把数据列为五大核心要素之一,具有鲜明的时代背景和深远意义。作为一种新型生产要素,培育和发展数据要素市场,对释放数据红利、推动我国经济高质量发展具有重要战略意义。以大数据为代表的信息资源向生态要素的形态演进,可望驱动数据财政的跨越式增长,数据应用服务产业等新型业态也将迎来新的发展机遇期。

一、数据要素的效率倍增作用亟待发挥

国家发改委有关负责人表示,数据生产要素属性的提升,关系着经济增长的长期动力,关系着我国发展的未来。世界各国都把推进经济数字化作为实现创新发展的重要动能,在前沿技术研发、数据开放共享、隐私安全保护、人才培养等方面作出了前瞻性布局。我们也要推动实体经济和数字经济融合发展,推动制造业加速向数字化、网络化、智能化发展,同时,要运用大数据提升国家治理现代化水平,推行电子政务、建设智慧城市,构建全国信息资源共享体系。利用大数据平台,分析风险因素,提高感知、预测、防范能力。

这位负责人说,根据生产要素的重要性和时代性,明确将数据作为一种新型生产要素写入政策文件,是要充分发挥数据这一新型要素对其他要素效率的倍增作用,培育发展数据要素市场,使大数据成为推动经济高质量发展的新动能。

二、数据要素驱动土地财政向数据财政转型

九次方大数据创始人、贵阳大数据交易所总裁王叁寿表示,当前,以大数据为代表的信息资源向生产要素的形态演进,数据已和其他要素一起融入经济价值创造过程,并将带来数据财政的跨越式增长。

王叁寿认为,与土地资源要素相比,数据资源要素具有衍生性、共享性、非消耗性三大价值,打破了自然资源有限供给对增长的制约,为持续增长和永续发展提供了基础与可能。数据成为数字经济时代的关键要素,也将以市场化的方式参与流通和分配,这意味着传统的市场要素正在被赋予数字时代特点,甚至成为更高级的生产要素。同时,数据要素将是新基建时代最重要的生产资料。新基建将带来5G的普及应用,带来智能化应用的发展、新业态新模式的产生,这一切都以数据为基础。无数据,无应用;无应用,无智能。

三、数据应用服务产业迎来新的发展机遇期

作为新型生产要素,数据是新一轮国际竞争的重要战略资源。福韵数据服务有限公司董事总经理黄劲表示,完善数据要素的市场化配置,亟须加快培育数据应用服务产业,支持优秀数据服务企业做大做强,通过技术创新、人才培养和市场竞争,提高对政府数据和各类社会数据(公权机构数据、法人私有数据和开源网络数据)的融合分析能力,为各类企业提供高质量的数据应用服务,充分实现数据在经济发展中的资源价值。

资料来源:张汉青.大数据成推动经济高质量发展新动能.[EB/OL].(2020-04-18)[2023-11-23].http://www.cac.gov.cn/2020-04/18/c_1588766947694231.htm.有删改.

(二)经济增长的代价

经济增长是把双刃剑,它让我们享受其带来的巨大好处的同时,也会带来不利的结果。

(1)经济增长往往需要大量的资源投入来支持。资源是有限的,今天为促进经济增长而耗费的资源会透支我们的将来。另外,在一国的产出一定时,要增加资本的投入,就必然会减少目前的消费,即为了促进经济增长,人们要以牺牲目前的消费为代价。同样,增加劳动投入也意味着减少闲暇,而闲暇本身也是有价值的,放弃闲暇也是为促进经济增长而付出的代价。

(2) 经济增长可能在一定时期内造成环境的恶化。自然界的新鲜空气、清洁的水资源、美丽的风景都可能会随着经济的增长和无节制的开发而被破坏,这些同时又降低了人们的生活质量,在很大程度上抵消了经济增长给人们带来的好处,甚至会对生态平衡造成破坏,对人类的生存产生威胁。对于有的国家来说,甚至是以牺牲环境为代价而带来经济增长。

(3) 经济增长还会带来一系列的社会问题。例如,在经济高速增长的同时,随之产生的急剧社会变动会使一些人感到紧张和难以适应,不仅体现在物质上,也体现在精神上。与经济增长相伴随的都市化进程中,人们从分散的各个地方涌入城市,造成紧张和矛盾的集中,这自然会加大人们的压力,如果得不到有效的管理和疏导,会提高离婚率、犯罪率、自杀率等,产生一系列的社会问题和危害。

可见,经济增长是把双刃剑,既有好处也有弊端。我们在追求经济增长的同时,一定不能忽略其不利的一面。从长远来讲,只有能够重视并能够采取合理的措施避免经济增长带来的坏处,经济增长才有其意义。各国或地区的经济增长应该追求的是一种可持续发展的经济增长。

相关思考 16-2

经济保持长期增长的主要动力是什么?

保持经济长期增长是各经济体都期待的目标。但正常情况下,经济增长过程中会出现波动,呈现周期性变化。从长期看,一个经济体要保持经济持续增长,会受到多种因素的影响。按照经典的经济理论观点,影响经济保持长期增长的主要动力是资本、技术、劳动力。这样的观点放到现在是否依然成立?是否还有新的要素对经济的长期增长产生重要的作用?大数据会推动经济增长吗?

四、经济增长理论

宏观经济学对经济增长理论的研究经历了较长时间,分别形成了以下三个阶段的经济增长理论。

(一) 古典增长理论

18世纪的亚当·斯密是历史上最早对经济增长系统探讨的经济专家。尽管他认为分工、资本和制度是经济增长三个不可缺少的因素,经济自由决定着经济增长,但在资本主义早期,土地资源的重要性往往使古典经济学家注重土地对增长约束,特别是托马斯·马尔萨斯和大卫·李嘉图。他们认为,由于土地有限,随着人口增加,人们赖以生存的土地会日益稀缺,土地报酬递减,人口和生活资料必须平衡的规律最终只会使人类生活在一个只能维持基本生活的贫困境界,并且由于农产品价格随人口增加而上升,地租不断上涨,利润率不断下降,最终都将使资本积累和经济增长完全停止。

(二) 新古典增长理论

后来的历史证明,马尔萨斯、李嘉图等人的观点并不正确。产业革命以来的事实证明,土地已不再成为产出的制约因素,资本积累和技术进步才是影响经济增长的支配力量。于是,新古典增长理论应运而生,其代表人物是美国经济学家索洛。在他的增长模型中,先假设技术不变,则产出取决于资本和劳动投入。每单位劳动分摊到的资本(厂房、设备等)称人均资本,可用 k 表示。再以 Δk、s、y、n、σ 分别表示人均资本增量、储蓄率、人均产量、人口增长率(若全部人口参加劳动,则 n 也是劳动增长率)、折旧率,则新古典增长模式可用以下基本公式表示:

$$\Delta k = sy - (n+\sigma)k \tag{16-2}$$

式(16-2)表示,人均储蓄量(即人均积累量)一方面用于装备新工人(nk),一方面用于折旧(σk),这两部分总和就是 $(n+\sigma)k$。如果还有多余,就可用于提高人均资本水平。用于 $(n+\sigma)k$ 部分的人均积累量称资本广化,用于提高人均资本水平的部分 Δk 称资本深化。若 $\Delta k=0$,则 $sy=(n+\sigma)k$。若 s、n、σ 都不变,则人均产量也不变,这一状态称长期均衡状态。

新古典增长理论告诉我们,随着资本深化,即如果资本存量增加快于劳动的增加,即使没有技术变革,劳动边际产出和工资都会上升,但资本收益会递减,直到经济进入长期稳定状态。这个结果比马尔萨斯所预言的人类只能维持生存工资的悲惨世界强多了。但如果经济增长仅靠没有技术进步的资本积累的话,经济终将停滞。新古典经济增长理论中,技术变革是一个经济体系外部产生的外生变量,似乎是发明家赐予的神秘礼物。这显然与日新月异的技术创新的现实不符。正是在这样的背景下,内生增长理论产生了。

(三)内生增长理论

内生增长理论是一种新经济增长理论,其特点是试图使经济增长率内生化。所谓经济增长率内生化,是指把推动经济增长的因素如储蓄率、人口增长率和技术进步等重要参数作为内生变量予以考虑,因而可以从模型内部来说明经济增长。

这里我们讨论技术如何当作内生变量。过去的经济增长理论总是把技术进步当作外生变量。新经济增长理论则认为,一个经济社会的技术进步快慢和路径是由这个经济中的家庭、企业在经济增长中的行为决定的。如卢卡斯认为,发达国家拥有大量人力资本,经济持续增长是人力资本不断积累的结果。

总之,技术进步是经济系统的内生变量。这种新经济增长理论有很强的政策含义。即政府应当通过各种政策,例如对研究和开发提高补贴,对文化教育予以支持,用税收等政策鼓励资本积累等,以促进经济增长。

第二节 经济周期理论

一、经济周期的含义

经济周期是指总体经济活动的扩张和收缩交替反复出现的过程,有时又称为经济波动或商业周期、商业循环,即总产出、总收入和总就业的波动。这种波动以经济中的许多成分普遍同期的扩张或收缩为特征,持续时间通常为2~10年。在现代宏观经济学中,经济周期发生在实际GDP相对于潜在GDP上升(扩张)或下降(收缩或衰退)的时候。

经济学家一般把经济周期分为四个阶段:衰退、萧条、复苏、繁荣,周而复始(如图16-1所示)。复苏(扩张)阶段是总需求和经济活动的增长时期,通常伴随着就业、生产、价格、货币、工资、利率和利润的上升;而衰退阶段则是总需求和经济活动的下降时期,通常伴随着就业、生产、价格、货币、工资、利率和利润的下降。而谷底和峰顶分别是整个经济周期的最低点和最高点,也是用来表示萧条与繁荣的转折点。

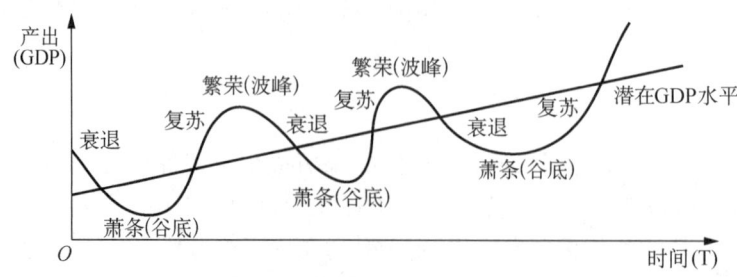

图 16-1　经济周期运行图

二维码16-2:
AI技术颠覆经济周期与全球经济体系

图 16-1 描述了经济周期的四个阶段。若以右上方倾斜的线表示经济的长期稳定的增长趋势,曲线部分则表示经济活动围绕"长期趋势"上下波动的实际水平。

二、经济周期的特征

从图 16-1 可以看出,经济周期有三个特征:

第一,每一个经济周期都包括谷底(经济活动水平扩张)、波峰、衰退和扩张四个阶段。扩张与衰退是相互交替的,在交替中有两个不同的转折点。如果经济是由扩张转向衰退或者收缩,则转折点是波峰;如果经济由衰退或者说经济活动水平由收缩转向扩张,那么转折点就是谷底。由于扩张和衰退是互相交替的,谷底与波峰也是相互交替的。

第二,虽然经济周期的四个阶段从逻辑上肯定这个顺序排列,但它们在每次周期中的长度和实际形态将会有很大的差异。例如,一次周期的谷底或波峰可能仅仅持续几周,也可能持续几个月。

第三,在一定时期内,存在着生产能力的增长趋势。所以,在某一谷底阶段中,其实际的生产和就业水平,有可能出现比以前周期的波峰时期还要高的状况。

三、经济周期的分类

尽管经济周期是宏观经济运行状况周期性的波动,但这种波动绝非有规则的简单重复,每个周期在波动原因、波动幅度、持续时间等方面都有所不同。经济学家在对周期进行研究时,根据周期时间的长短,将经济周期分为以下几种类型。

(一) 朱格拉周期

朱格拉周期又称为主要周期、中周期、经济中波,是法国经济学家朱格拉于 1860 年提出的。朱格拉对美国、英国与法国银行业的运行状况进行了较长时间的观察研究,提出宏观经济一次周期性的波动历时 9~10 年,分为繁荣、危机和清算三个阶段,以国民产出、失业率、多部门的利润和价格等主要经济指标的变动为标志。朱格拉是第一位对经济周期的阶段进行划分的经济学家,现在我们所面对的经济周期是这种周期,只是通常认为其长度为 8~10 年。

(二) 基钦周期

基钦周期又称为短周期,是美国经济学家基钦于 1923 年提出的。他对较长时间内美国与英国的价格水平、利率以及银行结算等指标进行分析后发现,在一次主要周期的发生过程中也会有经济运行的波动,经济运行的波动主要同市场商品可供量和企业存货量的变化有关,影响因素主要是企业存货增减而引起的投资数量的变动。一般情况下,基钦周期的长度为3~5年,约为主要周期的一半,即在一次主要周期的波动过程中会包括两次次要周期的波动。

(三) 康德拉季耶夫周期

康德拉季耶夫周期又称为长周期,是俄国经济学家康德拉季耶夫在对美国、法国、英国以及其他一些国家 1780—1920 年大量经济统计数据后提出西方国家经济波动每次历时五六十年,平均长度为 54 年。康德拉季耶夫概括了长期波动的主要特点:一是长期波动包含着传统的周期波动。在长期波动的上升期,繁荣的年份较多,在下降期则以萧条的年份为主。二是在长期波动的衰退期,农业和交通运输方面有特别多的发现和发明,但这些通常只能在下一个高涨期时才能得到大规模的应用。三是在一次长周期高涨开始时,通常黄金产量会增加,并且由于新国家特别是殖民地国家的参与,世界市场一般有所扩大。四是在长期波动的上升期,即在经济力量的扩张高度紧张时期,一般会发生灾难性的、广泛性的战争或革命。

(四) 库兹涅茨周期

库兹涅茨周期又称为建筑业周期,由美国经济学家库兹涅茨于 1930 年提出。库兹涅茨对美国、英国、德国和法国主要发达国家的生产和价格的长期变动情况进行分析,并剔除了其间短周期和中周期的变动,重点分析了有关数据资料中反映出的长期消长过程,提出在主要工业国家存在着长度从 15 年到 25 年不等,平均长度为 20 年的长周期。库兹涅茨周期与人口增长引起的建筑业增长与衰退相关。

(五) 熊彼特周期

熊彼特在对前人提出的经济周期种类进行分析之后于 1939 年对经济周期作出了独特的说明。他认为,一个长周期一般以社会上的重大创新为标志,长度通常为 48~60 年。这里所说的创新既包括新产品的开发、新材料的使用、新生产方法的利用,也包括新市场的开拓、新的生产组织方法的推行。他还提出,每一个长周期包括 6 个中周期,每一个中周期包括三个短周期。短周期约为 40 个月,中周期为 9~10 年,长周期为 48~60 年。

四、乘数-加速数模型

为什么经济会发生周期性波动?经济学家提供了不同的解释。其中具有代表性的是乘数-加速数模型。

乘数-加速数模型是一种传统的经济周期理论。这种理论认为,经济波动的根源在于经济自身,因而是内生的。具体来说,投资的变动会引起收入或消费若干倍的变动(乘数作用),而收入或消费的变动会引起投资若干倍的变动(加速数作用)。正是乘数和加速数的交互作用,造成了经济的周期性波动。因此,这种理论称为乘数-加速数模型。

假定经济起初由于某种原因使自发支出(投资或政府购买、出口)增加 10 亿美元,如果乘数是 2,则国民收入增加 20 亿美元。产量或销售额增加了,厂商会增加设备或建造新厂房,即要增加投资。如果增加 1 单位产品生产需增加 1 单位资本品,则投资与产量增量之间这一比率就称为加速数,现在加速数就是 1。于是,国民收入增加 20 亿美元,就会使投资增加 20 亿美元。投资增加 20 亿美元,又会使产出或收入增加 40 亿美元。产出的增加又会使投资再增加,并进一步使收入或产量再增加。

当然,经济并不会无限扩张下去,因为终究会遇到约束因素。例如,一些生产要素的短缺会使经济的扩张受到限制。一旦经济停止扩张,或增长速度放缓,投资就会下降,经济开始走向衰退,从而出现周期性波动。

延伸阅读 16-2

不同的经济周期理论

实际经济周期理论与乘数-加速数模型相反,他们认为经济波动是随机的、不可预测的。因为波动的原因不来自经济内在力量,而来自实际的、外生的事件。例如某种重要的投入(如石油)价格变动、自然灾害或技术冲击(如新发明),因此实际经济周期理论强调的不是需求方的冲击,而是对供给一方的冲击。

货币主义(如弗里德曼)和新古典经济学家(如卢卡斯)认为,引起经济波动的重大干扰来自政府,尤其是政府的货币政策。其中,新古典主义强调预期和未预期的货币政策变动对经济的不同影响。例如,当人们预期到政府要增加货币供给时,就会预期物价水平会上升,从而要相应增加工资和提高利率,于是名义货币供给量虽增加了,实际货币供给量并未变化,因而实际工资、利率和实际产出的都不会变化,从而货币政策没有什么效果。

新凯恩斯主义者认为,供给方面的干扰(如实际经济周期理论认为的)和货币方面的干扰(如新古典主义者认为的)都可能成为引起经济波动的冲击。他们和实际经济周期理论、新古典理论的区别在于,他们不相信市场经济总能吸收各种冲击的影响而恢复充分就业;相反,在大多数情况下,经济中存在一种机制,扩大这些冲击并使冲击的作用持续。例如,假定外在冲击使投资需求下降,会使产出有乘数作用的下降。反之,当干扰使投资增加会使产出有若干倍的增加。经济要恢复到原来局面,需要有一个相当长的过程。例如,经济也许会花费几年时间才会恢复到没有发生衰退时应有的水平,社会会因此付出沉重代价。

由于各个学派的经济学家对引起经济周期波动的原因有不同看法,因此,他们对如何治理经济波动的经济政策也有不同的主张。

本 章 小 结

本章主要学习的内容是经济增长与经济周期。通过本章的学习,我们了解了经济增长的含义及特征、经济增长的源泉,熟悉了经济增长带来的影响和主要的经济增长理论;了解了经济周期的含义及其特点、经济周期的分类、乘数-加速数模型等主要的经济周期理论。

本章重要概念

经济增长　古典增长理论　新古典增长理论　内生增长理论　经济周期　朱格拉周期
基钦周期　康德拉季耶夫周期　库兹涅茨周期　熊彼特周期　乘数-加速数模型

二维码 16-3:
练一练

二维码 16-4:
练一练答案